Traugott Meyer

Der Gänneral Sutter

Reihe

Lebendige Mundart

herausgegeben von Robert Schläpfer
und Christian Schmid-Cadalbert

Band 16

Die Gesammelten Werke von Traugott Meyer
erscheinen als Bände 11 bis 18
der Reihe «Lebendige Mundart»

Traugott Meyer

Gesammelte Werke

Band 6

Der Gänneral Sutter

Verlag Sauerländer
Aarau · Frankfurt am Main · Salzburg

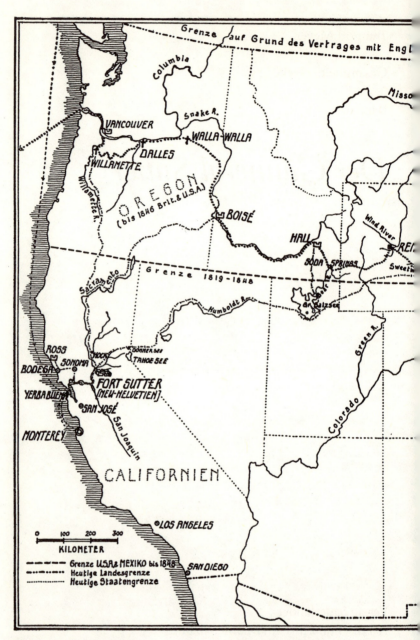

Der amerikanische Westen zu Sutters Zeit (1835–1848)

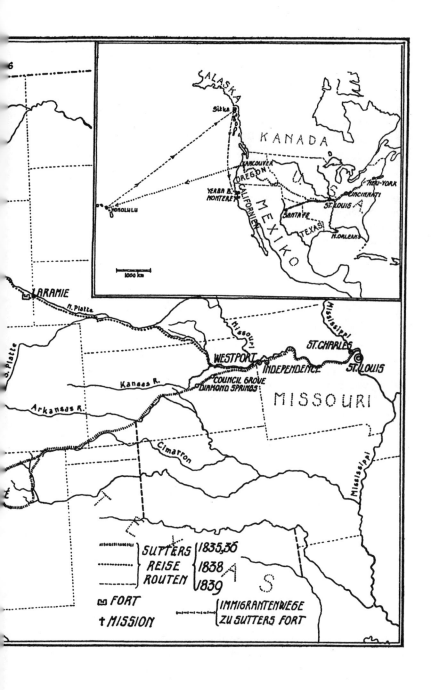

Traugott Meyer
Gesammelte Werke
Herausgegeben und finanziert vom Kanton Basel-Landschaft
Redaktion: Markus Christ, Max Huldi, Robert Schläpfer,
Vreni Weber-Thommen

Band 6: *Der Gänneral Sutter*
Herausgegeben von Robert Schläpfer

Umschlaggestaltung unter Verwendung des Holzschnitts von Walter Eglin
von Renata Brogioli

Copyright © 1991 Text, Illustrationen und Ausstattung
Verlag Sauerländer, Aarau und Frankfurt am Main
Herstellung: Schaub Druck, Sissach
Einband: Buchbinderei Markus Schwab, Liestal
ISBN 3-7941-3248-3
Bestellnummer 08 03248

CIP-Kurztitelaufnahme der Deutschen Bibliothek

Meyer, Traugott:
Gesammelte Werke / Traugott Meyer. [Hrsg. u. finanziert vom
Kanton Basel-Landschaft]. – Aarau; Frankfurt am Main;
Salzburg: Sauerländer
NE: Meyer, Traugott; [Sammlung]
Bd. 6: Der Gänneral Sutter / [hrsg. von Robert Schläpfer]. – 1991.
  (Reihe Lebendige Mundart; Bd. 16)
  ISBN 3-7941-3248-3
NE: GT

Das Werk einschliesslich aller seiner Teile ist urheberrechtlich geschützt.
Jede Verwertung ausserhalb der engen Grenzen des Urheberrechtsgesetzes
ist ohne Zustimmung des Verlags unzulässig und strafbar. Das gilt insbesondere für Vervielfältigungen, Übersetzungen, Mikroverfilmungen und die Einspeicherung und Verarbeitung in elektronischen Programmen und Systemen.

San Francisco

*Da war es, wo du die Geschichte vom General Suter gelesen hast,
der den Vereinigten Staaten Kalifornien erschloss
Und der, Milliardär, ruiniert war, als man auf seinem Land
Goldminen fand.*

BLAISE CENDRARS
Panama oder die Abenteuer meiner sieben Onkel. 1914

Wenn man die Zeitungsartikel, die mehr oder weniger wissenschaftlichen Aufsätze, die zahlreichen Bücher überblickt, die über Johann August Suter[1] geschrieben worden sind, erhält man ein merkwürdig zwiespältiges Bild der Persönlichkeit des am 23. Februar 1803 geborenen, nach einem wechselvollen Schicksal zwischen Abenteuer und Tatkraft, Armut und Reichtum am 13. Juni 1880 in Washington verstorbenen Bürgers von Rünenberg/BL.[2] Für die einen hat der «*berühmte Baselbieter... Niemandsland in Nordamerika, das heutige Kalifornien, erschlossen. Er hat geschuftet, Gold gesucht und gefunden! Arbeitsplätze geschaffen usw. Er hat also den USA sehr viel gebracht. Und er wurde dort sogar zum General ernannt. Wir dürfen auf diesen mutigen Baselbieter stolz sein.*»[3] Dieses (früher?) vornehmlich von der Schule geprägte Bild entspricht weitgehend jugendlichen, aber auch stark heimatbewussten Vorstellungen vom ausgewanderten Helden, der ferne Länder erschlossen und ungeahnte Reichtümer entdeckt hat. Es ist das Bild, das schon vor hundert Jahren, 1876, an der Weltausstellung in Philadelphia, an der er als Ehrengast teilgenommen hat, von Suter gezeichnet worden ist: Er sei «*ein rüstiger und eifriger Schweizer, ein musterhafter Eidgenosse, ein ehrwürdiger, liebevoller Mann, geehrt von aller Welt.*»[4]

Umgekehrt tönt es von der andern Seite, auf der Seite der indianischen Kritik am weissen Streben nach Macht und Reichtum: Suter war ein «*habsüchtiger, betrügerischer Mann. Sein Leben war gekennzeichnet durch dunkle Geschäfte und dauernde Flucht, bis er es schliesslich schaffte, ein Fort zu bauen – das heutige Sacramento.*» Er «*war ehrlos und hinterging bereitwillig die mexikanische Regierung.*»[5] Für andere wiederum ist Suter so etwas wie eine Kohlhaas-Figur, d.h. ein ursprünglich rechtschaffener und wohlhabender Mann, der, nachdem ihm – im Goldrausch – mit Unrecht und Gewalt alles entrissen worden ist, mit Behörden und vor einer voreingenommenen Justiz bis zu seinem Untergang um sein Recht kämpft.[6] Und beinahe hätte er es erreicht: Noch 1880, kurz vor seinem Tod, erhielt er von der Bundesregierung die Zusicherung, dass sie seine Ansprüche anerkenne und sie vor dem Kongress vertreten wolle. Doch der Tod holte ihn vorher ein. Was letztlich bleibt, ist die Vorstellung vom Gold als der dämonischen Macht, «*die den Kolonisator zum Bettler und zufriedene Landarbeiter zu gehetzten Goldsuchern degradiert.*»[7]

Und wiederum anders im amerikanischen Westen: Hier sieht und schätzt man Suter als einen der grossen Pioniere, die das Land erschlossen und den Grund gelegt haben zu dem, was Kalifornien heute ist. Er gehört hier zu den populären nationalen Gestalten, hat in Sacramento ein Denkmal erhalten, zu seinem Andenken sind nach ihm ein Landstrich, Städte und an verschiedenen Orten Strassen benannt. Wobei allerdings nicht zu übersehen ist, dass *Captain Sutter* in Sacramento für die Mehrzahl derer, die zwar von ihm gehört, aber nie näher nach ihm gefragt haben, allerdings nicht ein Schweizer ist, oder – noch genauer – ein Baselbieter, sondern ganz selbstverständlich ein Captain aus dem Wiesental, wo er ja tatsächlich in Kandern geboren ist. Es ist nun durchaus denkbar, dass die anlässlich der Feier zum 150jährigen Bestehen der Stadt Sacramento am 12. August 1989 in Sacramento begründete Verschwisterung von Liestal und Sacramento das Baselbiet in Kalifornien stärker ins Bewusstsein rückt. Obgleich Suter ja nie in Baselland gelebt hat, sondern von Kandern über Basel nach Burgdorf gekommen, von wo er dann wegen seiner Verschuldung nach Nordamerika geflohen ist.

Ähnlich wie in den biographischen Berichten erscheint Suter in den dichterischen Darstellungen in ganz unterschiedlichem Licht: Während er in *Cäsar von Arx'* Schauspiel «*Die Geschichte vom General Johann August Suter»* (München 1929) als skrupelloser, gewalttätiger Mensch gezeichnet ist, der Macht und Reichtum nachjagt und schliesslich daran scheitert, ist es Suter bei *Stefan Zweig* in «Die Entdeckung Eldorados» (in: «Sternstunden der Menschheit», Leipzig 1927) *«in die Hand gelegt, ob ihm das Gold zum Fluch oder zum Segen wird. Sutter wird es zum Fluch; vom Augenblick der Entdeckung an ist alles Ringen um eine segensreiche Arbeit umsonst.»*[8] Am eindrücklichsten aber erscheint Suter in dem Werk, ohne das alle späteren Äusserungen über ihn undenkbar sind: in *Blaise Cendrars «Gold. Die fabelhafte Geschichte des Generals Johann August Suter».*[9] «Gold» ist Cendrars weltberühmter Erstling; Cendrars hatte die Biographie Suters schon lange gekannt, und wie hätte ihn Suter *«nicht provozieren sollen, dieser Abenteurer, Pionier, Bankrotteur, dem die Schweiz ebenso eng vorgekommen ist wie ihm selbst und den ein phantasiebegabtes Gemüt in die Neue Welt trieb, wo er... ein Ödland am Sakramentostrom in Gärten verwandelte, die ihm Millionen einbrachten, bis zu dem Tag, wo darin das verfluchte Gold entdeckt wurde, das ihn zum Bettler und zu einer fiebernd nach Gerechtigkeit umherirrenden Seele machte.»*[10] Cendrars zeigt an Suter, wie der, der unumstösslich an Eigentumsrechte glaubt, unzweifelhaft daran scheitern muss.

Traugott Meyer hat sich seit den frühen zwanziger Jahren mehr als ein Vierteljahrhundert mit Johann August Suter beschäftigt. Im Nachwort zu seinem «Gänneral Sutter» berichtet er ausführlich, wie er sich in die Biographien und Berichte vertiefte, um mit seiner Darstellung der geschichtlichen Wirklichkeit weitgehend zu entsprechen. Er betont ausdrücklich, *«es lag mir daran, bei der Wahrheit zu bleiben»*, räumt aber ein, dass er auch ebenso dazutun wollte: *«Ich musste natürlich ab und zu von der rein historischen Darstellung... Abstand nehmen, um aus künstlerischem Drang und Zwang dem Bild, das ich von Anfang an erschaut hatte und das mir immer wieder vor der Seele stand, nach Möglichkeit nahezukommen.»*[11]

Mit der Zeit scheint Traugott Meyer die Arbeit am «Gänneral Sutter», die ja über lange Zeit neben vielem anderem herlief, zunehmend zu belasten. «*Mit Mühe arbeite ich fast täglich am ‹Sutter›. Ich bin froh, wenn ich einmal den Schlussstrich ziehen kann*», notiert er am 6. Februar 1952 in seinem Tagebuch. Ähnlich ein Vierteljahr später am 27. April: «*Anfangs dieser Woche brachte ich unter Stöhnen und Ächzen endlich Kapitel IX ins Reine.*» Und dann endlich, drei Wochen später: «*Heute habe ich bei ‹Sutter› den Schlussstein gesetzt. Endlich so weit! Die Arbeit, die mich seit 1925 gefangen hielt, ist nun fertig*» (19. Mai 1952).[12] Was hier Traugott Meyer über seine Arbeit am «Gänneral Sutter» sagt, ist sehr wichtig und sehr aufschlussreich. Es zeigt, wie sich Meyer dieses Werk abgerungen hat. Johann August Suter ist historisch eine vielschichtige, widersprüchliche, man kann auch sagen: schillernde und zwiespältige Figur. Das kommt ansatzweise auch im Bild zum Ausdruck, das uns Traugott Meyer von ihm vermittelt. Letztlich ist es aber doch *sein* Suter, ein geschlossenes Bild *seines* Suters, das wir ihm als Nachzeichnung der Realität abnehmen. Solches zu bewirken, ist das gute Recht des Autors. Wir müssen aber sehen, dass unsere «*Meinung mehr, als wir gemeinhin annehmen, durch fiktionale Literatur gelenkt wird. Dies wird dann zum Problem, wenn die Leser dazu gebracht werden, Dinge, die nicht Fakten sind, als Fakten zu nehmen.*»[13] Der Leser wird in solchen Fällen veranlasst, «*etwas für wahr zu halten, was nicht wahr ist. Der Autor ist dazu voll berechtigt; man kann und soll ihm keine Fesseln anlegen.*»[13] Wir müssen aber immerhin daran denken, dass Literatur in einem höheren Sinn Wahrheit vermitteln kann, dass sie aber nicht «Tatsachen» oder «Wirklichkeit» darstellen muss.

Mit seinem «Gänneral Sutter» wollte Traugott Meyer aber nicht nur das Schicksal des Auswanderers aus seiner Sicht darstellen, es lag ihm noch etwas ganz anderes am Herzen: zu zeigen, wie mit der Muttersprache des Baselbieters, seinem Dialekt, nicht nur Naheliegendes, sondern durchaus auch ein weitausholender Stoff gestaltet werden kann, «*entgegen der immer noch landläufigen Meinung, die Mundart tauge nur für ‹heimatliche Klänge und einfache Gedankengänge›*». Und er hält fest, mit unüberhörbarem Selbstbewusstsein, nichts berechtige uns zu sagen, «*der Dialekt sei für solche Dinge untauglich. Untauglich sind allenfalls nur die, welche in ihm dichten oder schreiben wollen, ohne Dichter und Dialektkundige zu sein.*» Und zum «Gänneral Sutter» im besonderen sagt Meyer: «*Ich trachtete danach, den vor hundert Jahren daheim noch gehörten ‹Ton› wiederzugeben. Darum griff ich alte, meist nicht mehr im Kurs stehende Laute, Wörter, Wendungen auf.*» Er hoffe damit, sagt er: «*das Ergebnis meiner Studien, Übungen und Erfahrungen wie eine schwere Fruchtgarbe unter Dach zu bringen. In sprachlicher Hinsicht betrachte ich nämlich diese Arbeit als meine Lebensarbeit.*»[14]

Zu dieser Ansicht und zu diesem Vorgehen Traugott Meyers ist etwas Wesentliches anzumerken: Dadurch, dass er an den verschiedensten Stellen – aus G. A. Seilers Basler Wörterbuch von 1879, aus dem grossen Schweizerdeutschen Wörterbuch (1881ff.) und zahlreichen anderen historischen Quellen – eine breite Fülle älteren Wortmaterials und älterer Wendungen zusammengetragen und zum Teil sehr konzentriert verwendet hat, hat Meyer seiner Sprache ein ganz eigenes Gepräge gegeben. Es ist das Gepräge seiner, Traugott Meyers Sprache, mit der er uns einerseits in die Zeit Suters versetzen, anderseits jedoch auch zeigen will, was die Mundart leisten kann. Keineswegs aber trifft zu, was im Vorspann zur Erstausgabe des «Gänneral Sutter» gesagt ist: das Buch bleibe «*ein Denkmal für eine sprachliche Epoche, von der nur noch vereinzelte Trümmer und Überbleibsel in unseren heutigen Dialekt hineinragen.*»[15] Die Sprache, die Traugott Meyer im «Gänneral Sutter» schreibt, ist so nie gesprochen worden, sie ist vielmehr eine Literatursprache, man kann auch sagen: Traugott Meyers ganz persönlicher Schreibdialekt. Dies tut dem Werk an sich keinen Abbruch, soll aber doch vor der falschen Vorstellung warnen, das Werk «*vermittle ein für die Mitte des 19. Jahrhunderts charakteristisches Gepräge*» gesprochener Sprache.[15]

Etwas anderes sind die Probleme der Schreibung der Mundart, gewissermassen der darstellerischen Bewältigung des Stoffes. Traugott Meyer hat die Mundartschreibung im Verlauf seines Lebens sehr unterschiedlich gehandhabt, wobei er sich mehrfach auch theoretisch damit auseinandergesetzt hat.[16] Aus heutiger

Sicht bleibt er darin gerade im «Gänneral Sutter» recht inkonsequent, und man muss manche seiner Eigenheiten als störend empfinden. Ohne Anspruch auf eine eigentliche Analyse sei hier – zur Veranschaulichung des Problems – nur gerade auf wenige Beispiele verwiesen: *-äi-* erscheint gewöhnlich als *-ai-*[17], gelegentlich als *-äi-* (vereinzelt auch als *-ei-*): *lait, ain – dräit, näi* («legt», «einer» – «dreht», «nein», S. 107/108); *-öi-* ist *-äu-* oder *-eu-*: *Räuchli, geuggle* («Räuchlein», «närrisch spielen», S. 18/19). Sehr inkonsequent sind Länge und Kürze von Haupttonvokalen behandelt: *noolauft, bruun, Bühni* neben *Stross, Wäg, zobegno* (S. 17).

Der Versuch, den «Gänneral Sutter» letztlich in das ganze Werk Traugott Meyers einzuordnen, in seine Baselbieter Erzählungen und in seine Gedichte, führt heute zu einem anderen Schluss, als ihn Traugott Meyer selber gesehen hat: Den «Gänneral» als seine Lebensarbeit, gewissermassen als Zusammenfassung und Höhepunkt seiner Arbeit zu sehen, dürfte schwerfallen. In den anderen Erzählungen Meyers und auch in seinen Gedichten gibt es – inhaltlich und auch sprachlich – Stimmigeres, tieferes und auch nachhaltiger Anklingendes. Gleichwohl hat der «Gänneral Sutter» seinen Stellenwert, einerseits in Traugott Meyers ganzem Lebenswerk, anderseits im weiten und so unterschiedlichen Kreis der Versuche einer literarischen Bewältigung des alten Mythos von Aufstieg und Fall, von Macht und Ohnmacht.

Damit das umfängliche Werk Meyers leichter zugänglich sei, sind in dieser Ausgabe die mittleren Stücke (Kapitel 5–7), die vor allem die politisch-historischen Vorgänge in Kalifornien zum Gegenstand haben, durch eine Zusammenfassung ersetzt. Der Überblick bleibt gleichwohl gewährleistet; die Entwicklung Suters und das Verhängnis seines Schicksals kommen unvermindert zum Ausdruck.

Anmerkungen

1) «Suter» ist die amtliche Schreibweise; Suter selber hat seinen Namen mit zwei t geschrieben.
2) Die Angaben über Suters Geburts- und Todesdatum weichen auffällig voneinander ab: Blaise Cendrars bezeichnet als den Geburtstag den 15. Februar 1803; richtiger erscheint der sonst gewöhnlich genannte 23. Februar.
   Als Todestag nennen Martin Birmann (Nachdruck 1989) und Kindlers Literaturlexikon (1964/65) den 17. Juni 1880, Brockhaus (Enzyklopädie 1973) den 18. Juni, das Schweizer Lexikon (1945 ff.) und – am glaubwürdigsten – die Baselbieter Heimatblätter (1987/1) den 13. Juni 1880.
3) Basellandschaftliche Zeitung, Leserbrief, 18. März 1988.
4) Martin Birmann. General Johann August Suter. Gute Schriften. Basel 1989. S. 32.
5) Jack D. Forbes. Die Wétiko-Seuche. Eine indianische Philosophie von Aggression und Gewalt. Wuppertal 1981. S. 40.
6) Michael Kohlhaas. Erzählung von Heinrich von Kleist.
7) Elisabeth Frenzel. Stoffe der Weltliteratur. 6. Aufl. Stuttgart 1983. S. 723.
8) Frenzel. S. 724.
9) Übersetzt von Iwan Goll. Zürich 1925. Die Originalfassung «L'Or» ist im selben Jahr in Paris erschienen.
10) Gerda Zeltner. Ein Pionier der Moderne. Zum literarischen Werk Blaise Cendrars. Neue Zürcher Zeitung. 29./30. August 1987. S. 67.
11) Vgl. Nachwort von Traugott Meyer, u. S. 343.
12) Den Einblick in die ungedruckten Tagebücher Traugott Meyers hat mir freundlicherweise Johannes Wagner-Meyer vermittelt.
13) Ernst Leisi. Garantiert wahr und garantiert erfunden? Zum Verhältnis von Literatur und Faktenwelt. Neue Zürcher Zeitung. 16./17. Dezember 1989.
14) Alle Zitate aus Meyers Nachwort, u. S. 342 ff.
15) Der Gänneral Sutter. Liestal o. J. (1953). Klappentext des Schutzumschlags.
16) Vgl. Traugott Meyer. Wie schreibt man Dialekt? Baselbieter Heimatblätter 1944. S. 365–378.
17) *-ai-* wäre eigentlich baseldeutsch! *-ei-* beispielsweise berndeutsch, *-äi-* baselbieterisch, zürichdeutsch u. a.

Einige Daten zu Johann August Suters Lebenslauf

1803 Johann August Suter wird am 23. Februar als Sohn des Papierfabrikanten Hans Suter von Rünenberg/BL in Kandern (Grossherzogtum Baden) geboren.
Nach Kinder- und Jugendjahren in Basel kommt er als Kaufmann nach Burgdorf.

1826 Johann August Suter verheiratet sich am 24. Oktober mit Anna Dütbold. Der Ehe entspringen 4 Söhne und 1 Tochter.

1828 Am 26. August kauft Suter in Burgdorf ein Haus. Mit Hilfe seiner Frau und eines Geschäftspartners richtet er ein Tuch- und Garngeschäft ein.

1834 Nachdem er mit seinem Geschäft Konkurs gemacht hat, flieht er, unter Zurücklassung seiner Familie, nach Amerika. Am 7. Juli erreicht er New York.

1838 Nach unterschiedlichen Beschäftigungen im amerikanischen Osten zieht Suter mit einer Handelskarawane nach Westen.

1839 Vom mexikanischen Gouverneur erhält Suter im Tal des Sacramento im damals mexikanischen Kalifornien riesige Ländereien und errichtet «Neu Helvetia». (Einzelne Quellen sprechen von 20 000, andere von 60 000 ha Land!)

1840 Suter baut sein Gut aus, errichtet ein Fort mit mächtigen Umfassungsmauern: Es entsteht so das «Sutter-Fort», heute eine vielbesuchte Gedenkstätte.

1846 Am 7. Juli wird über Montherey, der kalifornischen Provinzhauptstadt, das amerikanische Sternenbanner aufgezogen.

1848 Kalifornien kommt definitiv von Mexiko an die Vereinigten Staaten.
Ein Goldfund beim Sägewerk auf Suters Gut löst den Goldrun aus.

1850 J.A. Suters Frau stirbt unmittelbar nach der Ankunft in Kalifornien.
Seit dem ersten Goldfund sind gegen 100 000 Menschen, Goldsucher aus allen Teilen der Staaten und der Alten Welt in die Goldgebiete eingewandert.

1855 Der Prozess, den Suter zur Wiedererlangung seiner Rechte angestrengt hat, wird von einem kalifornischen Gericht zu seinen Gunsten entschieden. Das Urteil wird später wegen Formfehlern vom Obersten Gericht der Staaten aufgehoben.

1866 Der solothurnische Maler Frank Buchser besucht Suter und malt von ihm ein Portrait.

1873 Suter siedelt sich in der Herrnhutergemeinde Litiz in Pennsylvanien ein, von wo aus er den Kongress aufsuchen kann, um für sein Recht zu kämpfen.

1880 Während eines Besuches in Washington stirbt Suter unerwartet am 13. Juni 1880, unmittelbar bevor der Kongress zu dem von der Bundesregierung vorgelegten Antrag Stellung nimmt, es sei zumindest auf einen Teil seiner gerechten Ansprüche einzugehen.

Hinweis auf einige Schriften zu Leben und Werk J.A. Suters

Einen guten Überblick über die zu Johann August Suter erschienenen Publikationen gibt die Bibliographie von *Dominik Wunderlin*. Baselbieter Heimatblätter 1987/2. S. 180–188. Sie nennt insgesamt 112 Publikationen – Zeitungsartikel, Aufsätze und Bücher – und 12 Filme.

Hier seien aus der Bibliographie D. Wunderlins – bzw. diese ergänzend – in chronologischer Reihenfolge nur einige wenige Schriften genannt, die einen Einblick in Suters Leben geben können, bzw. sein Geschick literarisch zu gestalten versuchen:

M. Birmann	General Johann August Suter. Gute Schriften. 1868. Nachdruck Liestal 1989.
M. Feldes	Das Gold von Sacramento. Jugenderzählung. 1917.
B. Cendrars	L'Or. 1925. Deutsche Ausgabe: Gold. Die fabelhafte Geschichte des Generals Johann August Suter. Übersetzt von Iwan Goll. 1925.
St. Zweig	Die Entdeckung Eldorados. In: Sternstunden der Menschheit. 1927.
C. von Arx	Die Geschichte vom General Johann August Suter. Schauspiel. 1929.
E.W. Möller	Kalifornische Tragödie. Drama. 1929.
E.E. Kisch	Die Ballade von Fort Suter. 1930.
B. Frank	Der General und das Gold. Drama. 1932.
E.G. Gudde	Neu-Helvetien. Lebenserinnerungen des Generals J.A. Suter. Nach den Handschriften erzählt. 1934.
J.P. Zollinger	J.A. Sutter in der Literatur. Neue Schweizer Rundschau. NF2. 1934/35.
E.A. Kubler	J..A. Sutter in der deutschen Literatur. Monatshefte für den deutschen Unterricht 27. 1935.
H. Joos	Auf den Spuren von General Johann August Sutter. Baselbieter Heimatblätter 1987/1. S. 155–158.
J. Weibel	Saat ohne Ernte. Legende und Wirklichkeit im Leben des Generals Johann August Sutter. Eine Chronik. 1980.

S erscht Stück:

Vo der Olten i die Neui Wält

I

Mängisch wird bi der Früeligsputzete no gwyssgnet. Wie derno d Stuben uusgseht, wüsset-er jo. Uf im Bank, wo der Wand noolauft, und uf der Chouscht lytt gräutschelige Staub vo der Abchratzete. Am Bode gsäjet-er hie und sältsch none Jipsflängge. Und uf im Tisch, wo me mit im Fingerbeeri ringlächtig der Name chönnt druufschrybe, höcklen e paar Brotbrösmeli und Rauftfätzli binenander – wie verlore. Dernäbe gwahret-er es schier uustrochnets Wygümpli, wil der Jipser scho furt isch, wo zobegno het. Jä, und uf alles das abe luegt die früschgwyssgneti Bühni. I der Mitti isch si scho richtig wyss; aber de Wände noo isch si no grau und wulchig.

Iez uf e Tupf eso hets ainisch z Rüneberg obe drygseh.

D Stross, wo vo Gälterchinden undenuechunnt, isch ganz wyss gsi vom Staub. Und die, wo uf Läufelfingen und im Bärg noo über e Hauestai goht, het aim grad an e Stubebank gmahnt, wo no d Abchratzete drüff lytt. D Ächer und d Matte hai a de Strossen und Wäg a bis wytt yne wyssi Plätz gha – aifach as wie der Stubebode der Chouscht und im Bank noo. Und zmitts i älblächtige Matten und ziegelbruunen Ächeren inn sy die wysse Hüüser ghöcklet – ime Hämpfeli Brotbrosme z glych. Die olte Schiidächer hai drygluegt wie d Fätzli vom undere Rauft und d Ziegeldächer hai aim an oberi Rauftflänggli gmahnt, eso bruun und schwerzelig, wie si gsi sy. Iez der Füürweijer dernäbe hätteter fürn es vertschläsmets Wygümpli chönnen aluege. Und uf alles das abe het ebe der Himmel glart, i säge: e früschgwyssgneti Bühni; grad ob im Dorf zue milchwyss und de Bärge noo grau und wulchig, aifach, wie wenn dört d Wyssgi nonig troch weer.

S isch aber au e Tag gsi dernoo! Haiss und deuschtig, wie mes sälte het. Der hait chuum möge ghipne, son es mildedienigs Wätter!

Iez wos afen am Dimberen ummemacht, nimmt der aint der Charscht uf d Achslen und schlarpet haizue. En andere goht im noo. Und gly ainisch ergwahret-er don es Trüppeli, dört e Zottlete. Allzsäme sy halig und lampig. Me brichtet nit as wie süscht. Ghöret nummen öppedie aine pyschten und gruchse: «Die Hitz! S wird aim ganz gschmuecht. Ää – die nundedienigi Hitz die!»

Und us de Chemi chräsme Räuchli und chläderen i milchig Himmel ue. Me stellt s Gschir näbe d Türpföschte, chlopft d Schue ab und luegt no ainisch, öb d Wulche nit wachse – und dinnen isch me.

Derno macht me si a s Fueren und Mälche. Und wils de Chessel under im Suter singerig z Muet wird und d Schwänz vo de Chüenen as wie der Plamper am Zytt hin und här plampe, do chöme juscht die Junge mit Bränten und Bückti i s Dorf yne. Si sy nom Zoben i s Aital abe go Wasser raiche, wil d Brünnen und d Sore sytt e paar Tage verlächnen und au der gross Dorfbrunne numme no tröpfelet.

Wos im Stal wider zwäg isch, goht men i d Chuchi. Nodisno lot au s Chläppere vo de Wäbstüele noo. Me rütscht a Tisch anen und nimmt znacht.

Nom Znacht isch men uuse. D Wyber hai d Strickete mitgno und d Manne d Pfyfe. Zerscht isch me none chly um s Huus umme gstopft und het d Sach im Garten und im Bungert gmuschteret. Wos aim dunkt het, es göng es Lüftli, het me der Chopf uufgha und d Räuchli aglueget. Die hai afo särple, wie wenn si d Schwyni hätte. Und graduuf sy si au nümm gstande; s het sen uf d Sytte glait. Aber ohalätz – gege Wiseberg zue! Also wider Oberwind! «Dä verfluecht Oberwind dä!» ischs aim uuse. Und «jäjä» het en andere gruchset.

Iez e Rung druuf isch men uf s Bänkli vor im Huus ghockt und het afo brichte – vom Wätter, vo der War, wo eso lydet under der Tröchni.

«A der Summerauholde gnagt scho der Brenner!» macht aine.

«Was du nit saisch!» hänkt en anderen y. «Jää, und scherp ischs, s chönnt d Charschtzinggen ummelitze!»

«Und s Gras do isch au scho so älb und het ekai Saft», lait e dritte druuf.

«He z Dunder denn au, das wird mer es Heuli gee!»

«Und hai erscht ygänds Maie!»

Däwäg hai die Ölteren und Olte gwärwaiset und gängschtet.

Ganz anderscht d Jungwar! Die het der Tröchni z Tratz nit numme Bäits und Scherps gchäut. D Chnabe hai si bi der Dorflinde zsämeglo – as wien en Imb, wo stosst. Me het echly zigglet, ghänselet und baschget, zletscht no geugglet und vo de Maitli gha. Und d Maitli hai si au afo zaige. Do isch ais vürecho, dört grad no ais. Me het ploderet und gigelet – und öppedie isch es Glach über e Dorfplatz trolet, wien e Chaigelchugelen über e Dilen und a d Chaigel a trolet. Oder das und dais und dä und daine hai afo pfupfen und sy ummepfödelet.

Iez wo afen es Dotzed oder zweu Maitli ummestönde, nähme si enander am Arm und laufe durvüren und durhindere. Nit lang, föje si a singe. Die Olten uf de Bsetzibänkli wärde still, heebe d Chöpf uuf. Und d Burschte luege de Maitli noo, guenen und verhandle lyslig d Jüppen und die wysse Hemliseermel, nodisno au d Waden und d Zupfe, wo mit farbige Bändel um d Bai umme bambele. Mit derzytt rütschts aim vüre, wie s Bäbeli es gmögigs Göschli haig. Und en andere chas nümm verschwyge, ass s Meili Arm und Wade het wie Ankebälleli. «Und die Gluuräugli, wo s Anneli macht!» bygt e dritten uuf. «Aber dä und dise tüei de nütigschte Tschöpe nooläle», chlemmt neumen ain ab. «Mendsch öppe di?» längt im sy Noochber i s Gschir; «i glaub, de haigsch di vertschnäpft.»

Eso chunnt vill vüre, mängisch ohni ass me wött – und no vill meh blybt dehinde, chydet aber wytters, wachst und blüeit uuf wien e ghaime Maijen imene ganz ghaime Gärtli inn.

Und bi däm Singen und Sinne, däm Brichte, Zäpflen und Gluschte rütscht die letschti Taghaiteri, wo no a de Gible hangt, süüferlig über d Muur ue bis a hohle Ziegel und hebt si e Schnuuf lang dört dra. Dernon e Ruck – und scho höcklet si uf im Chemi. Und none Satz – i rötschelig Himmel yne.

S het uusdimberet. S Dorf isch iez wien es Chind, wo schlofe wött, d Händli zsämelait und a d Bühni ue luegt. Lys chunnt d Nacht s Tal uuf, wüscht die chlynschte Flemli vo der Haiteri wie mit ime Schwumm uus und düüsselet über d Holden ue uf d Bärge. Scho gitt d Gloggen a und lütet Bättzytt. Me loost und luuschteret. Emängem sait si öppis, die Glogge. Nit vergäbe lot d Grossmueter d Stricketen i Schoss fallen und hebt d Händ zsäme. Nit vergäbe raicht der Grossvatter tief unde der Schnuuf. Und nit vergäbe stützt meh weder ai Ma und meh weder ai Frau d Ellbögen uf d Chnüü, hänkt der Chopf i die hohle Händ und luegt graduus i d Feischteri – und dänkt und sinnt noo – und vergisst alles zringsetumme.

Erscht, wo der Wächter chunnt, fots esi wider a roden under de Lüte. Er stellt sys Hoggelaiterli uf d Bsetzi und chnüüblet e Chehr i sym verläätschete Bart umme. Derno ziet er d Pfyfen us im Hosesack. Wo die brennt, fot er a lurtschen und rüeft sym Choschtgältbueb: «Se, Gäbi, chaisch s Laiterli neh. Und gimmer uf d Staiölchannen acht. Nit helde! Hesch ghört? Si rünnt obefer. Waiss der Tüühänker – nu, mach fletig!»

Der Gäbi bückt si und nimmt d Channen uuf. Aber kainen achtets. Alli luegen uf d Stross – und dais, wie wenn si gstarig weere. D Maitli, wo juscht vordure sy, blyben im Singe stecke, stönden underainisch still und löjen enander lo fahre. Worum au?

D Lampe vor im Huus schellt us der Feischteri, wo gege s Grütt und gege Hauestai zue lytt, e zimlig grosse, rane Ma.

Me muschteret in. Me boolt in a, ass de Wybere d Stricketen uf s Fürtech rütscht – und d Mannevölcher s Zie a der Pfyfe vergässe. Au der Gäbi lot s Laiterli stoh und dycht uf d Stross uuse.

Iez chunnt der ran Ma gege d Bsetzi anen und frogt der Wächter, wo der Presidänt wohni. Der Wächter sugt am cholte Röhrli und macht derno: «Hee, Gäbi, gang zaig ims!» Und der Gäbi goht mit. Me luegt ene noo, bis se d Feischteri verschluckt.

Äntlig schlot aine wider Füür a – und d Strickete föje schüüch a chläpperle.

«Zem Presi will er?» rütschts neumen uuse.

«Was ischs au für ain?»

«He, ämmel ke Hiesige!» hänkt der Wächter y.

«Dänk ain us der Stadt, er weuscht aim bigott nit emol d Zytt a!»

«Oder emänd e Wältsche!»

«Chönntsch rächt ha. Die Larifariauge!»

«Und dä Chüttel!» gitt es Maitli druuf. «Er längt im jo schier uf d Waden abe.»

«Und Lieschtlertuech chas au nit sy», ment e Frau.

«Aber erscht die glaschtige Chnöpf dra!» lot si e Mueter vüre.

«Dasch myseecht ain, wos im Schärme het. Oder mendsch nit, Ätti?»

«Päpperläpäpp im Schärme! E Gali isch so ain. He z dutterli-datterliwoll, Firlifanzzüüg, se wytt in d Hutt deckt!»

E paar Manne lache, d Wyber schnupfe – bis neumen es Maitli wider adräit: «E fürnähmi Gwandig het er ämmel, dais schläckt ke Gaiss ewägg!»

«Und der Gältseckel au nit, wo derzue ghört!» fahrt d Mueter wytter und schälbet zem Ätti übere, wie wenn si wött säge: Merksch öppis? Schuldig blyb der nüt!

Aber der Ätti zahlt no ainisch zrugg: «Bhüetis! Der Gältseckel vo some Wadechlopfer isch mängisch nit trächtiger as eusi Säublotere!»

«Hesch rächt!» chunnts vo der Mannesytte har. Und d Wyber stecke d Chöpf zsämen und chischpere.

Nodisno wirds still. Me lot noo dären und niggle. Me het mit den aigene Gidanke gnue z tue – und speechzget öppe durvüre, für z luege, öb dä arig Möntsch wider uuftuuchi.

«En erzäigelige Haichel isch er – daisch für mi as wie agnaglet», macht aine näbe der Pfyfe vüre. «Hejo, i deer Zytt in es frönds Dorf ynetrole – nu, me wirds no erfahre, mags au no so dräisse!» Do gitt im Dorf oben e Hund a. «Im Presi syn!» sait aine. Gly druuf chunnt der Frönd mit im Gäbi derhar. I der Hand trait er sy gross Filzhuet. Under der Lampe blybt er stoh. Me cha sys Gsicht gseh. Älbs Hoor het er, es ganzis Ghürscht. Und e Tschüppel hangt im über d Auge. D Nasen isch lang und wien e Weijeschnabel. Und uusgmangschleti Backe het er, ass der näbe de Muulegge die rainschte Düele gwahret. Aifach, en abgcharete Möntsch!

Wo der Gäbi s Laiterli und d Staiölchanne will go raiche, packt in der Frönd am Eermel und macht: «Do gohts uf Gälterchinden abe, gäll?» Dermit zaigt er mit sym noble Stäcke durhindere.

Der Gäbi nickt – und der Frönd neuset imene Schylitäschli umme. Derno fahrt er im Bueb über d Chruuslen und lait im es Gältstücki i d Hand. Der Gäbi vergelschteret schier. Der Frönd chlemmt in i d Backe, sait «adie!» zuen im und lot syni chiselgrauen Augen über d Lüt ewäggschifere. Derzue hänkt er e Lüppel ane, wie wenn iez d Augen über nüt anders weder Chüeplätter gschlipft weere.

E paar Schritt – und i d Nacht yne rütscht er, wien es Wäbstuelschiffli i die brandschwarzi War ynerütscht.

Der Gäbi blybt all no stoh und luegt dä gwichtig Batzen i der Hand a. Do macht der Wächter: «Se, zaig!» Er streckt im en ane. «E Taler ischs, myseel e luterlötige Taler!» fahrts im Wächter uuse. Er schüttlet in i der chnochige Hand, für z luege, öb ers au wäg – und gitt in derno im Nööchschte. «Nit?»

«Wowoll», sait dä und längt in wytters. Däwäg chunnt der silberig Pläpper vo aim zem andere – und alli wägen in und chehren in um und luegen enander a. Derby rütsche «jäjä» und «e, e, e, so öppis» uuse, bis es Maitli dryfahrt: «Es Trinkgält für die paar luusige Schrittli! Wär hätt das dänkt!»

Do schnellt d Mueter vüre, wo si scho ainisch zaigt und gwehrt het, zwitzeret und macht: «He, Ätti, wär het iez rächt? Glaubschs all nonig, ass s dä im Schärme het – und ass s so Mannegstabligs nit am dickschte hinder den Ohre trait?»

Der Ätti ziet eerger am Pfyferöhrli, bloost Rauch as wie Wulche gege d Lauben ob der Bsetzi und worgt an öppis umme. Aber er bringts wäder abe no uuse. Erscht e lange Rung noohär brümmelet er i Bart: «Mer wai no luege. Wär waiss, won ers har het!»

Iez wil dä Taler as wien e Ziegel bim Ziegellänge dur die ganzi Zylete duregoht, vergisst der Gäbi s Laiterli z neh. Er glüürlet allewyl sym Poschtebatze noo und vergütterlet schier. Do chunnt der Presidänt under s Liecht. «Gueten Obe», macht er. «Nobe», gitt men umme. Der Wächter strycht der verhürschtet Bart über d Nasen ue, ass er räuchnet wien e Motthuufe – und zaigt im Presi das Gältstücki. Dä hebts a s Liecht und sait: «Jäjä, e gültige!» Me verzellt im die Sach; aber der Presidänt macht nüt as: «Soso? Hmhm!» Derno gitt er der Taler im Wächter zrugg: «Er sell der wohlbcho – und waisch, der Gmain chas au rächt sy. Es dunkt mi ämmel, me chönnt iez am Choschtgält chly abzwacke. Mendsch nit au?»

«Jo bigott, das fehlti no!» fahrt der Wächter dry – und der Gäbi packt s Laiterli und d Staiölchannen und schuenet was gisch, was hesch haizue. Der Schnuderlumpe, won er barat gha het, für s Poschtegält dryzlyre, bruucht er iez aber für dais, won im us den Auge rünnt.

Underwyle het si der Presidänt uf s Bänkli glo. Er streckt d Stotze wytt vüre, schoppet d Duumen under d Hoseträger, won im d Frau scho vor der Hochzytt gstickt het, tätschlet die gsterkt Hemlibruscht e Chehr und fot a uuspacke. Gly ainisch isch s halb Dorf um in umme – e wohri Chnottete.

«S isch schynts e Hiesige», sait der Presidänt. «Und iez hätt im e Haimetschyn selle gee. Aber ebesomär! Hejo, i chenn in doch nit – und under eus gsait: I trou im neumedure nit ganz. Die Larifariauge, won er het – e Sibechätzer so ain! Ämmel suufer isch er chuum über s Nierstück, süscht hätt er en Uuswys oder der olt Haimetschyn oder e Brief vo Orts- und Standesbihörde chönnen anelegge. Aber nüt, rain stiribitzig nüt! Nu, so säg i halt, i chönn im nummen e neue Haimetschyn uusstelle, wenn er mer der olt oder süscht es amtligs Papyrstück zaigi.»

«Hesch rächt gha, Hanselihans!» rüeft aine.

«Hejo, mir hai doch eusi Vorschrifte – und zletschtemänd chönnt jo jedwäde Schnuderi oder Fischperi cho und e Haimetschyn heusche.»

«Und erscht no bhaupte, är syg vo Rüneberg!»

«Jää, und derno? Müesste mir emänd Armestüür zahle, ass d Schwarte chrache, wil jo die Lamaschiwar doch nüt as lumpet und verglungget. Nänäi, das feet me nit a! Mer sy nit vo Verwütschige – mir sy vo Rüneberg!»

Nomene Wyli nimmt der Presidänt der Fade wider uuf und sait: «Er bhauptet zwor, er syg e Sutter – wüsset-er, ain vo der Sippe, wo scho lang nümm hiesig isch, haisst das: der Ähni isch synerzytt uusgwanderet – i d Stadt oder no wytters. Und vor Johre hai mer im Gmainrot müessen e Schyn underschrybe, ass die Sutter vo hie syge – und ass mer bis iez nüt Nootailigs verno haige. Das stimmt alles und lytt so schön i der Fure, ass men ohni z wärwaise cha zuedecke. Au mag mi no bsinne, wie dä Sutter-Ähni ainisch e Bueb i s Dorf brocht het – jo fürn e paar Wuche. E verwennte, ugattige Strögel ischs gsi. Me het im ‹der frönd Hans› gsait. Iez plagiert er ebe, är syg dä. Aber i ha mer dänkt, es chönnt ainewäg en andere sy, wo vo däm ghört het und wo si as Sutter wil uusgee, für öppis z ergattere. S gitt jon e Huufe dere Laferi und Schlufichaibe s Land ab und i der grosse Wält uss. Me cha si nit gnueg inacht neh vor so Fötzelgschmeus. Und wenn i en uusgwachsnige Möntsch no nie gseh ha, se friss i halt nit alles, was er mer vorchäut. Und wemmer e Frönde will wysmache, är syg e Bürger vo hie, se wüsch i s erscht rächt under e Tisch, bis i der Biwys dervo i de Händ und vor Auge ha!»

«Brawo, Presi!» rüefts us imen Eggen uuse. «Do cheeme mer bös uf e Holzwäg, wemmen alles anehm, wie sis aim uf s Brot stryche.»

«Numme nit lugglo!» hänkt en anderen y. «Süscht hai mer gly ainisch Chrutt und Chabis durenander.»

E Rung wirds still. Do dräit wider ainen a, en uusgspeuten Alberi müess er scho sy, dä agäblig Sutter. Oder worum er denn e

Haimetschyn wöll – so rätschpätsch zwüsche Liecht oder z Nacht.

«Ebenebe», macht der Presidänt, «das ha mer au gsait. Er will schynts go raise – i s Wältsch, uf Frankrych yne – oder waiss der Tüggeler, wo ane! Item, i han im nüt Gschribnigs und nüt Gstämpflets gee – und dermit baschta!»

Me het none Chehr vo däm aigelige Haichel brichtet, won e Haimetschyn wöll und wo imene Bueb e luterlötige Taler gäb – e glänzige Silbertaler, nummen eso us im Schylitäschli vüregchnüüblet. «E, e, e!» het me gmacht, derby afo gihne, isch langsam uufgstande, none chly uf der Bsetzi ummegschlurpt – und derno underegange.

Jä, und dasch am sächste Maie passiert – nit hüür und nit färn; näi, vor meh weder hundert Johre, annen achzähhundertvieredryssgi. Und dä arig Frönd, wo do uf e Hau us der Feischteri uuftuucht und gly wider vo der chyttige Feischteri verschluckt worden isch, isch ainewäg und allem z Tratz e Hiesige gsi: der Johann Auguscht Sutter.

2

Und dä Sutter wött über d Gränze, scho möndrisch, wenn müglig. Do derzue bruucht er e Pass. Und dä chan er nummen im Stedtli go raiche. Au waiss er dört e guete Fründ: der Landschryber. Däm het er vor e paar Tage vo Burgdorf uus gschribe, er chöm öppen am Sächste zuen im, er haig no das und dais i s Gleus z bringe.

Iez der Landschryber isch grad us ere Sitzig hai und het si afe füm e Liggig barat gmacht, wo der Sutter aruckt. «Chly spotlächtig», sait er, «und wies mi dunkt, au matterdällig.» Dermit streckt er im d Hand ane.

«Soo?» brümmelet der Sutter. «Halt müed. Bi deer Hitz über e Hauestai uf Rüneberg duren und i der chyttige Nacht no uf Lieschtel abe...»

«Was?» vertwütschts im Landschryber. Er luegt sym Bsuech i d

Auge, wie wenn er öppis wött druusläse. Derno goht er mit im i d Chuchi, lait s Brot uf e Tisch und raicht im Chäller es Chrüegli Wy. Der Sutter luegt umme, tuet s Bruschttuech wytt uuf und wüscht mit sym grosse Nastech der Schwaiss ab. S isch im nit rächt wohl, er rangget ämmel mehr as nötig am Halsbrysli ummen und rütscht allbott hüscht oder hott dure.

Nu, me schänkt y und macht Gsundhait. Und wo der Sutter nonig will apacke, do gitt im der Landschryber es Schüpfli: «Se, gryf zue! Es wird der doch nit öppe z gring sy. Nüt für uguet! Waisch, d Frau isch scho im Bett – mer hai wäger nit glaubt, ass d hinecht no chunntsch. Jo – und i ha none Sitzig gha, e verfluemereti Lyrilarisitzig, ass i so muess säge. Jäjä, eusers Ländli, Hans! Eusers Ländli! Mai, do chaisch go büselen und bäsele. Numme, s isch ebe nones Buschi, und d Buschiwar will dur s Band ewägg verdudelet sy.»

Der Sutter het nit yghänkt. Er isch all no doghockt, wie wenn in settigs e Dräck agieng. Blos ainisch etwütschts im: «S gitt schynts überal öppis.» Und dermit gluurt er uf d Füürschtet. Erscht, won er afen e paar Mümpfel dunde het und s zweut Glas am Bödelen ummemacht, nimmt er e Ruck und sait: «Gäll, de wötsch wüsse, worum i aigetlig cho bi? Wägem Pass. Sett uf Frankrych.»

«Gschäftlig?»

Der Sutter fahrt echly zsäme – unds fot a jäse. Aber er maischteret si und sait: «Jä, gschäftlig.»

«Guet», macht der Landschryber. «Dä Pass cha me bsorge. He, waisch was! Blybsch jo by mer. No gönge mer zsämen uf d Polizeidiräkzion. Die Sach isch gly im Blei. Und überhaupt, es het doch derwyl! Frankrych springt nit furt. Oder wötsch öppe go erbe?»

Der Sutter bysst uf d Zehn, und under sym Heuel föje d Augen a glumse wie zwo Glüet, wemme drachuucht. Er trinkt fletig uus und sait: «Mer wai dänk! Morn isch au e Tag.»

«Gwüs isch morn au e Tag, haisst das – hütt!» macht der Landschryber. «No was für ain! Aber säg, worum hesch nit d Poscht gno über e Hauestai yne? Hejo, so euergattigs – i mende...»

«Wil i gärn lauf!» chlemmt der Sutter ab und stoht uuf.

Der Landschryber goht mit im i s Stübli, zündet a. «So denn», sait er, «do weer das Wärli. Lo ders wohl sy und schlof dy Hauestaimüedi uus. Settigs darf nit z lang in aim inn blybe, es chönnt ahocke wie s Chalch i der Pfanne. Und dais het me nit gärn – oder?»

Der Sutter sait nüt. Aber won im der Fründ d Hand anestreckt, goht er ganz nooch uf in zue und macht: «Du, no öppis wägem Pass. S isch ebe sonen Item. I ha nämlig my Haimetschyn neume verlait, waiss der Gugger wo! Churz und guet, bi also uf Rüneberg, fürn e neue z raiche. Aber vergäbe. Bi abblitzt. Iez ohni...»

«Abblitzt, abblitzt! De wirdsch zuen ere Uzytt cho sy», fahrt der Landschryber dry. «Das wird si scho mache. Ämmel i s Bett chaisch afe glych. Und derno isch morn, also hütt, wenn d as Zytt luegsch, au none Tag, wie de sälber gsait hesch. Nit? Do hai mer dänk gnüeglig Wyl und Glägehait, die Sach schön z raitle. Drum vertue di rächt und schlof di ghörig uus, Hans!»

Der Sutter nickt. Und wo der Landschryber uuse will, hebt er in am Eermel zrugg und macht nonere Chehr: «Was i wött säge – gäll, de luegsch ze myner Frau, wenn i furt bi. Waisch, me cha nie wüsse, Marti.»

Der Landschryber stuunt wie ain, wo nit rächt verstande het. Zerscht dunkts in, das sett allwäg sone halbbatzige Witz sy. Won er aber merkt, ass s im Sutter hailig ärnscht isch, do sait er doch: «Was sell iez das wider – ze dyner Frau luege? I? Jää, hesch im Sinn, lang furtzblybe – i mende – ebe lang?»

«Aigetlig nit», lait der Sutter druuf. «Aber s goht emängs anderscht, as mes usgheckt het – unds duuret lenger, as s aim lieb isch.»

«He, loos men a! E bravi Frau, e huusligi Mueter – und erscht no, säge mer iez: i gortnete Verheltnisse – do sell me go luege? I go luege? Aber iez bisch zyttig, Hans! Mach mi nit z lache! Ebenebe, die Hitz der ganz Tag dure, si het der allwäg i s Dach gschlage. Chehr di nummen ainisch um und lueg i s Larveglas. Was

gwahrsch? Gäll, d Müedi, wo der zue den Augen uus hangt. Undere mit der! Waidlig undere! Süscht stolperisch no drüber. Guetnacht, Hans!»
E feschte Handdruck – und zwo Türe gare.
Emänd mendet er iez, hinder dene zwo Türe haig me würklig gschlofe. Lätz zylt, der Schutz goht über d Schyben uus. Afe het si i der Bsuechsstuben ain bold uf die Sytte dräit, bold uf die anderi, wil ebe der Schlof eke Wäg zuen im gfunde het. Und worum nit? Es sy Sorge do gsi. Die syn ech wien es Dornghürscht um dä Sutter gstande. Meh! Hinder däm Ghürscht het si none gwoltigi Muur dick gmacht: e staiheerte Chyb.
Und im linde Mueter-Vatterbett ischs au nit vill besser gange, ämmel uf der ainte Helfti nit. Der Landschryber het fryli kaini Sorge gha und e Chyb aigetlig au chuum. Derfür öppis anders, won in gwurmt het: das arig Gsün vo däm Sutter. Er isch zwor all quasi es Rätsel gsi und e Haichel derzue. Aber däwäg, näi, däwäg het men in no nie gseh. Und schliesslig: Isch er denn nit e Gschäftsma, e Gschäftsheer sogar, wo si doch waiss z chehre, wenns ainisch chrumb goht? Und tätsch stoht er aidwädere Tags verdatteret, duredur zermürset vor aim zue, worget an öppis ummen und bringts um alls i der Wält nit uuse. Är, wo scho überal ummegfahren isch und wo vo chly uuf nit zue den Abeschluckere zellt het, nit emol zue de Hinderewolchere – är, juscht är bringts nit uuse! Der Gugger waiss, was do gangen isch!
«So go häijen und älehüpp abraise!» brümmelet der Landschryber über s Lyntuech dure. «Wäge Gschäft – hm, dä cha men au heebe! Grad hüschthott und überzwäris wien es Schutzgatter goht me nit uf Gschäftsraise... Und i sell zue der Frau luege? Jää, für se sorge? Oder wie?»
S Spüeli lauft, lauft all wytters und will nie ferig wärde, wenn scho der Suhn vomen uusnähm gschickte Wysitör dra trybt, ebe der Landschryber. Fryli, so gege Morgen ane sürmelet er doch afe: «Sygs, was s wöll; aber öppis ischs, jowoll! Scho die Fisigaggiauge, die Backe, d Chritz und Chräbel um s Muul umme – s gnagt aifach an im!»

Iez nom Zmorge sy der Sutter und der Landschryber s Stedtli ab gloffe. Si hai mitenander uf s Polizeibüro wölle. Aber uf im Gräms vor der Tür macht der Sutter: «Du, aigetlig – jo, giengs ächt nit ohni mi? I sett ebe no go Kummissione mache – waisch...»

«Fryli», längt im der Landschryber dry. «Numme, bisch öppen am Ölfi wider do, he? Mer gönge derno zsäme hai.» Dermit goht er yne – und der Sutter lauft gege s Züüghuus hindere.

Wo der Landschryber i s Büro chunnt, frogt er zerscht, öb der Polizeischeff umewäg syg. «Näi», sait der Schryber, «er het laider furt müesse, uf Aarau.»

«So? He, i däm Fal schrybet Dir e Pass, Herr Wäber. Uf e Name Johann Auguscht Sutter, mit zwee Tee. Er sett eben uf Frankrych.»

«Hait-er e Schyn vom Gmainipresidänt, Herr Landschryber?» frogt der Wäber. Und derzue stellt er der Chambe nit übel, d Gaisfädere, won er all so schön uf im rächten Ohr het, weer ämmel bime Hoor hindenabebürzlet.

Der Landschryber lüpft d Achsle: «Näi, nonig. Aber das blybt si jo glych. I will Ech in bsorge. Und zue däm: Der Herr Sutter isch e guete Fründ vo mer. I nimm a, das längi.»

«Länge? Näi, Herr Landschryber, das längt no lang nit!» gitt der Wäber umme – und lächlet wie ain, won e faisse Trumpf i de Hände het. «Ohni Haimetschyn kai Pass – Herr Sutter har oder dar. Mer mache do kainerlai Uusnahme, wies anderwyttig jo zsäge zem guete Ton ghört – dänket nummen a die bravi, frumbi, liebi Stadt! Aber mir Landschäftler wai doch nit zweuerlai Lüt ha – Bürger isch Bürger, und e Republik blybt e Republik, fertigschnätz! Überhaupt, der Diräkter wurd mer schön, owolle!»

«He, was dais agoht, se will i s scho uf mi neh, Herr Wäber», sait der Landschryber. «Und s ander – vo zweuergattig Lüte redt jo niem. Es handlet si blos um e Fründ. S Drumunddra wird no bsorgt. Und bis s bsorgt isch, stohn i sälbverständlig guet derfür. Was sett iez no fehle?»

«Ebe der Haimetschyn, Herr Landschryber, der Haimetschyn!» sprützts im Wäber uuse. «Und Dir wärdet doch nit glaube, ass i öppis Ugsetzligs – näi, dä Pass mach i nit, Heer Landschryber! Mynetwäge cha der Scheff ohni Schyn Päss uusstellen uf tuusig und zrugg – daisch derno sy Sach. Aber wie gsait: I tue my Pflicht. Alles ander goht mi nüt a – und dermit Streusand druuf.»

Echly duuch isch der Landschryber uusegange. Er het si nit gly a d Arbet gmacht, isch no do und dört ane go froge, wie das Züügli am beschten yzränke weer. Won er zruggchunnt, trifft er juscht der Sutter im Gang. Er brichtet im, wies stoht, und macht schliesslig: «Äppa, iez schryb i aifach uf Aarau. Der Polizeischeff sell vo dört uus e Pass bsorge, wenns doch so prässiert.»

Der Sutter nickt, goht aber nit mit d Stägen uuf i d Landschryberei. Er lauft im Erm umme, wie wenn in es Wäschpi gstoche hätt. Und won im der Landschryber no rüeft, er sell denn uecho, do schränzt er ab: «Jo doch!» – und blybt ainewäg dunde.

Öppen es Viertelstündli spöter isch der Landschryber wider i Gang abe. I der Hand het er der Brief gha. Er luegt durhindere, luegt durvüre – kai Sutter. Er lauft hin und här und rüeft. Kai Antwort. Er goht voruusen und schnuerstracks haizue, wil er animmt, die Sach syg im Sutter z lang gange, er haig si allwäg gege Tisch zueglo. Aber er findt in au dört nit. Der Sutter isch niene. Was schwätz i do! Er isch fryli neume. Nämlig uf der Stross gege d Röseren ue. Und er bruucht gar nümm z minggmanggle, er will no über e Schämperg und Stierewold i s Birstal abe. Drum ziet er uus wie gsteukt.

Iez wien er so lauft, wird juscht e Steckbrief i s Polizeibüro glait. Der Wäber gseht, ass s ain vo Bärn isch, längt a d Fädere hinder im Ohr und liist. Scho zäberlets um d Muuleggen umme. Underainisch schiesst s Bluet i Chopf, der hättet chönne mende, es syg e Rotbäckleröpfel vor an ech und zwor ain, wo uf s Drybysse plangeret. Nu, blybe liggen isch dä Rotbäckler nit, jo, so uf im Tischrand. Uufgumpet isch er wien e Gummiballe! Und iez springt er überue, uf d Landschryberei. Aber dä, won er suecht, isch nümm do. Der Wäber stutzt. Ufs Mol vertwütschts im: «Das muess er gseh! I däm Momänt no gseh!» Scho chehrt er um und schnützt an allem dure was gisch, was hesch zem Landschryber hai.

Er isch nonig im Huusgang und rüeft scho: «Herr Landschryber! Heer Landschryber! Mer hais! Mer hais!»

Ganz vergelschteret nimmt der Landschryber dä Steckbrief i d Händ und wött afo läse. Aber der Wäber zeechlet und zaigt mit im Finger wie mit ime Pfyl uf ai Stell. «Johann Auguscht Sutter von Rünenberg», brösmelet er vüre – und der Landschryber wird wyss wien es Lylache.

Won er si wider echly ritteriert het – s isch frylig e Chehr gange; die Sach het in z fescht apackt und agschämmt – i säg ech, do macht er: «Jää, lueget, Herr Wäber, vo däm waiss i nüt. Dasch mir eso neu wie Euch sälber. Und won er iez mag sy, waiss i erscht rächt nit. I suechen in wie Dir. He, z Dunderli au, was sy das für Sache! Wär hätts glaubt! Nänänänä...»

I deer Zytt, wo der Landschryber und der Wäber no verhandlet hai, wies sell wyttergoh, isch der Sutter grad amene Wydstock gstanden und het d Schue und d Strümpf abzoge, wil in d Füess gschmirzt hai. Um e Blauen ummen und z durab hets Wulchen uufbigen öppis grüüsligs. Und der Sutter isch nonig lang wider gloffe, isch e Luft undenuecho wie nit gly ain. Er het bigoch imene Fuerme z glych gseh, wo d Gaisle schwingt, ass s numme so pfyft. Und er muess se rächt gschwunge ha, die Gaisle, d Wulche sy ämmel wüescht abcho derwäge.

Fryli, e Chehr hets der Sutter dunkt, dä grauschwarz Wulchechnüngel hocki as wien es Ughüür brait über im Elsis und tüei nüt weder chuuche. Aber woll! Gly ainisch hets doch afo pyschten und isch all meh gege Jura zue gschnogget. Und uf s Mol gitt im der Luft none Zwack, ass s mutteret und gruchset. Es pärzet vürsi und chyschteret derby wien es Gsüchtewybli bim Wasserträge. Numme, der Luft schynt nonig gnue z ha a däm. Er hürnt und jeukt d Wulchehünd uuse. Die belfere, chnarflen und pfätze. Do fahrt aber Läben is Wulchenughüür, potz tuusig! Es haut mit syne talpige Tatzen und mit im verzotzlete Schwanz uf s

Elsis abe, wie wenn alles z Schmurzen und z Fätze müessti vertällt sy. Und lueget a! Überal chunnt Füür vüre. Und das sprützt, ass s vom Schwarzwold bis zue de Vogeese duren afot zeuserlen und lälle – huu, wätterlaichnets!

«Iez ischs aber Zytt!» macht der Sutter und lauft, was er zue de Bainen uusbringt. Und der Luft fuchtlet allewyl eerger mit syner Gaisle. Das zwickt und zwackt, das chlöpft, wie wenn e Tür zueschletzti. Und im Buuch vom Wulchenughüür fots a chrose – wupp! – speuts ai füürige Chlumpen am anderen uuse. Das püfferet, präglet, tätscht – es chönnt waissgott bumberdiert sy. Und der Luft lacht e Schübel. Derzue schlänggeret er d Gaisle wien e Reubsche. Aber sys Peutschen und Mütsche trait nüt meh ab. S Ughüür schürkt fryli die Wulchehünd, wo afe wai hümpele, none chly vürsi, blos, s Gjäbel hört uuf. Derfür tuets aberägne, der chönntet mende, im Himmel obe haige si Buuchi und si syge juscht am Chnöötsche, so chunnts nidsi, ai Platsch uf en andere. Und wies chlopft uf de scherpen Ächere! Aber nit lang – unds tönt us de Matte wie gsöderlet. S chlynscht Greesli fot a lurtschen und nunnele. Und der chleckig Boden und alles zäntumme lütteret eso gyttig, as dörft ekais Tröpfli fürblybe.

Fryli, der Sutter isch nit e Hick vergelschteret gsi ab däm übersünige Wätter. «Tue numme!» het er öppe vorabegsait. «Dasch mer chillig! Es wätteret immer innen au.» Dermit isch er über s Bruederholz gegen Oberwil zue cho. Aber nit, ass er dur s Dorf weer. «Wär waiss!» het er gmacht, won er die erschte Baumgärte gwahrt – und der Rank gno.

Im spötere Noomittag isch er nümm wytt vo der Gränzen ewägg gsi. Rächt, het er dänkt; das Jäble het im afen i d Bai gschlage. Und pflätschnass isch er au gsi, i de Schuene hets numme so gchnätscht.

Wie uf e Wousch gwahrt er satt a der Gränzen a es Heuhüüsli. Er lauft drumummen und spärberet dur d Chleck. Won er gseht, ass s leer isch, dycht er ynen und suecht es Plätzli zem Ligge. Derno ziet er si ab und hänkt sys ganz Wärli an ais vo de Treeme. Der

Luft strycht ane. «Bloos ghörig, bloos!» sait der Sutter. «So isch das Züüg morn wider troch, ämmel bschläsmet.»

Und s Gwitter het si verzoge. Ainewäg gitts e chuttigi und chyttigi Nacht. Der Sutter wött schlofe. Er rülzt und dräit si. Underainisch hockt er uuf und gleest in en Eggen yne. Es wird im schier trümmlig. Aber zletscht übermag d Müedi. Der Sutter lot si legge, vertnuckt und träumeret, wie wenn er Hitze hätt.

Duss stillets. Der Luft hänkt ab. Öppedie nones Pütschli und e Sprutz. Süscht aber röhrlets regelrächt – und so fyn, wie wenns dur e Seechter chiem. Das däselet uf s Heuhüüslidach, ass s tönt wie s Plöderle vome Chind oder wie s Brichte vom Nänni a der Wagle.

Und iez traumts im Sutter. Er gseht in sälber im Aital unde, as Bueb, wo im Giesse badet. Scho duss und i der Oberhairechgumpi! Er probiert Foräll z fo – mit der blose Hand. Ewägg – und Rüneberg stoht do! D Buebe hain e Hurlete. Und är häijet und trybeliert mit enen umme, was gisch, was hesch. Si mache jo Jeegerlis und Indianerlis. Und iez verschnuufe sin e Rung, juscht under im olte Nussbaum – und är, «der frönd Hans», verzellt Räubergschichten und Heldetate, bis s allen andere gruuselig oder ämmel gwunderig z Muet wird.

Der Sutter chehrt si uf d Sytten und gruchset. Aber scho goht der Traum wytter. Der Ähni tuucht uuf mit sym wysse Bart, der Ähni, won in ainisch uf Rüneberg brocht het – «i d Haimet». Und wider ewägg! Uf s Mol stönde Hüüser do, ganzi Räje. Basel! Und e Bygi Lüt und vill Drotschge! Der rainscht Umpaissehuufe, so graglets! Und d Ross hai jo chlyni Zipfelchäppli über d Ohren aglait, wyssi und roti und blaui. Wie Düümlig! Aber iez chunnt der Ähni zwüsche de Hüüsere vüren und nimmt ihn, der Hans, i d Fabrik. Die Walzen und Reeder! Und under de Walze vüre drückt e Dile Papyr, wo ganz läi isch und füecht.

Im Sutter syni Händ fahren über e Bode, wie wenn si öppis wötten abwüsche. Er verwacht schier drab, chehrt si aber uf die anderi Sytte – und der Traum haschplet wytter. D Chandererwuche stygen uuf. D Mueter stoht am Gartegätterli. Si het öppis under im Fürtech. Iez goht si s Wägli ab in e Chläpperhütte. Und iez sitzt die ganzi Familien am Tisch. E paar fürigi Täller sy uufbige. Scho chruckle schweri Schue dur en Erm. Es chlopft a d Tür. Und yne chunnt e Bättler, ihm noo es Ummeziemandli oder süscht sone Chreezejoggeli. D Mueter winkt, si selle zuerütschen und mitha.

«Mueter!» fahrts im Sutter uuse. Er schiesst uuf und rybt d Augen uus. Zerscht bsinnt er si lang, won er au syg. Derno brümmelet er vorabe – und halber im Schlof: «Jä, si hai sen uusetrait. Und der Grossätti hätt selle d Red ha, wil sis sälber so gweuscht het. Aber er bringt ekes Stärbeswörtli vüre – nummen e lange Psalm. D Mueter in ihrer ärnschte Tracht – e Markgräflere duredur! Wie hets mer ammet gsait? Der Stärn! Du Guldchnopf! Bis i Sächsi gsi bi und der Zweut agruckt isch. Aber au derno hets mi all no bsunders gärn möge. I glaube schier, i syg ere s Erscht und s Letscht gsi. Und si mir? Miss i nit jedwädes Wybervolch, wo mer i Wäg trampet, a der Mueter? Jedwädes Wybervolch – unds isch nüt. Kaim gilt i alles. Mueter! Aber öppis hesch mer mitgee, Mueter! D Freud am Schöne, d Freud am Läse, am Verzelle! Waisch, so verzelle, ass s chunnt, wie us im Eermel gschüttlet. Oder wie us der Brunneröhre s Wasser – anenander – allewyl…»

Mit däm lait si der Sutter a und goht vor d Hütte. Zerscht stopft er none Rung hin und här. Derno nimmt er e Ruck, luegt gege d Morgesytte duren und sait: «Es muess goh!»

Dasch s Letscht gsi, wo der Sutter hiehar vo de Marchstaine gsait het. Mit lange Schritten isch er uf Neuwiller zue.

3

D Sunn het d Wulchedecki furtgspaicht. Blutt isch si uf ihrem bläutschelige Bett gläge und het der Chopf über d Chopfeten uus gha, ass die guldiggäle Hoor über s wullewaich Douschtchüssi abeghange sy. Und wien es Maitli voll Mugge het sin e Chehr zwitzeret und d Bärgen und d Holden aglächlet und derno in alli Chrächen und Teeler gspeechzget, für z luege, was öppe los isch. Es muess ere nit übel gfalle; si stoht ämmel uuf und lauft langsam überdure.

Uf der ainte Sytte gwahrt si der Sutter, wo juscht über d Volchisbärger Höchi schuenet. Änenabe chunnt er zuemene Bächli. Er chnüündlet ab und schöpft mit der Gauffle Wasser. Derno gumpt er uuf und lauft im Bächli noo durab i s Tal.

Uf der andere Sytte gseht d Sunn aine z Rüneberg oben a Tisch rütschen und ässe: der Landschryber vo Lieschtel. Dä het vorhär bim Presidänt ummegfrogt, was i Sache Sutter gange syg; aber er isch nit uf sy Rächnig cho. Me het im au nüt anders chönne brichte, as d Gschicht wägem Haimetschyn. Settigs ghei in nüt, het der Presi no gsait. Numme der Gäbi, wo bi der Poscht gstanden isch und im Landschryber quasi wie gweuscht i d Bai trampet, het es Gsätzli derzue gha. «S isch e guete Ma», het er gsait und derby ganz wässerigi Augen übercho.

Iez nom Ässe het der Landschryber sys Wärli wider uufgno, isch i d Poschtgutschen und über e Hauestai gfahre. Z Olte het er gwächslet. Imene neue Wagen und mit früsche Ross isch er z Oben uf Burgdorf cho. Er het im «Bäre» für Quartier gfrogt und nom Znacht bime Glas Wy sy Plan uufgsetzt. Zerscht wöll er der Frau Sutter-Dübeld es Bsüechli machen und luege, wies aigetlig stönd. Derno chönn er bi ihrer Mueter no achlopfe – und zletscht emänd zem Pfarer und zem Stadtschryber goh.

Wil der Landschryber alli Froge, won er möndrisch wött stelle, no ainisch muschteret und derno büschelet, lauft der Sutter scho stundelang sym Bächli noo, chunnt a braite Matten und Ächere verby und dur Dörfer dure, wo d Hüüser wie buschperi Burschte, wohlgstallti Mannen und bhäbigi Frauen uusgsäje. Wie wenn si e Maijen ygsteckt hätte, so grüesse d Sinzen und d Chrüzstöck mit ihrne Grani. Öppe lütet e Glogge, öppe gitt e Hund a.

Und bis tief i d Nacht yne lauft der Sutter, all mit im Bächli, wo afen e Bach worden isch – und all Richtig Kolmar. Dört hofft er sys Bagaschi, zwo Kuffere, z finde, won er scho lang «poste restante» voruusgschickt het; derzuen e gwichtige Brief vom Bärnerfründ: es amtligs Schrybe, ass är, der Sutter, s Rächt haig, dur Frankrych duren a s Meer z raisen und si z Le Havre für über s Gross Wasser yzschiffe.

Z Burgdorf oder z «Burtlef», wie si säge! Gly nom Zmorgen isch der Landschryber i d Schmittegass gange, wo der Sutter sys Huus gha het. Undeninn isch der Tuech- und Churzwarelade gsi. Im obere Stock het d Familie gwohnt.

Der Landschryber het a der Türglogge zoge. E helsere Ton isch uufgschüücht worde; aber d Tür isch ainewäg zuebliben und vo Schritten oder Stimme het men au nüt ghört.

Der Landschryber ziet no ainisch a der Glogge, dasmol feschter und lenger. Überobe fliegt neumen es Läufterli uuf, es blaichs Frauegsicht luegt uuse – wie verstört. «Grüess Gott!» rüeft der Landschryber; «nummen i bis, der Götti vom Lyseli.»

«Aa – soo?» vertwütschts der Frau Sutter. Fletig macht si s Läufterli zue und chunnt abe. D Bigrüessig isch früntlig, aber echly mutz. Die Zweu gönge dur e Gang und d Stägen uuf. I der Stube sait d Frau Sutter: «E gsägnete Willchumm! I bitt Ech, vorlieb z neh.»

Der Landschryber lait ab, lot si uf e Stuel und suecht syni Wort zsäme. Aber er findet se nit glaitig. D Stube dunkt in so arig und d Frau, wo si wysewy a Tisch gsetzt het, luegt dry, wie wenn si wött abwehre.

Mit derzytt chunnt doch es Gspröchli z gang, ais Wort gitt s ander – und der Landschryber vernimmt vill meh, as er gahnt het.

Es göng ebe scho lang bachab, mit im Gschäft, mit de Verbindige, mit der Familie, mit allem. Si stönde vor im Konkurs – und iez syg er furt, der Ma. Er wöll öppis Neus go sueche, änet im Grosse Bach. Aber si haig er do glo, si mit de Chinde. Und ime Huufe Schulde, ass s Liggen aim wehtüei. So ain syg e Fötzel!

Der Frau drückt s Augewasser vüre. Der Landschryber gaipschet. S isch still. Me ghört nüt weder s Zytt a der Wand – und öppe schnüpfele – und öppe leer schlucke.

Do findt der Landschryber der Rank und sait: «I will mys Gotteli und der Emil mit mer neh, wenns Ech rächt isch. D Frau und i wai ene luege, bis men uusegseht. S isch kais Uglück so gross, es birgt au es Glück im Schoss! sait me.» D Frau Sutter schreit uuf und wehrt ab. Nodisno längt si aber doch d Hand über e Tisch und dankt im Landschryber für der guet Willen und die gueti Tat, wo si z Lieschtel wölle tue.

Der ölter Bueb chöm allwäg zue der Mueter, sait si nonere Chehr, und der Alfönsli, wo iez zweujehrig wärd, bholt si mit im Chlyne byn ere. Die haige d Mueter no gar nötig. «Jä, wär hätt das dänkt!» macht si underainisch wie us ime Traum uuse.

«Wär hätt das dänkt!» hänkt der Landschryber wien es Sigel dra.

Me chönn fryli nit säge, är elaigge syg tschuld am ganzen Eeländ, fädlet d Frau wider y. Es hang eben alles zsäme. Vor der Hochzytt syg er also Gummi gsi und Ladediener i der Spezereihandlig Äschlima. «Aber das het im a kaim Egge passt; er het wölle der Heer spile. Nu, d Mueter het ghulfe. Und im Augschten achtezwänzgi het er das Huus gchauft. Im Afang het no der Seelhofer mitgmacht. Dä isch all chrenklig gsi – het d Schwyni gha. Aber das het der Ma nit abgholte, neui Plän uuszhecke, all no meh und no Verrückters z woge. Und wo derno d Gwärb- und Handelsfreihait verchündet worden isch, do het in gar nüt meh chönne zruggha: Är het aifach bstellt und druflos gspekeliert bis an es grads Nünevierzgi. Nit vergäbe hai mer vor zweu Johre mit de Gläubigere müessen e Vertrag abschliesse, ass si numme none Viertel vo der Schuld heusche. Nit vergäbe het si der Seelhofer ame schöne Tag aifach dervogmacht und derby s halb Warelager mitgno. Es het im zwor nümm vill gnützt – er isch gly druuf gstorbe. Aber eus het er doch die gmainsame Schulden uufghalset. Zem Glück het d Mueter s Huus gchauft und eus as Mieter drinn glo. Der Ma isch im Land umme go Chunden und Uufträg sueche. S isch wider echly obsi gange. Aber do het der eergscht Schlag yneghaue – und nüt meh isch z rette gsi.»

«Der eergscht Schlag?»

«Der Ma het synerzytt sy enzig Brüeder, der Jakob, lo cho – und dä het my Schweschter, s Mary, ghyrote. S isch nit guet gange. Der Jakob isch e Nütnutz, wien er im Buech stoht, het nüt as gfuulänzet und glümpelet bis an e Tubak. Nu, si sy scho no zweu Johre gschaide. Zem Glück sy kaini Chind umewäg. Iez sell er z Gämf sy, dä Usurp – oder waiss der Himmel, wo.»

«Das het aber nit Euch pärsöndlig troffe.»

«Und doch! D Mueter het afen übergnue Sutterigs gha, het si zruggzoge – und au eus nüt meh gee, nit e rote Chrüzer! D Schulde sy aber gwachse. Scho vor ime Johr het der Ma müessen ygseh, ass s numme no ai Wäg goht: Bankrott mache – und i s Zuchthuus abfracke.»

«Jää, iez bigryf i non emängs! Vo däm allem han i nit s gringscht gwüsst.»

«Unds weer nit so wytt cho, wenn er der Chopf neumen anders gha hätt. Aber der Heer spile, über d Schnuer haue – ohni z froge, wo das no ane sell – däwäg isch gly uusgchüechlet.»

Der Landschryber nickt und trümmelet mit de Fingeren uf im Tisch umme.

Nonere Chehr raicht d Frau Sutter wytt unde der Schnuuf. Es tönt wien e Süüfzger. Und wie für se sälber macht si: «D Mueter isch all dergege gsi. Si hets voruusgseh. Aber i han ere nit gfolgt. Und iez chan i bis a s Grab Eeländ und Schand schlucke.»

«Nänänä!» wehrt der Landschryber ab.

«Bi halt au blind gsi», grynt d Frau Sutter wytter. «Es dumms Maitli! Ha mi lo yneh vo sym früntlige Wäse, syne höche Plän, syne liebe Wort. I der Ängi uufgwachse, nüt gseh und nüt ghört weder die aigeni Familie, s aige Gschäft, s Stedtli und was aim der Tag so anebringt. Do chunnt är! Lüpft mi us däm gwöhndligen Ainerlai uuse. I lo mi mitneh, mitrysse – und alles isch nüt weder Lug und Trug. Jä, d Auge sy mer fryli uufgange, aber z spot, villvill z spot. Hätt i numme der Mueter gfolgt! Hätt i numme...»

Si cha s Gsätzli nit ferigmache, s Augewasser lauft ere d Backen ab. E Ruck – si schiesst uuf, stoht a s Pfäischter und hüült und schluchzget wien es Chind.

Der Landschryber stoht au uuf. Er wött go tröschte. Aber wien er asetzt und e paar Wort will vürebrösmele, schüttlet e neue Sturm d Frau, as weer sin es churzwurzligs Bäumli. «Nit so heert!» chlüüslet der Landschryber. «D Sunn isch all no do! Und der Lieberheerget au! Und Fründ sy do, wo wai hälfe.»

Do chehrt si d Frau Sutter um, fahrt mit im Fürtech über s verbrüelet Gsicht, schnellt uuf und sait: «Das sell i glaube? Glaub überhaupt nüt meh! Alls isch gege mi, alls, s ganz Läbe.»

Der Landschryber lait ere d Hand uf d Achsle: «I bigryf Ech, Frau Sutter. Der syt ganz verwirlet. Der findet der Nöhtlig nümm. Aber wenn Der gsäjet, ass mer luege und sorge, derno glaubet-er au wider an Obsigänd. I bi also do, für s Lyseli und der Emil mit haizneh. My Frau wird e Freud ha. Und mer wai die Bürschtli holte, wie wenn si eusi aigene weere. I lueges as es Zaijen a – mir hätte jo so gärn Chind und hai ekaini!»

Iez macht d Frau Sutter doch grossi Augen und über d Backen und d Muulegge zäberlets wien es verschüüchts Sunneschyndli. Si drückt im Landschryber fescht d Hand und chischperet: «Dankgerschön.»

Do schället d Glogge, helser und ruuch wien es verroschtets Gartegätter, wo räzt. D Frau Sutter fahrt zsäme: «Si chöme!»

Der Landschryber luegt sen a, wie wenn er wött froge: «Wär chunnt?»

Bim Uusegoh verzellt d Frau Sutter, es syge d Kummissionsheere, wo der Bstand wöllen uufneh, schetzen und versigle.

«Do müesst Dir dänk derby sy?»

«Laider!»

«Derno säg i adie und chumme vilicht nom Mittag wider.»

«Wenns Ech nit z vill isch, gärn!»

Der Landschryber lauft mit der Frau Sutter d Stägen ab, grüesst die Heere, wo mit Mappen und Schrybzüüg vor der Tür stönde – und goht zer Frau Dübeld.

Si wohnt amen Egge vom Stadtplatz, müesset-er wüsse, und zwor in aim vo de gröschten und schönschte Hüüsere z Burgdorf. E Magd macht d Tür uuf. Der Landschryber grüesst und mäldet si a. D Magd will go froge, öb d Frau Dübeld yverstande syg. Wo si d Tür i d Stuben uuftuet, chunnt e Chinderlärmen uuse. «Aha, do sy si!» brümmelet der Landschryber i Bart. Er strycht no über d Grawatte – und scho stoht d Magd wider vor im und dütet, er sell cho.

Si göngen i Salong. Ime polschterete Sässel sitzt d Frau Dübeld. Si stoht langsam uuf, gitt im Landschryber d Hand, sait, er sell Platz neh, und lot si wider i Sässel zrugg. Der Rock us schwarzer Syde ruuscht lyslig uuf und die guldigi Broschen a der Bluse gitt en aigene Schyn.

S isch still. Der Landschryber rächet syni Wort wie magers Emd zsäme. Es isch im nit wohl derby. Vo de Wände, ab de Möble, us im ganze Gsün vo der stolze Dame vor im zue chuucht in öppis wien e Chölti a. S hinderscht Dingsli sait: «Chumm mer nit z nooch! Understoh di nit, mi azlänge!»

Mit derzytt schöchlet der Landschryber doch uuf. Er brichtet, was er bis ieze gseh und ghört het. Er sait, ass er im Sinn haig, s Lyseli und der Emil mit haizneh, ass d Frau Sutter yverstande syg und ass är und sy Frau wölle luege und sorge, bis men e bessere Wäg gfunde haig.

D Wittib Dübeld gitt all no kai Antwort. Styf sitzt si im Polschter inn. Die schmale, blaiche Händ fahren öppedie uufgregt über d Lähne, und die mässerscharpfe Lippe verzieje si mängisch zuemene zännige Lächli. Nummen ainisch, wo der Name «Sutter» fallt, sprützts uuse: «Dä Lump!»

Erscht, wo der Landschryber all wider asetzt und furtfahrt und sys Mitlyden i Wort und aifachi Gsätz fasst, do verzellt d Frau Dübeld churz, was si i deer Zytt alles duregmacht haig.

Scho z Aarburg haig der Bös dryglängt. Dört syg d Annette däm Ynegschneiten i Wäg trampet. «Und d Würfel sy gfalle! Er isch hiehar is Gschäft cho – as Agstellte, wies si fürn en Undertan und Frönde ghört. Aber er hets verstande, im Maitli der Chopf z verdräje. Und i muess s säge, er het au mi chönne waich stimme. Das Flattiere tagy, taguus, das Büselen und Bäsele stägenuuf und -ab, churzum, i ha schliesslig noogee. Dasch my Fehler gsi. Aber was wait-er, men isch au Mueter – und der Vatter nümm do! Und iez muess i s büesse.»

Bim Adiesäge vernimmt der Landschryber no, wievill d Wittib Dübeld a dene Suttere scho verlore het. Iez syg none Schuld do, si schetzi sen uf füfzgtuusig Franke. Wär aber für die wöll uufcho? Si sälber chönnti mit allem, was si a Flüssigem haig, nit d Helfti decke. «Und e Mueter vo feuf Chind», sait si zem Schluss, «s öltscht chuum achti, s jüngscht no i de Windle – me chönnt zer Hutt uus fahre!»

Der Landschryber nickt und sait, er chöm im früeje Noomittag wider har, für d Chinder z raiche. D Frau Dübeld hebt im d Hand anen und goht derno styf und still ewägg.

Wider uf im Platz! Der Landschryber luegt umme, lauft uf s Pfarhuus zue und vo dört zem Stadtschryber. A beeden Orte vernimmt er no das und dais über e Sutter, über d Frau Dübeld und über die ganz Miseere. D Frau Sutter chöm allwäg in es «Stöckli» uf im Land. S Huus i der Schmittegass wärd der Wittib Dübeld abgno und verchauft oder vermietet. Was no a Warebstand syg, das chöm under e Hammer, au d Möbel und d Huusgrät wärden a d Gant cho. D Sparkasse Sumiswald stecki hinder allem. Si syg aini vo de Hauptgläubigere. Iez wäge de Chind müess me no luege. D Schweschter vo der Frau Sutter chönnt ais oder zwei neh, d Mueter ais – und wenn är, der Landschryber, mit zweunen uf Lieschtel fahri, se syg das numme schön an im.

«Jo», ment der Stadtschryber zletscht, «me hätt synerzytt die Hochzyt selle hinderha. Sone Frönde het no nie zue den Yhaimische passt und scho gar nit, wenn ain sytt Urähnis Tage doch nummen Undertan isch. E Hindersäss, wo s Gschäft sälber übernimmt, schafft bös Bluet. Er mag si chehre, wien er will – er findt der Rank nit. Ämmel bi eus nit, wo alles so tradizionell, so ygsässen und ygflaischt zue- und härgoht. Nit vergäbe hai mir no öppis wie d Hochzyttszänsur. D Wittib Dübeld wirds bis a s Grab nit chönne verwinde, ass si an ihri Töchtere so usswärtigi Schlucker, quasi Hörigi het lo anecho.»

Der Landschryber het afo rangge; es isch im ugmüetlig worde.

Er stoht uuf und sait: «Iez isch s Baselbiet frei, en aigene Stand. D Undertaneverheltnis sy überwunde. Es het au bi eus vill bruucht und Bluet gchoschtet; aber mer wai doch dä Fortschritt nit wider eväggwüsche, Herr Stadtschryber.»

«Fortschritt han i grad ghört! Und die französischi Reveluzion? Und d Bsetzig vo der Schwyz? Die frönde Chriegsheer? D Uufständ an allen Ort und Ände?»

«S isch e schweri Giburt gsi, i waiss, i waiss! Aber si het es Chind uf d Wält brocht, wo si darf zaigen und wo sell läbe!»

«I gseh scho, mer stönden uf uglyche Plätz. Do drüber lot si nit dischgeriere, Herr Landschryber.»

«He, ass mer nit ganz vom Tüüfel sy, chönnet-er do dra gwahre, ass mir au wai hälfe.»

«Trotz allem?»

«Trotz allem, Herr Stadtschryber!»

Dermit gäbe die zwo Amtspärsonen enander d Hand – und der Landschryber goht uuse.

Im «Bäre» isst er z Mittag. Gly druuf raicht er syni zwee Chind, nimmt sen i d Poschtgutsche, fahrt über Olten uf Lieschtel – und verzellt uf der ganze Strecki wien es Buech vo de Burge zäntumme, vo de Vorvordere, wo do ammet gläbt hai, vo ghaime Sagen und allergattig Wundere zringsetum. Er wött im Lyseli und im Emil churzi Zytt mache – und ass si vergässe, was se sytt Wuche so plogt. Und es grotet im. Si läben ämmel uuf.

4

Der Sutter het z Kolmar gfunde, was er gsuecht het.

Won er der Brief und der amtlig Schyn gseht, muess er si zsämeneh, ass er nit geusset vor Freud. Fletig goht er hinder d Kuffere, nimmt es schöns Gwand und es früschs Hemli uuse, lait si im Zwirbel anderscht a – und lauft strossenuuf, strossenab wien e Pfau. «Äntlig so wytt! Äntlig änet im Hag!» vertwütschts im öppe.

Gegen Obe goht er i s Hotel, bstellt s Znacht und es Bett. Aber bis i d Gaischterstund yne schmidet er a neue Plän umme. As französische «capitaine» wöll er i die Neui Wält cho. Gly wöll er gueti Verbindige ha. S Schicksal wärd im woll d Glückslaiteren au anestelle – wie im erschtbeschten andere! Är sälber wärd scho derfür tue, bhüetis! Es pfil in alletwäge nüt.

Iez vor im Yschlofe het ech dä Sutter no ainisch der Wäg gmuschteret, won in dohi gfüert het. Derby het er alls wider gseh, wie wenns früsch vor im stiend.

I der Druckerei Thurnyse z Basel hets agfange. Der Sutter isch grad us ere Privatschuel vo Saint Blaise zruggcho, und zwor as es chäferigs, uufgweckts Bürschtli, voll Lumpereie. Wutsch – het men in i d Lehr zwängt. Und do hets vo früe bis nacht numme ghaisse: «Läng mer das! Raich mer dais!» Kai Schritt näbenuuse, all under scharpfen Auge – zem Chotze langwylig! Und i de magere freie Stunde, am Füüroben und am Sundig het ech dä Lehrbueb, wo am gärnschte wien es Chutschi ab im Hälsig gsi weer, nüt as die ärnschti, stilli Stadt um in umme gha. Zsäge jedwäde Schritt het in das oder dais a s Bravsy oder a s Frommsy gmahnt. Sogar d Pflaschterstai hai im s Ordeligtue vorgha. Und d Hüüser gassenuuf, gassenab, d Brünnen und d Plätz mit ihrne noblen Alage hai all öppe z verstoh gee, me sell dunde blybe, me sell si bücke; do syge die Obere, die Ryche dehai. Jä, mängisch ischs im Druckereilehrlig Sutter gsi, d Lüt, wo so hin und här laufe, luegen in vo wyttem scho für minder a und ihr ganz Gsün trumpfi allbott uuf: Ab im Land! Undertan! – Näi, do hets um alls Liebs ekais Blybes meh gee. Do het numme no ais gulte: Drusuuse, furt!

Und der Sutter isch furt! Er isch uf Aarburg cho und gly druuf mit der Annette Dübeld uf Burgdorf. Aber au do nit öppen as e Heer, näi, as e ganz e gwöhndlige Handlanger und Agstellte. Ke Bitz freier weder i der Druckerei z Basel! Ehnder s Gegetail dervo: Us im Rägen i d Trauffi.

Jo, und iez het si der Sutter im Bett gchehrt und brummlet: «Niem het mi verstande. Alle bin i e Frönde gsi und frönd blibe.

Sogar der Frau – bis hütt. Stolz, styf, cholt bis z innerscht yne – kes früntligs Wort dur all die Johr. «Numme so ynegwäit, nummen e Grosshans, e Luftibus, e Gumpobenuus» – das han i dörfe ghöre der lieblang Tag, vo ihr und vo ihrer Mueter. Und die Bessergstrehlten im Stedtli umme hai mi schälb agluegt und nüt as gmüpft. Und won i graist bi, Chunden und Uufträg gsuecht ha, für obsi z cho – o jeere! D Sproch het mi verrote. «Der Ussländer!» hets ghaisse – und me het mer e Goschen anegmacht wien en Esel, wenn er Taig frisst – und d Tür zuegschnätteret. Es het aifach nüt anders gee, für us däm Chefig uusezcho, as ab, furt, se wytt aim d Bai möge träge!»

Nonere Wyl hänkt der Sutter wider y: «Hätt scho früejer furt selle. D Hochzytt isch der bös Item und s Uglück gsi. Fryli, ha müesse hyrote, zwangswys. I vierezwänzg Stunde bin i bigoch Ma und Vatter worde. Aber i hätts ainewäg selle hinderha. Die acht Johr zwüsche dainisch und iez sy nüt weder ‹tolet sy, Chnächt sy, e Tschumpel sy›. Wie a der Halftere! Wie under im Joch und vor der Gaisle! Und wie han i as Bueb gluschtet und traumt und Schlösser bout! E Napoleon wärde! Ha mer schier d Auge zem Chopf uusgspeechzget, wo si z Chanderen über d Brugg sy, d Soldate mit Ross und Wage, stundelang, taglang. S ganz Dorf isch jo uf de Baine gsi und het Muul und Nasen uufgspeert vor all däm Gläuf und all dene Farbe. Und erscht z Basel anne dryzähni! Wo si uf alle Strossen und Wäg us im Badische harcho sy, die Dütsche, d Öschtrycher, d Ruesse, wos e paar Wuche schier anenander gritte, gloffe, gfahren isch und wos uf alle Plätze vo der Stadt gräblet, gchesslet, gchläpperet und graglet het vo frönde Soldate, vo Wägen und Chären und Kanone. Näi, dä Glascht und Glitzer sant im pfüüsige, lüpfige Läbe hai mers ato. Do möcht i au sy, eso wött i wärde! ha mer gsait – und my Wousch isch nonig versärplet. Stiller isch er fryli worde. Die heerte Johr z Basel und d Chefigjohr z Burgdorf sy uf im ummetrampet. Aber si hain in nit möge bodigen und verchniempe. Er ghipnet all no. Und iez fot er si a recke. Er will äntlig sys Rächt. Und er muess s übercho!»

Es isch gege s Tage gange, wo der Sutter ygschlofen isch. Aber er het ruejig gschlofe, so ruejig wie scho langlang nümm.

Und zwee Tag druuf isch der Sutter abgraist, über Strossburg, um d Vogeesen ummen uf Nancy. Vo do ischs dur d Lorraine, dur d Argonnen i d Champagne gange. Alles pär Poscht! Und all bim schönschte Wätter. Nit die gringschte Hinderlig, nit s chlynscht Zwider! Wo der Sutter ab- oder uufgstigen isch, wo men in uusen- oder yneglo het – überal het men in as e Heer agluegt und as e Heer bihandlet. Isch öppen e Kuntrolle cho und het ain no de Papyre gfrogt, se isch der Sutter as «monsieur» oder as «capitaine» dogstande. Das het au uf der ganze Strecki dur s Marnetal nit gänderet, het z Paris sälber nit gänderet – und vo dört bis a s Meer sowieso nit.

Was wunders, ass dä bankrott, steckbrieflig verfolgt Ma vo Tag ze Tag uufgläbter worden isch! S ander Land, die anderi Luft, die andere Lüt – churz, s ganz ander Läbe het ims ato. Und so vill isch uf in ynegstürmt, ass er die merschti Zyt vom Tag alles vergässe het, wo änen am Grabe lytt, hinder im Hag stoht. Numme z Nacht, vor im i s Bett goh oder bim Yschlofen ischs im gsi, wytt uufgrissnigi Auge gluuren und gleese wider überdure. Wie us Nacht und Näbel! Wie s lybläbig Eeländ und Härzweh!

Do isch im Sutter jedesmol e cholte Tschuuder der Ruggen ab – wie aim, wo züpperlet. Er het afo wäjen und wüsche mit de Hände – und zletscht vorabebrümmelet: «S het müesse sy! S ander isch au gsi – s Eeländ für mi, wo mi Johr für Johr vertöfflet und vermütscht het. Ferig iez! Furt dermit!»

Und churz vor im Hafe vo Le Havre het der Sutter no ainisch e ganz e bösi Nacht gha. Scho bim Vertnucke hets agfange. Wie dur e chruuse Näbel dure het er vo Zyt ze Zyt e grossmächtige Hag gwahrt. Allbott isch e feschte, vierkantige Pfoschte gstande. Zwüsche dene Pföschte het si ai Latte satt näbe die anderi glo. Öppen isch none Lugge, e Chlack, e Schnatte fürblibe, ass me duregseh het.

Und uf s Mol goht der Näbel ewägg – wie Rauch vome Motthuufe, wenn der Luft über die gleerte Pflanzplätz bloost. Der Sutter stutzt. Nüt meh as der lang und höch Hag vor an im! Und iez schnuufts dur d Chleck, chratzts änen a de Pföschte – und scho streckt öpper e Finger zwüsche de Latte dure. Dä wachst, längt im Sutter bis uf d Bruscht, hänkt im Hemli y, fot a högglen und zie.

Der Sutter hockt uuf, rybt d Augen uus – und gwahrt nüt weder d Bettdecki, der Chaschte, d Wänd. Aber s Zie vo daim lange Finger gspürt er all no. Er fahrt über s Hemli, lait e Chehr d Hand uf d Bruscht – es trait nüt ab. Es högglet und ziet wytters.

Mit ime Ruck und Brummle chehrt si der Sutter uf d Sytte. Er wehrt si gege das Zie und Höggle. Er zwingt si, a d Zuekouft z dänke, er brümmelet wien e Bättschweschter vorabe, all im glyche Ton, me chiem mit kaim Hämmerli derzwüsche. Numme sy s nit Gibätt, was er vürelyret, es sy syni Plän, wo ainisch sette Gstalt aneh; es sy Grübleten und Träum, won er uusbrüetet het. Er glaubt dra, glaubt i deer Stund dra, wien e Schiffbrüchigen a Dilen und a s Treem glaubt, won im d Wälle schier uverhofft aneschüpfe. Er gseht sogar scho s Bort i der Nööchi. «Bis iez bin i ämmel durecho», sait er lut und fescht. «Und dasch der gwogtischt Schritt gsi! Böser chas mi nümm ynelegge. Und wil das groten isch, grotet s ander au!»

Fryli, dais wo der Sutter ment, lytt no wytt ewägg und feischter vor an im. Und der Schlof will wider ainisch nit cho. Und der lang Finger högglet und ziet um ke Düt weniger.

Dä Finger, wo alles im Sutter inn underobsi chehrt! Ischs s Zaije von ere ghaimen Angscht, von ere böse Schuld? Wie uf e Hau gseht der Sutter derdur. S goht sy Bueb a, der achtjehrig, der Johann Auguscht, sy Erscht.

Scho wo dä no i der Wagle glägen isch, het der Sutter nit gärn zuegluegt. Er het e Rank um in umme gno, wenn er het chönne. Mängisch ischs im ganz fröschtelig der Ruggen ab, sobold er das Gschöpfli gseh oder ghört het. Und mit im Grösserwärde vom Chlynen ischs no eerger worde – beed sy enander uusgwiche. Iez am Tisch oder süscht amen Ort, wos halt kes Uswyches gee het, sy öppedie glarigi oder ängschtligi und chybigi Blick har- und higfloge.

Worum sone stilli Findschaft? Der Sutter sälber hets lang nit gwüsst. Es het in aifach gwürgt im Hals, wenn er sym Erschtlig i Wäg trampet isch. Nit sälte hets in ganz gchötzeret – churz, er het en Abgu gha. Erscht mit de Johre het der Vatter-Sutter gmerkt, was tschuld isch an allem. Isch nit är, der Bueb, däi bös Item, wo der Nidsigänd sant allem Zwang brocht het? Isch nit är s lybhaftig Zaije für alles, wo im Vatter gege Wousch und Wille goht? «Wär het mi i d Chnächtschaft brocht?» ischs im Sutter über d Läfzge. «Wär het mer s ufrei Schuften und Pfeuderlen agfluecht? Doch är, der Erscht!»

Jä, und iez – vor im Meer zue – streckt ebe dä Erscht und Verträtter vo der findlige Macht wider der Finger dur d Haglatten und högglet und ziet. Alls ander isch so guet wie verwärchet: der Schritt über d Gränze, der abverheit Bsuech im Hauptstedtli, sogar der ghaim Chumber wäge der Frau. Deer wärds woll wöhler sy ohni Ma, het der Sutter öppe gsürmelet, wenns im gar bitterlächt undenuecho isch; si haig jo sälber gsait, är haigi s Züüg nit derzue und was er machi, syg lätz. Und zuedäm müess sis ainisch schön ha; er wöll ere no schänke, ass si chönn güüde dermit. Aber ebe: Är wöll gee, frei und us im aigene Atrib uuse; är wöll s besser Läben uufboue; är wöll luegen und mache, wies ihm passt und nit, wies die andere wai ha. Und das wöll er im Erschtlig z Tratz. Sy Finger längi zwor bis a s Gross Wasser ane. Öb er au drüberuuse läng, bis i die Neui Wält yne?

Dasch juscht d Frog, wo im Sutter der Schlof und d Rueji verschüücht, isch dai Frog, won im bis z innerscht ynen alles durnüelet, ass s in wurmt wie nüt so.

Gege Morgen ane waiss der Sutter erscht öppis – und wytter chunnt er au bim Alegge, Ässe, Abraise nit – nämlig das: ass er für in sälber mit der Frau und mit im Gschäft, mit de zwidrigen Umständ und de zwidere Möntsche drumumme aigetlig ferig worden isch, ass er aber mit däm andere Johann Auguscht Sutter allwäg none Chehr z baite ha wird.

«E fatali Gschicht», brümmelet er vorabe, «e ganz e fatali Gschicht...»

Aber iez lytt s Meer vor im Sutter. Unds isch eso plarig, und der haiter Himmel lytt druff. Wie wenn e ghaimi Hand d Haiteri vom Himmel und d Haiteri vom Meer as Zettel und Yschlag inenanderwub! Und niene ke Gränze, wo dä blausydig Glascht chönnt verha!

Im Hafe stoht s Schiff barat. Der Sutter liist: «Nouveau monde». Es isch im, die guldige Buechstabe tüejen in im inn wider glette, was i der letschte Nacht vergrumpflet worden isch. Er chauft e Schyn und stygt y.

Und s Schiff fahrt. Wien e gwoltige Pflueg mit ime scharpfe Säch und ere braite Wägese tailts d Wasserflechi usenander und ziet Fure no Fure. Tag für Tag gohts vürsi, wytters. Tag für Tag trinke d Wälle Sunn – Nacht für Nacht Stärnen- und Mondliecht. Und der Sutter stopft hin und här. Er luegt d Lüt a, wien e Wysitör d Bändel aluegt. Fryli, d Lupe het er nit, für so Chnüppeli, Schlirgg und buseligi Fäde z muschtere. Er teet sen aber au nit bruuche; do derzue het er z gueti Auge. Und was die nit us de Gsichtere läse, das erloosen und erluuschtere doch d Ohre.

Iez schwätze tuet er nit vill, der Sutter, ämmel die erschte zwee, drei Tag nit. Erscht mit derzytt fot er a ahänken und wird däm und daim echly nööchberlig. Aber am Ändi vo der Rais chennt er ainewäg zsäge der Hinderscht und waiss, won in der Schue drückt, und worum er der Olte Wält der Rugge zuechehrt.

S isch zwor es eberächts Durenander uf däm Schiff. Und was fürn e Some! Uufputzts Fitzergschmeus, währschafti Mütz und Hose, dernäbe Chüttel, wo göffle, plätzti und verschränzti Hudle! Und wie ussefer, so gsehts innefer uus. S mersch sy Lüt vom Rhy oder us im Harzbiet; dernäbe hets Burgunder, Pariser, e paar Schwede, Norwäger und Holländer. Aber öb vo do oder vo dört – vill sy Gauner, Plagöri, sogar Mildediepralli, wo anderi gärn zörkle; oder me hets mit so Schlabi und Gagli z tue, wo d Fuulket zer Mueter hai. Natürlig sy au buschperi, wyffi Burschte do, e paar Chybäber und Zorngüggel, meh weder ai gälthungrige Niegnue und süscht no Kärli, won es Läbe sueche, ass s numme so füüret. Öppen ainisch gwahrt me frylig au en uusgmachte Lätzchopf, sone Linggdrüllte, oder süscht e Spintisiersürmel, won es Reedli z vill oder z wenig het.

«S merscht isch Abchratzete!» brummlet der Sutter vorabe. «Uusbottnigi, uusgwisnigi War! Öbs a der Muelte gfehlt het oder am Taig oder a den Ärm, wo do gchnättet hai, isch mer nit erchenntlig. Mag sy, ass s us im ainten oder andere nones wettstainigs Mütschli gitt, wenns änet im Wasser ghörig uusbache wird.»

Fryli, ainen isch fescht abgstoche. Im Sutter ischs gly gsi, das syg nit ain, wo erscht us der Schale chunnt, näi, ehnder ain, wos dick hinder den Ohre het und wo s Läbe chennt – e Rosshändler. Dä isch schon e Chehr z Amerika gsi und het chönne brichte, wies öppen uusgseht. Mit ihm het si der Sutter am merschten abgee. Zwor, Apartigs het er nit verno. Dä Ma het halt lieber vo de Ross as vo de Möntsche verzellt, und wenns im gsi isch, me wöll im d Würm us der Nase zie, se het er si zruggzoge – wien e Schnägg i s Hüüsli.

Bi dene villen und villergattigs Mannevölchere hets no zwo Fraue gha, die jüngeri us im Bärnbiet, die ölteri us Bünde. Kaini het däret oder gäitscht. D Bärneren isch all imen Egge ghuuret und het stundewys der glych Plätz aglotzt, wie wenn bartu es Loch müessti drybohrt sy. Si isch halt gar schüüch, echly gschämig und wie verschüpft gsi under däm Huufe vo Hosebaine. Der Sutter het sen öppedie uufgchlöpft und derby s Ammol agluegt, wo si uf im lingge Backe gha het. Es het in a s Gränzacher Grosi gmahnt. Item, das jung Wybervölchli isch mit derzytt öppis buschperer worden und het afo brichte, ass s zuemene «Brüetsch» wöll. Dä haig bi Johnstown e Farm und do haig er ebe gschribe, es göng im sowytt guet, äs sell numme cho, er chönntis bruuche.

Iez d Bündnere het e Bueb byn ere gha. Mit däm wöll si zem Ma, het si gsait. Dä syg halt färn uf Neu-York yne, wils ene gar schlächt gange syg dehai. Er haig es Hotel, s «Schwyzerhotel».

Unds laufi rächt, wien er schrybi. Es chömen ebe zsägen all Tag Lüt i d Stadt, wo Arbet sueche. Landslüt haigs nit wenig drunder. Aber s merscht syge Schwede.

Der Sutter het au settigs hinder d Ohre gschriben und aifach uusgfröglet, was er het chönne. Me wüssi nie! het er innenabegsait.

Am zweutletschte Tag vo der Rais het si derno der Himmel wüescht afo astryche. Und dur e dicke Näbel duren isch s Schiff i Hafe vo Neu-York gschwapplet.

Der Sutter stoht none Wyl näbe der Chettene, wo am Anker hangt. Er waiss nit, worum – aifach, es dunkt in, er müessi die Chettene no ghörig aluege. Die erschte Glaich sy nit rublig, näi, ehnder glatt und schier glaschtig. Derno chömen e paar mit Chritz. Ais het es Chläffli. Und iez chöme rubligi, roschtigi Glaich. S rubligscht und roschtigscht isch satt am Wasser a. A däm hange none paar abgripseti. Was noochunnt, gseht me nit – daini Glaich sy halt under im Wasser.

Wo der Sutter uusstygt und wider s Land under de Schuene gspürt, do chehrt er si um und luegt über s Meer. Nome Rung rütschts im vo de Läfzge: «Gschafft wird iez, gschafft! Und wenn i mys Wärli im Schärme ha, se chömet dir überdure. Und alls isch e böse Traum gsi.»

Mit däm isch der Sutter i d Stadt und i die Neui Wält yne.

S ander Stück:

Uf im Wäg is Globt Land

I

Und iez wöttet-er wüsse, wies wyttergangen isch?

Also, der Sutter isch nit lang elai blibe. Wien er si au dergege gwehrt het, mit im Huufe z goh, und wien er ain nom andere, bold uf e fyneri, bold uf en affruntligi Art abgschüüfelet het – s isch im doch öpper blybe bhange: d Bündnere mit im Bueb. Si syg gar frönd hie, es förcht ere vor der Ugwohni, au chönn si d Sproch nit, het si gäket, und är syg sone feine Heer, är chönni doch es arms, ubholfes Wybli gwüsgott nit im Stich lo. «Näi, das chönn er nit!» het der Sutter innenabegsait und derby dänkt, es weer allwäg au für ihn nit ganz ohni, wenn er das «Schwyzerhotel» teet uufsueche. Nu, er het gfrogt und no villem Lätzlaufe het er äntlig die Bündneren ihrem Ma chönne bringen und abgee. D Auge sy wytt uufgange, und d Bigrüessig het lang duuret – und d Verschmutzete no lenger. Derby het me der Sutter überluegt. Erscht, wo dä afe der Stuel reubscher und lüter grütscht het, as nötig gsi weer, isch me cho froge, was er wöll. «E Stube mit imen abidytlige Bett», het er gsait. Men isch im die Sach go zaige. Der Sutter het si ygnischtet. Dermit het s neu Läbe chönnen afo.

Die erschte Tag isch der Sutter i der Stadt Neu-York ummegstiflet, het d Läden agluegt, öppe der Chopf gschüttlet oder e Lüppel gmacht. Derby isch er dur all Strosse cho. Gly het er si uusgchennt wie ain, wo zue den Yhaimische zellt. Und isch im öppis Apartigs uufgfalle, se het er halt ainen agholte, wos im gsi isch, dä syg chennber, und het gfröglet und gfröglet, bis im die Sach nümm apartig vorcho isch. Und d Lüt haig er gmuschteret und ihri Schritt und Schesste gstudiert, wie wenn er se bis z innerscht yne wött usswändig lere. Iez z Obe syg er ammet müed und wie greederet i s «Schwyzerhotel» zruggcho. Aber er haig nit afo ploderen und lafere. In en Egge syg er ghockt und haig öppis z ässe bstellt, derno Wy trunke, i s Glas und drüber ewägg gluegt – wie wenns im teet träumere, oder wie wenn är sälber öppis Guggers wött zsämespintisiere.

Iez mit derzytt ischs im Sutter afe gsi, er müess wider schaffe. Agluegt haig er gnüeglig, gloost und ghört au. Er wüssi, wies do, i der Stadt, lauf. Numme – was afo? Was i d Händ neh? Aifach öppis!

So isch er uf d Bouplätz gange, het ghandlangeret fürn e paar Tag – und isch druusgloffe. Derno het ers in eren Abiteegg probiert. Wider nit für lang. Er isch in e Churzwarelade cho, het der «Burscht für alles» gmacht; aber s het in z fescht a Burgdorf gmahnt. Zwo Wuche spöter het im niem meh chönne säge: «Läng mer das! Raich mer dais!» Der Sutter isch scho im Hafe gstande, het Wareballe zellt und uufgschribe, gluegt, ass si as rächt Ort chöme – und derby dänkt: Dasch nüt für eusergattigs. Drum öppis anders! Allewyl öppis anders!

Fryli, was er au no aglängt het, dä Sutter, s isch im schier im Handumdräje zwider worde. Nit, ass er d Arbet gschoche hätt! Er het si all und überal dragmacht wie chuum aine. Und er isch robuscht und glaichig gsi, bhüetis! Aber alli die «underen Arbete» syn im gege s inner Gsün uufgstosse, er hätt se chönnen aspeue. «Settigs sellen anderi bsorge», het er si öppen erhelkt drab, «i bi nit wäge däm i die Neui Wält cho, ass i wytter cha dieneren und bugglen und mer lo bifähle. Furt, Thurnyse! Ewägg mit Aarburg und Burgdorf!»

Gället, der Sutter isch nit zfride gsi, mit im sälber nit und mit der Neue Wält nit. «Das sell der Jumpferebode sy?» het er gchiflet und derno lut und fascht dräckig uuseglacht. «Agloge hai si aim – daini, wo bhaupte, si chenne das Land! Und erscht s Buech vom Dütsche, won i doch gläse ha vürsi und hindertsi, und wo nit gnue cha rüemsele vo dene heerlige Landschaften und ihrne freie

Möntsche. Wien es Märli! Wien e Traum! Alles lybt und läbt no, wies Gott erschaffe het! – Erheit und erlogen isch das Gschwafel. Schön ‹heerligi Landschafte› , wenn Fabrikschlot näbe Fabrikschlot stoht! Schön ‹freii Lüt› bigochlige! Wenn si doch nüt weder chrampfe, schufte, pfeuderle, ass i mi bsibnen und bsägne dervor. Me cha jo liege; aber däwäg liege haisst im Tüüfel der Stal mischte.»

Natürlig het me der Sutter gluegt z tröschte. Wär er au agranzt het, isch in Yfer und Saft cho und het afo verdüten und z rächtstelle. Das Buech, won er mendi, sygi gar nit so fehl gsi – dainisch, het der aint gsait; die olti Ornig und Yrichtig, wie si vor johretag no gulte haig, liggi frylig i de Schärbe. Derfür drücki aber an allen Ort und Änden öppis anders vüre, quasi e neui Zytt, e Zivilisazion. Und die müess me verstoh; es syg nit lätz, wemme re chüenzli.

Und en andere het uuftrumpft: «Das urwüchsig Zügs, wo so Abgspröngti vo der Olte Wält no sueche, isch lengscht dehi, ämmel hie umme. Es regiert hütt öpper, wo settigs nümm tolet, und dä Öpper fahrt scherpfer dry weder e Häuptlig bi de Wilde. Wüsset-er, wär? S isch e Si; aber halt e Königin wie nit gly aini – d Bouele. Jä, die regiert nit numme, was me so regiere haisst, si drückt s Land, plogt d Lüt, sugt alles uus.»

«Wieso denn das?» het der Sutter dryglängt.

He, me haig nonig lang die mechanische Wäbstüel erfunde. Und die Wäbstüel schaffe gar billig. Si ferge so ughüüri Hüüfen uf d Sytte – ain elaigge gwüs meh weder hundert Möntsche, meh weder tuusig Händ. Drum syg d Noofrog uf d Bouele so gross, ass me chuum mög gwehre. Und niene chönn me die besser abouen as i de Südstaate vo der Neue Wält. Was wunders, ass s dört vo Monet ze Monet neui Plantasche gäb! Ganzi Landstrich nüt as Bouele!

Im Sutter hets afo chüpferle. Au hets in dunkt, dä Manno löi si uuf wien e warme Chüedaisch. Drum het er abgchlemmt: «Mir sy im Norde!»

«Tuet nüt zer Sach!» het der ander uuftrumpft. «Tuet gar nüt zer

Sach! Wie sältsch d Plantasche wachse, se wachse hie d Fabrike. Alles goht Hand i Hand. Ais ziet s ander noo. Drum die Alage, ganzi Stedt bigoch! Und das schiebt si all wytter gege Weschte vor, vo Johr ze Johr um es zeuftigs Stück.»

«Jää, und s Land dört, wo doch den Indianere ghört, wenn i rächt brichtet bi? Und die ville Verträg, wo die Wysse synerzytt mit de Roten abgschlosse hai?»

«Gälte ke Müüsdräck meh! Wärde verschränzt und verbrennt. D Königin Bouele wills eso. I ha jo gsait, si fahri scherpfer i s Züüg weder e Wilde. Si kujoniert, potz Blitz und Halfterchettene! Oder mendet-er öppe, si achti uf Abmachige zwüsche Möntsch und Möntsch? Ain us im letschte Johrhundert, wo no settigs glaubt!»

«Aber die ughüüre Woldige?»

«Dräck ime Lümpli! Wärden azündt und abbrennt. Derno wird der Boden uusgeebnet, me bout Strosse, wenns für Fabriken und Wohnviertel sell sy; oder aber me tuet in rächt achere, wenns neui Plantasche muess gee. Fertigschnätz! Und so oder so, für d Indianer chunnts woll uf ais uuse. Si sy d Tschaluderi und d Tschämperlugge, hai aifach zuezluege, wie mes macht – und derno abzfracke. Jä, und so oder so au für d Neger.»

«D Neger? Was hai iez d Neger...?»

«Das sy aigetlig die Lybaigenen und Hörige, wo men us im feischteren Ärdteil lot lo cho, oder wo me scho sälber züchtet wie s lieb Veh. Aidue, si hai z pariere und z schaffe, im Norde, bis d Woldigen ewägg sy und der Bode geebnet und zuegänglig gmacht isch, im Süden as ‹ebigi Chnächt›, wo nit numme s Holz rüte, näi, wo derno erscht rächt derhinder müesse, wil si i Dienscht vo der Königin chöme: as Plantaschechrampfer, bis s enen obet, bis ain im Änd lyt.»

Und wytter het der Sutter verno, es schyni e Läbeswohret z sy, ass e Mächtigen anderi Mächtigi rüeft. Gly haig me nämlig i de Nordstaate nit numme Spinnereien und Wäbereien uf tuusig und zrugg gha, es syge no neui Fabrike derzue cho. Wie d Schwümm nome warme Räge syg das Züüg uufgschosse: don e Fläre Land voll, dört e Flängge wytt bsetzt. E ganz e neui Wält us Fabrikchemi, Dampfschiffere, Ysebahne, Ysewärchen und Chohlegruebe! Und die räuchni, ruessi, hämmeri, polderi, dunneri halt tagenacht.

«Und all wytter gege Weschte zue?» het der Sutter gfrogt. Er isch ganz kumfus gsi.

«Alls gege Weschte! Scho hets änefer vom braite Mississippi e neue Staat gee: Louisiana. Und gly druuf no ain! Au am weschtligen Ufer vo däm Risestrom: Missouri. Dä isch fryli no mager zivilisiert. Er gränzt diräkt a s Indianerbiet. Allerdings, vo Rothütte graglets derno öppe nümm! Die sy abzottlet, hai si drausst. Nit für allewyl fryli. Si chömen öppe wider zrugg, für uf e Märt...»

Alles das het der Sutter in im inne verwärchet. Wuchelang isch er im noogange, mängisch chrüzwild, mängisch abetätscht wie zermürset und voll Verbärmscht für die, wo so müesse schuften und s aige Land verlo.

Iez wos im wider ainisch so chotzeneeländ verlaidet isch, ass au s Brummle nüt meh nützt und nit emol der Wy chönnt tröschte, do fahrts im uuse: «Wenn der e Nar wait ha, se chaufet ech e bleiige!» Und scho nimmt er der Wäg under d Schue und lauft und lauft. S Zyl isch der jüngscht Staat «Missouri». Sältsch find er allwäg, was er aigetlig suechi. Ämmel sicher sygs besser as i der stainige Stadt Neu-York. Es haig nonig vill Lüt i daim Biet umme. Die merschte vo dene wohnen i der Stadt St. Louis, oder doch uf Farmen und Güetere. Hinden a dene Höf und chlyne Dörfli syg alles no Urwold oder süscht Wildnis. Und wär waiss, emänd chönnt men i deer Gegnig no öppis vome rächte Jumpferebode gspüren und vo freie Möntsche gwahre. Es chönnt sogar sy, ass dai Dütsch doch nit schwarz uf wyss eso bodebös gloge hätt.

«Sälber luege!» het der Sutter gsait und isch schier an aim Gurt dur Pennsylvanien und Ohio bis uf Cincinnati. Do het er vier anderi gfunde, au Neubachnigi, zwee Dütsch und zwee Franzose. Mit dene het er derno im Spötlig d Dörfer und d Höf vom Missouristaat abgschuenet. Won er die Sach gnüeglig agluegt gha het, isch er wider wytters und zwor elaiggen i d Stadt St. Louis gange. Hie het er e Chehr ummegspeechzget, öb er öppis findi, won im i d Chreeze passt.

Und was het der Sutter gfunde?
Afen es Hotel mit im Name «Schwyzerland», drinn es aständigs Stübli sant ime suufere Bett, derzuen e Ryglete Lüt, wo do uus- und ygange sy. S merscht sy Dütschi – und wien er glylächtig gmerkt het: Chreemer, Händler, öppen e Farmer oder e Rosschäufer und ab und zue Schiffslüt. No i der erschte Wuchen isch im Sutter baresar der Rosshändler vom Schiff «Nouveau monde» ergcho. Si hai enander grüesst. Der Sutter het gfrogt, öb er hie Gschäfter machi. «Scho gmacht», ischs im anderen uusetwütscht, «und kaini laide!»

«Ross gchauft?»

«Und wider verchauft! Nit vergässe, i ha halt myni Biziejige – es Grüenhorn bin i scho lang nümm.» Der Rosshändler het no meh wölle vürelegge; aber im Sutter isch das scho z vill gsi.

«Also luegt mi dä fürn e Grüenschnabel a, fürn e Chanüter, wo nonig emol troch isch hinder den Ohre», het der Sutter innenabebrummlet – und isch abgschobe.

Wider hockt er neumen imen Egge, gluurt i s Glas und glart drüber ewägg. «Sone Schnürfli und ughoblete Vierschröter chunnt aifach und macht sys Gschäft, plagiert no mit syne Biziejige – und i lauf und sueche sytt Wuchen öppis azbändle – und cha d Gais go mälche.»

Däwäg futteret der Sutter wytter, all voraben oder innenabe. Und doch isch er so uufgläbt uf das St. Louis cho! S Laufe het im s Gmüet putzt und uufglüpft. Vo Tag ze Tag hets im afo lychtere, unds isch im gsi, er chöm all meh z Gnade, s Läbe wärd im aisgurts gfellig und schürk im no ane, was er wöll ha. Är sälber müess numme nit alls lo lampe. «Äntlig spile, was me cha spile, und nit uf jedwädem Daisch uusschlipfe, derno han i nüt z gfohre!» Das het er gsait und dermit feschtgnaglet.

Aber do chunnt im dä verfluemeret Rosshändler i s Gäu – und scho isch der Zapfen ab. «Was, Grüenhorn het er gmüpft? I ha allwäg scho meh duregmacht as dä Challi!» fahrts im Sutter uuse, ass alles ummeluegt. Er winkt ab. Er schämmt si wien es Chind, wo öppis bosget – und d Mueter lauft juscht derzue. Er teet am gärnschten under e Tisch schnoogge; aber er cha doch nit! Und worum schämmt er si däwäg vor dene Frönde? Si chennen in jo nit! Kes Bai waiss, wär er isch und wäge was er do isch!

Er schämmt si aigetlig vor im sälber, der Sutter. Uf der lange Wanderig dur Pennsylvanien und Ohio und erscht rächt bi de Buuren im Missouribiet het er si doch styf und fescht vorgno, iez wöll er der Heer spile. Chöm, was wöll – är blyb i der Rolle. Und mit deer Rolle chönns nit lätze, s göng obsi. «Und scho bin i druusgheit!» sait der Sutter innenabe. «Und dermit han i emänd alles verfehlt!» Wien e Larve hänkt er zwor es Lächli vüre; aber er zwyflet afe sälber a sym Talänt für z spile. Und je lenger, ass er däm noosinnt, je wytter rütscht er i d Zwyfel yne. Zletscht plumpst er ganz abe – i d Verzwyflig.

Es isch guet, ass im Sutter die Nemtig nonen anderen i Wäg trampet isch. S isch e Weschtfal gsi, e junge Bürschtel, het nit grad e schöne Name gha, numme «Laufköter»; aber er het dä mit zwee Tee gschribe – und süscht het er arigerwys uf s Hoor wie der Sutter ghaisse. Öb wäge däm oder wäge der früschen Art, wo dä Kärli a Tag glait het – item, zsägen uf ai Chlapf isch der Sutter quasi am Bändel gsi. Er isch im jo sälber afe vorcho wien e Baum, wo men uusgwurzlet het. Drum het er die chlynschti Glägni, wos aim dunkt, do chönnt me wider Bode gspüre, packt und e Holt gsuecht. E rächte Griff oder e gfehlte? Uf das isch s im Sutter nit gross druff acho. Wenn er nummen öppis z heebe gha het.

Und am Laufkötter het er chönne heebe! Dä het im abgloost, wenn er über d Rais vo Neu-York bis do ane ploderet het. Und das isch scho vill gsi. Vom Eeländ änet im Grosse Bach het der Sutter natürlig gschwige. Wie wenns überhaupt nie gsi weer. Derfür het er syni Plän afo uuspacke, won er gmerkt het, ass sy Namesvetter gärn es Ohr uuftuet und es Inträssi zaigt. All meh isch er wider i sy Rolle cho – und iez het er se guet gspilt. Mängisch het er sogar d Alüre vome Pralli agno. Der Laufkötter het ämmel nüt dervo gschmöckt, ass si do ain numme gege d Verzwyflig däwäg uusestrycht, wil er süscht au no der Strauhalm verlur.

Er wöll bi de Wilde go rüten und e Farm afo, het der Sutter gsait. Und er hets ruejig, fescht und so sicher gsait, wie wenn die ganzi Farm scho doleeg. Das syg der Laik, won in vo der Olte Wält ewäggbrocht haig. Er bruuchi frylig ughüüri Hüüfe Gält; aber das syg so guet wie sichergstellt. Syni Biziejige länge halt wytt. Er haig z hampflige Fründ im Frankrych, im Dütsche, z Ängland. Es chönn nit fehle. Was er iez hie no suechi, das syge wytteri Biziejige – und Lüt, wo aim chönne rote. Sobold die Sach im Grais syg, se chönn er derhinder goh. Und er freu si uf dä Tag, er chöm schier ab derwäge.

Der Laufkötter isch uf die Underredig abe höch im Sing und Sang gsi. Er het Fründschaft gschlosse mit im Sutter und meh weder ainisch gstüpft und prelaagget: Er sell das numme mache. Dere Lüt müess me ha. Uf ihn haig me juscht no gwartet. Und är würd an alle Stelle, wo do i Frog chöme, quasi mit offnige Armen uufgno und chönn der Ruhn obenabschöpfe.

Es anders Mol, wo der Laufkötter no das und dais über die Farm gfrogt het, isch der Sutter nit hinder im Stutz blibe. Er het Uuskouft gee, wie wenn er scho lang uf settigs plangeret hätt. Do ischs im junge Fründ underainisch uusegsprützt: «Das muess der Dütsch Klub wüsse! Dä cha der öppis z Hande ha! I bi Mitglid. I will di yfüere.»

«Chönnt mer passe», het der Sutter druufglait – und us synen Augen isch e Glascht cho wie scho lang nümm.

2

Der Sutter isch mit sym junge Fründ i Dütsche Klub gange. Der Laufkötter het in dene Heere vorgstellt – und scho none paar

Worten isch der Sutter «Hahn im Chorb», ämmel «Hans oben im Dorf» gsi. All meh het men über sy läbigi Art gstuunt, het me si verwunderet, wie lycht und gschmeudig ass er uf die chutzligschte Frogen ygoht, het men e Freud gha a syner mannlige Holtig, am ganze Gsün überhaupt. Bigryflig, ass die Heeren am Ändi vo der erschte Sitzig zfride gsi sy mit däm urchige Schwyzer, wo voll Träum und Plän isch, ass s numme so graglet. Und si hain in gfrogt, öb er im Klub wöll byträtte. «I glaub, i bi am rächten Ort», het der Sutter gsait – und me het in uufgno wien en erbträchtige Vettergötti.

Wo der Sutter derno gangen isch, het der aint und ander vo dene Dütschen im Laufkötter no d Hand gschüttlet. Jedwäde hets gwunderet, won er dä uufgablet haig; me lauf nit all Gäisdräck a derigs Gwächs ane. Me wöll ihm, im Laufkötter, numme härzlig danken und ze syner guete Nase gratteliere. Me chönn halt so ain bruuche, wie dä Sutter ain syg. Er mach aim wider Muet.

Wider Muet? Für was denn au? wärdet-er froge.

Müesset wüsse, ass die Klubbrüedere nit zem Gsöm zellt hai. Si sy dehai, also i der Olte Wält, dur s Band ewägg a guete Stellige gsi. Die merschte hai im Staat dient. Es het Gymnasiallehrer drunder gha, ganzi oder halbi Glehrti, dernäbe Chreemer und Bürolüt. Alli hai si aber as Naturfründ uusgee – und gwüs der Hinderscht het gment, är haig der lätz Bruef verwütscht, är sett chönne go ummeflanggiere, i der urige Naturwält go läbe. Do isch im wien e Stärn vom Himmel im Dude sys «göttlig Buech» vor d Nase gfalle. Er hets uufgno und gläse. Er het dervo traumt und derfür gschwärmt wie i de gsaftigschte Pflegeljohre. Und ame schöne Tag isch er halt ab – i die Neui Wält.

Jä, und i der Neue Wält hai die Mannen aigetlig s glych erläbt wie der Sutter sälber: Si sy im Gagere z Tratz us ime Ruusch verwacht und allsgmach dräcknüechter worde. Jedwäde het öpper gsuecht, won er im s Umuess und s Eeländ chönnt chlage. Derwyl het der aint en andere gfunde, wo am glyche Spittel chrank gsi isch. Und dä au no ain! Allsgmächeli het me si nöocher und nöocher zsämeglo und dä Dütsch Klub gründet.

Iez der Sutter het glylächtig gspürt, wies i däm Klub stoht. Die Heere syn im quasi am Muul ghange. Und wenn neume doch nones Zwitzeren oder es Zwatzeren uuftuucht isch, se het ers mit ime Lächli verschüücht. Derby isch der Sutter sälber uufgläbt. No nie i sym ganze Läbe het er dere Zuelooser gha, won er stundelang het chönne verwyle. No nie het er so dütlig gwahrt, ass er öpper isch, wo gilt, und ass er äntlig a die Rächte groten isch.

Fryli, mit derzytt isch im ainewäg öppis derwider gsi und obsi cho: Hebt die Sach ane? Gitts nit no ander Wätter byn ere? Fot si nit a schünze wien es Flämmli am churze Doche, wenns e verdattereti Hand ummetrait? – E Stell oder süscht en Arbet het der Sutter jo all no kaini gha. S Gält isch dervogrugelet, ohni ass er gschletzt het. Ainisch isch Mattheey am letschte! Und derno?

Er het si woll uusegschwätzt, der Sutter. Es syg dienoo au gange – und en anderi Chehr göngs allgürt wider. Überhaupt sygs iez Winter. Bis im Früelig längs, wemme nüt verhudli. Und der Früelig wecki nit numme Blueme, er weck au neui Plän und löckli s Gfell ane.

Aber im Klub sälber het si der Sutter all gattig uufgfüert und uf s Fehle hi der sicher Heer gspilt. Nit e Düt, nit e lätze Ton hätt sy Urueji verrote. Erscht churz nom Neujohr, won er wider vo syner Läbesuufgob brichtet, nämlig go rüten und farmere, do rütscht im doch öppen en uchummlige Chnorz i s Füür – unds gitt e verchehrte Luftzug. Der aint und ander vo de Klubheere fot a luuschtere. Do und dört gwahrt men es arigs Äugle. Underainisch frogt ain, jää, öb er d Gältmittel binenander haig. Der Sutter stutzt e Rung und verzellt derno wien es Buech, es syg eben öppis Ugfreuts drybürzlet – wien e Hund i s Chaigelspil. D Hauptbank, won er uf se bout haig wie der Cheuschtler uf die gueti Stund, sygi verchracht. Er müessi iez wytterluege. Er haig zwor e Deegu dergege wie gegen alls Verhautschet; aber s wärd si scho lo raise, numme bruuchs sy Zytt. Aine vo de Klubheere het afo chischperen und derno gsait, das sett im Fass nit der Boden uusschlo, s Gält syg nit d Hauptsach, dere haigs gnue. Ämmel si do haigen en ortlige Schübel binenander. Schlimmer syg, wenn s Ydial drunder lydi, wenn der Sutter derwäge d Ydee uufgeeb. D Klubheere sygen ebe nit Gältfrässer, si syge Möntsche, won e Traum, en Ygäbig wötten i s lybhaftig Läben ynestelle. Und si haige glaubt, är, der Sutter, sygi der Ma, wo das wie kaine zwägbringi.

Und uf die Zsämekouft abe sy meh weder zweu Augen uufgange. Me het der Laufkötter näbenuuse gno, isch im uf d Seel gchnüündlet: Öb er öppis Nööchers wüss? Dä het nüt as der Chopf chönne schüttle. Und der aint und ander im Klub het dänkt, es läng im Sutter bösdings; aber der rächt Ma für e grossi Sach und schweri Uufgob syg er allwäg doch nit. Hindenumme het men afo nooförschtlen und derby vom «Schwyzerland»-Bsitzer verno, der Sutter haig i der Schwyz gchreemeret und ghändelet, haig schynts emängs veruschickt und syg derwäge nit zem Dräck uuscho. Er zell echly ze dainer Sorte Lüt, wo aim gärn öppis vorschwäflen und wo allbott öppis verstänjds hai.

Bigryfligerwys sy si wüescht verstuunt ab däm Bricht. Si hais im Sutter aber nit under d Nase gribe, wäder s Veruschicke no s Vorschwäfle. Si hai sogar to, wie wenn gar nüt passiert weer, sy fren und loosem gsi wie bis dohi und hai si früntlig gee wie all. Glych het der Sutter gmerkt, ass öppis gangen isch. «Verspilt!» het er innenabebrümmelet und afo verhaime.

Und ainisch z Nacht isch der Schlof wider nit cho. Wie vor ime Dornghürscht isch er blybe stecke. Wie vor ere Muur het er Holt gmacht. Erscht gege Morgen anen isch dä Schlof überynegchläderet und i s Stübli im «Schwyzerland» a der Frontstross z St. Louis düüsselet. Aber er het laider e böse Traum mitgschlaikt – juscht dain, wo der Sutter sytt der letschte Nacht vor der Abfahrt z Le Havre gottlob nie meh bsuecht het: der Hag und der lang-lang Finger, wo högglet.

No wo der Sutter verwacht isch, het er der Hoggefinger uf der Bruscht gspürt. Er isch lätz uufgstanden und maasslaidig go ässe, derno het er in ainer Uufregig sys Gchees zsämepackt, isch im Hotelbsitzer, wo au e Landsma gsi isch, rumpelsurig go chünden und wien e Wüschwutsch dervo. Wo ane? I s Noochberstedtli, uf

St. Charles, wo churz vorane sy jung Fründ Laufkötter e Laden uufto het: Churz-, Äss- und Trinkware.

Der Sutter isch no kai Wuchen am neuen Ort gsi, und s het in scho groue. Nit wägem weniger abidytlige Stübli und Bett oder Ässen und Trinke, näi, wil er sy urüemlig Abgang as e «Flucht» agluegt het. «Z Tratz hätt i selle blyben und nit dervobaiggere!» ischs im all wider vürecho. «No nie bin i däwäg blöd us der Rolle gheit! Die paar Zwyfeli und Missverständnis hätt i im Nu bodiget gha. Der Heer sy, au i settige Momänte!»

Iez, won in der Laufkötter wider ainisch echly posslig yladet, er sell mitcho, i Klub, do sait der Sutter ämmel nit «näi». Er dänkt: Allwäg die letschti Glägni, für my Scharten uuszwetze. Drum härzhaft derhinder!

Und s Gfell isch im geuschtig. Die Heere lächlen im zue und grüesse wie früejer. Der hättet chönne mende, si haigen alles vergässe, wo no a Zwyfel mahnt. Was isch denn do passiert?

S letschtmol, wo der Sutter gschwänzt het, isch e Neuen uuftuucht, e ganz apartigen und kramänzlete bigoch! Dä het sone gwoltigen Ydruck gmacht, ass me numme no vo ihm redt. Er chöm hinecht wider, hai si scho bim Grüesse gsait – und är, der Sutter, wärd sy häli Freud an im ha. Überhaupt, das syg iez grad dä, won im allwäg chönnt roten und hälfe. Er haigs nämlich dick im Schärme, haigs au dick hinder den Ohre. Und Biziejige – haidebritsch! Zue den allerhöchschte Stelle!

«E du grossträgige Bücktistuel!» ischs im Sutter uusegsprützt. Und chuum isch men afo hocken und het ais Wort s ander gee, se het scho d Tür garet – und im Gstell stoht e stangelange, uufgstrüüsste Ma. Er grüesst, lächlet uf all Sytte, lächlet so fyn und lieb, ass s aim ganz ynimmt. Die merschte vo de Klubheere rybe d Händ vor Freud, nicke mit im Chopf bis uf e Tischrand abe, stönden aisgurts uuf und büsbüselen und bitte dä bessergwandet Kärliburscht, Platz z neh – er sett si chönne taile, verzähfache.

Won er si derno äntlig gsädlet het, verzellt er mit uusgwehlte Worte, ass er aigetlig e ruessischen Offizier syg, der Rang vomen

Oberscht haig und bis vor zweu Johre Militärattaschee bim preussische Kronprinz gsi syg. Der «Kronprinz» isch chuum duss – und scho schnelle die merschte vo dene Heere wie uf e Gaislezwack uuf und mache Bücklig, as gults es Heubürzli. Im Sutter syni chiselgrauen Auge wärde grösser und grösser. Er muschteret d Klubbrüeder, wie me s Veh uf im Märt muschteret; er muschteret druuf dä Oberscht, wo me sym Bricht z Tratz doch nit cha haitue, Zoll um Zoll vom Chopf bis uf d Füess. Und arig, er zaigt derby nit es Flemli Achtig oder so öppis. Es rütscht im sogar es gar verfluemeret verschmitzts Lächli über s Gsicht, und die underi Läfzge macht schier e Lüppel, wie wenn er wött vüregee: «E du Gwoltsläbchuechesabel du!» Der Sutter verhebts aber, nimmt e Ruck, hockt underainisch bolzgrad und bockstyf do, wie wenn er e Räbstäcke verschluckt hätt, und syni zwitzerigen Auge spaziere wytter uf im Oberscht umme. Kai Myne, wo si überspringe, nit a der gringschte Schesste gönge si verby.

Und gege wie der Hinderscht vo dene Heere byn im sälber dänkt, der Oberscht syg der nöbligscht im ganze Ring, ekain chöm ime gchrönte Chopf so nooch, laufen im Sutter syni Gidanken en andere Wäg. Ihn dunkts, vo däm Uusbund chönnt me no öppis lere; me müess in no gnäuer studiere; sy Holtig, syni Maniere, die pflägti Sproch, churz, nüt syg ohni Zettel und Yschlag. Natürlich syg an allem kai Funke wohr, d Verdräiti güggeli dur d Chnopflöcher dure. Aber das syg juscht der Item.

Und arig, uf s Mol ischs im Sutter, si zwee haigen öppis Verwandts, si syge quasi Brüedere; nummen ass s der ander wytter brocht haig, oder aigetlich zue däm brocht haig, wo är, der Sutter, s au no wött bringe.

A däm Fade het er chönne wytterspuele, wil der Oberscht gly wider gangen isch. Er haig no das und dais z tue, het er gsait; er müess zem Byschpel e Bricht abfassen und in eren andere Glägni Uuskouft gee. Me sell in etschuldige, es syg im nit rächt; aber i syner Stellig chömi me halt nit um so Pflichten umme. Das syg en Ehresach, het er si no hailig verschwore.

Ohni Aständ het me die gwichtig Pärson lo goh. Und chuum

isch d Tür wider im Schloss gsi, se het scho ais Wort s ander gfunde. Us allem uuse het men aber nummen ais ghört: Die obefer am Tisch hai dä Heer Oberscht verehrt wie daini undefer am Tisch, und die hüscht hain in haudäntisch vergötteret wie daini hott. «E Vornähme», «e Höche», «öppis Heldehafts an im», «ain, wo cha laitsle», «ain, wo am Wäbstuel vo der Zytt stoht». Öppe däwäg ischs durenander zwirblet. Numme der Sutter het drygchiflet: «Ämmel ain, wo waiss, wohar d Wulle chunnt!»

Was er mit däm mendi, isch me zähstimmig uufgfahre. «He», het der Sutter aghebt, «er gitt si, wie men in gärn het; er chehrt dä vüre, wo dir in im inn vermuetet; aber...»

«Was, aber!» schreit ain vo de Dickeren uuf. «Do gitts nüt z abere wie bime Faggäng! Der Herr Oberscht isch, wien er si gitt. Das erlickt me doch scho ufen erschte Blick – ohni e Möntschechenner oder e Seeleschmöcker z sy!»

«Soo?» rüüchelet der Sutter dur d Nase. «Nu, mer wai luege!» Er grumset none Chehr, bödelet sys Glas, zahlt und goht uuse. Und die andere heebe d Chöpf zsäme, bis ainen äntlig adräit: «Der Nyd, der pur Fueternyd, myni Heere! Der Sutter gspürt halt, ass im dä ob mag, ass er nümm die erschti Gyge spilt – und dasch für sonen ehrsüchtige Sträber echly z vill.»

«Der Nagel uf e Chopf tüpft!» chunnts neumen uuse. Dermit macht me si langsam haizue.

Fryli, der Sutter isch die Nacht ainewäg wach blibe. Wäge re stille Freud dasmol! Afe het er der Oberscht vor im gseh, wie wenn er lybläbig dostiend. Derno isch im jedwädi Schesste, jedwädi Myne früsch z Sinn cho. Und meh weder ainisch het er gsait: «Dasch grandig! So muess s sy! Das will mer merke!» Zletscht het der Sutter au gwüsst, wien er sy aigeni Sach wöll apacke. «Nümm vo der Farm schwätze!» ischs im uusetrolet. «Furt mit im Rüten und Urbarmache! E Militär muess wider ane. E militärische Grad muess i ha. Mit däm lot si öppis mache – wies der Heer Oberscht biwise het.»

Underainisch lacht der Sutter e Schübel: «E du grüeni Barmhärzigkait! Der Herr Oberscht isch numme s Machmändli! So wenig Oberscht wien i! Aber er spilt in guet. Er gitt in besser as die merschte, wos würklig sy.»

Dermit isch der Sutter fletig hinder syni Kuffere, het i de Papyre gschneugget und s amtlig Schrybe vom Fründ z Bärn vüregfingeret. «Do hai mers jo! Es gilt zwor numme für Frankrych; aber wäge däm chräit woll ke Güggel der Chropf uus. Ferig! Wien i a s Meer graist bi, se rais i iez wytters. As e Capitaine! Und e Capitaine will i sy!»

Zäntumme hets afo sünnelen und pfyferle. D Dachträuffene hai dais Lied gsunge, wo der Früelig voruusschickt. Im Dütsche Klub hets aber wyttergwinteret.

Emänge vo dene Heeren isch duuss gsi, emängem hets dutteret. Worum, wait-er wüsse? He, der Herr Oberscht und Militärattaschee het halt gly no dainer dänkwürdige Sitzig, wo der Sutter so französisch verdouschtet isch, Gält pumpt. Me het im gee, vill gee und gärn gee – as öppis Glehnts verstoht si. Jä, me het si derby eso freigäbig zaigt, wil me ghofft het, es wärd derno au freigäbig zruggzahlt, sobold die wundersamen Undernähmige vo däm Höchen ainisch Dividände chalbere. Und ass si das wärde – herrjeere, do derfür hätt me der Chopf glo! Fryli, die Gschäfter hai schynts nit wölle chalbere, nit emol gitzle. Me het sogar müesse verneh, ass s überhaupt kaini Gschäfter sy, ass dä Heer Oberscht nüt anders weder e dunders raffinierte Sibechätzer isch. Nu, iez het er der Gingg übercho und hockt im Loch; aber s Gält syg ainewäg i Dräck gheit, s göng i s Guettuech yne – und si sälber, ebe die guetgläubige Gläubiger, chönne schynts am Tope suuge.

Bigryflig, ass se si schäme. No bigryfliger, ass se si vor im Sutter verstecke. «Het är in gchennt? Het er ächt öppis gwüsst von im?»

Settig Froge sy uuftuucht und hai dene Heere ke Rueji meh glo. Me sett im Sutter doch ainisch d Würm us der Nase zie! Me chönnt jo zerscht sy Gscheiti rüeme, sy Möntschechenntnis ghörig uusestryche – und derno quasi so under der Hand ebe luege, öb dä Gageri und Gali, so faltsch wie Galgeholz, im Sutter der Wäg scho gchrüzt haig, oder öb im süscht öppis z Ohre cho syg. Und ass e settigi Unterredig am ringschten und chummligschten über e Laufkötter goht, het men au duss gha.

So sy ame schöne Merzetag, wo i Hurscht und Baum d Vögel gar lüpfig pfiffen und gschnäbelet hai, drei vo de Hauptgläubigeren uf St. Charles i s Lädeli vom Laufkötter cho. Si hai d Lueglöcher uufgspeert, öppen echly glitzt, derno das und dais gchauft und es Glas Wy bstellt. Wo der Hals afe gnetzt gsi isch, sy die erschte Gsätzli vürecho. Mit derzytt het ain so zwüschenyne gfrogt, öb der Sutter ächt umewäg syg. Er wärd iez glylächtig arucke, het der Laufkötter z Antwort gee; er haig nämlich im Sinn, uf Santa Fé z raise – mit ere Handelskarewane, wo die französische Chauflüt z St. Louis wai durefüere. Der Sutter wöll ebe none Bygi Churzwaren und settigs mitneh.

Die Heere hai vor luter Stuune schier s Lögele vergässe. Äntlig findt ain der Rank und sait: «Soo? Uf Santa Fé? Do chan er allwäg ortlig gschäfte?»

«Im chlynen Umfang, fryli. Het au d Mittel nit! Wie die merschten under eus.»

«D Mittel nit – nümme! He, der Sutter het ämmel nüt verlore – a däm, a däm...»

«Heer Oberscht!» rüefts i der Tür.

Me luegt umme. Der Sutter chunnt i Lade. Er grüesst, lächlet und gseht, wie syni Klubfründ nümm wüsse, wo ane schälbe.

E schöne Rung druuf findet äntlig aine der Uuswäg und nüslet: «Ebenebe, er het is bschisse, hindergange, agloge, dä hofrig Sapperlott. Me sett in karwätsche, dä, dä...»

«Blitzger!» chlemmt der Sutter ab. «Het ech s Gält verzutteret, he? Oder grad verzettet! Und worum? Wil er gly gschmöckt het, ass der ainewäg mendet, es blyb uf de Schöchli.»

«Me het im halt glaubt! En Ehrema...»

«Het er gspilt. Guet gspilt!»

«Was i wött säge», längt aine dry, «jo, hait Dir in aigetlig gchennt, Heer Sutter?»

«Sone Gwaagger? Nit, ass i wüsst!»
«Oder hait-er öppis ghört von im?»
«Jo, i der Sitzig mit euch.»
«Wieso hait-er denn so quasi abgwunke, wo mir i s Rüemen und Lobhudlen ynecho sy?»
«Wil in gspürt ha!»
«Gspürt? Was sell iez das sy?»
«Ebe gspürt, liebi Klubheere! I ha neumedure gspürt, ass dä agäblig Oberscht und Attaschee wäder s aint no s ander isch, ass er das numme spilt.»
«Aber Heer Sutter, worum hait-er denn das nit gsait, dütlig gsait?»
«Hätt i s no dütliger chönne säge? Er syg ain, han i gsait, wo wüss, wohar d Wulle chunnt. Und dir wüssets iez au!»

Die drei hai glitzt wien e verschüüchte Goggi, sy uufgschosse – unds isch numme guet gsi, ass der Laufkötter vor sen anegstanden isch und Fride gstiftet het. Nu, der Chyb het si nodisno glait, und der Sutter het vo sym neue Plan gschwätzt, wien er mit der Karewane wöll go luege, was öppe z Neu-Mexiko z mache weer. Er chöm jo wider zrugg und do chönn er hoffetlig e guete Bricht uuschrome. Er wöll au a si dänke, er syg enes schuldig, wil s in ohni Gheijes und Fäderläsis uufgno haige. Dai erscht Oben im Klub vergäss er nit so gly.

Si au nit, ischs de Gläubigere vertwütscht, und si hai mit Glückweuschen uf die langi Rais und ime härzlige «Uf Widerluege» adie gmacht.

Wo si dusse gsi sy, hai der Sutter und sy Fründ Laufkötter no mitenander verhandlet, was me sell rüschte. Der Sutter het lang und brait verzellt, was er mitnehm, wenn er bi Gält weer wie nit. Aber däwäg sygs eben anderscht. Der Laufkötter het si die Chehr vo der beschte Sytte zaigt. Er het gment, är chönni laider au nit uushälfe, wien er möcht. Derfür wöll er aber der Proviant für die Rais zwägmache. Es syg nit numme s Bürzi, wil sone Santa-Fé-Fahrt doch e paar Mönet göng. Au chönn er no s Sackgält vorstrecke. Und zue däm wöll er e Huufe billigi Ware baratlegge.

Mit dene chönn men i der Hauptstadt vo Neu-Mexiko gwüs en aständige Tuschhandel trybe. Es luegi mängisch no mehr uusen as bin ere grosse, tüüre Sach.

Der Sutter isch yverstande gsi, het dankt, gsait, er wöll ims wider vergälte, wenn er ainisch so wytt syg – und isch derno i sy Chammere gange.

Möndrisch het men in z St. Louis gseh. Er het si de französische Gschäftsheere vorgstellt – und wil er gläufig parlet het, schier wien e Wältsche sälber, se het niem nüt dergege gha, jedwäden isch druff ygange, ass me dä flott, gwandt, höflig und gscheit Capitaine Sutter mitnimmt und zwor as e Gsellschafter, wo s Amisiere verstoht und öppe mit ime Gaudi, sogar mit ere Gouggleten uufruckt.

Und d Wuche druuf isch men abgfahre. Vo der Rais sälber het der Sutter nie nüt lo verlute, wohrschyndlig, wil är blos e Tolete gsi isch, nit ain, wo öppis z sägen und z brittle gha het. Item, im Herbscht – me het all no s Feufedryssgi i der Brattig gha – isch er wider uf St. Louis zruggcho, vom Wätter bäit, gsund, geederig. Und bigaischteret isch er au gsi und brichtet het er wien e Huttechreemer. Aber nit vom Wäg, numme vo de fabelhafte Gwinn, wo men i däm Santa Fé chönn mache. Är haig sys Wärli im Huidum ewägg gha – für sibe Muulesel bigoch! Die haig er uf de Farmen um St. Charles a Ma brocht. Au im Schnupf und gar nit übel! Iez s Gält läng im juscht fürn e zweuti Fahrt, haisst das, es chöm ebe none Mocke dervon ewägg, a sy jung Fründ, dä haig im vorgstreckt.

Numme settigs isch im Sutter uusebürzlet.

D Hauptsach het er aber verhaimet und verschwige. Er het nämlig sys Puntenöri zaigt und si bi syne französische Gschäftsheeren as e Capitaine vo der Schwyzergarden under im König Karl X. uusgee. Und das hai s im glaubt. Und wil s ims glaubt hai, hets im Sutter e Stupf und Uuftrib gee. Er het im Stillne dänkt: S Schicksal haig im der Heer Oberscht i Wäg gfüert. Numme die Rolle wyterspile! S Guräschi nit verliere! So öppis müess e Chrach lo!

Und der Sutter het sy Rolle wyttergspilt. Das Glueg um in umme! S het meh weder ai Glari gee, wenn er so brichtet het, was iez müess goh, und zwor guttigutt! Mit der Freud am erschte Gwinn z Santa Fé het e neue Plan afo chyde: Sälber e Karewanen i d Hauptstadt vo Neu-Mexiko z füere! En aigeni Karewane bigopplige! Derno chönnt me biwyse, ass me der Haupme nit numme spilt, näi, ass men in würklig isch! Und der Acher weer gfahre, geegt und agsäit, me chönnt uf s Uufschiesse vo der War warte.

Der Sutter isch all mehr i Gängler cho. No glyner, as er sälber glaubt het, isch er go wärbe, uf d Höf, i d Dörfer um St. Charles. Und wils im Blessier gmacht het, isch er all lüter go pochle. Es müess e bäumige Zug gee. Nüt dörf mangle. Alls bring men ab wie Gänggelizüüg, sogar der Grümpel sant Güsel. Si syge z Santa Fé schier bsässe druff.

Und bi däm Waiblen isch der Sutter au in en olti Farm cho. Do het er es Gschärli Naturfründ vom luterschte Wasser atroffe, wien e früejere Pfarer und e Bankagstellte, wo iez buuren und jage. Der Sutter het si as Capitaine gee und afo loslegge. Me het im abgloost wie chuum neume. Taglang isch es Gständ um in umme gsi. Und scho nonere Stund het der früejer Bankagstellt Flügge gsait, är mach a deer Captain-Sutter-Karewane mit. Dasch Holz i s Füür gsi, sappermoscht! Allbott isch no aine cho, und no aine. E ganzi Ryglete het yghänkt.

Und der Winter dure het me plant und grüschtet. Zäntumme hets ghurlet, bällitschiert, gjäblet und gjeukt, wie wenn d Wält us de Glaich müesst. Der Sutter isch chuum us de Schuene cho. Und won er si zaigt het – überal het me gmerkt, ass er chennber isch, ass er mit allem z Schlag chunnt. Sys lütseelig Wäse, so gar nüt Pumadigs an im, sy Überzüügigsgob – alls das het au der Hinderscht packt und mitgrisse.

Es isch no lang nit Früelig worde, wo der Sutter sy Karewane scho binenander gha het. Dütschi und Franzose hai mitgmacht. S Hauptquartier isch im Lade vom Laufkötter gsi. Dä het die ganzi Sach däwäg ärnscht gno, ass er der Lade rüppistüppis vergrämplet het. Mit im Gält wöll er uf Santa Fé, het er abtrumpft, wo men im wäge däm Vertschäggere z nooch cho isch. Under im Haupme Sutter ziei er uus. Näbem Haupme Sutter chöm er as e ryche Ma wider zrugg – ätsch!

«D Captain-Sutter-Karewane sell läbe!»

3

Am füfzähten Abrellen im Achzähhundertsächsedryssgi isch der Sutter mit vierzäh Dütsche z St. Charles abgraist. Frauen und Chinder vo dene Manne sy none Strecki wytt mitcho, hai derno «adie» gsait, Glück gweuscht und langlang gwunke. Der Zug isch uf Independence gange. Dasch es magers Stedtli gsi. Dört het me si wölle sammle. All Hick sy mehr agruckt, vo hie, vo sältsch. Zletscht het men achzg Wäge zellt, mit Stieren oder Muulesle dra. Zue jedwädem Wage het e Ma ghört, der Bsitzer, wemme so will. Mängisch isch dä mit ime Fuerchnächt oder Handbueb uufgruckt. Alles in allem sys gege hundert Möntsche gsi, drunder au dere, wo scho uf däm Boden uf d Wält cho sy, wo aber der Vatter oder der Ähni synerzytt der gross Gump gwogt het. Iez im Sutter sy aigeni Gruppe het vier Wäge gha und isch glunge zsämegsetzt gsi: Afe der Laufkötter, wo schier über Nacht e ryche Ma het wölle wärde, derno der Flügge, wytter e Wunderdokter, er hätt im Zegliger Peter alli Ehr gmacht, und so as Mitplamper e höchere Militär, e Hamperchsma und e Buur. Aigetlige Fuerchnächt isch der yhaimisch Gutierez gsi, e vollblüetige Mexikaner und es difigs Bürschtli no obedry.

Und d Rais isch nit bsunders schwer gsi. Die merschti Zytt het si aim ehnder an e Hochzyttsrais gmahnt: all buschper und chäferig. S Wätter het derzue passt wien es Liid uf e Chorb. Vo Räge ke Gspur. Wulche sälte, der Himmel voll Bassgyge. Numme der Chly Arkansas het drygspeut, er isch nämlig wüescht über d Bort uus tschiengget, het gschuumet, geutscht und gaiferet wie zem Gspött. Derzue isch erscht nones zeuftigs Uwätter uufgstigen und het lo abeprägle, ass s tätscht und plätscht. Und juscht, wo si der Fluss wien e Grüüsel gee het, hätt men übere selle. Kai Brugg, wäder Wäg no Stäg! Und s äner Ufer verfluemeret geech und sandig. Nu, me het agholte. Vill hai afo täupele. Etail sy voller Ulun gsi, wie wenn si d Maasslaidi sälber weere, und si hai to wien e Chatz am Hälsig. Ainewäg het der Sutter wytter wölle. Aber do hets öppis gee – en erschti «haikli Lag», nämlig Händel.

So, Captain Sutter, iez wys dyni Müüs und zaig, öb de würklig e Haupme bisch und e Karewane chaisch füere! Der Wäg nit verliere, Ornig holte, wenn alles am Schnüerli lauft, isch no kai Biwys für settigs.

Nu, der Sutter het dä Uschick am Grips packt. Won etail mit de Gwehr und Mässeren ufenander los wai, do nimmt er e Satz, stellt si ran und reech wien e Pfoschte zwüsche die Cholderi ynen und dämpft ihri Wuet mit syne chiselgrauen Augen und mit ruejige Wort. Si göngen ämmel usenander, und wo der Sutter sait: «Manne wai mer sy, nit Spageuzel und Schnuderbuebe! A d Wägen und hü!» do güggelet juscht d Sunn dur die schwarzgraue Wulche dure – und im Schwick ischs haiter. Me goht über e Fluss. Me chunnt ufs äner Bort. Meh weder aine ment: «Der Sutter het s Züüg. Er isch der Rächt. Und waiss der Tüüfel, sogar s Wätter folgt im!»

D Rettig us deer Affäre het im Sutter der erscht gross Stai i s Britt gsetzt. Und me chas aluege, wie me will, sy Währig isch gstige.

D Rais sälber isch derno wyttergloffe wie s Sail am Haschpel, zsägen ohni Chnüppel und Ghürscht drinn. Sibe Wuche lang isch d Karewane dur Indianerbiet cho. Me het au der Gross Arkansas möge gmaischtere, het dermit der amerikanisch Bode verlo – und isch uf ime neu-mexikanische Landfläre glandet. Nit uf ime schöne! E truurigi Gegnig bigoscht! Ke Baum, chuum e Hurscht, nüt as Büffeldaisch, wo me zem Füüren oder Choche bruucht. Äntlig hört s spitz Greesli uuf. Stundelang gohts dur Kaktusstöck, taglang rüüschele, pfitze Schlangen umme, hocke Chrotte do, wo schier Hörner hai, gumpen öppe Gazälle dervo.

Und wider heerts und höchs Gras. Drinn schwarzi Zyleten und Zottlete vo Büffelhärde. Erscht churz vor Santa Fé zue fots a gruene, dunkts aim, me chöm in es aständigs Land.

Für d Lüt i deer chlyne Provinzstadt isch d Akouft vo soneren amerikanische Karewane öppis gsi wie der höchscht Tag im Johr. Si hai druuf plangeret und sy schier vergütterlet drab. Und isch si äntlig agruckt, se het men afo feschten und fyre. E du grossträchtigi Bettlade, het das e Läbtig gee! Nüt meh vo Arbet, alls isch uf e Stadtplatz ghüschtet und het si fascht d Auge zem Chopf uus gstuunt vor luter Guenen und Gluschte. Im Hui isch s hinderscht Bai um die Ständ gsi. Ma wie Frau, jung und olt het d Nase wölle derby ha.

Jä, eso ischs all gsi. Eso ischs au gsi, wo der Sutter as Gsellschafter anecho isch. Aber arig, eso ischs iez, wo der Captain Sutter mit syner aigene Karewanen uuftuucht, laider nit.

Und worum nit?

He, churz öb der Sutter agruckt isch, het si schon e Karewane do ygnischtet gha, aini us im Noochberstaat «Texas». Wytter het me d Zöll eso höch uegstrubt, ass der Gwinn ame chlynen Örtli bliben isch. Und derno hai d Guldmyne vo Neu-Mexiko zsäge nüt meh abtrait; d Guldwäscher hai en Uufstand gmacht, und für dä Uufstand chönne z legge, hai schier alli Mannevölcher vo Santa Fé i Dienscht müesse.

Alles das zsämen isch tschuld gsi, ass der Märt mager, sogar eeländ uusecho isch. Er het de merschte Gruppe vo der Karewane däwäg i s Guettuech ghaue, ass si scho im Augschten en Ylbott uf St. Louis gschickt hai. Dä het d Fründ und die stille Tailhaber selle go tröschte – wägem schlächten Absatz.

Aber zem Glück hets näbem Märt no öppis gee. Die merschte Manne vo der Karewane hai si chönne vernuefere. Si sy jo ainewäg d Hyrzi gsi – scho wäge de Schnäuz und Bärt! Die hai ämmel uf d Wybervölcher en Ydruck gmacht, men isch go tanze wien e Lump am Stäcke. Und bim Tanzen und bi de Schmuusistündli, wo öppen ygflochte worde sy, het me none mängs abbrocht, nämlig alli Galanteryartikel. So ganz vergäbnigs isch men also doch nit uf Santa Fé cho.

Der Sutter scho gar nit. Är het nit nummen e schöne Chratte voll Gaudi gha und bi de «Dame» grad dur s Band ewägg obenuusgschwunge, är het au none regelrächte, i mende, e handgryflige Gwinn ygsackt. Dasch wäge däm gsi, ass er fascht luter Sachen und Sächeli uf e Märt brocht het, wo numme d Frauen agönge. Item, us sym Erlös het er ämmel hundert Muulesel und Muschtangrössli erhandlet. Die sy frylig eso wild und widerspängschtig gsi, ass s e paar Dotzed dervo abghaue hai, öb d Karewane der Missouri wider gseh het. Aber die andere het der Sutter haibrocht.

Iez im Herbscht isch derno d Karewane z St. Louis agruckt. Der Sutter het gunne. Sicher und wie der Grattel sälber isch er dur d Strosse gloffe. Me het im müesse nooluege, gar d Wyber. «So gattig und gmögig, so chreftig und galant!» hets ghaisse. «Voll vo Plän, en Undernähmigsgaischt wie kain! Churz, e Ma, en Eroberer, ain, wo gmacht isch für dä Bode! Me wird no ghöre von im. Er wird no öppis Apartigs laischte, schierger öppis Umügligs zwägbringe!»

Dasch s Urtel gsi. Glych het die Rais uf Santa Fé nones uliebs Schwänzli noogschlaikt. Die merschte Karewanemitglider hai halt ihr Gält verlore, au der Laufkötter. Und wies i some Fal isch, es muess e Sündebock ane. Und dä het me nit lang müesse go sueche. Aifach der Füerer, der Haupme, der Sutter! Wie vill hain ims vergunnt, ass er Gfell gha het! Drum hätt er natürlig selle wüsse, ass dä Märt nümm lauft. Au hätt ers selle merke, ass iez en andere Luft wäit. Er hätts sogar selle schmöcke, ass die mexikanischi Regierig uf e Wousch vo ihrnen yhaimische Händlere hi s Gätter zueschlot.

No meh! Wil der Sutter schier der enzig gsi isch, won e Gwinn het chönne bueche, se hai die guete Fründ – und der Laufkötter vora – afo höggle. Er haig bschisse; er haigs gwüsst, ihnen aber nüt gsait; er haig sogar Gält verutreut. Us im Gwäschwasser hets Gülle gee. Und do hätt si der Sutter chönne go wehre, wien er hätt wölle, es weer für d Chatz gsi. Drum furt!

Im Früelig vom Sibenedryssgi finde mer der «Captain John A. Sutter, vormals in der Königlich-Französischen Schweizergarde Karls X.», wien er si underschribe het, z Westport. Dasch dai Chehr es Näschtli gsi, erscht vier Johr olt. Aber s het scho dainisch ame geuschtige Platz e chummligi Ländi gha. Ganz i der Nööchi isch s Schutzbiet vo de Delaware-Indianere gsi. Die hain ech regelmeessig Fääl vo der Jagd brocht, hai sen uf im Märt verchauft und s Gält verputzt. S merscht het d Gurgelen ab müesse. Was wunders, ass allbott neumen es Lädeli oder e Schnapsbuden uufgangen isch!

Iez der Sutter isch weniger wägem Gältabjage hie anecho, är het wölle «wytterluege», wien er gsait het. Scho none paar Tag het er den Indianere noogha, s isch im aifach gsi, er müessi denen ihri Läbesart chenne, er müess se verstoh und wüsse, wie si dänken und was si aigetlig weusche. So het er sälber es chlys Lädeli uufto, het e Delawar agstellt und bi däm eso zwüschenyne d Sproch vo sym Stamm glert. Er isch neumedure wider gsi was z Burgdorf, het aber der «Heer» uusegstriche wie no nie, het gross gläbt und gar bsunderbar vill verchümmlet und verschänkt. Kais Rätsel, ass er scho im Wintermonet nüt meh gha het! Es hätt aim afe chönne dunke, das Züügli chöm echly wohlfaiss, der Nidsigänd syg däm Ma quasi agfluecht, s Nütha schyni chronisch z wärde.

Gitts denn kai Uuswäg? I der Schwyz läbe d Frau und d Chind, lützel wie Armegnössigi. Si chlammere si vo Johr ze Johr all meh a d Hoffnig, iez chöm äntlig e gueti Poscht us der Neue Wält, chöm der gweuscht Bott mit im Gältpäckli. Aber s isch all no nüt mit der guete Poscht, isch wider nüt mit im Gältbott. Uf der Truese – wie dainisch!

Vill eerger as dainisch! Der Sutter luegt yneszue, grüblet und grüblet. Wie ain, wo mit im Löffel im Kaffihafen ummerüert, bis alle Satz obsi chunnt, so stocheret er inn im sälber umme, ass dais, wo si i de letschte zweu, drü Jöhrli gsetzt gha het, wider uufstosst und uufstygt. Es tuet im weh, im Sutter. Er lydet drunder. Und es isch nit, ass im die schwere Stunde blos z Sinn chöme, näi, er gspürt sen am ganze Lyb. Wie läbigi Wäse bigoch! Und wenn er so mueterseelenelaiggen ummeleutscht und i s Wasser oder dur s Ghürscht gluurt, se gwahrt er wie im Douscht inne Gsichter und Fratze. Die boolen in a, si weuen in uus, as weere si d Mahnig und d Achlag sälber. Woll tuuche si under, wenn er mit den Arme wäit; aber handchehrum sy si wider do und dröje no eerger.

Der Sutter wehrt si dergege. Er fuchtlet wie lätz, er lauft wien e Gjeukte duruus. Er schreit: «Bin e Verfolgte! Bin e Spinner!» Und er verzwyflet dra. Sys Läbe sygi vo Grund uuf verpfuscht, brummlet er öppe, es löi si nümm ändere.

I deer Verfassig isch er ainisch ze sym neue Fründ McCoy gange. Ihm het er uuspackt, er mach iez ferig, es chönn in nüt heebe, s haig alls ekai Wärt meh, er wärdi verruckt, wenn ers nit scho syg. Am gärnschte fluch oder flug er waissgott wo ane! Halt vo wäge däm! Dermit het er uf d Bruscht dütet.

Zem Glück het der Fründ gmerkt, wies stoht. Er het im Sutter zuegredt wien e Vatter im Bueb. Und was är vilicht doch nit zwägbrocht hätt, das isch sym Töchterli, im Nelly, grote. Er sell afe do, im Huus, blybe, het s Nelly gsait. Derno sell er sys ebig Dampen und Fischperen uufgee. Der Sutter het zerscht wölle sy Lüppel uusehänke, so zem Säge: «Was witt doch du, chlyni Chrott, chaisch jo chuum elaiggen über s Bett abe!» Aber er hets nit chönne. Das schmal Gsichtli, die lieben Auge, s ganz Gsün – näi, do chunnt öppis wien e wohligi Wermi uuse, däm Gschöpfli cha me nit bös sy!

Und möndrisch het s Nelly dä arig, schier uhaimlig Ma, won im s Schicksal so uverhofft i d Händ gspilt het, scho anderschter agluegt. Es het in afo trööschte. S het in am Puntenöri packt und gsait, wie das Schwarzluege numme schadi, ihm sälber und syne Mitmöntsche. Är chönnti jo no öppis laischte, äs glaub, sogar öppis, won ekai andere zwägbreecht.

«Glaubsch?» ischs im Sutter vertwütscht.

«Jä, i glaubs! Es sy Chreft in Ech, wo so öppis chönne. Dir chennet se numme nit. S Läbe het se verschüttet. Und dene guete Chreft syt-ers schuldig, ass Der se bruuchet, ihne hait-er Ech z dingen und süscht niem.»

Der Sutter het gstuunt. Au het er die Wort hinderegschläckt wie Wabehungg. Si hain im so wohlto. Und nit minder wohlto hain im die sunnige, blauen Auge vo däm fyne Gschöpfli. Iez won im das Maitli no us Verbärmscht über die chnochige, geederige Händ fahrt, do sait er wie zueme Traum uus: «I blybe – blyb, so lang du witt!»

Und er isch blibe. S Nelly het ime Huusfründ gschribe, er sell glaitig anecho, es haig gar e bsundrigi Uufgob für in. Dä Huusfründ, e französische Kanadier vo Giburt und iez Ortsvorstand z Taos, isch agruckt, het mit im Sutter über das und dais gschwätzt und het derno, won er bi däm ugwohne Ma so rächt gwüsst het, wies aigetlig stoht, underainisch vom «heerligschte Land uf der Wält» afo brichte, vom Land, wo numme Summer chennt, vom märli- und traumschöne Kalifornie.

Do het der Sutter gluuschteret! D Auge sy allewyl wytter uufgange. Drüber het sin e Glascht glait, er het aim a s Sunneglitzer uf ime See gmahnt. Und wo derno der Huusfründ erscht no verrotet, är haig das nit öppe ghört oder gläse, är haigs sälber gseh und erläbt – as junge Prieschter z Kalifornie – do isch der Sutter uufgumpet und het im d Hand drückt, ass s ganz chroset. Und im Nelly het er i s Ohr gchlischplet: «So öppis het mer no kai Frau gschänkt. Numme d Mueter hätts au gmacht. Dasch my höchscht Tag. I waiss nit, wie danke.»

Der ganz Oben und möndrisch und none paar Tag het der Sutter chuum meh öppis anders über d Läfzge brocht as: «S Globt Land! Kalifornie!» Und wider hai Plän afo chyde. Dur die graue Stunde vom lange Winter ischs wien e blaue Bändel gflädderet: «Es wird ainisch Früelig! Es gitt es Kalifornie!»

Jä, dir wöttet iez aber no wüsse, wies dai Chehr i der Olte Wält uusgseh het.

Gället, d Frau Sutter isch im «Stöckli» uf im Land gsi. Si het gstrickt und gnäit und s aint oder s ander Stück öppe chönne verchaufe. Das het eren echly öppis ybrocht – für s arm und erbärmlig Läbe. Mängisch isch au es Päckli agruckt, von ere Fründin, vo der Schweschter. Tag für Tag het si uf e Bricht vo änet im Grosse Bach plangeret. Tag für Tag isch si um e Hoffnig eermer worde. Aber zeech het si ainewäg an e «besseri Zytt» glaubt.

Das hait-er chönne gwahre, wenn d Frau Sutter der Näschthöck zwüsche d Chnüü gno het. Do het si d Wort gfunde. Süscht isch si jo afe still und vermacht gsi wien es Maleschloss ohni Schlüssel. Um d Lüt het sin e Rank gno. Aber ihrem Jüngschte het si chönne verzelle, wie si ainisch furtraise, wyttwytt; oder wie ame schöne Tag e Gältbrief harfliegi, e grosse, dicke. Und derno gönge si in es schöns Huus – und s Schweschterli und d Brüederli sygen au do – nit nummen uf Bsuech. Si chönnen allizsäme gvätterlen und allergattig Gugelfuer trybe.

Iez wenn si wider elaigge gsi isch, d Frau Sutter, se syn ere doch öppen e paar Träne d Backen abgloffe: «Nit emol e Brief! Nit emol es aifachs Läbeszaije!» Sy d Tränen aber ytrochnet, derno het d Frau Sutter no anderi Wort gfunde: «Es chönnt au sy, er läbti nit emol meh. Me waiss jo nie – so under frönde Lüt, no Wilde, wie der Landschryber zellt het. Und ime Land, wo alles drunder und drüber goht, d Fuuscht regiert, as weere d Möntsche numme Haghuuri.»

Däwäg het men im «Stöckli» gwartet, baitet, armüetig der Tag durebrocht, gchumberet, gängschtet und wider neu ghofft.

Und z Burgdorf?

Der Alfönsli isch sytt ime Johr bi der Tante Mary gsi. Si het in ihrer Schweschter abgno, wil die am Jüngschte scho gnue gha het. So vill si het chönne, isch si aber mit im go d Mueter bsueche – ass er nit afot frönde vor ere.

Iez d Grossmueter, d Wittib Dübeld, het si all styfer gee und ke Möntsch meh a sen ane glo. Enzig der Johann Auguscht het en Uusnahm dörfe mache. Tagtäglig het im d Grossmueter vorgha, sy Vatter syg e Lump und Fötzel an aim Stück. Er ghörti i s Zuchthuus. Und är, der Bueb, haig d Pflicht, d Familie Dübeld ainisch z rääche. Drum sell er ghörig leren i der Schuel. Er müess e Gstudierten abgee, e Fürspräch. Alles Gält, wo si, d Grossmueter, no uuf- und abring, wöll s im für das anelegge.

Ganz anderi Tön hait-er z Lieschtel verno!

Der Landschryber und sy Frau hai s Lyseli und der Emil nümm wölle härgee. Die «neu Mueter» het mängisch innenabegsait: «Dörft i se numme bholte! Weere si numme z grächtem und z blybnige myn!» Und der Landschryber sälber isch vo Zytt ze Zytt alli andere go bsueche, isch go rote, go uushälfe. Derby het men in natürlig gfrogt, öb er nüt wüssi, öb er all no kai Bricht vo däne haig. Es syg iez bold drü Johr har, sytt men ohni Ma und Vatter syg.

Näi, der Landschryber het au nüt gwüsst. Er het zwor schon e paar Brief abgschickt – an Adrässene, wo men im agee het; aber vo Antwort nit die lysligschti Gspur. «Er wird se nit übercho ha», het der Landschryber tröschtet.

Das weer alles us der Olte Wält – und doch nit ganz. Wo der Landschryber nämlig uf Rüneberg chunnt – wägem e Verdingchind, do vernimmt er au, ass im Wächter sy Choschtbueb, der Gäbi, nümm hiesig syg.

Jää, won er denn syg?

Das haig sy Gschicht, sait der Wächter.

Der Landschryber ziet d Säubloteren us im Sack und lächlet: «Stopf e Pfyfe!» Chuum isch die gstopft, und die erschte Räuchli fliegen über d Chöpf uus, se fot der Wächter a: «He, z Beugge! Er will Missionar wärde!»

«Z Beugge? Missionar wärde?»

«Er ischs nonig, er feets erscht a! Jä, aber z Beuggen isch er afe!»

None paar Züge fahrt der Wächter wytter: «Dasch eso cho! Hockt er do ame Sundig i der Staigrueben äne, ruckt e Hamperchsburscht a, barfiss, aber süscht chäch und buschper. Ohni es Wort z verliere, hänkt er sy Sack ab, lot si näbe Gäbi zue – und packt uus. S isch e Schuemacher, müesset-er wüsse, hätt aber i der Armenastalt z Beugge zem Missionar oder Schuelmaischter selle gmacht wärde, wien er brichtet. Er haig numme ke Freud am Läsen und Schrybe gha. Drum syg er druusgloffen und haig glert schueschtere. Uf der Walz syg er dur s ganz Dütschland dure cho, haig emängs Dotzed Stedt gseh, alli grösser weder

Basel bigott! Ainewäg, er müess iez säge, es greu in, ass er nit z Beugge blibe syg. Er haig sältsch e Huufe schöni Sache vom Lieberheerget und vo der wytte Wält ghört, ass ers aifach nümm chönn vergässe. – Jä, aber iez weer mer bim Blitzger schier s Füür uusgange! Nüt für uguet, Herr Landschryber!»

«Und derno? I mende, was het das mit im Gäbi z tue?»

«Vill, Herr Landschryber, vill! Der Gäbi het im ebe der Sack uufgno und isch voruus z durab – uf Gälterchinde, bis uf Sissech. Jä, er syg halt übel gfuesset gsi, dä Burscht. Au wüss er der Wäg nit rächt, het er gsait. Item, z Sissech het er derno e porzelanige Pfyfechopf vüregneuset, e grossen und nigelnagelneue bigott. Halt so für e Trägerlohn und zem Adänke! Iez wo der Gäbi dä haibringt und verzellt, wies gangen isch, han i doch müesse luege. Schön isch er, ebe der Chopf, i mende der Pfyfechopf, so schön, wien i no gar kaine gseh ha. Mit ime gmolte Chopf druff. Jää, und drunder stönd erscht no ‹Götti›, eben under im gmolte! Der Gäbi isch die Göttipfyfe glyläctet im Heer go zaige. Aber wüsset-er, was dä gsait het? Es sygi gar kai Götti, es syg der ‹Goethe›, und das sell mit Schyn e Dichter oder so öppis sy. Jänu, han i gsait, se sell er in bholte, jo, der Pfyfechopf mit däm Nitgötti. Und i cha scho bhaupte, es wurmt mi nit emol meh gross, ass iez der Pfarer die Pfyfe raucht, sytt i waiss, was druff isch.»

«Henu, so isch jo beede ghulfe. Oder alle dreine. Aber i wött iez nit Pfyfegschichte ghöre, Wächter! Es nimmt mi wunder, was mit im Gäbi gangen isch.»

«He, was i gsait ha! Der Heer het in derno allbott lo cho, het in glehrt läsen und schrybe. Und der letscht Herbscht isch er ebe mit im uf das Beugge gange. Zider isch er dört, der Gäbi.»

«Und er will Missionar wärde? I mende, isch das würklig sy Wousch?»

«Er het sytt daim Sundig überhaupt nüt meh anders im Chopf gha. I han in gar nümm chönne bruuche. Und zem Pasimänte bi der Bäsi hets erscht rächt nit glängt. Chuum d Spüeli syn im grote!»

«Mer wai numme hoffe, er haig sy Wäg gfunde!»

«Er rüemselet ämmel gar grüüslig, wie der Heer sait!»
«Schrybt er also öppen im Pfarer?»
«Dänk woll, dänk! I ha halt mit im Läse no nie Hochzyt gha!»
«Nänänä, all wider öppis Neus!» het der Landschryber brümmelet, isch uufgstanden und haizue gange. Uf im Wäg ischs im ainisch uusetwütscht: «Henu, es guets Härz het er, der Gäbi, er isch jo au der enzig Möntsch gsi synerzytt, wo vom Sutter no öppis Liebs gwüsst het.»

4

Sytt ygänds Abrellen im Achtedryssgi het si der Sutter bi de Delawaren uufgholte. Derby het er uf e Glägni passt, «blind» über e wytt Kontinänt z cho. «Blind» raise haisst i some Fal, me müess si bis i d Rocky Mountains der Karewane vo der amerikanische Pelzgsellschaft ahänke; vo dört uus müess me derno luege, ass me mit der änglische Hudson's Bay Company a Stillen Ozian chöm. D Karewane vo beede Gsellschafte hai nämlig die Gwohni, enander uf im Rendezvous-Platz vo de Trapperen und Jeegere z träffe.

Iez die amerikanischi Karewanen isch am zweuezwänzgischten Abrelle z Westport furt. Der Sutter het si mit zwee Delawaren und im Schwyzer Wetler am erschte Maie zuen ere glo. Die ganzi Kulonne haig öppe sächzg Möntsche zellt, derzue zweuhundert Zug- und Laschttier und sibezäh Wäge, wo mit graue Blache deckt gsi sy. D Tier a de Wäge, s merscht Muulesel, sy Schwanz uf Chopf i de Stricke gläge, also nit näbe-, näi, hinderenander gloffe. Am letschte Wage hai si ugrüefe die «Blinde» agschlosse. Es het sogar Missionär derby gha sant ihrne Fraue. Im Sutter sys Zügli isch nit emol uufgfalle. Me het die vier «Ganzneue» zwor gseh, aber nit gross gachtet. Si hai im beschte Fal der Zug none chly farbiger gmacht.

Und was sy das für Lüt gsi?

Us allne Suppen es Tünkli. Zer Hauptsach so gwöhndligi Zmittsduremöntsche, wo rächt und schlächt sy, nie strublig, nie uverschannt. Drusuuse syn e paar Mannevölcher abgstoche, wil si gar tolli Arm gha hai und glych nit öppe zuegriffig gsi sy, ehnder uglaichig, derfür all guet im Strumpf und dur s Band ewägg ugsorget. Und näbe dene hait-er au wusligi Burschte gwahret, s merscht chlyneri Storze, won es zabligs Läben a Tag glait hai und voll Haschtes und Gschnäders ummegstofflet und vo Wage ze Wage gspageuzlet sy. Öppen ainisch isch ech ain ergcho, wo der im scho vo wyttem der Uflot agseh hait, oder ain, won ech erscht vo noochem an en Uhund gmahnt het. Ämmel gar, wenn der in so zem Verglych näbe die gsetzte, feschte, ruejige Manne gstellt hait, wo dogstande sy wie Stud bi Stud. Nit gnue! Wie s Gras erscht schön isch, wenns e paar Blüemli drinn het, se hets i däm Mannehuufen au e paar Wybervölchli gha, wo der ganze Karewanen öppis Bluemigs, Sunnigs, Fyns und Liebs gee hai. Bsunders ais Wybli het so dunders schön blüeit und wytt zündet, ass s kain überluegt het und sogar e Ruech vor im zue neumeduren echly waich worden isch. Der Sutter het zerscht gment, es syg s Nelly. Bime Hoor hätt er si no verluegt dra! Und er isch ummedüüsselet – jeere! und het däm Fyneli z lieb to, was er numme het chönne. Fryli, s het aigetlich im Nelly gulte. Und das Fraueli hätt chönne machen und säge, was s hätt wölle – im Sutter weers ainewäg gsi, s Nelly machs und sägs eso. Us im aifältigschten und nütigschte Wörtli het er s Nelly ghört mahne: «Die guete Chreft in Ech inn, löit se chyde, löit sen uufcho!»

Jä, und die glungnigi Karewanen isch uf im gwöhndlige Wäg über s ghüblet Gländ zoge. Bold hets schöns Grasland gha mit nuggische Hölzli und Hütte, bold ehnder sandigi Strich und älbi, uusdügneti Plätz. E langi Wyl het der südlig Arm vom Plattefluss d Richtig agee, derno der nördlig. Hütt isch me dur wytti Eebene cho, morn über Stai und Felschlötz oder a Flüene verby, wo d Stross schier z ruers ygchlemmt hai.

Iez am zweute Brochmonet isch der Zug im Fort Laramie agruckt. Vo do ischs all am Nordarm vom Plattefluss wyttergange, zerscht über Hübel, zletscht zwüsche Bärge dure. Die hai no d Schneechappe trait, aber nümm bis uf d Ohren abe. Mängisch hets grienigi und sandigi Wüeschtene gee, öppe Hagelwätter, zweunisch e Luftputsch, ass s aim umgheit het. Und allewyl ischs cholt gsi. Juscht wo si s Wätter am gruusigschten aglo het, isch me vor im Fluss gstanden und hätt übere selle. Dä het aber to, s isch aim gschmuecht worde derby. Ainewäg – us Wyden und Büffelhütt het me Waidlig zsämebäschelet. Dasch fryli nit grad glaitig gange; d Büffel hai zerscht wölle gjagt sy, öb me ne d Hutt het chönnen über d Hörner zie. Wo mes aber so wytt graiset und graitlet gha het, isch me hinder d Wäge, het sen usenandergschiret und Stück um Stück i die schittere Waidlig trait. No meh! Der Räge het si wie mit Heusaileren a Himmel ghänkt. D Gütsch sy all grösser worde. Underainisch hai si s Lager überschwemmt. S ganz Bagaschi het me müessen i de Zält uufbygen und z oberscht druuf het me die schlotterige, datterige Fraue gsetzt. Das het geusset und gchräit, bättet und gjömerlet, wie wenn mit däm der Räge verschüücht wurd.

Ais vo dene Fraueli het aber der Chopf nit verlore, dais, wo im Sutter as Nelly vorcho isch. Zerscht ischs still doghöcklet, und us synen Auge, wo wien e luteri Pfäischterschybe glitzeret hai, isch e Chraft cho, si het aim uufgchlöpft. Derno isch das Wybli aber ummegaisset, glaichig und gschmeudig, ime Rehli z glych. Und s het ghulfe Gschir ewäggträge, Chischte packe, Chlaider versorge, do öppis länge, dört öppis vor im Wasser schütze – churz, dasch gange wie am Schnüerli. Und alles ughaisse! Und allem hets e Gattig bybrocht! Und sälten isch der Sutter nit ums umme gsi! Dä het si überhaupt zaigt, wie wenn er die Arbeten us im Fundemänt verstiend. Er isch sogar im Karewanefüerer uufgfalle.

Aber zmitts i das Tue und Trybe het s Uglück ygschlage. Der Sutter isch grad dra gsi, e Chischte furtzferge, wo sys ander Nelly e Büntel Plunder will go raiche. Dä isch ugachtet und wie vergässen am Bort gläge. Und chuum bückt si das Fraueli, schlot juscht e höchi Wällen überyne, packts und wüschts furt – wien es dürs Laub. Wo derno der Sutter wider zruggchunnt, gseht er nüt meh as s Wasser, wo all wytter über s Bort geutscht. Er luegt, er glart, er rüeft. Underainisch wird er ganz zwatzlig. Er schiesst vo Zält ze Zält, rüeft und suecht. Im Nu syn e Huufe Mannen um in umme. Der Sutter dütet und fuchtlet wie verstört. Äntlig verstönde s in. Trüppli um Trüppli goht go sueche. E paar laufe mit im Sutter im Bort noo abe. Aber kaine gseht öppis vo däm difige, schaffrige, liebe Fraueli. S isch aifach nümm do. Wie verwäit!

Truurig, still und mit glarigen Auge chöme die Manne wider zrugg. S ganz Lager isch duuch. Öppe ghört me schreie. Handfeschti Burschte müesse der Ma vo däm Fraueli heebe, ass er si nit öppis atuet. Anderi wötten in tröschte. E paar Fraue hindersinne si schier. Und der Sutter stoht mängisch wien e lotterigi Haglatte do und gleest über alls dure. Sälte vertwütscht im es Wort, und wenn ais, so «Nelly!»

Erscht, wo s Wasser wider echly abgno het, isch s Läben uufcho. Me het Chischten und Büntel i d Waidlig gschlaikt. Vo früe bis nacht het me glüpft, trait, trybeliert und ghüschtet und ghuschteret öppis grüüsligs. Derby isch men us im Duuchsy und Truuren uusecho. Und älehüpp het me chönnen ystygen und über e brait Fluss schwapple.

Do, chuum isch me verstrupft und vo undehar bis obenuus verschmuslet, helser, flessig und verstablet uf der andere Sytte gsi, se het s Wätter umgschlage – schier ime Handumdräi. Men isch ganz verstuunt drab, gäb wies afo het wermelen und warme. Und nördlig vom Sweetwaterfluss hai bigoschtlige scho d Fyge blüeit. Kes Wülchli meh am Himmel, numme luter Sunn! Ganz verzwarzlet isch me wytters und äntlig wie us ime Bachofe bim Rendezvous-Platz acho. Es isch s Ändi vo der Karewane gsi, s Ändi von eren achtwüchige, aigetlig rächt verzwickten und ugfellige Rais. Und s Ändi au von ere Hoffnig, vomene Zuetroue zem Füerer – ämmel bi de «Blinde».

Worum?

Vo wäge däm, wil si ebe gment hai, es syg, wies allewyl gsi isch. Me het enen au nüt anders gsait. Erscht do het der Karewanefüerer verrote, ass me nümm zem gwöhndlige Rendezvous-Platz göng wie früejer. Dä ligg none paar Tagmärsch änen a der Wasserschaide, nämlig am Greenriver.

Aber worum men aim das verhaimset haig, het der Sutter gfrogt.

D Karewane haigs gwüsst! isch im der Füerer drygfahre. Um die «Blinde» haig är si nüt z chümmere.

Iez nähms in glych no wunder, worum me die Sach gänderet haig, ischs im Sutter uusebürzlet.

He, wil die britischi Gsellschaft ihri amerikanischi Kunkerräntin us im Biet weschtlig vo de Bärge vertribe haig! het d Antwort ghaisse. Churz, aber dütlig.

Also blybt d Verbindig mit der Hudson's Bay Company uus! ischs im Sutter dur e Chopf zwirblet. Iez – was mache?

Etail hai gment, es gäb nüt meh anders weder umchehre. D Missionär hai si drygschickt und sy furtbrutlet – der glychlig Wäg zrugg.

Und der Sutter? Dä het si um settigs futtiert. Fryli, zerscht het er im Karewanefüerer no uf d Stuude gchlopft, wie me sait; aber derno het er vorabebrummlet: «So goht me halt ohni!» Und scho het er afo ummeluegen und uusförschtle. Gly druuf het er bi der Karewane, wo si juscht zem Haigoh barat gmacht het, für e Biberwächsel im Wärt vo öppe hundert Doller en Indianerbueb gchauft. Dä sell im as Wägwyser diene. Der Prys syg zwor echly höchlächt; aber dä Blitzgbueb chönni derfür änglisch und spannisch.

No meh! Wo der Sutter sy arig Handel abgschlosse gha het, isch er aisgurts uufgläbt wie scho lang nümm. Syni beschte Sytte hai si wider vüreglo. Im Schwick isch er bi de Trappere vo däm Bärglager wie dehai gsi. Und won er uusgchromet het, er wöll uf Kalifornie, do isch au der Hinderscht vo dene bärtige, verwätterete Mannen uuftaut wie d Schneerüfen im Merze. E paar hai gly yghänkt und brichtet, si syge scho dört gsi. Das het der Sutter agmacht, sys luusig Zügli z vergrössere. Und scho het ainen ygschnappt und e Chehr druuf no ain. Der Bayer Niggi Allgeier und der Tiroler Baschi Keyser hai gsait, si chöme mit.

So het der Sutter zem Indianerbürschtli no zwee haimlifaiss Pelzjeeger übercho. Das het wölle gfyret sy. Und me hets gfyret!

Der Sutter vora und die andere noo – hai se si verchlaidet wie an ere Fasnecht. D Freud isch eso überbortet, ass si niene meh Platz gha het. Die Kärli selle zwee Tag lang wie die Hälverruckte to ha. Zletscht haige si chuum no chönne gaagge derwäge; aber s haig enen ainewäg guet to.

Und i die übersünigi Freud isch aisgurts öppis ganz Unerwartets platzt.

Me het der acht Heumonet zellt. Do chunnt so mir nüt, dir nüt der Kapitän vo der Hudson's Bay Company. Er wött die amerikanische Missionär abhole. Bim olte Sammelplatz haig er uf se gwartet – für d Müüs. Do haig er ebe dänkt, er wöll ainisch cho luege. Aber wien er gsäi, sygs wider nüt.

Jo, d Missionär syge halt dervodampft, haizue, vor e paar Tage, het men im zer Antwort gee.

Also vergäbe? Nit ganz, ämmel für e Sutter nit. Däm isch d Verbindig für sy Wytterrais i Gängler cho. Ais Wort het s ander gee – und scho isch der Sutter-Zug mit im änglische Kapitän afo laufe. Es het bös gha i dene Bärge. Aber Änds Monet isch die chlyni Karewanen im Fort Hall acho. D Mannen und d Ross hai e paar Tag uusgrueit. Wo si derno wider ghörig im Gstell gstande sy, het ene der Kapitän e Füerer mitgee. Dä het sen i s Fort Boissé brocht. Mitti Augschte sy si sältsch glandet.

Wider drei Tag Rueji. Und äntlig öppis Rächts z ässe! Wuchelang, mönetlang het der Sutter nüt weder Büffelflaisch gha. Dasch im afe zem Hals uus ghange. Hie sygs aber gsi wie im Himmel voruss bi der Sunnechilbi. Milch haigs gee und Anke, sogar Rüeben und Malunebappe. Derzuen e Schwetti Tee, nit numme so Bämpeluribrüeji oder suscht e Schlappete. Au s Gaischtig zem Hindereleere haig nit blos gfuslet wie s Gsüff bis do ane, es haig ehnder e Gu no Wätschgeren und Trüübel gha.

Iez wo der Sutter-Zug wider bi Chreften und süscht rächt binenander gsi isch, het er e Füerer gno und isch wytters. Im Fort hai si zwor abgrote; aber der Sutter het gsait: «Uf aigeni Gfohr hi wog i s halt doch!» Der Wäg, wo streckiwys alles ander, numme ke Wäg gsi isch, het das Trüppeli über die Blaue Bärge gfüert. Ma und Ross sy i s Fort Walla-Walla cho, vo dört mit derzytt i d Missionsstazione Perkino und Lee. Hie het der Füerer nümm wytter wölle. Der Sutter het gfrogt, öb en andere z ha weer. Aber me het im z verstoh gee, ass der Maischter vo der Stazion juscht die Chehr sälber i s Willamettetal verraisi, für Ross gege Hornveh umztusche. Me sell mit ihm goh.

Und men isch gange. Fryli, scho am zweute Tag hai im Sutter syni sächs Mannen afo brummlen und allsgmächeli drygeechle, gäb wie guet gfuesset si au gsi sy. Und underainisch ischs uusegsprützt: «Mit däm Maischter mache mer nümm wytters!» Im Sutter isch ekai anderi Wahl fürblibe, ass en aigene Wäg under d Füess z neh – diräkt über d Bärge. Natürlig het ers müesse büesse. Nüt weder chnorze, pärze, uf allne Vierne chräsme – und derno d Ross sant im Bagaschi absaile. Nit gnue! Zwüsche dene chlotzige Flüenen und schier loträchte Holden isch allewyl sone chätzers Fluss gsi. Do hets aifach ghaisse: «Sailer und Strick übere! Neume chnüpple! Und ais um s ander ganz süüferlig dra nooschlaike!»

Wie mängisch ischs der Sutter groue gsi, ass er syne Manne noogee het, iemerscht! Es sy woll ihrere sächs gsi; aber zletschtemänd isch aim s Hemli nööcher as der Chüttel, bsunders wenn dä afe ganz bös göfflet und z fätzewys dervofliegt. Zem Glück het der Sutter all no a s Nelly chönne dänke. «Die guete Chreft...» Jä, wien e Traumhelgen isch das Nelly vor in cho und het in tröschtet und über s Schwerscht ewäggluäpft.

Und äntlig, äntlig isch men allem z Tratz glych uf d Willamette-Stazion cho, gschunde, verschürpft, verplätzt, verfötzlet und an alle Glaiche möltsch und taig bis uf d Chnoche. Schier drei Wuche lang hai die Manne müesse raschten und enander uufbäppele.

Nu, die Zytt het der Sutter guet uusgnutzt. Er het dene Lüte verzellt, wär er syg, wohar er chöm und was er aigetlig im Sinn haig. Und er muess si flott zaigt ha, süscht leese mer dänk nit i den Annale vo der Missionsstazion, me haig der Bsuech vome

Haupme Sutter «gnosse». Das syg e Heer us der Schwyz; er haig der ganz Kontinänt durraist und wöll iez eben uf Kalifornie. Dört wöll er Vehhärde chaufen und die zruggbringe. Derno haig er im Sinn, mit im Gält, won er druus lösi, i d Schwyz z goh und d Familie goge raiche. Mit deer chöm er wider do anen und gründi e Koleny. Alles in allem: E gfreute Bsuech, e wärte Gascht!

Iez noo deer Zytt hai Kanu der Sutter und sys Zügli sant Ross und Bagaschi i s Fort Vancouver abe brocht, alls uf im wilde Willamettefluss, wo mängisch die lützle Schiffli schier uusgschwänkt het. Z Vancouver isch s Hauptquartier vo der änglische Hudson's Bay Company gsi. Me het Mitti Wymonet gha, wo s Sutters ihri dört acho sy.

Und der Sutter isch ganz im Sänkel gstande. Wie wenn in das Raisen all mehr uufchlöpfti, wie wenn in s Strapliziere jünger und chäferiger miech! No nie wie do hai si syni bessere Chreft vüreglo. Unds isch ekai Tag vergange, won er nit a s Nelly dänkt het. S isch im gsi, däm Maitli sys sunnig Gmüet und wuslig Wäse syg inn in ynecho. Derby het er stundelang verzellt, allergattig Gschichte, numme so us im Eermel gschüttlet! Es het aim a s Pfyfen und Singe vo de Vögeli gmahnt, wo ihrni Wysen au wie vorimsälber uuselöckle, as weers e guldige Fade mit tuusig glitzerige Chrälleli dra. Und all wider öppis Neus! Men isch ganz verstuunt drab. Natürlig het au d Gschicht vo der Schwyzergarde nit gfehlt. Die het er schier no gsaftiger brocht weder die andere. Allzsäme hai ämmel Muul und Nasen uufgspeert derwäge. Was wunders, ass me dä Sutter fürn e Wundermöntsch gholte het!

Und wie für die Sach z undersigle, het der Sutter derno Brief und Empfählige vüregno und lo ummegee. Us jedwädem Fort, ab jedwädere Stazion het er öppis byn im gha. Es isch e ganze Büntel gsi, mit wärtige Stückere drunder. Und die hai no schwarz uf wyss biwise, was me vom Sutter scho gholte het.

Ischs do nit bigryflig, ass in der Laiter vo Vancouver, e fürnähmen und eberächt gflaischete Ma, yglade het, der ganz Winter as Gascht hie z blybe? Dä Herr Douglas, wien er ghaisse het, isch im Sutter uf e liebi Art so nooch cho, as weer er gfründt von im. Und allewyl het er wider agsetzt, er sell doch nit wytters, settigi Gescht haig me nit emol all Scholtjohr, es verschlöi se laider nit gly i dä rüüchscht und wildscht Egge vo der Wält.

Sonen Yladig het im Sutter natürlig s Läberli gstrychelet. Ainewäg het er sen uusgschlage. Er het und het ekai Rueji meh gfunde – wäge sym «Globte Land». Nummen a s Zyl! So fletig wie müglig a s Zyl! Alles ander uf d Sytte, au wenns aim noo so wehtuet!

Aigetlig het der Sutter d Absicht gha, uf im Land, schön im Meer noo, uf Kalifornie z cho. Aber im Fort Vancouver het men im gsait, das syg im Winter nit müglig; au syge d Indianer dört umme gar hailos bös gege die Wysse, e chlyni Gsellschaft wie syni dörftis under kainen Umstände woge. Er sell si dä gfehr Wäg us im Chopf schlo. Derfür syg im öppis anders z Dienschten und gfellig. Dört haig er nüt z gfohre, dais gäb es gfreuts Raise.

Was denn das syg?

«He, e Huufe Schiffer fahre doch vo de Sandwich-Inslen uus a s kalifornisch Ufer und umgchehrt. Und juscht iez will eben e Segler vo der Hudson's Bay Company absegle. Es gilt de Sandwich-Insle.»

Wie gweuscht! Der Sutter het ygschlage. Men isch a s Verlade gange. Fryli, ais het der Sutter chly pickt und gwürgt, het im i gwüse Momänte sogar s Härzwasser obsi tribe. Wil im der Herr Douglas sy Allgeier und sy Keyser wider abgschnappt het. No meh! Au der Wetler isch z Vancouver ygsaipft worde, ass er nümm furt het wölle. Nu, do dergegen isch kais Chrüttli gwachse. Derfür het der Douglas en Empfählig gschribe wie kaini. Es isch sogar e zeuftige Kreditbrief gsi. Dä het wytt über Honolulu uus glängt.

So isch der Sutter ohni Goggi, aber mit drei Indianeren am ölfte Wintermonet z Vancouver abgfahren und am nünte Chrischtmonet uf der Insle Oahu glandet. S isch e bösi Fahrt gsi, ai Sturm am anderen a. Aber me hets doch möge preschtiere.

Und uf die üble Wuchen aben isch wider Sunnigs cho. Der Sutter isch ganz im Obsigänd gstande. Schier wien es Wundertier het men in agluegt. Z Honolulu hai s in zsägen uf den Arme trait. Syni Brief und Empfählige hai Tür und Tor speerangelwytt uufto. Der britisch Konsul und der gröscht Chaufmen uf der Insle hain in «Gottwilche!» ghaisse. Sogar d Zyttig het e Notiz über d Akouft vo däm «ussergwöhndlige Captain Sutter» brocht. Und nit lang, so het no der König Kamehameha dryglängt. Er het im Sutter nämlig der Vorschlag gmacht, do z blyben und sys Chriegsminischteerium z überneh. Der Sutter het aber abgwunke – är wöll iez bartu uf Kalifornie.

Das weer also alles schön und rächt gsi. Numme hets neumen anders ghaperet und gharzet. Im Schiffsverchehr! Mit däm läbige Hin und Här zwüsche de Sandwich-Inslen und Kalifornien ischs nämlig Essig gsi. Me het überhaupt kaini Schiffer gseh, enzig en änglischi Brigg. Die isch aber vor Anker gläge – ass si grepariert und verchauft wärd. Der Sutter het glych wytter wölle. Zem Glück isch im der gross Chaufme z Hilf cho. Dä het die «Clementine» gmietet, het se mit Ware vollgstopft und im Sutter gsait: «So, die Sach sett i die ruessischi Koleny Sitka. I offerier Ech freii Fahrt. Vo Sitka uus chönnet-er derno uf Kalifornie segle; aber Der müesset mer verspräche, ass Der d Ware zerscht a Ma bringet.»

Was het der Sutter anders wölle mache? Er het also ygschlagen und isch am zwänzgischten Abrellen im Nünedryssgi dervogseglet, alles gege Norde. Syni Seck sy voll vo neue Brief und Empfählige gsi. Und uf im Schiff sälber isch e Kanone sant allem Rüschtzüüg gstande. Wohar? Halber es Gschänk, halber e Kreditatail, wo die Grossen und Höche z Honolulu im Sutter verehrt hai.

Nonig gnue! Me het im sogar zäh Insulaner, also Kanake, mitgee, drunder zwo Fraue. Wohrschyndlig, wil im syni aigenen Indianer, ämmel die zwee Delaware, won er z Westport dunge gha het, utreu worde sy. Ame schöne Morge het me sen aifach niene meh gseh. Ferig! Nu, derfür isch none wältsgrosse Hund do gsi, e Dogg, wo der König Kamehameha gschänkt het. Ihm z Ehre het der Sutter das förchtig Tier Kaha tauft.

Und mit däm isch der Sutter also uf Sitka cho. Gället, dasch der Regierigssitz vom ruessischen Amerika gsi. Nüt weder e Zitadällen und e paar Hütte drum, wo me so gnot het chönne läbe. Au kai Baum i der Nööchi, nit emol Gras, ass s für zwo Chüe glängt hätt. Aber ainewäg het mes luschtig gha i däm Näscht, «änen a der Wält».

Si hai ämmel der Sutter freudig uufgno, Fescht het si a Fescht gräit – die rainschti Chralleschnuer. Zwor, zwüsche dene glaschtige Chrallen und Chrälleli hets für e Sutter au no Chnüppel und Chnüppeli gha: Gschäfter; d Waren us Honolulu hai doch müesse verchauft wärde! Das het Zytt und Gläuf und Gschwätz bruucht, gäb wie si au gängig gsi sy.

Item, zletscht isch wider e schöni Empfählig vom Guwernör noogrütscht. Und gly druuf het me chönnen absegle, an aim Gurt gege Süde, all nie z wytt vom Land ewägg. Sturm und Räge, Stilli und Sunneschyn hai der Sutter vo Tag ze Tag und vo Nacht ze Nacht um es Stück sym Zyl nööcher brocht – sym Zyl, won er sytt johretag so chrampfhaft, so durmürset und uf so villen Umwäge gsuecht het.

Äntlig het ers gfunde. Äntlig isch er hail und nuefer bim Guldige Tor acho.

Äntlig im «Globte Land», z Kalifornie!

S dritt Stück:

Uf der Suechi no Land und Lüte

I

Kalifornie! Wies dai Zytt uusgseh het, wait-er wüsse?

He, es isch e währschafte Flängge Land gsi und het zer Republik Mexiko ghört. D Sproch und alls isch spannisch gsi, so wytt die wyssi Hutt glängt het. Aber Wyssi hets fryli nummen öppe feuftuusig gha – und die sy erscht no hailos verzettet und dünn über s gross Land verstreut gsi, die merschten im Meerufer noo, wie wenn si nit rächt wytter yne trout hätte. Und doch sy juscht dört die fruchtbare Teeler vom Sacramento und vom San Joaquin gläge. Die hai aber zue de ryche Jagdgründ vo den Indianere zellt. Und vo dene hets derno graglet, ämmel tief inne. Und ass si nit wie d Müüs inenanderchöme, do derfür hai si sälber gsorgt.

Jä, es sy eben e paar Stämm oder Völcher gsi, und wenn dene d Luft wider z dick worden isch, se hai si gegen enander gchrieget. Chrieg hets jo glylächtig gee. Der aint Stamm het im andere numme müesse go d Wyber stähle – und scho isch s Beieli vom Nascht ghänkt worde. I some Chrieg ischs derno wüescht zuegange. Das Volch, wo gunne het, isch bim Find go uufruume. Jungi Frauen und Maitli het men öppe lo läben und haigschlaikt, s Mannevolch aber sant den olte Wyberen und Chinde het men uf der Stell umbrocht – herrjeere!

Fryli, es isch au scho anderscht gsi i däm Kalifornie. Früejer, wo das Märliland no zer spannische Chrone zellt het, hai si e ganze Huufe Missionsstazione drüber vertailt. Es isch e wohri Chettene gsi mit achzäh feschte Glaich. I dene het si s aigetlig Läben abgspilt. Und vo de Chetteneglaichen uus hai d Mönch den Indianere s Chrischtetum brocht und hai dernäbe d Mannevölcher ze Buuren und Hamperchslüte gmacht. Nit gnue! Es het e Zytt gee, wo über dryssgtuusig Indianer zivilisierti Chrischte gsi sy, wo me wytti Landstrich kultiviert het – und wo quasi es Läbe wie i der Olte Wält uufblüeit isch. Alls wäge de Missionsstazione! Wien e Sunn ischs vo denen uus i s feischter Land yne gange – und het sy Haiteri i gar mänge Schattenegge trait.

Aber iez, wo der Sutter cho isch, hait-er nüt meh vo däm gwahrt. Der Staat het Schulde gmacht. D Missionsstazione sy uufglöst worde. D Hüüser und s Land um die Chetteneglaich umme het me verchauft, d Vehhärde vergantet. Und die chrischtligen Indianer? Het me lo laufe, ke Tüüfel hätt si um se gchümmeret. So hai si kai anderi Wahl gha, ass zu ihrne wilde Brüedere z goh.

Emänd mendet-er iez, die zivilisierten Indianer haige sältsch wyttergschafft und us luter Gwohni neus Land gacheret oder es Hamperch uusgüebt. Lätz gschosse! Wie jo gly s Minder zeecher und stercher isch weder s Besser und en enzige fuulen Öpfel e ganzi Hurt oder Bänne voll gsunde mag astecke, so au i däm Fal. Die Burschte sy wider der verchehrt Wäg gangen und wild worde. D Erziejig, sogar der Glauben a Hailand isch abbröchlet wie s Jips vo der Bühni – und dais, wo die Kärli glert gha hai, isch verloffe, imen Ankeballen uf im Füür z glych.

Und doch nit ganz, laider doch nit ganz! S Wüescht, wo die Indianer bi de Wyssen öppen ergatteret hai, d Laschter, wo si nen abgluegt und noogmacht hai – settigs isch arigerwys blibe. Unds isch wien en erbligi Chranket gsi, es het si den anderen aghänkt. Nodisno sy ganzi Indianerstämm dervo versüücht worden und versimplet.

Worum het me nüt dergege to? wärdet-er froge.

Wär hätt wölle tue? D Missionär sy uuszoge; die neui Art und Gattig, wo do uufcho isch wie s Jätt im Garte, het se nümm glitte. Was a Wysse no bliben isch, sy Soldaten und Amtslüt gsi, e paar Händler oder Chreemer au, wo ihri Gschäfter hai wölle mache. Und alli die hai das Züüg gärn lo schlittle. Si hai derno vill ugstörter im Trüebe chönne fische. Au het niem meh der

Ärnschtlueger vüregno und der Mahnfinger uufgha, wenn si öppe plünderet oder gstohle hai, was chuum in e Chuehutt gieng.

Iez ass das Läbe ganz ring und ohni Gchnorz abgloffen isch, sy die Wyssen anenanderghange wie Chlätte. Jedwäde het bim Noochber für s mindscht ais Aug zuedrückt. Kain het im anderen uf d Finger gluegt. Der Hinder het der Vorder lo mache, und dä hüscht het disem hott no ghulfe, wenns nit elaigge gangen isch. Mit de Johre hai se si sogar dur s Band ewägg verschwigeret und verschwögeret, wil si jo chuum e Nitwyssen oder e Nitwyssi hai wöllen und numme sälte d Glägni gha hai, öpper Frönds, öpper vo usser Lands har, lere z chenne. So öpper, sygs iez en Är oder e Si, het zem Rarschte zellt, wos überhaupt gee het.

Und si hai au zsämegha, die Wysse, nit numme gege die anderscht Gfarbte, näi, au gege jedwäde, wos öppen ynegschlänggeret oder anegschneit het. Wien e Sippe, wien en enzigi grossi Verwandtschaft sy si derno dogstande. Und erscht denn, wenn sonen Ynegschnützten in eren asässige Familie s Höggli gfunde het, won er cha ahänke, i säge, erscht denn isch er «gnähm» gsi und het er e Läbesstell verwütscht. Ohni das dunders Höggli, ebe sone Frau oder es Maitli, won er will hyrote, het er wider chönnen abzottle – oder im Versteckte versärplen und im Chyb, wo wien e bständigi Gluet gfüüret het, allsgmächeli veräsche.

Ainewäg sell Kalifornien i syner Art es glückligs Land gsi sy. Was me zem Läbe bruucht het, syg quasi vergäbnigs vürecho. Me haig numme d Hand und s Muul derzue müesse barat ha. Drum hai si die Lüt dänk au so gment und der Chambe gstellt. Men isch zwor blos e Provinzler gsi, derfür wytt vom Gschütz ewägg. Und das het scho dainisch nit wenig gulte! Au het me jo glych sy Hauptstadt gha, Provinz har oder dar!

Si het Monterey ghaisse, die Hauptstadt. Aber gnau agluegt, isch si nummen es Kaff oder es Näschtli gsi, wo der Sutter der Wäg hie ane gfunde het. Hejo, so zwänzg Laihütte, no ohni Pfäischterschybe, mache gwüsgott kai regelrächti Stadt uus, au nit, wenn si gar dunderssschön ime haimeligen Egge stönde.

Allerdings, näbe dene Hütte het Monterey none zeuftigi Zitadälle gha, schier wie Sitka. Me haig zwor nit vill meh weder so Stofer vo Muuren und verwättereti, verbrochleti Wänd gseh. Aber en Offizier und e Soldat sygen ainewäg all Wach gstande – oder gnäuer gno, Wach ghockt, mängisch au gläge, ämmel i de Hundstage – und wenns süscht so blutterblöd langwylig gsi isch.

Jä, d Langwyl isch däm Land dai Chehr schier wie agfluecht gsi. Sälten en Abwächslig! Drum ischs woll z bigryfe, ass s allbott neume gchlöpft und pfiffe, nämlig gschosse het, ass bold do, bold dört es Huus azündt worden isch, ass e paar Bollehämmel underainisch i Brascht cho sy und e Warezug oder so öppis überfalle hai – und ass me gege settig Burschten und wäge settige Sache nummen öppe d Achsle chly glüpft het. Es het halt öppis müesse laufe, me het doch nit numme chönne lammere! Bim Holderstock, süscht weer me versuuret wie d Milch a der Hitz!

Und juscht eso hets uusgseh, wo der Sutter agruckt isch. Iez gregiert het dainisch der Guwernör Alvarado. Dasch e junge Ma gsi; aber echly flösch und vorzyttig abgläbt. Er sell ammet as Schryber s Brot verdient ha und derno dur es fynesseligs Reveluziöndli d Stägen uufgheit, ämmel obsi grütscht sy. Sys höchscht Amt, eben as Guwernör vo Kalifornie, het er aber müesse taile – und zwor mit sym Unggle, im Gänneral Vallejo. Dä het sym Schweschtersuhn bim Reveluze ghulfe gha. As Lohn derfür het er der Militärposchte Sonoma übercho. Dasch der nördligscht Plätz vo Kalifornie gsi, so öppis wien en Abwehrstellig gege die ruessischi Pelzgsellschaft, wo vo Sitka uus so wytt i Süden abeglängt het. Deer het me müesse Holt biete. Und der Vallejo het das gmacht wie chuum ain. Derby isch er mächtig worde, ass s aim gsi isch, er möcht au no der Guwernör, wenns druff achiem. Es het ämmel ghaisse, woll regieri der Alvarado, aber der Vallejo kummidieri.

Nu, syg däm, wies wöll, sicher isch, ass die Neubachnige, wo do i s Land cho sy, mit beede hai müesse guet stoh, wenn si öppis hai wöllen erglänge. Und dasch gar nit lycht gsi, wil der Guwernör und der Gänneral zwor am glyche Sail zoge hai, aber ehnder a beuden Ändi. Das het au der Sutter no bizytte chönne merke.

Scho öb er die zwee Allerhöchschte gseh het, ischs im Sutter nit grad ringlächtig gange. S het halt bim Landen afo hapere!

D «Clementine» isch i der Bucht numme langsameli wytters cho. D Ässware sy so guet wie verbruucht gsi. Und wo das Schiff doch äntlig dur der «äng Schluuch» dure het möge, het men am Ufer blutti Hübel und näbedran es Halbdotzed gringi Hüüsli gwahrt. Das isch Yerba Buena gsi. Der chly Hafe het aber e grosse Name gha: San Franzisko. Er isch eben im haimeligen und überal verehrte Hailige gwidmet gsi. Under sym Schutz het also d «Clementine» am erschte Heumonet im Nünedryssgi d Anker lo yhänke.

Dummerwys! Dä Hafen isch nämlig dienoo kai offiziellen Ygang gsi. Die mexikanischi Regierig het das nit wölle ha, und ihri Biamte sy wie der Hurlibauz ufs Schiff cho und hai im Sutter s Lande verbotte. Er het natürlich uf sen ynegschwätzt, in alle Tön und Lutsterchene, wos numme gitt: Si sygen i Not, d «Clementine» löi Wasser i d Kabine, me haig nüt meh z ässe, au haig aim s abscheulig Wätter aifach hie anegmuschteret.

Abers het nüt abtrait. «Kai Ygang, fertigschnätz!» ischs vo dene höchnäsige Burschte zruggcho. Und scho sy füfzäh Soldate dogstande, quasi für im Gsetz oder im Bruuch oder im Verbott und de Wort vo de mexikanischen Amtsdienere der nötig Noodruck z gee.

Zem Glück het der Sutter Brief und Empfähligen an alli gwichtige Lüt z Yerba Buena byn im gha. Er het se zaigt. Nit lang, syn e paar vo dene Mannen agruckt. Es het wider es Ghop gee, wie wenn kaine wött Hoor lo. Der Höchscht vo de Biamte het gschwätzt, ass s aim gsi isch, me müess im s Muul no am Jüngschte Tag mit der Mählbürschte z todschlo. Und die andere hai süscht gment, si haigen alles im Chrättli. Aber zletscht het men im Sutter doch e Gnadefrischt gschänkt – vo gnau vierezwänzg Stunde. Numme, die wie mängschti Stund ischs afen im

Tag gsi? D Sunn isch ämmel scho nidsi grütscht. Also hets ghaisse: Difig derhinder, mainaidig dra! S letscht Bai muess iez huschtere! Au im Ulun darf nüt verugschickt wärde!

So sy d Zimbermannen und d Segler im Hui a d Uusbesserig vo der «Clementine» gange. Anderi hai gluegt, ass öppis Früschs z ässen anegschlaikt wird. Und möndrisch isch das Schiff wider dur d Ängi uuse, alls im Meerufer no abe – und am dritte Heumonet i der Hauptstadt Monterey glandet.

Der Sutter het es Pack Empfählige vüregno. Es wackers Hüüfli dervo isch a Gänneral Vallejo adrässiert gsi. Es het guldigi Wort und Gsätzli drinn gha. Und juscht das Guld het der Sutter gly wölle go spienzlen und bruuche.

Der dörfet iez aber nit glaube, das syg eso huschhusch gange!

Der erscht Obe, wo der Sutter im Hafe vo Monterey erläbt het, isch in heert acho. Er het nämlig e Brief wölle schrybe, a sy Lieschtlerfründ, und do drinn brichte, ass er äntlig s Land gfunde haig, won er wött sy und läbe, und ass er allwäg bold öppis Handfeschters chönn schicke weder so lumpeligs Papyr. Aber d Fädere het nit wölle laufe. Do dra isch fryli nit d Tinte tschuld gsi, näi, dais, wo uuse hätt sellen und nit uuse het chönne. Wie verhockt und verharzt! Drünisch het der Sutter vorfer agfange – und isch allwyl blybe stecke. Wüetig het er die verchraflete Bletter zsämegchnüllt und in en Egge gheit. Chychig isch er uufgstanden und ummegstopft. Syni Lüt hain ims agseh, wies in im inne schafft, und sy furtgloffe. Numme d Manuiki, die jüngeri vo de Kanakefraue, het si nööcher zue glo. Mit grosse, nachtschwarzen Auge, wo vor Füechti ganz glaschtet hai, het s in agluegt und gmuschteret. Si het gspürt, wien er chumberet. Aber si hätt si nit trout z froge, wos im fehli. Still und lieb isch si um in ummedüüsselet, ohni ass er sen aigetlig gachtet het.

Dermit hets ygnachtet. Der Sutter isch müed gsi; aber der Schlof het nit wölle cho. Erscht none paar Stunden isch der Sutter ygnuckt. Im Traum het er s Nelly gseh und sy Stimm ghört: «Die guete Chreft...»

Und am glychen Obe het i der Olte Wält der Landschryber z Lieschtel i der Brattig bletteret und gsait: «Es rütscht, es rütscht! S Gras isch gwachse, gly cha me go heue. Zem wie mängischte Mol ischs scho gwachsen ohni Bricht, ohni s gringscht Läbeszäije vo däne? Feuf Johr sytt daim trochne Maie! Und d Chinder göngen i d Schuel. Und z Burgdorf versuure si. Und i waiss ke Troscht und alletwäge nüt! E heerti Buess! Worum, worum au?»

Au der Landschryber het der Schlof lang nit gfunde. S isch im wider uufgstige, was er a daim Maietag erläbt het, wo der Sutter e Pass het wölle – und der Steckbrief cho isch. «Jäjä», het der Landschryber über s Lyntuech brümmelet, «für d Frau luege; s goht emängs anderscht, as mes uusgheckt het – unds duuret lenger, as s aim lieb isch! Me chönnt verzwyfle!»

2

Zerscht het der Sutter der David Spence uufgsuecht. Dasch e Schott gsi, der gröscht Schmugglerfürscht und dernäbe Fridesrichter. Bösi Zunge hai bhauptet, er syg im Tüüfel syner Grossmueter us im Chessi gumpet, wo si s Ugsüüfer gchocht haig. Aber wäge däm het er am Sutter glych sone Freud gha, ass er scho rätschpätsch zem Guwernör gangen isch. Zmitts im Feschttrubel vom vierte Heumonet, also am amerikanische Nazionaltag, wo arigerwys au die Nitamerikaner z Monterey gfyret hai, het der Spence im Alvarado im Sutter syni Empfähligen i d Händ gspilt. Der Alvarado het se gläse. Si hain in packt wie nit gly öppis. Er het derby sogar s Fescht vergässen und isch uufgstande, für dä ganzbsundrig Schwyzer z gseh. Me het in zuen im gfüert. Und dermit ischs losgange.

Der Guwernör het der Sutter gfrogt, öb er ghyrote syg oder öb er none Frau suechi? Der Sutter het gstutzt, derno gsait, er haig Frau und Chind.

«Schad!» ischs im Guwernör uuse. Und nonere Chehr het er wyttergfrogt, wievill Lüt ass er byn im haig.

«Zäh Kanake, en Indianer – und der Kaha.»
Wär das syg.
«Der Dogg. Zellt fürn es Dotzed!»
Der Guwernör muess lächle. Glych tuet er überleggen und chunnt zem Schluss, er müess däm erzglungnige Kolenisator bigryflig mache, ass das z wenig syg; wytter, ass er noo zäh Johre der gsamt Bsitz vo der keuftige Sidlig glychmeessig under syni Kolenischte sell vertaile, haisst das, wenn die settigs weusche.

S isch still. Jedwäde vo dene zweene luegt sys Wysewy lang a und misst ab und wigt uus. Äntlig rybt der Guwernör d Händ und sait im Sutter alles, was im iez dur e Chopf gangen isch. Syni Wort sy höflig, sogar gwehlt. Si schmaichle. D Gsätz wärde mit läbige Mynen und grosse Schesste quasi übermolt, as weer e cholti Jipswand do, wo mit warme Farben und Helge müessti amächeliger gmacht wärde. Ainewäg wai si im Sutter nonig rächt yne.

Der Guwernör lächlet fürn es Wyli und gitt derno der guet Rot, der Sutter sell si nummen as en Enzelpärson lo yschryben und as Pionier und Farmer i d Gegnig öschtlig vom Sacramento goh. Dört stönd nämlig alles Land no zer freie Wahl off. Er dörf uusläse. Und nom Verlauf vomene Johr sell er wider uf Monterey zruggcho; er chönn derno d Bürgerpapyr zuen im neh. Das sygi hiezland brüüchlig und gsetzlig verankeret. Und wider e gwüsi Zytt spöter chöm er au alli Rächtstitel uf d Ländereie, won er uusgwehlt haig, über – haisst das, wenn die ghörig grütet, urbar gmacht und agsäit oder agsetzt worde sy. Derno sygen aber die Bsitztümer es Erbguet für sy Familie – oder für wär är sälber wöll. Kai dritti Hand dörfi drylänge.

Der Sutter dankt und will goh. Aber der Guwernör holtet in zrugg und gitt im z verstoh, ass er aigetlig hailos froh syg, äntlig aine vor im z ha, wo gwillt isch, d Wildnis vom Sacramento-Tal z maischteren und dört go asidle.

Au das sait er wider i so gwehlte Wörteren und macht zwüschenyne gar luschtigi Gümpli und Aspiligen uf sy Unggle z Sonoma, wo jo der nööchscht und aigetlig der enzig Noochber vom Sacramento isch, ass der Sutter uuseghört, wie do gchlänkt wird. Won er ämmel «adie» sait und furtgoht, waiss er, ass die Vettere Vallejo und Alvarado enander Wuescht i d Milch mache, wo si numme chönne, und ass iez är, der Sutter, im Guwernör allwäg wie gweuscht chunnt, wil dän e Chlotz bruucht, wo bim Gänneral echly brämst.

Iez d Lüt hie umme hai si alli erdänkligi Müeji gee, dä aigelig und sprützig Neu z heebe und i der Nööchi z bholte. Meh weder ain het zwor arig drygluegt, won er verno het, ass der Sutter schon e Frau sell ha. Wägem Höggli! Ohni das chönn me jo nienen ahänke. Numme, s gäb überal öppen en Uusnahm, und der Sutter gsäi juscht soneren Uusnahm z glych. Me wöll ämmel s Bescht hoffe. Er findi z Monterey oder z Yerba Buena gwüs none Läbesstell, hai s im vorgschwätzt. Und der Sutter het «jo» gsait und «näi» dänkt.

Wo derno d «Clementine» wider abgseglet isch, het si der Sutter scho uf d Sogge gmacht, für der Vallejo go z grüesse. Er het woll gwüsst, ass vo däm syner Gnad oder Ugnad aigetlig alles abhangt. Drum go zaige, wär men isch – au wenns nit ohni Chatzebugglen abluff. Me cha so guet der Schläcker spile wie anders, bhüetis!

Der Kapitän Wilson, wo hie scho lang asässig isch, het der Sutter biglaitet. Uf im Wäg sy si all meh i s Brichten yncho. Ainisch sait der Wilson zem Sutter, er haig im Sinn, sy Farm bi Yerba Buena uufzgee und wider i d «Staate» zruggzgoh. Er biet ihm, im Sutter, aber enzig und elaiggen ihm, das Wärli zuemene ganz e gfellige Prys a – s Huus und s Land sant de Härde.

«Nit my Sach!» lacht der Sutter über d Achslen ewägg. «Si lytt mer z nooch am zivilisierten Ufer, wos so gstrigleti, gstrehlti, pumadigi Rüüchlig gitt.»

Der Wilson schnupft und längt nome Rung en andere Hälsig vüre.

Däwäg sy si uf Sonoma cho. Der Sutter het alli syni Chreft lo spile, wo no überal gunne hai. Höflig, früntlig bis i d Fingerbeeri uuse het er grüesst und sy Büntel Brief und Empfähligen abgee. Der Gänneral het im Platz abotte, het die Papyr verläsen und gläse – und derby öppe zem Pfäischter uus gluegt. All Hick isch er mit der schmale Hand über die schnabelspitzi Nase gfahren und het die lummeledünne Läfzge verzoge.

Uf ai Hock chehrt er si reech gege Sutter anen und sait, aigetlig sygs gar nit nötig, so wytt i s Land yne z goh, jo, wie zem Byschpel bis i s Sacramento-Tal; es gäbi jo i der Nööchi vo der Bucht none Huufe guets und frens Land. Worum denn sones Gschneuggs und Gjeegs! Me chönnt sys Gfell doch vill ringlächtiger alöckle, i der Wildnis und bi de Wilde wärds sowieso verschüücht.

Der Sutter blybt still. Er dänkt: Dasch d Falle! Was hänke s mer ächt für Späck dry? – Äntlig rangget er, luegt sys Wysewy scharpf a und brösmelet vüre: «Das glaub Ech gärn, Herr Gänneral, i danke, danke härzlig für Eue Rot; aber...»

«Was aber?»

Wo der Sutter all no schwygt, fahrts im Vallejo uuse: «Was wait-er aigetlig, Herr Sutter?» Dermit bletteret er früsch i den Empfählige.

Der Sutter hets zwickt; nit, wil in dä meh weder eberächt gflaischet und so plarig uufgsträüsst Sonomaheerget agschnauzt het; aber wil er im nit emol der Titel mag gönne. Glych nimmt er si zsämen und sait: «Herr Gänneralkummandant, me het mi gwarnt, ass d Lüt i dainer Gegnig, wo Dir mendet, sonen Art a Tag legge, wo mers nit cha. Si selle nämlig d Chälber und d Chutschi vom Noochber gar verfluemeret gärn mit ihrem aigene Zaije brenne. Derzue chunnt, ass i im Sinn ha, neus Land z erobere; ass s mi trybt, vo innenuuse trybt, öppis ganz anders z mache weder die merschte Zweubainer – i cha und will nit mit im glychlige Model uusgstanzt und in Allerwältsofe gschürkt wärde! Und wytter dunkts mi neumedure z ruers, wo me vor der Wach, vor jedwädem Fahnen und vor der leere Chillen allewyl der Huet muess lüpfe. I bi gibürtige Schwyzer, wie der wüsset, Herr Gänneralkummandant, drum isch mer e Gegnig vill lieber, won i my Huet cha uff bholte.»

Der Gänneral rumpflet echly d Nasen und rüüchelet. Das unabhängig, aigewillig Wäse vo sym Bsuech stüpft in all eerger. Er gspürt: Mit däm isch nit guet Chriesi ässe! Und zuedäm wurmen in au die Empfählige, wien er no kaini gseh het. Si gusle d Yfersucht. Und dasch im Vallejo sy bsundrigi Schwechi.

Aber au är nimmt si zsäme, wird no chatzefrüntliger, ladt der Sutter zem Ässen und Schlofen y, längt im vo syne beschte Sigaren ane. Si rauche zsäme, rauche fryli nit d Fridespfyfe wie d Indianer, aber der Fridesstängel. Und der Grössi und Dicki noo möchts bha. Im Rauch noo chönnts sogar en ebige Fride gee.

Nu, der Sutter taut ämmel uuf, schier wie z Vancouver oder z Sitka. Er verzellt vo syne Fahrte, verzellt, ass s numme so uuselauft und überbortet. I syner Bigaischterig lot er au lo verlute, ass er im Sinn haig, die ruessischi Stazion, s Fort Ross, go z bsueche. Schliesslig syg das e Noochber wien en andere, unds ligg aim so quasi am Wäg.

Das het bim Vallejo im Fass der Boden uusgschlage. Zue de Ruesse will er? Zue mynen eergschte Riwale? – Aber er het si nüt lo amerke. Im Gegetail! Noo früntliger isch er worde. Glacht het er. Grüemt het er im Sutter sy Muet, so go z kolenisiere. Und iez isch ais «Herr Haupme» nom andere drygspickt worde, s het numme so ghaupmelet!

Nonig gnue! Am andere Morge het der Gänneral Vallejo im Haupme Sutter zweu früschi, guet ghabereti Ross und e Chnächt mitgee. Dä sell ihm und sym Biglaiter der Wäg wysen und für s Wohlsy sorge. Underwyle wöll me z Sonoma die andere Gäul echly uusefuere.

Und der Sutter isch mit im Wilson und im Chnächt über es wytts Gländ, voll vo schneewyssem Haber, und dur himmelhöchi Rotholz-Woldige gritte. Er isch uufgläbt gsi, het öppe pfiffen oder gsumselet: «Weer numme s Nelly do!»

I zwee Tage sy die drei Ryter im Fort acho. Het der Sutter doch müesse luegen und stuune! Nit zem Säge schön isch die Stazion uf geechen Flüenen über im Stillen Ozian gläge. Hie hets faissi

Matte gha, wo s Gras achslehöch gstanden isch. Sältsch isch Waize gsi, hächligedick bigoch. Und hinder däm Land wien e Teppech ischs gschlaiter uf Hübeli und Hübel uegange. Vo dene het Wold a Wold abegrüesst, ain mächtiger as der ander. Und drüber isch der Himmel gspannt gsi, glatt wie früsch glettet und gsterkt. Dä het e Bläui gha wie s Meer, isch luter dogläge wien e Glasschyben und het so haiter gmacht, ass s aim schier ganz worden isch drab.

Iez s Fort sälber isch uf ime Fluechlotz ghöcklet. E Palisaden und Baschtione hai im Gviert d Hüüser und Hütten abghaget. Imen Eggen isch es gar dundersnätts Holzkapälleli gstande.

Es isch nit lang gange, se het der Laiter vo der Stazion die drei Ryter überal ummegfüert. Derby het er nen uuspackt, wie me zerscht numme buuret haig, wie men aber mit de Johren all meh i s Jagen yne cho syg. Es gragli nämlig vo Pelztieren i dene Hölzere. Und s Meer bring aim erscht no d Seehünd i d Nööchi. Das haig fryli bi de Mexikanere schon emänge Chritz und Chratz gee. Die wölle halt s Land und s Wasser elaigge ha. Aber der Handel mit Fääl göng ainewäg guet – au für d Ruesse. Me lueg si halt z chehre.

Nom Ässen und vor im i s Bett goh het si der Fortlaiter mit im Sutter elaigge no verwylet. Er het gly erlickeret, ass si zwee neumedure zsämepasse. Är, der Alexander Rotscheff, isch zwor e gnamste Dichter und Übersetzer gsi, und der Sutter aigetlig no nüt, wien er im verzellt het. Aber öppis in enen inn het ainewäg zsämeglüte. Beed hai doch der Militär vüregchehrt – und derby isch wäder der aint no der ander Offizier gsi, nit emol Soldat. Beed hai s Raisen über alles gschetzt. Beed weere für Ugwohnigs dur s Füür dure. Und beed sy ehnder grüblerisch und sinnierlig as praktisch vor im Läbe gstande. Iez was am Sutter no ganz bsunders azoge het, das isch sy Gob zem Brichten und Verzelle. Der Rotscheff het scho none paar Gsätzli uuseghört, ass do der aigetlig Verzeller vor im isch, dä, wo sys ganz Wäsen i Bricht yne bringt, ohni ass ers numme waiss. Do derby chunnts nit druff a, was er aim vorschwätzt. Er sait alles uf en Art und Wys, ass men ihn sälber drusuuse gspürt. Nüt isch überno und noogmacht, s Nütigscht isch aige.

Settigs isch im gschuelte, gscheite Rotscheff dur e Chopf gange. Unds isch im gsi, dä Ma chönnt ganz e neue Zug i s Läbe bringe, für s mindscht ruum er mit der Langwyl uuf.

Nomene Rung het der Rotscheff sym keuftige Noochber d Fründschaft abotte. Der Sutter het gärn ygschlage. Und iez het der Rotscheff Sache vürebrocht, won er scho lang in im inne trait het. Er het brichtet, wies mit der mexikanische Regierig stoht und was der Gänneral z Sonoma aigetlig will ha. Es syg alles verdräit wien e Wid, me chönn kaim troue. Jedwäde vo de Höchere schaff ghaim gegen andere; aber wenns gege d Ruesse göng oder gegen e Neue, derno syg uf e Hau hi alles ais Härz und ai Seel. Är, der Sutter, sell si inacht neh. Überhaupt, s weer emänd am beschte, er blib do, im Fort Ross. Me hätt im schon es Ämtli. Si zwee chieme gwüs guet uus mitenander.

Der Sutter het sym neuschte Fründ d Hand drückt – und die chiselgrauen Auge sy ganz bläutschelig worde vor Glascht. Aber er het gsait, es göngi nit, er müess am Morge wider ab, er dörf sym Plan und syne bessere Chreft nit utreu wärde – scho wägem Nelly nit, wo die gfunden und uuferweckt haig.

Möndrisch bim Zmorge sy die zwee no ainisch i s Brichten ynecho, ass si schier s Ässe vergässe hai. Und allewyl hai si gsait, si wölle vill binenander sy, sone Höck syg wien es schöns Gschänk.

Derno isch der Sutter mit im Wilson und mit im Chnächt uf Sonoma zrugg gritte, vo dört uf de gwächslete Ross zem Wilson-Guet und zletscht elaiggen uf Yerba Buena. Hie het er afo luegen und sorge, isch vo aim zem andere gwaiblet. Iez hets gulte, mit im Rüschten und Gschichten ärnscht z mache. So gly wie müglig sett me chönnen uufbräiche und der Zug i d Wildnis underneh.

Vo der Firma Spear het der Sutter e Schoner gmietet, d «Ysabella», vom Kapitän Hinckley s Schiff «Nicolas». Es vierruederigs Böötli het der chlyne Flotte no s Schwänzli aghänkt oder d

Chappen uufgsetzt. Wo das afen im Grais gsi isch, ass schöner nüt nützti, do isch der Sutter uf Monterey go ychaufe: Proviant, allergattig Wärchzüüg, so Pflüeg, wo kaini gsi sy, öppis wie Chärscht, Haue, Chröjel, au Sägese, wo wäder mit im Dangel no mit im Wettstai scharpf worde weere, derzue Sömereie, Flinte, Gwehr, Blei und Pulver, sogar Chugele für s Gschütz, won er gly vo der «Clementine» abgmuntiert gha het.

Und das alles isch gloffe wie s Büsiwätter, isch gloffe, ohni ass er Gält aneglait het. Nit emol e Schuldschyn oder so öppis ähndligs isch im vor s Schyli gschürkt und e Fäderen i d Hand drückt worde. Der Haupme Sutter het me dur s Band ewägg eso höch ygschetzt und gachtet, ass es Wort vo ihm, gar es Versprächen elaigge scho glängt het. Iez versprochen ischs au glylächtig gsi. Er tüei derno Biberpelz und Hyrziouschlet a Zahlig gee, het er gsait und derby ghofft, dere Zügs haigs jo ganz Hüüfe, me wüssi allwäg chuum, wo ane mit, uf jedefal wärds im kai Müeji choschte, sys Wort yzlöse.

No denen Ychäuf und Bstellige het aigetlig nüt meh gfehlt. Und doch hätt me no öppis chönne bruuche: Lüt. Mit den acht Kanaken und im Indianer, won er uf im Rendezvous-Platz so tüür gchauft het, isch me nit wyt gsprunge. Wemme will go jage, go rüten und achere, ass s en Art het, se muess me scho uf meh Bai und Händ chönne zelle.

Nu, der Sutter isch nit versteukt derwäge. Es het in nit emol chruttig gmacht. Ummegleutschet isch er und go luege, wies i deer Sach aigetlig stoht. Hie het er ainen atroffe, wo derzytt gha het, ummezhocken und Muulaffe failzbiete. Sältsch isch im ain uf d Gable cho, wo im Lieberheerget der Tag süscht uf e galigi Wys abstihlt. Do het der Sutter aine bim Ässe z Red gstellt, dört ainen a der Arbet underbrochen und uusgfrogt. Und loos men a! Dä und dain het scho uf en erschte Stupf hi gsait, er machi mit. Anderi hai no gwärwaiset, si wölle si bsinne. Wider anderi sy wägem Gnams i s Märte cho oder hai öppis adunge, bis der Item bheeb syg. Aber emänge het nümm wytter wölle go gäue; das sell im iez gräch sy, wie glyner, wie gärner. Und so het doch nones bravs Hüüfli vo dene Mannen und Burschten ygränkt und lut gee, me wöll mitcho und derby sy.

Däwäg isch s Heu uf der Brügi gläge. Der Sutter het d Händ griben und gsait: «Äntlig ischs so wytt! Machts ame Grotjohr umme?» Und me het im d Freud scho uf zäh Schritt chönnen agseh. Natürlig hets au die andere Lüt dunkt, das syg der Momänt, wo me nit eso ohni Sing und Sang dörf lo verhutschle. Schliesslig haig dä Neukalifornier jo Bstellige gmacht, won e guete Chund verspräche. Also chly feschten und fyre! Dä sell nit öppe mende, die Ysässige wüsse nit, was si ghöri und was überal Bruuch syg.

Nu, me het der Sutter zuen eren Abschaidsfyr yglade – und zwor z Yerba Buena, wil dört sy «Flotte» gsi isch. Fryli, i den eermelige Hütte vo däm Näschtli hätt me ke Platz zem Feschte gfunde. So isch men uf es Schiff gange, wo sytt udänklige Zytten im Hafe stoht. Das het men all für settigs bruucht. Die wenigschte hai zwor gwüsst, wäms überhaupt ghört. Me het aim numme chönne z verstoh gee, es syg aigetlig inere Handelsgsellschaft, wo allwäg nit emol meh äxischtieri; aber es ghöri halt doch i Hafe – so as es Zaije, wie anderi Häfen e Lüüchtturn haige.

Item, es het es flotts Ässen und süffige Wy gee, nämlig Wy, wo no der rächt Wäg chrällelet. Allbott hets an es Glas gchlopft – und scho isch e Red gstigen und no aini. Höch sy si gstige, die Rede, wie d Lörchli, wenn si vo de tauige Matten i Himmel pfyle. Und tönt hai si, ais Rüemen und Rüemselen am anderen a. Und allewyl het me wider agstosse, uf d Gsündi, uf en Erfolg: «Der Haupme Sutter sell läbe!»

«Und s Land, won i struuchen und achere, muess Neui Schwyz haisse – Nueva Helvecia!»

«Sell läbe! Höch läbe!»

«Wüsset-er, was s Schönscht isch an allem? – Nit? Bigryflig nit! Es chunnt mer jo sälber erscht z Sinn! Mer rütsche doch in erschten Augschten yne. Und dasch der Hochzyttstag vo mynen Eltere, der höch Tag vo myner Mueter gsi. Es sell mer es Zaije sy! Hütt, uusgrächnet hütt gang i uf d Suechi no myner Koleny, no mym Haim und Haimetli, no der Neue Schwyz. Längt do nit s Schicksal dry, mys besser Schicksal?»

«Au s Schicksal sell läbe!»

Mit däm sy die Stunde verfloge wie d Vögel, wo me verschüücht. D Stärn hai afo blaiche. Im Oschten isch en erschti Haiteri wien es Lächli über e Himmel zäberlet. Gross und füürzündrot het d Sunn obsi drückt. Der erscht Augschten isch überdure cho und het im Fescht es Ändi gmacht. Halig sy die merschte Heere satt de Wände noo furt. Au hai si mit zwitzerigen Auge vo de leere Gutteren Abschaid gno. Der Sutter isch aber blybe hocke. Er het a s Nelly dänkt und glächlet. – Und aisgurts isch e Schatten über s Gsicht grütscht. D Frau und d Chind syn im z Sinn cho. «Bold, bold!» het er gsürmelet. «So glaitig i cha!» ischs lut uusepfitzt. Dermit het er si afo recke, isch uufgumpet und mit lange Schritt hin und här gstopft. E Chehr druuf het er der Rank gmacht und isch so glaichig und huschhusch i s Ruederschiffli gchläderet, ass s aim ganz verstuunt het. Jedwädem vo de Kanake, wo d Rueder scho i de Hände gha het, het der Sutter uf d Achsle gchlopft und gsait, es lyd in nümm lenger hie.

Und d Rueder hai i s Wasser gstoche, die blutte Rugge vo de Kanake hai si derby bogen und gstreckt, bogen und gstreckt. S Böötli isch wien e Pfyl dur d Wälle gschnützt. I der glitzerige Fure, wos zrugglo het, isch d «Ysabella» noogrütscht und hinder deer der «Nicolas».

Vom lutere Himmel obenabe het aber d Sunn gluegt, wie wenn si wött uusebringe, wo ane die chlyni Flotte fahrt. Und wenn si nummen es gwöhndligs Wybervölchli weer, die Sunn, i wette, si hätt d Händ über im Chopf zsämegschlage: «E du allmächtige Strausack!»

3

So, und iez dörfet-er au zueluege, wies mit deer Flotte wyttergoht.

Si isch also gfahre, Stund a Stund, dur die langi Bucht, wo wien e Schluuch zwüsche de Borte lytt, bold echly braiter, as hätt dä Schluuch e Buggel oder e Chropf, bold echly änger, as teet in e wältsgrossi Fuuscht zsämedrücke. Mängisch isch s Ruederböötli am linggen Ufer noo, mängisch hets uf s rächt dure zylt. Der Schoner und s Schiff «Nicolas» hai aber allewyl d Mitti bha. Hüscht und hott vo der Wasserstross hai Hübel grüesst, still und schön wie Bött us eren andere Wält.

Dermit ischs Mittag worde. Der Sutter het mit sym Ruederschiffli am Bort gholte, isch uusgstigen und uf en erschtbeschte Hübel gange. Er het d Hand über d Auge ghebt und ummegluegt. Öppe het er si uf en anderi Syte dräit, öppen isch er e paar Schritt wyttergschuenet. Und allewyl het er gspärberet, wie wenn er jedwäde Plätz vo däm Land wött abschetze. Nome ghörige Rung isch er wider zrugg uf s Schiffli. Me het e Pause gmacht und gässe. Derby het ain vo de Kanake mit der Bleischnuer d Tiefi vo der Bucht gmässe, en anderen isch im Bort noo go luege, öbs au Fisch het i däm feischtere Wasser.

Und iez gohts wytters – wie am Vormittag. Mängisch glitzerets um d Rueder umme, ass s in alle Farbe zündet und füürlet, mängisch lait sin e Schatten um s Bööti, so feischter wie d Nacht. Und all wider hüscht und hott, Stund um Stund.

Wo d Sunn derno aberütscht, do gwahrt si die chlyni Flotten öppe füfzg Kilemeter nördlig vo Yerba Buena. D Bucht wird hie gar bsunders schmal und wyttet si hindedra zuemene See uus. Men isch halig und schlot s Nachtlager uuf. Nom Ässe, wo die merschte hinderebige hai, ass mes in ere Mälchtere müesst furtträge, fot men a luenzen und a der Lyrerei lisme. Der Sutter het aber nonig gnue glaischtet, wies in dunkt. Er waiss, ass nit wytt ewägg e Spannier wohnt, der Martinez. Dä goht er go bsueche. Chuum zem Vergnüege! Es isch e Gschäftsgang. Der Sutter bstellt nämlig byn im Veh und Ross. Die sell er schicke, sobold är sälber wüssi, won er wöll huusen und dehai sy. Iez sygs nonig so wytt.

Der Martinez het die Sach uufgschribe, es het so öppis wien e Vertrag druus gee. Und wo der Sutter adie macht, do fallts im uuf, ass sy neu Gläubiger nit nummen en Ugschuef isch bis dört und änen uuse, näi, ass er au so uhaimlig cha gluure – wie wenns teet zeuserlen i de schwarze Boolauge. Bim Handgee chunnt erscht none Lätsch i s chrumb Muul. Der Sutter vergelschteret ganz und setzt Hüenerhutt a. So glaitig, ass s goht, wütscht er ab.

    Und zweu, drü Stündli no sym Wäggang vom Böötli isch der Sutter wider zrugg gsi. Vill vo syne Lüt hai scho gschlofe. Är sälber het no s Notizbuech vüregno und uufgschribe, was er iez uf däm neue Boden alles erhandlet het. S het langi Zyleten und dicki Zahle gee. Meh weder ainisch sy die chiselgrauen Auge drübergschlipft, hai öppe gstockt und so scharpf gmuschteret, wie wenns um s Gross Los gieng. Wo der Sutter aber nüt meh gfunde het, wo anderscht sett sy, do het er s Notizbuech zuegmacht, i Buesesack gsteckt und isch sys Gliger go uufsueche.

    Am andere Morgen isch die chlyni Flotten i d Suisumbucht cho. Dasch dä Tail vo der ganze Wasserstross, wo wien e See dolytt. D Kanake hai us lybeläbe gruederet, s Schiffli isch früsch vora. D Hübel z bod Syte sy all flecher worde. Numme der Monte Diablo het no der Chopf über alli uusgha und drygluegt, wie wenn er dröiti. Dröit het er zwor nit, aber uverschannt verwirt und verfüert. Me het in z fescht agluegt und derby z vill gege rächts gha. Wäge däm isch men i d Mündig vom San Joaquin und nit i die vom Sacramento grote. So isch s Böötli mit im Sutter i Joaquin cho, isch dä duruuf gruederet, wie wenns dänk müessti sy. Erscht zwee Tag spöter hai die Mannen afe gmerkt, ass öppis nit am rächte Hogge hangt. Waidlig hai si umgchehrt. Und mit im Absueche vo alle Winkel und Egge den Ufere noo het me no ainisch zwee Tag verlore. Dermit isch die dickeri Helfti vo der Wuche dehinde gsi.

    Aber e Leerlauf ziet gärn e Vollauf noo! Me het der Sacramento gfunde, isch dä duruuf, Stund um Stund. Derby isch der Sutter mit syne Lüt i Gegnige cho, wo no nie kai Wysse gseh het. Und der Fluss isch so ruejig und brait gsi, ass me suufer vürsi und obsi het möge. D Bort hai si all meh i de Bäum, im Ghürscht und im höche Schilf verlore. Überal und allbott hai si Bäch – wie d Oderen im Lyb – dur s Land gschlänglet. Und all isch der Sutter mit de chreftige, gschmeudigen und uglaublig zeeche Kanake voruusgfahre. Er het jedwäde Syttenarm vo däm Fluss agluegt, het as Wägwyser für die zweu grössere Schiffer Papyrfötzeli a d Bäum und a s Gstrüüch ghänkt. Do het er gseh, ass vo Strecki ze Strecki scho öppis a de Neschte hangt, so Büscheli us wysse Fädere. «Aha!» het er brümmelet, «das hai mer d Delaware gsait: Gibätt, für d Gaischter geuschtig z stimme.» Unds isch im gsi, iez wärd men aisgurts Indianer gwahre. Aber wien er au gluschtet het, nit e Nasespitz Rothüttigs hätt si erzaigt.

Und doch hai si d Indianer no vüreglo!

Möndrisch isch der Sutter wie vorhar wytters, alls uneszue. Uf ai Hock isch s Ruederschiffli, wo satt am Bort a fahrt, vor ime Huufe Rothütte. E potz Hüenertod, sen isch der Güggel e Wittlig! Meh weder zweuhundert! Und alli im volle Chriegsschmuck! Der plarig Uufputz und s Gschrei und s Gchräi, ass s aim d Ohre verschränzt, säge dütlig gnue, was do im Tuens isch. Im Sutter syni Lüt nähme drum fletig d Gwehr i d Höchi und wai scho àbdrücke. Aber der Sutter, wo so lang um d Delawaren ummegstürchlet und ummepfoslet isch, sait: «Abe mit!» Derno stygt er uus, ohni Gwehr, ohni Sabel oder Mässer, aifach wien er isch, goht a s Land, lauft langsam und seeleruejig uf die Rothütt zue – und grüesst se lut und früntlig: «Adios, amigos!» Er nimmt nämlig a, under däm Huufe wärde woll e paar sy, wo synerzyt Chloschterluft gschnuuft hai oder süscht uf ere Missionsstazion erzoge worde sy. Und lueg a! Wie gweuscht löje si scho zwee so Chrieger vüren und schwätze spannisch.

Der Sutter sait ene, er syg nit cho, für Chrieg z füere mit däm tapfere Volch; er syg cho, wil er as e Fründ under some Heldestamm wött läbe. Dermit winkt er sy Indianer ane, wo all wien es Hündli byn im isch, chlopft im uf d Achslen und sait: «Zaigs dyne Wyttuss-Verwandte, wie guet ass dus hesch!» Und der tüür Indianerburscht fot a verzelle, wien är zem wysse Häuptlig cho syg und ass er nümm von im furt wött. Derwyl goht der Sutter zem Schiffli und lot der Charscht und d Haue, won er im Böötli mitfüert, uusegee. Die zaigt er den Indianere. Si merke no glylächtig, für was me derig Sache bruucht, und wärde schier zuetroulig. Schliesslig sait der Sutter no, är syg kai Spannier, wie si scho wärde gseh ha, und under syne Lüt syg au kain.

Do fots a zäberlen i de Gsichtere – und i de chohlschwarzen Auge glitzerets wie Tautröpfli. Der aint vo dene zweene, wo Spannisch chönne, nimmt e Gump vor Freud. Der Sutter streckt im d Hand anen und macht: «Der syt härzlig yglade. Chömet mi cho bsueche, wenn i der Platz für mys Wigwam gfunde ha. Der chönnet Gschänker cho raiche, d Fründesgschänker.»

Uf das hi isch ai Freud gsi. Der ölter vo de zwee Vordere het nämlig sym Chriegsvolch die ganzi Red vom wysse Häuptlig übersetzt. Drum sy im Hurlibauz alli Schild und Spiess höch i d Luft gfloge. Drum hets e Brüel gee wie am Afang, nummen i höchere Tön. Und wie uf e Düt ischs wider still worde. Der ganz Huufe het si vertailt und verzettet, do uuse, dört ane. Numme die zwee, wo Spannisch chönne, sy no hie blibe. Si hai si as Häuptlig vo däm Volch uusgee. Si syge Walagumne. Das syg e mächtige Stamm do umme. Der jünger Häuptlig het si ganz nooch a Sutter ane glo und gsait, är haissi Anasche, und wenns im wysse Häuptlig rächt syg, se zaig er im der Wäg.

Der Sutter het das gärn agno, wenn im der Burscht au nit so ganz gfalle het. Er isch mit im ygstige – und der ölter Häuptlig het «adie gsait» und isch aismols nümme z gseh gsi.

Vo iez a het men allbott e Holt gmacht. Der Sutter isch uusgstigen und mit im Anasche über s Bort i s Land yne. Er het gluegt und gmuschteret, wies stoht. So isch me numme hotteli flussuuf cho. Langsam isch die chlyni Flotten am Americanfluss verbygrütscht und i Rio de la Plumas ygränkt, wils do no ainisch e haikli Verwächslig gee het. Sy Mündig isch nämlich braiter as der Sacramento sälber. Drum hai si gment, das syg der rächt. Aber scho z Oben isch im Sutter s Liechtli uufgange. Er het umgchehrt und die andere zwei Schiffer am glychligen Ort gfunde, wo si s Ruederbööteli vertloffe gha het.

Es het ygnachtet. D Kanake sy vom ebige Ruedere hundsmüed gsi. Und au der Sutter het s Ghänk i de Chnüüne gspürt. Iez wil si syni Lüt uf im Ufer für d Nacht ygrichtet hai, isch der Sutter none chly ummeglotzet und derno zem Schoner gange. Sältsch het er sy Kabine gha. Won er juscht dra isch, yne z goh, do rüefen im e paar, wie lang ass er se no wöll i der Wildnis ummejeuke. Es dunk sen afe, es längti. Wenns ihn nit eso dunk, se gäbs jon en Uuswäg.

Der Sutter het gstutzt. Wien e Blitz us im haitere Himmel isch das cho, und so mir nüt, dir nüt het er uf s Mol wider der geutschig Chly Arkansas vor im gseh sant de Challi und Cholderi am Bort a, wo mit de Gwehr und Mässer ufenander los wai. D Stirne het si vergrumpflet. Die underi Läfzgen isch über e Schnauz ue grütscht. Und scho macht der rächt Arm e Lupf, wils im isch, es nähm in öpper am Eermel, numme lyslig und fyn. Die chiselgrauen Auge chöme vüre. Sie glare wie zwee rundi Spiegel über d Lüt ewägg. Was erluege si ächtert? Westport, s Huus vom vätterlige Fründ, zweu blaui Füürli, wo all nööcher zsämechöme – und iez sys d Auge, die haiteren Auge vom Nelly. «Die bessere Chreft», sürmelet der Sutter vorabe, «dänk a die bessere Chreft i der inne!» Und scho chorchlets under im Schnauz vüre: «Jä, Nelly, jä!»

Der Sutter het nones Rüngli gstutzt, derno d Augen abgribe. Mit ime feschte Ruck isch er e Schritt vürsi gange – wie wenn er öppis wött abschüttle. Iez het er ai Ma nom anderen aboolt. Zwüschenynen ischs im so halberlut vürebrösmelet: «Dere Tön han i no nie ghört. So öppis stosst aim suur uuf. Däwäg selle mer myni Agstellten und Dungene nit i s Gäu fahre!» Aber wie lenger as er gspärberet und brummlet het, wie dütliger het ers gmerkt, was uusechiem, wenn die Rüüchlig vor im zue numme wötten ummefusle und nit wytterschaffe. «D Rud sell se plätze!» ischs im uusegsprützt.

Wider e Ruck und none Schritt! Der Sutter brümmelet: «Näi, abschüüfele darf i se nit, ämmel nonig.» Und langsam wie unärtig, aber ruejig und fescht chunnts vüre: «Morn gib ech

Bschaid!» Mit däm goht men usenander, dä und dain wytter i s Land yne, der Sutter i d Kabine.

Für e Sutter hets e langi und schweri Nacht gee. Wie wenn im es Rad ab weer! Gar verfluemeret gärn weer er doch no wytter obsi gfahre. Aber do syn im wider d Wort vo däm Gsöm i den Ohre gläge, hai si i d Seel verchrallt – und der Sutter hets gspürt, wies aim cha sy, wenn er nümm waiss, wo duren und wo ane. Natürlig het er alli Derfür und Derwider undersuecht, het s aint um s ander uf d Woog glait, bis er äntlig churz vor im Tage gwüsst het, was gilt.

Und chuum het d Sunn überyne güggelet, sy scho drei derhargstofflet, maasslaidig und voll Muchses, hai a der Kabinetür popperet und mit de Schuene gschäret, as gults, der Bode durezrybe. Langsam het der Sutter uufgmacht, isch i s Türgstell gstande wie in e Rahmen yne – und het gsait: «Mer gönge zrugg.»

E Stund spöter sy d Schiffer, ais hinder im andere dry, ganz gaglig nidsi gschwapplet – wie Änte, wo si vom Wasser löje träge. Und sältsch, wo der Americanfluss i Sacramento ymündet, het der Sutter schier ubsinnet und ufs Grotwohl der Rank gno und isch dä Wasserarm durue, ganz hotteli – und juscht so wytt, ass mit de grosse Schiffere no gangen isch. Derno het er gsait, me sell d War uf s Land ferge, sell d Zält uufschlo, sell d Kanone muntiere.

Wo das im Grais gsi isch, het der Sutter alli syni Lüt zsämegrüefen und gsait: «Morn de Morge schick i d ‹Ysabella› und der ‹Nicolas› so bhänd as müglig uf Yerba Buena zrugg. Der ‹Nicolas› gitt men im Kapitän Hinckley ab, mer bruuchen in nümm. D ‹Ysabella› chunnt derno wider hiehar, si bringt früsche Proviant mit. Wenn das gmacht isch, cha si au wider goh. Iez dir, myni Agstellten und Dungene, hait s Rächt, mit dene Schifferen und mit de Schiffslüt zruggzfahre. Mit däm Momänt lös ech us der Abmachig und gib ech frei. Wär will doblybe, wird früsch uufgno. Machets uus underenander, wies sell sy!»

Iez wil die Mannen und Burschte, die Wysse wie die Gfarbte, so ghörig gwärwaiset hai, öb «goh» oder «blybe», het si öppis ganz Ugfreuts erzaigt. Aisgurts sy nämlich gar tüüfelmeessig leschtigi Muggevycher harcho. Und me het mit enen übergnue z tue gha. I Schwärme sy si anegsuret, wohre Wulche z glych. Und si hai aim nit numme byggset, näi, gstoche, d Hutt isch gschwulle, und Pülze hets gee, die rainschte Büggel!

Do – woll do ischs doch däm und disem gschmuecht worde. Und er het si am Morge druuf nümm lang bsunne, öb Yerba Buena oder Urwoldwildnis.

Sächs vo de Wyssen und e paar Gfarbti sy vor e Sutter ane gstanden und hai gsait: «Mer wai goh.» Der Sutter het sen agluegt, wie wenn er ne d Hutt sett abzie und nonig rächt wüsst, wo afo. Es het halt Burschte drunder gha, er hätt enen e Maije gsteckt, so het er uf se zellt. Und juscht die wain in im Stich lo? Nu, s het ainewäg es arigs Adie gee.

Underainisch gwahrt me nämlich, ass um s Lager ummen e paar Indianer sy und dryluege, wie wenns teet gaischten oder gspängschte. Still, ohni e Myne z verzie, stönden und huure si do. Aber me merkt enes a, ass si jedwädi Schesste, jedwäde Düt gyttig ysuuge. So öppis hai si halt no nie gseh. Es lait enen alles um, was si afen erläbt und was ene die erfahrnigen Olten us aller Wysget uuse scho brichtet hai. Meh weder ain vo denen Urwoldsühnen und Wildnismöntsche hets allwäg gmerkt, ass öppis Neus afot, ass öppis do yne cho isch, wos no gar nie gee het.

Iez wo d «Ysabella» mit im «Nicolas» vom Bort abgfahren isch, und die uf de Schiffere denen uf im Land wäjen und zuewinke, do chunnt no der Hauptchlapf. Der Sutter lot nün Kanoneschütz abfüüre – as Salut, wies si ghört. Das chracht so fescht, ass s die Wilde wien es Dunnerwätter durenanderghet. Es Gchräi, im Hui uf d Chnüü – und wie der Fitzlibutz dervo.

Für d Wält hie umme het dä Salut uusebrüelt: «Iez chunnt alles anderscht! Was bis hütt gulte het, gilt nümm!» Im Sutter het er öppis anders bidütet. Er isch im e Mahnig gsi. Är, der bankrott Schwyzer, der duregrytteret und durepeutscht haimetlos Uuszügler, hets gspürt: Dä Bode muess grütet, gstruucht und gacheret wärde. Das Land muess ainisch e Koleny sy wie s Land um s Fort Ross umme. Es gilt e Haidenarbet!

Wos derno afo het ynachte, isch der Sutter vor sym Zält ghockt. Er het über e Fluss ewägg gluegt – und het wytters nüt gseh. Halber vertnuckt, fot er a träumere. Er gwahrt e Hütte, gwahrt Zält. Do chöme Manne har. Si leutschen i s Holz und tüeje Bäum um. Dört laufe Manne dervo, wo ghändelet oder öppis verchümmlet hai. Hie goht e Pflueg. Sältsch stönde Pfärch mit Ross, mit Chüene. Neume lauft e Mühli. Neume räzt e Sagi. Ryglete Lüt hüschten uf s Fäld. Ganzi Chnünglete schaffen an ere Stross gege d Ländi. Überal chaibnets! Und ai Huufe cheeset der ander. Und öppe kamplets, und allbott wird an öppis ummegchnupperet. Aber iez fahre Schiffer der Fluss ab. Und iez wärden Obschtbäum gsetzt. Scho ziet me Räbe. Uf ai Chlapf lytt e Garte vor aim zue, lang und brait, voll Gmües und Blueme.

Der Sutter recklet si uuf. Mit lange Schritte lauft er im Bort noo und goht derno i s Zält. Er zündet e Cherzen a – und schrybt e Brief. Er schrybt im Landschryber z Lieschtel. Aber arig! Er schrybt aigetlig nit das, won er wött. Wien er d Fäderen i d Hand nimmt, chunnt öppis ganz anders uuse.

Zletscht, wo der Sutter die Sach liist, gseht er, ass s numme haisst, er syg iez ebe z Kalifornie; der Wäg dohi syg lang und nit ohni Strapaze gsi; är, der Sutter, haig vill glert derby, aber er haig ainewäg no kai Gält, gäb wien er das olt Eeländ au wött verchnuuse. So müess er halt afo – wien e Halbwüchsige, chuum troch hinder den Ohre, müess afo, wenn in s Schicksal schier vo aim Tag uf en anderen i s Läben uuse steuki. Es syg fryli nit s glych, wil är aigetlig scho i de beschte Mannejohre stönd, wo me der fescht Grund und Boden under de Füesse sett gspüre. Aber do dergege syg ekais Chrüttli gwachse, do haissis numme: Vögeli, friss oder stirb! Iez hoffi är blos no, er mögi die Sach gmaischteren und chönni spöter e bessere Bricht abgee.

Natürlig hets um die paar trochnige Bröchli ummen au no chly Gsaftigers i däm Brief gha, so Gschilderets, so Verzellts. Aber der Sutter het glych der Chopf gschüttlet und s ganz Wärli in es Guwär gschobe. No s Sigel druuf unds isch ferig gsi.

Ferig? Wie sell denn dä Brief wyttergoh? «Wenn d ‹Ysabella› mit im Proviant zrugg chunnt, cha s in mitneh!»

Es isch scho lang still gsi, wo der Sutter sys Gliger uufgsuecht het. Und der Schlof isch nonig cho. Der Brief het der Sutter haigrüefe. Halig und so halberwach het er wider gseh, wien er bim Fründ z Lieschtel stoht – im braiten Erm inn, won er juscht wärwaiset, öb er d Stägen uuf oder aifach ab, über d Gränze sell. Derby het er afo grüblen und gmerkt, wie do ais Gschehnis am andere hangt, wie ai Schritt der ander nooziet, as weeres luter Chetteneglaich. «Rubligi!» het der Sutter grumset. Unds isch im gsi, er stönd wider uf im Schiff «Nouveau monde», glari d Ankerchettenen a – und gsäi, wie zider no feuf Glaich us im Wasser obsi cho sy. «Au nit grad glatti», sait er, «ämmel vo Glascht chuum e Gspur. Es het schöni Plätzli dra, fryli, öppe wien e Fingernagel gross – so Westport mit im Nelly; aber für hai han i ainewäg no nüt weder e simple, e kamuffige, luusige Brief. Feuf Johr warte si uf e rächti Poscht – und allewyl chan i no kes Bitzeli meh schrybe, as i haig ke Gält. Feuf Johr verstümplet und verguggaagget! Me chönnt verzable dra! S isch wägerli wider uf der Gepfi uss mit mer.»

Wo äntlig der Schlof cho isch, ischs im Sutter gsi, er ghöri vo wyttwytt har e liebi Stimm rüefe: «Die bessere Chreft! Dänk a...»

4

Der Sutter het alli syni Lüt lo zsämecho und in e Räje gstellt, wie wenns militärisch müessti zue- und härgoh. Z rächterhand sy drei Wyssi gstande, der Hügel, e Dütsche, der Morstai, e Belgier, der King, en Irländer. Die het der Sutter z Yerba Buena agworbe. Ain wie der ander het e gueten Ydruck gmacht, gäb wie d Chlaider und die ganzi Muntierig verplätzt, verschnurpft und zerfötzlet gsi isch. Näben ihne syn es Dotzed Indianer vo hie umme gsi, alles jungs Gmües, rodigi, chatzeglaichi Bürschtli. Die sy im Sutter z Monterey i s Gheeg gloffe. D Zyleten isch wyttergange. Nonen Indianer: der Wägwyser vo der Sammelstell bi de

Trappere. Bi däm sy d Kanake gstande, acht robuschti Mannevölcher und zweu kaffibruuni, lüpfigi Wybli. Wäder a den Är no a de Si het me müesse go häije; was s au z tue gee het, si sy geechlige dry. Aigetlig isch das s Gschänk vo Honolulu gsi, aber nit s ganz. Am Ändi vo der Zyleten isch nämlig der grossmächtig Dogg ghockt und het vor Yfer, ass er ämmel au joo nüt lätz machi, vo Zytt ze Zytt über d Läfzge, wo wie Lümpen abeghange sy, e Gaiferflängge lo gheije.

Der Sutter het sy Räje gmuschteret und derby dänkt: Echly mager und churz! Schad, ass i die zwee Pelzjeeger nümm ha. Oder der Wetler! Oder d Delaware, wo uf de Sandwich-Insle verdouschtet sy! Derno het er e Schritt gno und gsait: «So, iez wai mer go luege, wo mer is chönne sädle, wo mer euse Grund und Bode finde. Der Anasche han i wider ze sym Stamm gschickt; er sett mer Lüt bringe. D Wyber blybe do und choche. D Manne chöme mit mir – und der Kaha au!» Dermit isch me loszottlet.

Me het der vierzäht Augschten im Kaländer agchritzt, wo das Gschärli Wyssi, Roti und Bruuni chrüz und quer dur Wold und Fäld pfoslet isch. Mängisch het me si tailt, men isch z drünen oder z vierne höch sys Wägs gange. Öppe sy die Trüppeli wider zsämecho. Me het brichtet, was aim uufgfallen isch. Jedwäde het sy Mainig gsait. Het aber ain wöllen uufschnyden und mänzle, derno isch im der Sutter rätschpätsch über d Lafere gfahre. Settigs wöll er nit wüsse. Ihn nähms numme wunder, wo der Bode troch und won er füecht syg, öb me Tiergspure gwahri, öbs neumen Eesigs haig, und wie me vo somen Örtli am ringschte zue der Ländi chöm.

Iez wo men en Indianer atrifft, sait der Sutter, är syg dä mit im Dunner. Dä bruuch er aber numme gege d Spannier und gege die Wilde, wo den Yhaimische hie ummen öppis wöllen atue. Was fürn es Volch sy syge?

Der Indianer macht im bigryflig, ass sin e grosse Stamm syge. Me säg ene d Otschekame. Öb die mit de Walagumne verwandt syge, will der Sutter no wüsse.

«Brüeder!»

Öb die Brüeder mitenander im Fride läbe.
«Mond und Stärn!»
«Guet», sait der Sutter. «Ämmel besser weder Mond und Sunn.»

Me goht wytters. Der Indianer lauft noo und zaigt eesigi Wurze, wo men ugchocht cha ässe. Au frogt er so näbehi, wo der Häuptlig Anasche syg. «Wider dehai», sait der Sutter. Do macht der Indianer adie und isch im Schwick niene meh z gseh.

Und der Sutter tschiengget mit syne Lüt bis i spote Noomittag yne. I der letschte Stund wird er still, verliert ekais Wort meh. Nit, wil er abeghaberet isch, aber wil er ime Plan uf der Heck isch, wo morn sett uusgfüert wärde. Er isch nit zfride mit däm, was er bis dohi gfunde het. «Mer chehren um», sait er aisgurts. Und lyslig gönge si haizue.

Iez wo si achöme, läbe si uuf. Alli hai Hunger – und us ime Zält strycht es amächeligs Gschmöck um d Nase. D Kanakewyber stönden am Ygang zem Lager und grüessen und zaigen uf hundert Arten ihri grossi Freud. Me hockt zue und isst, me ploderet und dischgeriert, ass s isch, wie wenn nome warme Rägen e Gschar Hüener dur e Bungert gieng, und all Schritt e Wurm im Schnabel blib und all zäh Schritt es Ai fiel. Numme der Sutter macht nit mit. Er chumberet, er grüblet, er plänlet.

Won er gässe het und d Manuiki, die helgeschöni Jungi vo de Wybli, abruumt, do sait er, si sell im s Papyr und d Gaisfädere zwäglegge. Dermit goht er uuse, luegt über s Wasser, gluurt a Himmel, boolt i Wold yne – und ghört nümm, wie dinne glacht und gschnäderet wird.

Es Stündli spöter hockt er ab und schrybt e Brief a Spannier Martinez. Wider gwahrt er däm Ugschuef syni zeuserlige Glotzaugen und s Lätschmuul vor an im; aber ainewäg bittet er in, er sell im die bstellte Ross und Chüe und Stiere so fletig wie müglig schicke. Ass das guet ablauf, gäb er grad zwee vo synen Indianere mit. Die chönne s Veh hälfe trybe. Wytter verrotet der Sutter, ass er d Stieren under allen Umstände müess ha. Er wöll nämlig an en anderen Ort zie, das kalifornisch Muggegschmeus fräss aim schier – und ohni Stiere, wär wött do züglen und d Sach ferge! Alles, was men im hie ane bring, wöll er mit Ware zahle – mit Ware, wo au im Herr Martinez luter Freud mache.

Iez wo der Sutter so rächt im Zug isch, leert er nit numme der Chropf, näi, er schüttet au vom Härz echly uus. Er haig verno, schrybt er, ass der Herr Custot, der Franzos, won im a der Augschtefyr uf im Schiff z Yerba Buena so brav gratteliert haig, all no bim Herr Martinez syg. Und es teet in gar grüüselig freue, bürzlets underainisch uuse, wenn dä Herr Custot sälber mit der Härd chiem. Er müessti sy Gascht sy.

Gege Schluss vo däm Brief dunkts der Sutter, er haig allwäg wohl wytt hinder s Bruschttuech lo luege. So fahrt er im gschäftlige Ton über die letschti Sytte, me sell no mit der «Ysabella» sächs Seschter Waize, vier Seschter Böhndli, es Fass Schmutz, acht Zaine deerts Flaisch und e Sack Mais zem Säje schicke.

Möndrisch het der Sutter zwee Indianere gwunke, het ene gsait, si selle mit im Brief dörthi goh, wo si uf der Fahrt hiehar s erscht Nachtlager uufgschlage haige. Ganz i der Nööchi syg s Guet vom Martinez. Bi däm selle si blybe, bis die bstellte Ross und Chüe und Stiere binenander sy. Derno selle si mit syne Lüt das Veh do ane bringe.

Wo die zwee Burschte mit ihrem gar uusnähm guete Gangwärch wai abfracke, macht der Sutter: «Halt! No öppis!» und raicht der ander Brief. Er chehrt in e paarnisch i de Händen um, sait derno: «Woll! Dä lueget aim abzgee, wo derfür sorgt, ass er uf es Schiff chunnt. Der Herr Martinez chan ech scho rote. Jo, und blybet mer nit lenger furt, as der müesset! Hait-ers ghört?»

D Indianer sy ab, und der Sutter isch mit den andere wider geechtige dry go ummeleutschen und sueche. E paar Tag ischs glychlig blibe. Numme die Yhaimische hai si all meh vüreglo. Am vierte Tag sytt der Abrais vo de zwee Indianeren isch e ganze Huufe vo denen Otschekamen uf s Lager zue cho. Der Sutter het gly gmerkt, wo dure, het ene d Zält zaigt und s Gschir, het die zwee vorderschte Gwunderi zue der Kanone gfüert und nit abgee, bis si sen aglängt hai. Dasch fryli lang gange. Ekaine het si rächt trout. Zletscht isch der aint afe mit ime Fingerbeeri dergegen yne – und scho isch der ganz Huufe vo dene schüüche Kärli was gisch, was hesch dervo oder z büüchligen uf e Bode. Wos aber nit gchlöpft het, isch der Stüpfer mit der ganze Hand a d Kanone – und syni Volchsgnosse hai si hübschelig zueglo. Mit derzytt het ain nom andere s Kanonerohr gstrychelet und tätschlet, as weers e zahme Hund.

Dasch der Momänt gsi, wo der Sutter lut grüefe het, iez müess e Fure goh, si sellen alli um in umme Platz neh. Si haiges sälber gmerkt, ass ene der Dunner nüt machi. Er syg zfride mit ene. Meghöri halt zsäme, är, der Sutter sant syne Lüt, und d Otschekame. Der Dunner chömi numme, wenn ihnen allen e böse Find öppis wöll atue. Er syg ihre Schutz.

Chuum het der Sutter s letscht Wort duss gha und isch der Häuptlig, wo zwüschenyne Gsätzli um Gsätzli i der Otschekamesproch wyttergee het, zem Änd cho, se hets scho vo allne Sytte har gchlatscht und brüelt: «Fründschaft! Fride!»

Der Sutter het gwunke, nit den Otschekame, näi, syne Lüt. Die sy anegschnützt. Der Sutter het ene gsait, si selle d Gschänker, also s Geuggelzüüg und d Geggschosereie go raiche. Und gly druuf sy si dermit agruckt. S het Handspiegeli, Glaschrallen a farbige Fäde, glitzerigi Chügeli drunder gha. Au roti, blaui, gäli Schnuderlümpli, Hemli und Wulldeckene sy derby gsi. Alles das het der Sutter z Yerba Buena und z Monterey erstande. Und iez ischs losgange! Im Häuptlig und den Olte het me Hemli und Deckene gee, im Volch der ander Chrims-chrams. Aber so oder so – jedwäden isch zem Glari oder Gluuri worde derby und schier vergitzlet vor Freud. Und greechlet hai si und gellt het dä Gräbel und dumm to und das Züüg gschmützlet, gäälet, ummedrüllt, däm gspienzlet und daim zem Astuunen aneglängt – es het ke Art und Gattig meh gha.

Der Sutter het glächlet und syni neue Fründ echly lo mache. Derno isch er aber zem Häuptlig, het im gsait, er sell die Öltschte sammlen und vor s Zält bringe. Er wöll no öppis säge.

Wo das so wytt gsi isch, het ene der Sutter z verstoh gee, er löi iez der Dunner lo cho, nummen ainisch und numme zem Zaije, ass er dä chönn anezaubere, wenn er wöll. Si bruuchen aber kai Angscht z ha, er stell se hundert Schritt vom Gschütz ewägg am Holzrand uuf. Au säg er im Dunner, er müess uf die äneri Syte dure fahre.

Wil derno der Häuptlig syni Lüt a Woldrand gwise het, isch der Sutter mit zwee Wysse go guglen und het dur e Hügel d Kanone lo lade. Wo die gha het, was si het müesse ha, het er s Zaije gee – und der Dunner isch uuse. Der Rauch isch no rächt dick i der Luft ghange, wo der Sutter ze syne neue Fründ goht und sait: «Der haits iez gseh und ghört. I wött ech numme no ais uf s Härz binde: Looset guet! Wenn der mer i der Fründschaft nit treu blybet oder süscht faltsch wie Galgeholz syt, se schlot der Dunner dry.»

Es het nüt meh bruucht. Die Vorstellig het esoo uf die Yhaimische gwürkt, ass ekain no öppis derzue hätt wölle. Und wo se si wider verzoge hai, ischs de merschte gsi, ihne chönn allwäg nüt meh passiere, si haigen e Fründ wie kain. Es nähm se numme no wunder, öb er au die böse Gaischter mög banne; aber es chönnti woll sy, ass die nit emol an in ane troute, me haig in ämmel nie gseh bloose, au bi der Dunnermaschine nit. Dä wyss Häuptlig!

Zwee Tag no däm arigen Uuftritt voll Ärnscht und Gugelfuer isch der Sutter mit syne Lüt in es hübeligs Gländ cho, öppe zwee Kilemeter südlig vom Landigsplatz. Er het die chiselgrauen Auge lo spaziere. Underainisch ischs im uusetwütscht: «Äntlig hai mers! Do blyb i!»

Und iez het me si derhinder gmacht. Möndrisch und übermöndrisch und so Tag für Tag, öb patänt oder upatänt Wätter – aidue, me het afo ferge, buggle, schlaike, was me het möge. Es bständigs Cho und Goh! Uf ime Hübeli het me zwo Grashütte gschichtet, ganz eso, wie se d Kanake dehai boue. Zäh Schritt vorneharig het der Sutter sys Zält uufgschlage. Aber chuum ischs gstande – und men isch scho hinder e regelrächti Wohnhütte gange. D Indianer hai uf lybeläbe Lai gchnättet, hai flachi, viereggigi Stücker druus gmodlet und hai die derno «i d Luft ghänkt», wie si säge, nämlig eso uufbige, ass s grossi Lugge gee het vo aim zem andere. Däwäg sy si quasi tigen und heert worde: rächti Adobe. Mit dene het men afo boue. D Hütte het müesse vierzg Schue lang wärde. Und dry isch im Sutter sy Privatstube, e Chuchi und so öppis wien e Schmitti cho. Chuum isch au das im Grais gsi, se hets scho ghaisse: «Und iez e Stross ane, e Stross dur e dicke Wold bis zue der Ländi!»

Die Neui Schwyz, d Nueva Helvecia, het ihren Afang gno. Si isch zwor no wien es Buscheli dogläge, ubholfe, nütelig, wo me nit emol rächt waiss, wies si mit derzytt macht, öbs überhaupt dervochunnt. Abers isch uf d Wält cho, das Buschi! Was no us im wird, das cha numme d Zuekouft wüsse.

Amächelig het d Gegnig hie umme zwor nit uusgseh. Heerelosi Steppene wyttumme, Gstüüd und Grasgwächs drinn, wo ke Möntsch cha überluege. Derno Urwoldige hüscht wie hott mit allergattig wilde Tiere. Derzue tuusig und abertuusig Wildi durane, wo no sette zehmt und zivilisiert wärde. Und niene ke Hilf, nit emol en Yrichtig oder so öppis, wo me si hätt chönne heebe dra, oder wo aim hätt chönne roten und e Wäg wyse.

Aber alle dene Hinderlig, alle dene findlige Mächt, all däm Umüglige z Tratz muess s goh! E Hampfle Möntsche, wo willig sy, derzue der Kredit bi de Handelsheeren uf däm jümpferlige Bode – dasch alls. Alls? Dasch no lang nit alls! D Hauptsach fehlt derby: der Wille.

So het der Sutter yneszue gluegt und grüblet.

Är, der urchig Ummeleutscher, der ebig Träumer und Sinnierer, der Willwank bis dört und änenuuse, het uf ai Chlapf der Ander in im inne vüreglo: der schafferig, willestarch Ma, wo derzue so häläugig isch, ass er mängisch wyttwytt voruusgseht.

«Äntlig der Bode, won i druff cha wachse!» het er gsürmelet. «Und äntlig d Arbet, wo mer passt: Us nüt öppis mache – my Arbet.»

Wo der Sutter ainisch nome Bummel dur die Gegnig zrugg i sy

Hütte will, stolperet er an ere stammdicke Wurze. Er luegt aben und gseht en Aichle näbem Schue ligge, e simpli Aichle. Er hebt sen aber glych uuf, drüllt se lang i der Hand umme, stuunt und sinnt: «So chly, so birebitzelig, so nüt!» Und wie im Traum luegt er obsi: «Und cha sone gwoltige Baum druus gee!»

Der Sutter steckt d Aichlen i Hosesack und hüschtet dur die ugfreuti Gegnig ganz uufgläbt haizue.

S viert Stück:

Und die Neui Schwyz fot a

I

Zerscht wöttet-er no wüsse, wies dainisch i der Olte Wält uusgseh het.

He, im «Stöckli» ussehar vo Burgdorf isch s feufjehrig Buebli gstorbe. Es het e paar Tag ghitzget. Und d Fieber hais im Bettli hin und här gschüttlet, wie im Zickizacki. D Mueter, wo scho lang durnächtet gsi isch, ass ere d Augen i Chopf hindere grütscht sy und wie us Höhlene glart hai, het Wickel us Essiglümpe gmacht. Glych het s Buebli dämpft vor Hitze, gschrouen und gspaicht. Au der Dokter het do nüt meh mögen ergmaischtere. Er het zwor öppis zem Yneh gee. S Buebli isch ruejiger worde, s het blos no gwummeret. Und ainisch gege s Tagen anen ischs ganz still worde – und allsgmächeli ercholtet.

Jä, und derno trait mes also uuse. Hinder im Dotebäumli dry goht ech d Mueter, und hinder ihre gwahret-er es Halbdotzed Lüt. D Mueter heldet geech obenynen und gleest wien e Stuuni. A der schwarze Junte hangt ere der Alfönsli und luegt wien es verschüüchts Reh umme. Er waiss nonig, was e Lych, au wenn si blos wägem e Buebli isch, nooschlaikt. Er gspürt numme, ass alles truurig isch und d Mueter gar erschröckelig tuet. Wil er si nit will verschäme dra, se het er si still und grynt öppe wie die andere.

Iez z Obe nimmt d Tante Mary dä Alfönsli wider hai, uf Burgdorf. D Mueter blybt elaiggen im «Stöckli». Si wills däwäg ha, gäb wie ihri Schweschter au müedet, si sell doch mitcho.

Und z Burgdorf goht me zue der Grossmueter, in erschte Stock. Wie all, sytt der Alfönsli bi der Tanten isch. Aber undeninn lytt d Wittib Dübeld im Bett und muchset und rüeft allbott. Es tüei eren überal weh, si chöm um s Schnuufe, und s Härz mach ere Moläschte. Die lummeleschmale Lippe sy schier blau. S Chini chunnt vo Tag ze Tag wytter vüren und isch bold so spitzig wie d Nase. All Obe chehrt der Dokter a. Er sait nit vill, er gryft numme der Puls und zellt am Zyttli, won er us im Bruschttuech ziet, öppis ab. Derzue macht er e suuri Stirnen und dänkt, die Frau wärd s Letscht im Häfeli ha. Ainisch chyschteret er der Tante Mary, wo all wie verloren ummestoht, echly choblig i s Ohr, es göng übere mit der Frau Dübeld – und dalpet derno uuse.

Möndrisch het si überegmacht, d Grossmueter und Wittib Dübeld. Es het e Strublete gee im schöne Huus am Stadtplatz. No am glyche Tag isch d Frau Sutter us im «Stöckli» harcho. Amtslüt hai versiglet und nom Teschtemänt gfrogt. Emängs isch übereggs gange. Aber glych het me d Frau Dübeld ehrehaft underetto. S halb Stedtli isch z Lych gsi und hinder im Dotebaum drygloffe. Meh weder ai Ma oder ai Frau het wider a die bessere Zytte dänkt, wo me no nüt vo s Sutters gwüsst het, und wo die Wittib im Saft gsi isch wie nit gly aini, ass men ohni si chuum öppis agraiset hätt. Fryli, die letschte Johr het se si zruggzoge, es het starch gabet mit ere, unds isch aim afe gsi, wie wenn si gar nümm do weer. Aber iez isch das alles wider obsi cho – und me het früsch gspürt, was die Dübeld aigetlig duregmacht hai – und all no duremache. Do und dört hets aim d Augen übertribe. Dä und dain het öppen i Bart brümmelet: «Numme guet, ass er si nümm erzaigt, der Ander, jo, der Ganzander! Er isch sowieso uusgschiret und ferig, süscht hätt men öppis verno von im.»

Uusgschiret? Ferig?

Luege mer ainisch, wies mit däm Andere, däm Ganzanderen i der Neue Schwyz stoht!

Also Tag für Tag goht der Hügel mit zwee Indianeren uf d Jagd. Vo früe bis nacht schafft und schanzt der King mit Kanaken im Wold. Er stocket uus und bout a der Stross zem Landigsplatz. Sytt Wuche plätzt der Morstai i der Schmitti a de Chären und

Wägen umme, wo me mit der «Ysabella» het lo cho. Und wies afot tage, gseht me der Sutter mit e paar Dotzed hiesigen Indianere, wo si all nööchberliger zaige, i die wytti Eebeni zwüsche de Hüble goh. Er lehrt se der Charscht, d Hauen und der Chröjel bruuche. Si teete jo lieber ummelammeren und wacker luenze, wie sis vo chly uuf gwennt sy. Aber der Sutter macht enen alles wien e Vatter vor. Er het e Tüüfelsgiduld mit ene. Me chönnt mängisch nümm zueluege! Numme hai si schon e grosse Plätz ganz übelzyttig umghackt und gsüüferet. Hinder ime Hübeli het men au Stud a Stud ygrammt und Nescht derdurgflochte, schier wie wemme wött chorbe. Iez stoht e Pfärch do. Er isch zwor leer, wil d Ross wie d Chüe und d Stiere vom Martinez all no fehle.

Ainewäg, vo «uusgschiret» cha me nit schwätze, dasch ehnder «ygschiret». Und «ferig» passt überhaupt nit emol wien e Luus uf s Chrutt. Der Sutter sait däm: «Iez hai mer agfange!» S «ferig» gwahrt er erscht i syne Träum und wenn er ammet so grüblet, bis er schier sälber überzwärch goht, wil im eben alles über und übertsi lauft. Glych het die Arbet öppis Guets für e Sutter. Si lytt im jedwäde Schritt bi der Hand. Er muess ämmel nie froge: «Und was iez?» Derzue chunnt er chuum ainisch i d Gfohr, neume wölle go überäfere, au wenn er noo so vill acheret; es het jo kai Noochber wytt und brait, und s Land zäntumme ghört doch numme däm, wos urbar macht.

Jä, und öppedie tröpfelets wider Lüt har, vo hie, vo sältsch. Die cha me goppel bruuche. Etail chömen uf d Jagd, etail a Strossebou, wär cha, ufs Land zem Rigole, Säjen und Setze. Wil d Huusholtig afe grosslächtig wird, tuet der Sutter e regelrächte Choch astellen und het im erscht none difigen Indianerbueb quasi as e «Längmeralls» zue.

Churz, es macht si afen i der Neue Schwyz – und me mags gmache.

Der dörfet iez aber nit mende, mit däm sygs gmacht gsi! Wie überal im Läbe hets au do no glylächtig Wulchigs und Schattigs gee. Scho die erscht Wuche hai e böse Schwanz noozoge.

Die zwee Indianer, wo der Sutter zem Martinez gschickt gha het, sy nämlig nonig zruggcho. Au hai si all no kaini Ross und Chüe, kaini Stieren und Ware lo ergseh. Der Sutter isch natürlig verwildet drab. «Es muess e Bott furt! Sell däm Ugschuef go Bai mache!»

So het er gchalleret und e Bott abgschickt, wider en Indianer – und acht Tag druuf no ain. Äntlig isch öppis gange. Mit im «Nicolas» isch vo Yerba Buena uus afe s deert Flaisch cho, es Fass Chochfett, es Seschter Böhndli – sant de vier Indianere. Wo der Sutter gfrogt het, worum die erschte Bött nit ehnder zruggcho syge, hai si gsait, si haige müesse schaffe, sogar drawalle wie lätz, der Martinez haig sen aifach nit lo goh.

«Er wird ech e Lohn gee ha?»

«S Ässe!»

«No het er ech uusgnutzt, dä Chlütteri!»

Mit däm het der Sutter d Indianer a d Arbet gschickt.

Und s Veh?

Het afen Ändi Wymonet der Custot brocht, au s Mähl und der bstellt Waize. Aber wie! Nit emol d Freud am Custot, won er scho lang gärn gha hätt, het der Sutter chönne zfridener mache. Afe het er e Chue ergmanglet. Derno sy die merschte vo dene Chüenen olti Hefti gsi. Wytter sy zwee Stiere z wenig gsi, vo de Ross nit z schwätze. Au d Ware, wo men äntlig gha het, sy schlächt gsi. Der Sutter het sy ganzi Wuet ime Brief uusglo. Der Waize sygi voll Made, het er gschribe, s Huus stinki dervo, wie wenns müüchig weer. S Mähl tüei nüechtele. D Tier, wo do syge, haige nit der halb Wärt vom abgmachte Prys – vom «Irtum» i Sache zelle nit z rede. Am Schluss het der Sutter no aghänkt: Är hätti nie glaubt, ass s e Gschäftsheer ferig breecht, ime guete Chund settigs Glumps z verchaufe. Au dunks in, me sett aim d Dienschtlüt nit aifach ewäggneh, no ohni ass me ne der überal brüüchlig Liidlohn gäb. Däm säg men änet im Grosse Bach «Chlufimaniere». Wär d Obacht uf möntschligi Gsatzige grichtet haig, chönnti nit däwäg handle, er chiem wäge der häle Schand scho obenuus. Fryli, är, der Sutter, wüssi vo hütt a, wie s Heu glade syg. Und wil er das wüssi, se chöms im nit emol im Traum z Sinn, der Vertrag elaigge wöllen yzholte.

Dermit isch d Wuet duss gsi. Der Sutter het dä Brief voll Pfäffer und Solz ime Bott i d Hand drückt: «Us den Auge!» Unds het im afo lychtere. «Henu», het er öppe gsait, «derfür han i iez der Custot, dä wigt s ander uuf.»

Anderscht bim Martinez! Dä isch scho wüetig gsi, ass im der Custot ab isch, der Custot, won er synerzytt vom Gänneral Vallejo übercho het, und won im gar uusnähm guet i d Hand gschafft het. Und dä sell iez bim Sutter sy, uusgrächnet bim Sutter? Jä, und derzue no sone Brief! Der Martinez het in gläsen und gläsen und zwüschenynen alli Sundigwörter bruucht, wo die spannischi Sproch chennt. Aber d Wuet isch ehnder gwachse derby. «Do muess e Fure goh!» het er gchiflet und isch rasig ummeghoppet und het d Lüt gege Sutter uufghetzt. Nit gnue! Der Martinez isch sogar zem Herr Gänneralkummandant gangen und het bi däm gräseniert und sy Jättsome verstreut. Do isch das Zügs no uf bsunders gacherete Bode gfalle, wil der Herr Vallejo scho lang e Pyggen uf die Neui Schwyz het und wil iez erscht no dä verfluemeret Custot, wo jo früejer as Ghaimagänt vom Herr Gänneral z Sonoma gläbt und gwürkt het, quasi im Sutter sy rächti Hand wird sy.

Er het zwor nit vill gsait, der Herr Vallejo, er het numme gar aigen undenueglüürlet und glächlet. Bim Adie het er im Martinez versproche, er wöll tue, was er chönn.

Und was het er to?

Im Sutter syni Lüt gschiggeniert, wo öppen i Gschäftssachen uf Sonoma hai müesse. Er het ene sogar Päss verlangt. Und das het der Sutter schier am eergschten erhitzget, wil er gwüsst het, ass er nüt cha mache dergege. «Der Herr Gänneralkummandant verfüegt!»

Emänd juscht z trum het der Sutter e Brief gschriben und derzue gsait: «Dä sell dene verdräiten und verlarvete Mehbessere z Kalifornie zaige, wie der Güzer stoht!» Natürlig isch der Gänneral Vallejo aitergäl worde vor Chyb, won er das Gschrybsel buechstabiert het. Er het gschnaut: «Isch er so starch? Läbt dä Sutter scho däwäg sicher i der Schärmi?»

Zem Glück für e Sutter isch aber d Wuet langsameli uf en anderen abgrütscht, uf en aigene Vetter Alvarado. Scho het der Vallejo i Bart brutschet: «Är isch jo tschuld an allem! Het in do yne glo, het in uusgrächnet und mit aller Ringi i s Sacramento-Tal lo goh, nummen ass i mi täglig erhelke drab.» Unds isch wohr, der Vallejo het si würklig all Tag chönnen eergere – wil halt die Nueva Helvecia aifach wachst und drüeit. Chuum drei Mönet hockt der Sutter iez do – und streckiwys gwahrt me ke Gspur meh von ere Wildnis. Und die schoflen Indianer, he? Wo me der Chopf derfür glo hätt, es chöm ekai Wysse z Schlag mit ene? S Kunträri isch der Fal bigoch! Nit numme, ass si dä Ynegwäit tole, näi, schrumm sy si schnitzig uf in und hälfen im no!

Und nit gnueg a däm! Der Sutter schynt e Magneet z sy. Er ziet a – ämmel s Vagantegschmeus. Allbott dersertiere doch Matrosen im Hafe z Monterey, z Yerba Buena. Si wärde schälb, laufe was gisch, was hesch dervo und lande schützig bim Sutter. Jeeger chömen us de Woldige, Trapper ab de Rocky Mountains und suechen en Astellig i der Neue Schwyz. Natürlig sy das obenewägg «Subjekt», wie se der Heer vo Sonoma stämpflet, und zwor «Subjekt, won ene nit über e Wäg z trouen isch.»

Bigryflig, ass neume gnue Heu dunde lytt!

Me rütscht gege s Ändi vom Johr.

Z Sonoma wirds all stiller. Der Herr Gänneralkummandant mag nüt meh Luts ghöre. Me darf im nit emol rächt brichte. Scho bim erschte Gsätzli schnauzt er: «Churz!» Au will er die merschti Zytt elaigge sy. Er muuchet umme, er macht si numme müelig an en Arbet, er gitt si überhaupt wien e Mürblig. Und wenn im ain i d Häre lauft, se fot er a nyffen und rängle, ime Füürtüüfel z glych. Er het halt öppis z verwärche, der Gänneralkummandant. Die verfluechti Koleny am Sacramento stosst im gar verfluemeret uuf. He z Dunderli au, was sonen ynegschneite Blitzger zwägbringt! Do sett öppis goh! Aber was ächt?

Und der Herr Vallejo grüblet und wärwaiset. Hundertmol im Tag lot er alles, was im z Sinn chunnt, vor den inneren Auge duremarschiere. Er wött um s Verworgen öppis erlicke, won er chönnt yhänken und derno druff losgoh. Er brummlet: «Dä Sutter, was het er denn, ass er so grossi Tön ablot? E paar Wyssi ohni Grund und Hai. Derzue d Otschekame, die verdräite, hinderruggsige Burschte. Süscht nüt! Und ainewäg Wörter wie us Stahl und Yse. Wär steckt do derhinder? Öppe der Rotscheff? Puu! Oder d Hudson's Bay Company? Weer scho chärniger! Oder ächt d ‹Staate›, wo si so roden und alles wai frässe? Das weer allerdings e bösen Item!»

«Jä, und was hai mir andere?» fot der Gänneralkummandant wider a. «Was hai mir Kalifornier, mir Mexikaner? Alli Anegwäite, wo s Höggli gfunde hai. So neui Schoss, do und dört uufzweit! Und dernäbe hai mer s Gält, hai mer die gsetzligi Macht, der Staat, hai mer im Rugge der Mueterstaat Mexiko und hai mer d Kultur und d Erfahrig. Und gsäje nit alli, wo in eusi Brüüch und Gwohneten ynegwachse sy, i der neue Koleny öppis Frönds, öppis Findligs? Jedwäde waiss, ass s do nit mit rächte Dinge zuegoht, ass en Umöntsch d Händ im Spil het.»

Iez gege d Wienecht ane het der Gänneralkummandant afen e Plan zsämebrittlet gha, e Plan, wie me gege die neui Koleny sett vorgoh. Er hätt dä am gärnschten im Guwernör zaigt; aber er het im neumedure nit trout. Und doch sett juscht vo der höchschte Regierigsstell uus öppis goh! Also nimmt men e Rank und chunnt derby echly spöter, derfür sicherer a s Zyl. Und dä Rank goht über der lybhaftig Brüeder, der Haupme Castro Vallejo z San José. Däm schrybt der Gänneralkummandant, wien er die ganzi Sach alueg und was me sell mache. Au verschwygt er nit, ass dä Plan vor e Guwernör müess, ass er im Alvarado aber eso sett zaigt wärde, wie wenn er vo San José chiem und nit es Stäubli vo Sonoma an im hätt. Derno groti die Sach. Und si müess grote; es syg doch es vatterländischs Wärch, wemmen ain chönn bodige, wo gege s aige Volch und Land schaffi. Die neui Koleny am Sacramento syg nüt anders weder es Aitergschwür am aigene

Lyb, und das müess men uufstüpfe, öb si der ganz Lyb übli. Es arigs Wienechtschindli, nit?

Chlyn es anders het der Sutter am glyche Tag lo furtfliege. Au ime Brief – und zwor a sy Lieschtlerfründ und Lyseligötti. Und er het Gfell gha derby. Es isch würklig über s Gross Wasser cho und het Lieschtel gfunde. Es isch aber s erscht Läbeszaije gsi vom Sutter, wil der ander Brief neume bim Martinez isch blybe bhange. Dasmol het der Sutter sys Gschribnig nit so fescht versiglet; aber er hets ime Trapper zuegsteckt, wo juscht i Hafe vo der ruessische Koleny Ross, nämlig uf Bodega, gangen isch. Dä hets dört ime Schiff chönnen abgee. Fryli, der Wäg wytters isch lang worde. S Schiff isch uf Vancouver gfahre. Sältsch het en Ylbott vo der Hudson's Bay Company der Brief mit andere Poschtsache mitgno. Und er het die glychligi Rais gmacht wie dä, wo die Sach gschribe het, numme villvill spöter und erscht no der verchehrt Wäg.

Also der Sutter het gschribe, är glaubi, er bruuchi kai Bang meh z ha, das Züüg chömi no rächt uuse. Er haig zwor erscht agfange; aber es mach si. D Lüt um in umme syge schafferig, er chönn uf se zelle. Fryli, mit den Indianere wölls no harze, wil si süscht ke Straich tüeje. D Arbete bsorge bi dene halt d Wyber. Was Ma isch, goht uf d Jagd oder lahmet umme, laferet und plagiert, isch alöd, het vo allem d Obenabschöpfeten und chennt ekais abundnigs Läbe. Au müess me si vor der Verdräiti inacht neh, wo die merschte haige. Aber wies in dunk, chönn me sogar dere Wildlig zweije.

Und wie wenn im Sutter uf s Mol d Gidanke dervo weere, brichtet er vo allergattig Affäre mit de Delaware, den Otschekame, de Walagumne. Sprützig verzellt er die Sache, as teet er nit schrybe, as hätt er der Landschryber nooch vor an im und s Lyseli und allwäg der Emil oder süscht ais vo de Chinde dernäbe. Sytte räit si a Sytte. E bhüetis trüli! Der Sutter muess sälber lache, won er das Züügli wider liist. Und doch brümmelet er öppis, längt es früschs Blatt vüren und schrybt vom Gältmangel, vo den unehrlige Lüt, vo de Hinderlig, wo aim überal i Wäg glait wärde, vom

Chumber wägem grosse Huusholt, vo de Sorgen um s Land, vo de langbstellte Ross, won er erscht vor ere Wuchen übercho haig – und wie me halt doch ugwohn, eben i der Fröndi syg. Das gspür men am heertschten a der Wienecht.

Do setzt der Sutter ab. Und as öbs in wider teet greue, ass er däwäg uuspackt het, schrybt er undeharig sy Adrässi und ass er sys Guet Neui Schwyz tauft haig. Sobold er besser drüberuus gsäi, hänkt er am Name no a, wöll er meh brichte. Bis dört ane sell me Giduld ha mit im – und er weusch allne Gsundhait und Wohlsy.

Das Wienechtschindli isch frylig as e Früeligs- oder Summerbott i die Olti Wält cho. Abers het ainewäg Freud gmacht. «Er läbt ämmel no!» ischs im Landschryber uusegfahre. «Und iez waiss i au, won er läbt!»

Natürlig het er dä Brief vorgläse, der Frau, de Chinde, syne Fründ im Stedtli. Und gly druuf isch er ame Tag, wo scho s Gschmöck vom Heu über die leere Matten i d Dörfer gflogen isch, i s Dübeld-Huus z Burgdorf gange, wo d Truur und der Chumber dehai gsi sy. Sältsch het er gläsen und syni Glosse derzuegsteckt, wie wenn die Gsätz und Verzellete Böhndlistuude weere – und e hantlige Stäcke derzue ghörti.

2

Dermit isch men i s neu Johr yne grütscht, i s Vierzgi. Das het im Sutter e zeuftige Huufen i s Räf glait; es hets aber nit vergässe, au no öppis Gfreuts obenuufzbyge.

So looset denn!

Do isch afe s gwöhndlig Läbe gsi, tagy, taguus. Me het müesse go ychaufe. Das het Wiriwärigs brocht. Der Wäg isch halt wytt gsi – bis uf Yerba Buena. Aber so regelmeessig, ass s der Luft und s Wätter zueglo hai, so regelmeessig isch me mit im vierruederige Böötli ab. Der Sutter het zuedäm Indianer aglehrt und het enen allewyl none Kanak as Stüürma und Laiter mitgee. Mängisch sys chutzligi, sogar verwogeni Fahrte gsi, bsunders wenn s Rägewätter e paar Tag ygsetzt gha het. Do isch ech der Americanfluss wie der Sacramento über d Bort uus, ass s ekai Gattig meh gmacht het. Aber au bi guet Wätter het d Rais acht oder zäh Tag duuret. Und ainisch, wo der Sutter sälber mit isch, het s Wasser eso grüüslig to, ass der Wäg zrugg elai sibezäh Tag bruucht het. Mit «glaitig go Kummissione mache» oder «waidlig es Gschäft go bsorge» ischs also nüt gsi.

Derzue isch cho, ass me schier alli Ässwaren uf Kredit het müesse chaufe, wils no gar nit müglig gsi isch, i der Neue Schwyz gnueg azpflanze. Worum nit? He, s het a däm und disem gmanglet, hauptsächlig a de güebte Lüt und am Gschir. Au hets aim dunkt, me sett zerscht d Jagd uusnutze – scho wäge den allererschten Ychäuf z Yerba Buena und z Monterey. So Biberfääl sy gueti Tuschmittel gsi und hai näbe de Vehhütt as die enzig wohri Währig im Land gulte. Nummen isch do none Hogge derby gsi. Die Jagden und Straifzüg hai nämlig nit so vill ybrocht, wie der Sutter synerzyt errächnet gha het. Er het derwäge syni Gläubiger uf e besseri Zytt müesse vertröschte. Dasch vorläufig gange. Aber der Chäppeler uuf oder ab – nit bi allne!

Im Martinez isch ämmel d Giduld no gly ainisch durlöcheret gsi, ass si grunne het wien e Seechter. Ai Mahnig no der anderen isch ufe Sutter yneghaglet. Und aini het eerger drufftöfflet as die anderi – bis s im Sutter doch z dick cho isch. Er het bösdings es Briefli abglo. Und der Martinez isch mit däm «Fätze», wien er brutlet het, wider zem Gänneralkummandant gschnützt und het afo schwätzen und uf d Stuude chlopfe, wie wenn s Hinderscht vüre müessti. Aber arig, dasmol het ech der Vallejo allwäg kais Muusigghör gha, er het i sym Pflanz ämmel numme gment, das syg e Sach, wo d Zivilregierig agöng, s Militär läng do nit dry, gäb wies im au laid tüei.

Mit däm isch im Martinez sy schönscht Trumpf us de Charte gheit. Er het nämlig glaubt gha, er bring der Heer vo Sonoma derzue, mit syner Garnison die neui Koleny z überrumpeln und gwoltsam i Bsitz z neh.

Umso glaitiger het er im Guwernör gschribe, und umso feschter het er uf e zweute Trumpf abgstellt.

Dä isch eso: Der Martinez stofflet mit chlyne Gschänkeren und grosse Verspräche zue de Walagumne. Do waiblet er umme, suecht und stüpft, ass s rumoret. Derno futteret er all eerger dry und nägglet und stüeft die Lüt gege Sutter uuf. Und bim Ständlibutz, er bringt öppis zwäg!

Wo ämmel ainisch z Nacht der Sutter no i der Stube vo der Wohnhütte hockt und mit im Custot das und dais durehächlet und brittlet, ghört er aidwäders vom Hof har e Schrei, wo dur s March schränzt. Er gumpet uuf, hüschtet uusen und gseht, wien en Indianer i der Schnure vom Kaha zablet. Chuum het er dä Burscht frei, goht er yne sys Abiteeggerzüüg go raiche, ass d Manuiki chönnti verbinde – und e zweute Schrei gellt dur d Nacht. Der Custot lauft däm Brüel noo und findet wider en Indianer am Bode – und der Dogg uf im.

Me het derno die zwee Burschte, bluetig und voll Schränz und Fätze, wie si gsi sy, i d Stube gschlaikt. D Manuiki und der Sutter hai se putzt und verbunde. Und wo si wider so wytt binenander gsi sy, het se der Sutter gfrogt, was si aigetlig im Sinn gha haige.

Die zwee hai nummen ummeglotzt und gschwige. Der Sutter het se lang lo goh. Derno het er ne gsait, wenn sis säge, chönne si wider hai, er frog sen iez no ainisch, was si denn haige wölle.

Do het der aint vürebrösmelet: «D Hütten azünden und der wyss Häuptlig umbringe!»

«Wär het ech das ghaisse?»

Die zwee hai wider afo glotze. Äntlig ischs aim uusetwütscht: «Der chrumb Spannier! Het vill Gschänker ummegschmeuzt. Het gsait, chömes guet über, guet wie die Wysse.»

«Und für das sett im d Schulde zahle? Chan er a s Bai stryche!» brutschet der Sutter. E Rung stoht er do wien e Pfohl. Iez lauft er i der Stuben umme. Me gseht ims a, ass er öppis verwärchet. Underainisch blybt er wider stoh, luegt die zwee Indianer fescht a und sait: «Es sell ech e Warnig sy! I gib ech frei. Aber s zweut Mol frisst ech der Kaha, oder der Dunner chunnt. Verstande? Us Wäg!»

Wo die zwee dusse gsi sy, het der Custot wölle Vorstellige

mache, das sygi lätz; är schlieg heerter dry; me müessi die Wilde ganz anderscht i d Fuuscht neh. Do ischs im Sutter schier uusetüüflet: «Was? Anderscht i d Fuuscht neh? I d Fuuscht neh? Herr Custot, afe sys nit si, s isch är! Und mit däm rächnen i no ab. Und derno ischs mir um s Läbe gange, nit Euch.»

«Mit Euch eus allne, Herr Sutter!»

«So höch i Euers Wüssen au schetzen und so gärn i mi lo bilehre – i däm Fal loos i nummen uf mi, haisst das, uf s Nelly, wo mer juscht zuegchlüüslet het, i sell a die bessere Chreft dänke. Und do muess i scho säge: I has nit gärn, wemme mer i die tiefere Sache will länge, Herr Custot. Dört dure lueg i sälber mit mer ferig z wärde – i bruuch wäder e Pfarer none Profässer.»

Der Custot het drygluegt, wie wenn er s Öl verschüttet hätt, und isch s erschtmol, sytt er i der Neue Schwyz läbt, ohni es «Guetnacht» uuse. Der Sutter isch aber abghockt, het zuegluegt, wie d Manuiki s Bluet uufputzt und s Abiteeggzüüg ewäggruumt, und het derno der Kaha ynepfiffe, het in zwüsche d Chnüü gno, het in tätschlet und gchröjelet – und im allsgmächeli ganz lyslig und lieb sy inneri Gschicht verzellt, wie wenn er e Möntsch vor im hätt, wo luter Ohr und Härz weer.

Die Wilde!

Der chönnets alueg, wie der wait, aber die Wilde hai im Heer und Maischter vo der Neue Schwyz die Chehr am merschte z schaffe gmacht.

Der Sutter het nämlig numme zue guet gwüsst, ass syni Plän ohni Indianer ebe Plän blybe. Ihri Arbet, ihri Hilf, wenn au noo so bofer, het er bruucht, wie ain der Beiel bruucht, sobold er will schytle. Drum isch der Sutter mit Güeti, mit Gschänkli, mit Verspräche derhinder. Bi däm und daim het das glängt. Bi de merschten ischs aber abgloffe wie der Rägen am Barebly. Also aranzen und dröje, wos nit anderscht goht! Strofen a d Wand mole, d Angscht vürezörkle, wenns nötig isch! Au settigs het hie und sältsch ygschlage, aber nit lang anegha. Mit derzytt isch der Sutter uf en Art «Zwangsarbet» cho. Er het deer und dainer

Gruppe gnau vorgschribe, was hütt müess glaischtet wärde, wie wytt si müess cho. Wenn nit, se gäbs nüt z ässe; wenn no ainisch nit, se tanzi die drüschwänzigi Chatz über e Buggel. Dasch e Gaisle gsi, müesset-er wüsse, si het drei Läderrieme gha. Und vo deer het au der Frächscht und Heerpaissigscht Respäkt übercho.

So ischs gange. Fryli, i der erschte Zytt het der Sutter sy Bogen öppen überspannt. I gwüse Truppele hets afo wäfere, in andere muule, täupelen und chruttere. Und wien e Blitz us im haitere Himmel ischs zuemene Chrach und Uufruer cho.

Me het agfange, uf die Wysse Stai z bängle, uf d Vehhärde z schiessen und d Ross älehüpp go stähle. Im Maie hai d Mokelumne sogar Sibeseschtergrinde vüreghänkt und ihri Dörfer verlo. Si hai si am Cosumnefluss zsämegrottet und dermit s Zaije zem «Sturm uf die Neui Schwyz» gee. Der Sutter het dä Putsch aber nit abgwartet. Er het e chlyni Bsatzig dehai glo, für d Hüüser oder d Hütte z schütze, und isch mit numme sächs Manne wie s Wätter über die Wilde. Juscht i der Gaischterstund isch er zmitts i s Lager yneghaglet und het die erschtbeschte, won im i d Händ gloffe sy, bodiget. Ain dervo het er vor s Zält vom Häuptlig gschlaikt und brüelt: «Potz Chrüzchuerichaigel! So gohts allne, wenn der wait wytterchriege!»

Näi, me het nit wölle. Me het scho ame Halbdotzed Dotne gnue gha. Fletig isch der Häuptlig go d Fridespyfe raiche. Der Sutter het sen under der Bidingig agno, ass d Mokelumne wider in ihri Dörfer gönge. Derno wöll er ne vergee, wöll er vergässe; är syg nit ain, wo si wöll verschäme dra. Und möndrisch hai d Mokelumnen ihri Arbet wider uufgno. Chuum ain, wo nit gsait het, er sygi «gnädig», der wyss Häuptlig, dais müess men im lo. Item, der Charen isch wyttergloffe – wie früsch gsalbet. Und vo iez a het der Morstai für jedwäden Indianer, wo bim Sutter z Dienscht gsi isch, e gnummerierti Blächmarke gmacht. Däwäg het me d Kuntrolle gha. Tag für Tag isch nämlig e Stärn ygstanzt worde. D Zahl vo de Stärne het derno der Kurswärt azaigt, und me het gwüsst, wievill me der Nummere Soundso muess zahle.

Zem Wärchlohn isch natürlig au s Ässe cho. Dasch fryli dai

Zytt nit e grossi Sach gsi. «Dehai», i däm Fal i der Wildnis und ebigen Eermi, hai d Indianer hauptsächlig vom junge Gras, vo eesige Wurzen und Beeri, vo Aichlen und Heugümpere gläbt – alls durenanderdure. Iez bi dene Heuvychere hets mängisch en aigetligi Trybjagd abgsetzt. Me het die Gümper i Gruebe wie Trachter gsteukt. Ass si nit wider obsi cho sy, het me ne d Bai uusgrupft. Und wenn sones Loch quasi graglet voll gsi isch, denn het me der ganz Fasel in e Chratte to und haitrait. Dört sy die Gümper, wo fryli nümm hai chönne gumpe, i haissi Äsche glait worde, bis si gröschtet gsi sy. Derno het me se ze Pulver verstampft und as Chuechen oder Brot bache.

Und bim Sutter?

Het me dai Chehr quasi en Allerwältsfuererei anepflümlet. Dasch jedesmol e Gschicht gsi, e Wysse hätt si allwäg erschüttet drab; er weer ämmel vertschuuderet, wenn er so mir nüt, dir nüt derzuegloffe weer. Hejo, zer Ässeszyt het me doch langi Holztrög uf churze Bainen i Hof uuse gstellt. I die Trög yne hai der Choch und sy Ghilf e Brüeji gschüttet. Die het men us Chrüsch, Gmüesräschten und Fleischabfäll, Wasser und Milch gmacht. Derno sy d Indianer mit ihrem Laiter agruckt, hai si z bod Sytte vo dene Trögen uufgstellt und hai der hölzig Löffel under im Gurt vüregno. Uf es Zaije sy si im Huidum abegchnüündlet und hai uuf und nider grumoret, gschmatzget, gyttig hinderegwolchet und enander Gingg gee oder ais mit im Löffel glängt. Das isch gange, bis d Trög leer gsi sy, so leer – me hätt se sauft für suufer putzt chönnen aluege. Zletscht sy die Burschte go ummedurmlen und e Chehr ganz duuss worde.

Iez a schöne Früeligstage het der Choch die Arbet chönnen erspare. Do het me d Indianer aifach i Bungert oder neumen uf e grüeni Matten uuse gsteukt. Dasch ene schier Fyrtig gsi, ämmel gar, wenn «der süesslächt Chlee» sy Zyt gha het. Dä het halt dur s Band ewägg as es Gschläck und es «Gschänk wie kais» gulte.

Fryli, im Summer het der Sutter no ainisch e haikli Sach mit den Indianeren uuszchnoble gha. Dasmol nit wägem Schaffe, oder gar wägem Ässe – näi, wäge de Wybere. Und drum hets im ebe dutteret dervor.

Der dörfet nit vergässe, ass bi de Sacramento-Indianere d Villwyberei d Regel gsi isch. Im Lauf vo de Johre, lang, öb der Sutter sy Wäg hie ane gfunde gha het, het si die Ornig aber däwäg gänderet, ass d Häuptlig zsäge alli Wyber bartu elaigge hai wölle ha. Dur das hai derwyl vill jungi Mannen us im Volch kaini Fraue meh übercho, gäb wie si au guenet und gspargimänteret hai. Es het nüt anders gee as lidig z blybe, fertigschnätz!

So syn e Huufe vo dene Lidige zem Sutter cho und hai gjömerlet und greusset. Der Sutter het dänkt, er läng do allwäg in es wüeschts Wäschpinäscht. Er hätt am gärnschte d Händ dervo glo, so hets in pfilt. Aber won er gseh het, ass emänge vo dene Kärliburschten ain vo syne glerigschte Schafferen und Hälferen isch, do het er doch gsait: «I darf se nit verzürnen und verliere. I muess ene bystoh.»

Aber wie?

He, der Custot het afen abgrote. Der Hügel het gsait: «Händ ewägg!» Der Morstai het gment, me dörf d Häuptlig um alls i der Wält nit vor e Chopf stosse, süscht haig me der ganz Bättel am Hals. Und die andere, wo der Sutter no gfrogt het, hai lutgee, si wölle nüt säge, es göng sen au nüt a. Numme d Kanakefraueli hai glaubt, es syg nit rächt eso, me sett uf die junge Manne loose.

Iez am Sundig druuf het der Sutter es «Pow-wow», also e Versammlig, gha. D Häuptlig sy cho, die Öltschte sy cho, alli Lidigen und sogar alli junge Wybervölchli sy cho. Der Sutter het wien e Richter bod Parteien abgloost und derno gsait: «D Wyber müesse glychmeessiger vertailt wärde. Scho wäge der böse Sach, ass dä und dain Fraue verchauft wie Vehstücki, mängisch a Wyssi, wo se wider wyttervergrämple – wär waiss, wo ane! Und das darf nümm sy; das schadet de Völchere. Aber öppis anders darf sy, muess sy! Jedwäde jung und gsund Ma muess zuen ere Frau cho. Das nützt de Völchere; s goht alles besser!»

Mit däm het der Sutter d Frauen und Maitli in e Räje gstellt, z glychlige wysewy d Burschten und Süschtlidige. Und iez isch öppis Arigs, öppis Unerhörts cho, wemme dänkt, ass e Frau bi dene Stämm nüt weder e besseren Artikel, e choschberi War gsi isch. Der Sutter het nämlig im erschte Maitli gsait, es sell vüren und under dene Manne dä uusläse, wos am gärnschte wött. Druuf isch s zweut dracho – und so furt, bis jedwädes Wybli sys Mändli gha het. Dermit isch gredelet und putzt gsi.

Het das Auge gee! So öppis, näi, soo öppis! Aber men isch zfride gsi. D Freud het ämmel überbortet. Z dotzedwys sy Ma wie Frau ihrem wysse Häuptlig go danke. S ganz «Pow-wow» isch zuemene Stammfescht worde – und im Hinderschten ischs gsi, iez haig si aber d Wält sant Läben um e Nabel dräit. Langi Gsichter hai blos d Häuptlig vüreghänkt. Numme, so bis z innerscht yne vertauben und im wysse Koleeg bös sy hai si doch nit chönne, wil er ihne zwo Fraue biwilliget het. Der Häuptligsgrattel isch also ainewäg gstrychelet worde. Und der Sutter het wider ainisch der Chambe dörfe stelle.

Aber nonig gnue mit de Wybere! Und e nit minder verdrackti Sach bigoch!

Gly no däm «Pow-wow» isch e Häuptlig mit vierzäh früejere Missionsindianere vo San José i die Neui Schwyz cho und het im Sutter agholte, er mög im d Erlaubnis gee, bi de Yulesumne, wo do schaffe, echly Handel z trybe. Der Sutter het nüt dergege gha. Er het aber sym Indianerlaiter gsait, er sell die Mannen i s Dorf vo syne Yulesumne füeren und derby dä Handel überwache; me chönn nie wüsse, wie so Lüt im Versteckte verdriesslig schwätze. Nu, men isch gange.

Aber chuum isch dä Häuptlig mit syne Biglaiteren im Dorf gsi, se het er schon es Mässer vürezoge – und bim Bluescht iez ischs losgange! Die Manne vo San José sy über d Yulesumne gwätteret, hai umgrüert und zsämedrischaagget, was enen i Wäg cho isch, derby zwölf umbrocht und alli Wyber sant de Chind furtgschlaikt.

Natürlich isch im Sutter sy Indianerlaiter wie s Büsiwätter hai go mälde. Der Sutter het rätschpätsch die erschtbeschte Wyssen um in umme zsämegrüeft, het d Ross lo cho – und isch im Pfitz und Flitz de Räubere noo. Er het se verwütscht. Iez rabiat druff, ass ene der Verlaider s Läbe lang ahangt!

Si hai mit Wyb und Chind zrugg müesse, i s Dorf. Sältsch het der Sutter die dote Yulesumne lo zsämeträgen und näbenenanderlegge. Druuf hai d Josélüt müessen abehuure. Und derno het der Sutter uf jedwäde Dotne dütet und gfrogt: «Wär het dä tödet? Wenn der Mörder nit vüreruckt, se lon i die ganzi Bandi a de Bäume bambele. Und wenns Chatze hagleti!»

Me het enander aböögget. Äntlig isch ain vo de Josélüt uufgstande. Gly no ain. Zletscht sy ölf dogstande. Der Häuptlig isch all no uf de Chnüüne blibe. Är haig ekain umbrocht, het er bitüüret, won in der Sutter mit syne chiselgrauen Augen aglart und äxtra frogt. «Aber s Zaije gee!» ischs im Sutter wüetig uuse. «Chumm do ane, süscht raich i d Halse!»

Wo derno au der Häuptlig gstanden isch, het der Sutter der Erscht zue de Fürige zruggschickt: «Du hesch der Muet uufbrocht, dy Utat gly zuezgee!» Und zue syne Lüt het er gsait: «Bindet die Ölf a d Ross!» Dermit isch men ufs Sutterguet gange. Die vier Fürige sy hindedrygloffe. Uf im Wäg het der Häuptlig anenander bittibättet, me sell Verbärmscht ha mit im, me haig in derzue tribe; der wyss Häuptlig z San José haig gsait, er sell, er müess. «Der wyss Häuptlig?» het der Sutter innenabebrümmelet. «Was het iez dä gege mi?» Und nonere Wyl het der Sutter gwäit und gstriglet: «Ghaisse har oder dar und San José uuf oder ab, kai Möntsch muess mörde! Mi übertörlet me nümm! Hättsch vorhär Räsun agno, Züttel, was de bisch, derno traitisch no lang nit s Letscht im Räf!»

Und me het die Rämpel schandehalber a Holzrand gstellt, het alli Wyssen und Rote vo der Koleny lo zsämecho – und rätsch vor ihne d Mörder gfüsiliert. «Numme, ass der gsäjet, was fürn e Lohn aim e schlächti Tat ybringt!» het der Sutter gsait. Und zue de Rote gchehrt: «Der Dunner isch dinn blibe. Für settigs chunnt der Blitz!»

Iez die vier Fürige het der Sutter derno haigschickt: «Säget däm wysse Häuptlig, was der gseh hait, und säget au, i wöll mer in merke.» Und d Frauen und d Chind vo de Gmördete sant Frauen und Chind vo den Erschossnige het der Sutter lo cho. De Fraue het er neui Manne gee. D Chind aber sy i der Koleny uufbäppelet, erzogen und ze Dienschtbotten uusbildet worde.

Uf das abe hätts möge glänge. Der Sutter het aber no vill z tue gha mit den Indianere. Erscht nodisno isch er z Schlag cho mit enen und ischs im grote, au d Stämm i der Noochberschaft bis i s San Joaquin-Tal yne gfüegig z machen und die ganzi Gschicht z ergmaischtere. An etail Orten ischs mit zaige, vormachen und hälfe gange, an etail erscht mit de Waffen i der Hand. Die merschten Indianer hai aber no glylächtig gmerkt, ass ihre wyss Häuptlig so öppis wien e Schutz und Schirm gege d Find zringelum isch, syge die derno wyss- oder rothüttig.

Im glyche Summer, wo die Wilden im Sutter dere Suppen agrichtet hai, isch im von eren andere Sytte har vill Freud cho. S Schiff «Lausanne» het vo Oregon feuf Manne brocht, wo me het chönne bruuche. Wie d «Clementine» synerzytt so het au d «Lausanne» i der Bucht vo Yerba Buena nit dörfe lande. Me het sen abgwimmlet. Und si isch uf Bodega gfahre. Die Manne sy dört uusgstigen und uf s Fort Ross cho. Wo si gsait hai, si wöllen i die Neui Schwyz, isch gly der Kummandant Rotscheff vor ene gstande, het sen ygladen und vom Sutter, «däm enzigartige Möntsch», verzellt. Zletscht het er ne Wysig gee, wie si a Sacramento chöme, ohni ass s der Gänneral Vallejo z Sonoma schmöckt und Päss verlangt.

Und wär sy die feuf Manne gsi?

Afen en olte Bikannte vom Sutter: sy früejer Muuleseltryber uf der Captain-Sutter-Karawane z Santa Fé, der Gutierez. Näbe däm isch nones halberbikannts Päärli i die Neui Schwyz cho, ais wo der Sutter scho in alli Zytt und Ebigkait abgschribe het: der Bayer Allgeier und der Tiroler Keyser. Es muess enen a der feschte Stell i der Hudson's Bay Company doch nümm gfalle ha. Item, die zwee Ganzneue sy der Dän Lassen, e Schmid, und der Neu-Yorker Wiggins, e Jeeger, gsi. Alles zsämen agluegt: Ehnder en internazionali Gsellschaft!

Und arig, chuum sy die Feuf bim Sutter afen echly agwermt gsi und hai uusgchromet gha, wies z Vancouver goht und stoht, se sy no meh agruckt. Zerscht isch der Kapitän Ridley cho, wo synerzytt am Americanfluss i de Muggewulchen inn gsait het, är wöll wider zrugg uf Yerba Buena. «Also doch!» het der Sutter brümmelet und dä Abtrünnig as Kapitän vo sym Ruederschiffli agstellt. Wo der Ridley aber echly verbärmschtig ummegluegt und hinder den Ohre gchratzt het, isch der Troscht cho, es gäb gly öppis Grössers und Bessers, es syg scho i der Machi. Item, nit lang druuf sy no zwee Irländer uuftuucht. Ain het d Laitig vo de Vehhärden überno, der ander isch i d Schmitti gange.

No dene Manne, wo der Neue Schwyz e guete Zueschuss brocht hai, het der Sutter au e neue Noochber glert chenne, e Schott, wo d Farm vom Kapitän Hinckley verwoltet het. Si isch wytter oben am Americanfluss glägen und erscht dä Summer i s Grais cho. Dermit isch afen e Sidler echly i d Nööchi grütscht. Die nööchschten andere sy usser im Gänneral allewyl no der Martinez und der John Marsh gsi, der aint numme hundertdryssg, der ander hundertachzg Kilometer ewägg. Fryli, der «ander», ebe dä Marsh, isch im Sutter ainewäg nööcher gsi as sy bös Gläubiger Martinez. Er het si zwor nit grad amächelig zaigt. Afen isch er am Monte Diablo gwohnt, daim Bärg, wo im Sutter nit i der beschten Erinnerig bliben isch. Derno isch er wien e Schlufi derharcho, het es schlampigs und dräckigs Indianerwyb byn im gha und süscht e Gsinnig a Tag glait, wos im Sutter nit het chönne. Derfür isch er gscheit gsi, dä batzechlemmerig Ängländer, het vill gläsen und vill gwüsst – und das isch im Sutter meh weder numme rächt gsi. Au het men in öppe müesse bruuche, der Marsh. Er het si nämlig as Dokter uusgee. Dasch nit s Dümmscht gsi. Kai Riwal wytt und brait! Das het me scho a syne Rächnige chönne merke. Für ai Chrankebsuech het er halt hundert Stück Veh gheusche.

Ainewäg, der Sutter het dä Marsh nit möge gmangle. Die zwee Ynegwäite hai enander allbott französischi und spannischi Büecher und Zyttigen uusglehnt. Nummen ais Buech hätt der Sutter nie zem Monte Diablo lo goh – sys aige Dokterbuech us der Olte Wält, s letscht handgryflig Adänken a d Mueter. Und juscht das het der Marsh wölle ha!

3

Und s erscht Johr uf im Bode vo der Neue Schwyz isch dure.
Wie gsehts iez uus?
No chly armüetig – wien es Pyppeli, wo d Aierschale nit ganz verlore het. Es glycht aigetlig ime Südseedorf, das Guet oder Awäse: i der Mitti s Ziegelhuus, drumummen öppen es Dotzed Grashütte, wytter Matten und gacherets Gländ, hie der Afang vome Bungert, sältsch so öppis wien e gwoltige Gmüesplätz. Und derno ebe Wold, Wold, Wold. Nit vergässe: d Stross a Landigsplatz, d Ländi sälber und die braiti, starchi Wasserstross, der Americanfluss.

Jä, hütt ischs es Johr, sytt der Sutter do acho isch und agfange het. Wie die lybhafti Äxakti sälber goht er drum i d Hauptstadt, uf Monterey, vor e Guwernör. Was er dört will? He, s Bürgerrächt! Nit meh und nit minder as s mexikanisch Bürgerrächt. Das het im der Guwernör jo versproche, dainisch am amerikanische Nazionaltag.

Und scho chunnt das Zügs i Gang. Es chischperet; es chribelet, chräbelet, chratzt; es chrüschelet, rüüschelet – und wupps lauft ech e «Don Juan Augusto Sutter, naturalizado de Mexico» uuse.

Fryli, zerscht het die Gschicht nit so rächt wölle laufe. Der Guwernör het z lang ime Huufe Papyr gschneugget und derbyn e Zedel gfunde – vom Martinez. Do druff isch gstande, der Sutter syg e hinderlischtige Schuldner, en Ehrabschränzer, en Usurp ohni Gwüssen und Religion; me müess im gsetzeshalber uf d Finger luege und in vo der Regierig uus under e Duume neh. Der Alvarado het d Stirne chruus zoge – und derno wytterbletteret. Zem Glück für e Sutter isch nones anders Dokumänt vürecho. Das het die Nemtig der Spence gschribe, dai ehrewärt Schmugglerfürscht und Fridesrichter. Do druff hets ghaisse, der

Sutter syg en achtbare Ma und haig die beschten Absichte. Er haig im Sacramento-Tal Ornig anebrocht. Die Wilde haig er i der Zange, und wenn si öppen über d Strick uusschlöje, se gäb er ne für s Mure. Sytt die neui Koleny dört syg, chönn e Wyssen ummeraise, ohni drangseliert oder grad todgschlage z wärde. – Die Zylete het der Guwernör zweunisch gläsen und derby d Stirne wider glettet.

Jä, me het der nünezwänzgischt Augschte gschribe, wo men im Sutter die gwichtigi Urkunden yghändiget het. No meh! Der Sutter het das amtlig Papyrstück chuum im Buesesack versorgt gha – und der Guwernör lait im schon es neus Schryben ane. Do druff cha der Neubürger läse, ass er vo hütt a au die amtligi Gwolt über s «Etablissement Nueva Helvecia» haig; är verträtti dört alli Landesgsetz; är amti dört as e «Repräsentant vo der Regierig und as ihre Rächtsvollstrecker», also as e Stattholter oder e Stellverträtter vom Guwernör sälber – potz-potz!

Bigryflig het der Sutter das hinderegschläckt wie Murbs, wo ammet d Mueter seelig bache het. Aber won er all wider liist, as teet er doch nones Höggli oder e Falle zwüsche de Zylete sueche, do sait der Guwernör zuen im, es syg allerdings nones Schrybe cho – und dütet uf die ghaimnisvolli Mappe. Es stammi vo San José, das Schrybe, und zwor vom Haupme Vallejo, unds füeri ebe so Sachen und Sächeli uuf, wo nit grad zuemene Rächtsvollstrecker ghöre. Numme, är, der Guwernör, ergwahri hinder de Schriftzüg es Gsicht vo Sonoma. Und drum haig ers wie ugläsen i d Mappe glait.

Der Sutter luegt uuf, misst langsam mit syne chiselgrauen Auge der Guwernör ab und brutlet derno: «Soo? Drum die Uufhetzerei vo den Indianere, si selle bi myne Rote cho Wyber stähle. Drum dä Stopf us der Gegnig vo San José. Der Helge hangt vor mer, Herr Guwernör, und zwor schön i der Rahme!» Und nome Rüngli schluckt der Sutter leer, wie wenn er es bitters Noogüli wött dunde ha. Er grüblet: Me het ihm, im Don Juan Augusto, d Pflicht uf d Achsle glait, alli Schelmen und Stromer oder Spitzel us de Verainigte Staaten oder der ruessische Koleny abzwehre; z luege, ass kaini wilden Indianerstämm i s Sacramento-Tal yne drücke; z verhüete, ass fröndi Gsellschafte chöme cho jagen und Falle stelle. Wenns nit anderscht göng, se müess er halt püffere. Jä, und ainewäg und z trum hai si der «Haupme» überal duss glo. Weers iez nit in aim zue gange?

Wider es Wyli druuf frogt er der Guwernör, worum me der militärisch Grad niene gschribe haig. Der Guwernör chischperet, es sygi woll besser däwäg. Me müessi s Wäschpinäscht nit wölle go gusle.

«Z Sonoma?»

Der Guwernör nickt – und der Sutter brümmelet öppis und goht uuse.

Iez won er derno hai het wölle, het in der Staatssekretär ganz uverhofft agholten und uusgfrogt, wies i der Koleny göng. Der Sutter het no glylächtig gschmöckt, wo ane do zylt wird. Me het ihn, der Pionier und Gründer vo der neue Koleny, i der Hauptstadt Monterey halt scho gar wüescht verrätscht, und alles, was er glaischtet het, agruesset, ass s ime schneewyssen Ängel schwarz vor den Auge wurd. Drum dä ghaim Chrieg wäge sym Kredit! Und doch het der Sutter voruusgseh, ass er juscht dienoo e neuen und zwor e zeuftige Schübel bruucht, wil er jo wött verhüete, ass sy jung Poschte versout und higmacht wird. Wie vorimsälber isch im e Plan cho: Es Fort boue!

Dä Plan het er fryli no verschwige, er isch im sälber no z udütlig gsi. Aber alles ander het er im Staatssekretär verroten und derby bsunders syni neue Pflichten uusegstriche. Zem Glück isch der Staatssekretär nit e Martinez gsi. Er het im Sutter gsait, er wüssti e gueti und en ergibigi Kreditquelle, nämlig der Herr Sunnol z San José. Der Sutter het zerscht d Nase grümpft, wil im mit im Wort «San José» allergattig Uwärts und Ugfreuts uufgstigen isch. Aber im Schnutz het er innenabebrümmelet: «Schutz biete, abwehre – das bruucht Gält, und s Gält nimmt me, wo mes überchunnt!» So het der Sutter ygschlage, und der Staatssekretär het versproche, er wöll i deer Sach schrybe. Der Herr Sunnol syg im Sutter gwüs guet gsinnt, wil er scho lang e Pyggen uf e Haupme

Vallejo haig. Das syg nämlig sy gröscht Riwal, won im die schönschte Gschäfter z nüte mach.

«Soo?» het der Sutter grüüchelet, und derby ischs im wien e Stai ab im Härz grugelet. Uufgläbt isch er i die Neui Schwyz zrugg – er hätt aim an es jungs Bürschtli chönne mahne, wo s erschtmol vom Schatz haichunnt. Und uf im lange Wäg het er gnüeglig Zytt gha, sy neuscht Plan durezdänke. Ass es Fort anemuess, het er ygseh, wil si langsam öppis um sy Koleny zsämeziet wie Wättergwülch. Sonoma isch vo Afang a s bös Wätterloch gsi, iez gsehts aber au uf der änere Sytte, gege San José zue rächt gwitterig uus. Drum es Fort ane! Numme wie? Näben allem anderen Umuess? Wemme süscht scho z wenig Gält und Lüt het? Ämmel uf ai Hock gohts nit, es goht im beschte Fal blos nodisno.

«Zerscht muess afen e Turn stoh!» het der Sutter vorabebrümmelet. «Und derno müesse none paar Kanone har. Wenn die do sy, chönnt men a d Muur goh, a d Muur zringelum. Und denn none Turn und no ain.» Der Sutter het wyttergrüblet: «Jä, aber d Soldate? Was sait e Turn, was säge drei, vier Türn und zäh Kanonen ohni Soldate? He, vo de Wysse chönnt dä und daine schiesse, wenns müessti sy. Und es chöme jo all öppe Neui, vo überal har. Me hätt myseecht glyn es Gschärli binenander, wo z bruuche weer. Und schliesslig liesse si gwüs au die gscheiteren und glaichigeren Indianer uusbilde. Imene Johr hätt men e Bsatzig, e Garnison bigoch! Und derno chönnt me luege, chönnt sogar d Fuuscht wyse.»

Der Sutter het sys Guet nit atroffe, wien ers gärn gha hätt.

«Isch d Chatz us im Huus, se tanzet d Muus!» sait me. Dasch au do der Fal gsi. Etail het sogar der Tüggeler gstüpft. So hai d Mokelumne schier e regelrächten Uufstand zwägbrocht und kaim Laiter oder Kuntrollör öppis noogfrogt. Si sy im Gegetail i d Warelager ybrochen und hai die, wo hai wöllen abwehre, vertöfflet.

Iez der Sutter het nit lang Fäderläsis gmacht. Er het die drüschwänzigi Chatz lo gumpe. Druuf het er gsait: «Derdunderli au, no ainisch, unds chunnt der Blitz!» Mit däm isch er a d Arbet.

Und arig, sy Chraft isch sichtlig gwachse. All meh! Und all lenger dra – er het nie gnueg übercho. Vo früe bis nacht het ech dä Sutter Bifähl gee, Bricht abgloost, sy Mainig gsait, kuntrolliert, plant, uusprobiert, vorzaigt und glaitet. Vo früe bis nacht isch er ummegloffe, neumen anegritte, a Tisch ghockt und het Bstellige gschribe, isch er wider uufgumpet und dervogschnützt. Churz, der Sutter isch allewyl überal gsi.

Und wie het er die neui Chraft- und Kreditquellen uusgschöpft! Er het afe gnüeglig gwüsst, ass d Gouscht bi dene Lüt gar e lünigi Damen isch. Also muess me se packe, se lang si aim nones Schmützli oder ämmel es fyns Ääli gönnt. Wie gly chunnt d Chräbelchatz vüre! Drum schier jedwädi Wuchen e Bstellig. Und der Herr Sunnol het das Züüg gschickt. Und nie het der Sutter vergässe, im Liferant z schrybe, ass d Sach acho syg und ass er im danki derfür. Öppedie het er no draghänkt: «S nööcher Mol wider e Bygi Biberfääl as Zahlig.»

Näbe dene Gschäftssache het der Sutter aber allewyl a sys Fort dänkt. Das het in ammet bis tief i d Nacht yne nit freigee. Gar, wil in sys nütelig und offnig Südseedorf schier jedwäde Schritt dra gmahnt het. Es sett aifach starch wärde – scho wägem Schutz gege daini, wo no chönnten ynecho und alles vernütige. Bsunders, sytt aim so amtligi Pflichten uufghalset worde sy!

«Es Fort!» het der Sutter ammet gsürmelet. Und das Wort het au sym Ehrgyz d Backe gstrychelet und der Bart gchröjelet. Derno weer er äntlig Kummandant, wie der Fründ Rotscheff, wie der Find Vallejo. Dermit müessti jo bigoch au der Grad cho, wo s im all no wai hinderha, us im Verbouscht oder us im Bang, wo aim d Angscht uufjeukt. Es Fort mit Muure, Wall und Grabe. Es Fort mit Baschtione. E Feschtig, wo über s Sacramento-Tal heerscht.

Fryli, s isch none Plan, none Traum; aber dä Traum sett so gly wie müglig e lybläbigi, handgryfligi Gstalt aneh. Das bruucht e Huufe Mittel. Und do sy no so vill Kreditschulde, ass si wien e Bärg vor aim stönde. Numme, iez chunnt der Winter. D Pelzjagde chönne vergrösseret wärde. Wytter cha men us im Schnapsbrennen en Induschtry mache. Im Sacramento noo wachse jo d Trüübel wild – und was fürn e Beerete bigopplige! Das gitt hundert, gitt emänd tuusig Fässer Brenz. Es manglet blos no a der rächten Yrichtig. Der Custot wird aber schon e Wäg finde derzue.

Däwäg grüblet der Sutter allbott und überal.

Er will ämmel afe vorsorge. So schickt er e Ryglete Mannen i d Bärge go Bouholz haue. E Zottleten Indianer haisst er Laiziegel chnätten und tröchne. Wytter müessen i der nööchschte Zytt langi, braiti Ächer ane. Es wird wider gstruucht und grigolet uf lybeläbe. Gly wird Waizen und Mais gsäit. Au darfs a Pfärche nit mangle. D Chüe, d Stiere, wo ygjocht wärde, d Ross und d Muulesel – alli müessen ihren aigene Verschlag ha. Fryli, die wilde Härden und s Schlachtveh lot me wytters frei waide. Und wil men i der Chuchi afen eso vill Flaisch bruucht, cha men e Chnochestampfi und e Gärberei afo. Beedes satt am Wasser! Nit wytt vo der Ländi!

Und was der Sutter so uusheckt, wird au duregfüert – bis a sy liebscht Traum. Alles chunnt ane, alles chunnt juscht sältsch ane, won ers will ha. Der Heer und Maischter vo däm Land darf zfride sy. Er stoht würklig in ere Wält inn, wo s Gröscht und s Chlynscht no syner Gyge tanzt.

I deer Verfassig schrybt der Sutter im Lieschtlerfründ und brichtet im, er chönn uf d Nationalbank z Basel go Gält raiche. Är, der Sutter, haig iez dört afen en ortlige Schübel chönne lo guetschrybe – dur sy Biberfäälhandel. Es sell der Frau und de Chinden us der gröbschte Not hälfe.

Äntlig der langlang erplangeret Gältbott!

Er het doch glächlet, der Sutter, won er dä Brief gschribe het. Und none Chehr het er so vorabebrümmelet, was iez ächt d Frau derzue sägi, was d Chinder für Auge mache – und wie der Fründ allwäg fletig uf Burgdorf raisi und zerscht e Huufe drumumme schwätzi, derno aber voller Gugelfuer i d Buese längi und Blutzger um Blutzger vürechnüübli, ain nom anderen über e Tisch löi rugele – und zletscht e Turn druus boui, ais Rundum süüferlig uf s ander bige. «Jä», het der Sutter lut gsait, «s isch schandbar lang gange; aber i hätts jo sälber gärn ehnder gha. Und wenn ainisch s Fort stoht, se wog i der zweut Schritt – und lo se hie ane cho. Und s Läbe fot neu a.»

Fryli, zue deer schier schützlige Freud het none zwidrigi Sach müesse cho, öb der Sutter i s neu Johr yne het chönne rütsche. Wien es Bremi uf es roserots Sydetüechli!

Gället, sys gmuuret Huus het all no nummen es Straudach gha. Und dasch juscht vor im Silveschter abebrennt. Der Heer und Maischter vo der Neue Schwyz, wo in aller Ghaimi scho Gält für syni Lüt i der Olte Schwyz i Schärme to het, und wo überhaupt die Chehr afe gsi isch, as gseech er für s mindscht zwo oder drei Bassgygen am Himmel, het ech im schäbige Zält dörfen i s Ainevierzgi yne goh. E wüeschte Ruessschlirgg i der haiterhäle Freud inn!

Der dörfet iez aber nit mende, es haig numme Rauch und Ruess brocht, das Ainevierzgi. Es het öppis ganz anders gmacht, nämlig alli gwichtige Fäde zwirnt und hie und sältsch au scho gchnüpplet.

«Es Johr, won e heerten Arang nimmt», het der Sutter gsait, «gitt ab mit derzytt und fot a dapple.» Nu, vorläufig ischs nit dapplet, das neu Johr, s isch derhargstopft und abtrampet, as müesste Gspuren i Boden yne, wo me no lang nümm ewäggbringt.

Wäge däm: E Gschar Wildi hai nümm wölle schaffe. Das Dummtue – die Blaichhüttige sägen im «Arbet» – stink ene. Es wärd langwylig und mach aim nüt weder müed. Es syg aigetlig es Übel, das Dummtue, wo der «Gaischt» de Möntschen agfluecht haig; aber i de «Jagdgründe» haig me das Übel uf d Wyber abgschüttlet; die selle si dermit ummebalge. Numme nit d Manne! – Und dene Wilde het der Sutter wölle wysmache, ass s Schaffe gsund syg, ass d Müedi Lyb und Seel zsämeholti und ass der Ma Arm und Bai haig wie d Frau, also nit numme zem Gvätterlen und Jeegerlen und Ummeschwanze, er müess sen au für öppis anders bruuche – ebe für öppis Rächts und Nutzligs.

Das het nit ygschlage. Die Burschte hai im Ghaimen ihri Bluetbrüeder, nämlig d Walagumne, gege Sutter uufghetzt. Im Hornig ischs derno zuemene Chlapf cho. Der Sutter het gege dä Noochberstamm müesse loszieh. Es het so öppis wien e churze Chrieg druus gee – mit vill Dotne und no meh Verletzte. Äntlig isch der Häuptlig go d Fridespfyfe raiche.

Ainewäg hets hindenumme wytter gmottet und zeuserlet. D Walagumne hais no mit der Schläuji wölle probiere. Es het en aigetligi Verschwörig gee. Natürlig het men im Heer vo der Neue Schwyz ghörig a Chrage wölle. Drei Aschleeg sy anepätscht. Bi den erschte zweenen isch der Kaha wider der Retter und Held gsi. Der dritt het der Sutter voruusgschmöckt, het de Walagumnen abpasst und ihre Füerer aigehändig chönne packe.

Iez dänket: Wär ischs gsi?

Wo men in a s Liecht gschlaikt het, do gseht me, ass s der Häuptlig Anasche sälber isch – der glych Anasche, wo synerzyt im Sutter as Wägwyser dient het und wo derno im Sutter Lüt zuegha het.

Und was het der Sutter do gmacht?

Aihälig hai alli syni Lüt – au die Rote – gsait: «Der Blitz!» Der Sutter het aber abgwunke: «Kai Raach! Gnad goht vor Rächt! Löit in wie die andere lo goh!» Druuf het er mit Hilf vo der Manuiki der Anasche pflägt, derno sogar wien en Aigenen uufgno. Und nit lang, het der Sutter däm jungen Indianerhäuptlig d Uufsicht über alli Rothütt gee.

Me het das e schöni Zyt nit chönne bigryfe, het der Chopf gschüttlet und im Heer und Maischter öppe z verstoh gee, ass settigs so vill haissi, wie der Tüüfel as Gvatter froge. Aber der Sutter het kai Loosi wölle ha. Und er het si nit verrächnet. Afe hain in d Walagumnen und überhaupt d Indianer vo iez a lo gälte wie ain vo ihne, si hai sogar dur s Band ewägg an in uegluegt. Und derno isch der Anasche sälber ganz anderscht worde – wien en umgchehrte Händsche. Er het underainisch numme no für e Sutter und sy Koleny gschafft und gsorgt. Nüt hätt er a wysse Häuptlig lo anecho. Und wie mängisch het er doch dais Wägli chönnen abahne, wo der Maischter und d Chnächten oder d Dienschte druff zsämechömen und enander verstönde! Vo der Indianersytte har het der Sutter ämmel nüt meh z gfohre gha, er het all dütliger dörfe gseh und gspüre, ass si die Wilden i s neu Läben yfüege, ass si nümm frönd und ugwohn drinn stönde.

Iez ainisch nom Dimbere, wo s Oberot über e Himmel gwaalt isch unds ob de risige Woldige wie mit bluetrote Fähne gwäit het, isch der Sutter no über syni Gländ gleutscht und het gluegt, wies mit der War und mit der Arbet stoht. Allbott isch es Grüppli Indianer haizue gwalzt, vo hie, vo sältsch. Der Sutter het die Manne gmuschteret und derby innenabebrümmelet: «Jä, si löje si guet a. S isch nümm wie vor Wuche. Si laufen über dä Bode, wie wenn si mit im verwachse weere. D Arbet an im, d Luft, wo si druff yschnuufe, d Art und Wys, wie mir andere mit ene verchehre – alles das chunnt ene rächt, bchunnt ene wohl. Si wöttes chuum meh anderscht ha.»

Und wo derno am wytte Himmel do und dört none rote Plätz gsi isch wien e Bluetgumpi, het der Sutter umgchehrt und isch langsam gege s Huus zue. Er het noodänkt und afo sinne. Mängisch isch er blybe stoh und het vorabegsait: «Numme guet, ass i nit noogee ha! S weer nit eso uusecho, wenn i der Anasche gstroft hätt, wies si ghört. Die guete Chreft lo schaffe, au denn, wenn alles in aim inne ruuch und reech dra wött! Uf s Nelly loose! S Nelly het rächt. S Nelly...»

Au dinn het der Sutter a s Nelly dänkt. Und wo d Manuiki ynechunnt und im uuftischt, hebt er sen am Arm und luegt ere lang i d Auge. Derno sait er: «Du bisch au so öpper wie s Nelly.»

Schüüch frogt d Manuiki, wär das syg.

«Es Maitli wyttwytt ewägg – und doch nooch. E gueti Seel, wo mi a die guete Chreft mahnt.»

«Chunnt si nie do ane? I gseech se gärn!»

Schier wie us ime Traum uuse chlüüslet der Sutter: «Do ane? Waiss si überhaupt, won i bi?» Und scho reckt er si und sait: «I will schrybe. I muess schrybe. Läng mer Papyr und d Fädere!»

Und der Sutter schrybt. Der ganz Brief gitt es versteckts Dankgerschön ab. Er verzellt alles, vo dene zweene, won in hai wöllen umbringe, vo den Uufständ und vom Anasche. Er verrotet derby, ass er allewyl d Stimm us Westport ghört haig, ass im die Stimm gsait haig, wo dure – und ass er numme hoffi, er ghör se wider, wenn er in e haikli Lag chöm.

Wo derno d Manuiki wider ynechunnt und abruumt, brichtet der Sutter no lang vom Nelly. D Manuiki loost und stuunt. D Auge wärde ganz glaschtig. Der Sutter gspürt, ass si aidwäders füechte. Do fahrt er der Manuiki fyn über d Backe: «Hie bisch du s Nelly. Du luegsch und sorgsch, ass die guete Chreft obsi mögen und obenuuf chöme. So wie du läbsch und was du tuesch, isch das, wo s Nelly wött, ass mes weer und teet.»

Es Wyli ischs still. Äntlig brösmelet d Manuiki lyslig vüre: «I läbe, wies s Härz will ha, und i tue numme, was my Heer und Maischter sait – und was im vo den Auge cha abläse.»

«Manuiki!»

4

Iez wos afe blüeit und blueschtet het, sy allbott Lüt im Sutter cho verzelle, me findi do und dört Fallen im Holz vo der Neue Schwyz, fröndi Falle, unds stryche Jeeger umme, wo nit zue den Aigene ghöre.

Der Sutter het dere Falle lo raiche, het se derno gmuschteret und isch derby nit wenig verstuunt, won er s Zaije vo der Hudson's Bay Company gseht. «Fröndi Trapper und Jeeger», ischs im etwütscht, «no vo der noble Gsellschaft z Vancouver. Dankgerschön! Chöme mer eberächt! Wie haissts im amtlige Schrybe, wo mer der Guwernör zuegsteckt het? I haig derfür z sorge, ass settigs nit vorchöm.»

Und scho isch der Sutter derhinder! Er het zerscht mit im Custot über die Sach gredt und dernon e Proklamazion abglo. I deer het der Heer vo Neu-Helvezie verchündet, ass alle Jeegeren und Trappere, wo nit hiesig sy, s Jagen und Fallestellen im Sacramentobiet umme verbotte syg. Wär si nit a die Proklamazion holti, vergöng si a de Vorschriften und Verornige vo der Regierig. Abschrifte vo der Proklamazion het der Sutter uf Monterey, Yerba Buena, Sonoma, San José und i s Fort Ross gschickt. Es isch im gsi, me sell überal wüsse, was im Tuens isch.

Der wärdet iez säge, das syg alles guet zwirnt und drüllt, es chönnt e chlöpfige Zwick druus gee. Unds isch wohr, der Sutter het mit deer erschten amtlige Tat nüt anders gmacht as dais, won er het müesse mache, wenn er der Inschtrukzion vom Guwernör het wölle noocho. Und ainewäg isch d Sach vergrote; s isch wie öppis, wo me lätz bachet und verbrennt.

Worum?

He, d Hudson's Bay Company het vom Guwernör Alvarado grad dienoo e neue Vertrag übercho. Dä het eren erlaubt, uf im nördlige Bode vo Kalifornie, also im Sacramentobiet, z jage. Natürlig het men im Sutter nüt gsait dervo. Derfür het ers chönne gspüre.

All meh bigoch! D Trapper vo der Hudson's Bay Company sy aifach cho, Proklamazion har oder dar. Si hai ihri Falle gstellt, wie und wo si hai wölle. Si hai si jo a neue Vertrag gholte – und dä Vertrag isch vom Guwernör sälber underzaichnet, nit numme vo some Pionier und Kolenisator Sutter. Was sells denn do z muule gee?

Bigryflig, isch der Sutter erjäschtet ob deer Sach. Er hets und hets nit chönne zsämeryme, ass men im quasi uf im aigene Bode die schönschte Fääl vor der Nasen ewäggschnappt. Und das erscht no uf en allerhöchschti Abmachig hi! «Was, au der Alvarado?» het der Sutter gchiflet. «Hai s in denn däwäg mögen ysaipfe, die andere zwee z Sonoma und z San José, ass er e Vertrag underschrybt, wo gege mys Rächt und gege mys Amt goht? Um was füri e Prys ächtert? Was sell überhaupt no wytters gspilt wärde? Wenn numme s Fort scho stiend!»

Iez wo si die eergschti Wuet gsetzt gha het, het der Sutter afo grüblen und brittle, wie men am ringschten us der Chlemmi chiem. Do het im der schlau Custot e Rot gwüsst. Er het gsait, zem Glück syge die merschte, wo do jage, Kanadier. Und die haige der Schnaps nit ugärn. Wytter syg doch die neui Schnapsbrennerei grad eberächt im Gang. Me chönnt also die Burschten ylade und ene vo dene lutere Wässerli z probiere gee. Är, der Custot, wöll derno brichte, was z brichte syg.

Nu, der Sutter. het die Fallesteller yglade. Der Custot het ene die neui Yrichtig zaigt und allbott es Versuecherli vüreglängt. All Manne sy uufgläbt und nuefer worde. So bim glungnigschte Brichten und Gspässle het der Custot öppe z verstoh gee, me chönnt die gfangnige Biber glägetlig hie lo; ai Dienscht syg der ander wärt.

Das schyne die Trapper bigriffe z ha. S isch ämmel guet gange. D Biberjagd het für e Sutter vill mehr abtrait as bis do ane. Er het e schöne Schübel Kreditschulde chönnen uf d Sytte fergen und erscht none währschafte Mocken uf d Nazionalbank z Basel lo guetschrybe. Sogar der Schmugglerfürscht und Fridesrichter Spence, wo im Sutter syni Gschäfter bsorgt het, isch nit wenig verstuunt drab.

Und no öpper schynt das bigriffe z ha!

Wo ainisch der Custot uf Monterey gangen isch, für der Schnaps azprysen und z verchaufe, het im grad der Spence verzellt, der Herr Douglas vo Vancouver syg hiesig und verhandli mit im Guwernör.

«Soo? Wäge was?» het der Custot gfrogt.

Der Spence het e Rung derglyche to, er haigs überhört. Wo der Custot aber wider agsetzt het, ischs im Spence uusetwütscht: «Wär wötts wüsse! I ha numme verno, ass der Herr Douglas nit zfriden isch mit der Jagd. Es göng nit vill y. Und iez vermuet i, er wöll ganz Kalifornie zue sym Jagdbiet mache, bis über San José uuse.»

Öb d Regierig das erlaubi?

«Mit Gält isch emängs müglich.»

«Und der Herr Gänneralkummandant z Sonoma?»

«Wird müesse ‹jo› säge, wenn er nit scho gsait het.»

Der Custot het grossi Auge gmacht. Do het im der Spence zuegchlüüslet: «S isch eben öppis passiert. Im Gänneral Vallejo syni Garnisonsindianer hai letschti e Trapper vo der Hudson's Bay Company hinderruggs umbrocht. Und ass s do nit e bösi Gschicht druus gitt, e Staatsgschicht, wo sogar der änglisch König chönnt drylänge, muess der Heer vo Sonoma luege guet z mache, was er cha. Und das chan er i däm Fal numme, wenn er der änglische Gsellschaft noogitt und ‹jo› sait.»

«Es chönnt sy», isch der Spence nomene Wyli wyttergfahre, «es chönnt emänd sy, ass der Sonomaheerget sym Vetter der Stupf gee het. No mehr as der Stupf! I chönnt mer vorstelle, der Vallejo het im Alvarado sogar d Hell haiss gmacht, er sell doch numme dänke, was chiem, wenn Ängland zuepackti. Au sait mer öppe der chly Finger a der lingge Hand, Sonoma haig der Nueva Helvecia e zeuftige Wätsch wölle gee – und haig au San José wölle ringgle. Der ölter Brüeder isch nämlich mit im jüngere die letschti Zytt nit zfride. Es dunkt in, er syg im us der Rigi cho, er syg überhaupt i gwüse Sachen e Schlirggi. Drum sett halt s Jagdbiet über San José uus länge, derno syg das Züügli für Sonoma wider rächt, es haig si so wytt as müglig ritteriert.»

Der Custot het a däm nit gnue gha. Er het no das und dais wölle wüsse. Aber der Spence isch nümm im Lun gsi. Er het blos no gsait: Das syg so sy Mainig. Er chönn au lätz grote ha; aber är gsäis däwäg. Uf jedefal raisi e Herr Douglas chuum wäge nüt und widernüt vo Vancouver uf Monterey.

Erscht, wo d Gschäfter wägem Schnaps gmacht gsi sy, het der Spence no ainisch agfange. Er het gsait, me dörf öppis nit vergässe. Ihn, der Spence, dunks nämlig, es löi si überhaupt e neui Zytt a. Die nööchschte Johr breechte für Kalifornie d Etschaidig. Es syg grad, wie wenn alles, wo bis do ane gulte het, absturb und es anders Läben uufschuss, es Läbe, won e ganz anderi Richtig nähm.

Der Custot het gstutzt und Auge wien e Glari gmacht. Do het in der Spence am Eermel gno und gsait: «Mer rütschen i die grossi Gschicht yne, Herr Custot. Wältmächt luegen uf Kalifornie.

Und s cha sy, s cha sy, ass der Heer und Maischter vo der Nueva Helvecia bim Uuswäge vo deer gwichtige Gschicht quasi s Züngli a der Woog wird. Es dunkt mi, die Sach syg ghörig im Grais. Wär waiss, emänd längt s Schicksal scho dry. Emänd isch der Vallejo s Wärchzüüg von im – und der Alvarado s Wärchzüüg vom Vallejo. Und hinder dene stoht Ängland. Und gege die macht si Amerika uf e Marsch. Und der Sutter het z wehle: Hüscht oder hott? Uf die Sytte, uf dai Sytte? Jäjä, öppis Neus ergchydet und chunnt uuf. Wai hoffe, es schieb is nit ewägg und legg is nit nummen Umuess und Lyden ane.»

Iez wo der Custot derno haicho isch, het er ime Ruck und Juck alles verzellt. Zerscht het si der Sutter erhelkt drab, mit derzytt het si der Chumber sant der Wuet gsackt. Glych ischs im öppe no uusecho: «He z sakerblö abenander, au der Douglas und der Guwernör gege mi! Nu, si chönne nit meh hindereleere, as si möge verlyde, wenn si scho i settige Sachen e Schluck hai wien es olts Stifelrohr. Ainisch haissts au bi deer Gattig: S isch gnue! Und scho chunnt mer emängs wider schicklig! Luegt hütt der Himmel wien e Zänni dry, chan er aim möndrisch doch alache, es miech ime Brütli alli Ehr bigoch! Jä, und was s ander sell sy, waiss nit. D ‹Staate› und Ängland, he frylig jo, die schlöjen all uus gegenenander; zweu wildi Ross a der glychlige Chrüpfe. Dänk me nummen a Rendezvous-Platz i de Rocky Mountains! Jedwäde wött halt alles ha. Aber öb si wäge däm au Kalifornie – näi, das lytt ene z wytt ewägg. Und wenn schliesslig doch, so han i sälber der faiss Trumpf i der Hand. I cha so oder so – und cha au so und so. Das gseht men erscht, wenns ainisch muess sy. Vorläufig bin i Kalifornier, bin i mexikanische Bürger und Amtsma. D Pflichten und d Rächt sy mer gnau vorgschribe. Also! Und wenn das anderscht sett wärde, se wird me si chönne chehre. I ha mi mängisch gnue müesse chehre. D Zytt zaigt mer scho no, wo dure, bhüetis!»

Und juscht die Nemtig het der Herr Douglas uusgrächnet z Yerba Buena e Poschte vo der Hudson's Bay Company ygrichtet.

Chuum isch dä am Läbe gsi, unds het si scho der Gänneraldiräkter vo der änglische Handelsgsellschaft zaigt. Er het wysitiert und kuntrolliert. Au het er im Guwernör Alvarado z merke geë, dur s Sutters Koleny chönnten ainisch d Amerikaner cho und d Heere vom Hinderland wärde. Wenn si das syge, se wärde si woll au gseh, ass si aigetlig es ganz natürligs Arächt uf e Zuegang zem Meer hätte. Und das Arächt wärde si wöllen uusnutze. Churz, öb früejer oder spöter – me müess dermit rächne, ass ame schöne Tag der ganz Landstrich im Ufer noo i de Händ vo denen us de «Staate» syg, wemme nit rächtzyttig dergege tüei. Drum der änglisch Poschte z Yerba Buena!

Bigryflig, ass die Wort im Guwernör z dänken und z schaffe gee hai. Si syn im zwor nit nigelnagelneu vorcho, settigs het der Unggle Vallejo au scho gsait. Aber bim änglische Gänneraldiräkter hets anderscht tönt. Und isch der Guwernör bim Vallejo ammet dergege gsi, wil er gment het, der Sutter chönni den Amerikanere der Wäg echly verspeere, so het er iez ygseh, ass me don e grossi Macht as Gegegwicht bruucht und nit nummen e Kolenisator mit ere Hampfle Lüt. Drum den Ängländere gee, was si weusche! Au wemmes gar verfluecht ugärn gitt! Si bringe s chlyner vo de zwei Üble.

Jä, und der Guwernör Alvarado het au der ganzneu Vertrag underzaichnet, wo der Hudson's Bay Company s Rächt gee het, im kalifornische Land bis über San José uus go jagen und Falle stelle. Er het sogar nüt dergege gha, wo der Gänneraldiräkter e Bifähl lot vertaile, wenns scho drinn ghaisse het: Allen Agstellte vo der Company sygs verbotte, mit im Herr Sutter am Sacramento wytter z verchehre. Wär däm Bifähl nit nooläb, wärdi polizeilig verfolgt und ygspeert. Punktum!

Dä Bifähl isch im Guwernör zwider gsi, was numme zwider haisst. Er het meh weder ainisch gsürmelet: «Wie chan i das im Sutter bigryflig mache? Hai mer ächt nit uf die lätzi Charte gsetzt? Trybe mer däwäg nit der Sutter diräkt i s findlig Lager, zu den Amerikanere?»

Wo der Guwernör lang gnue baitet und gwärwaiset gha het,

het er e Brief a Sutter gschribe, e Brief voll vo schöne Gsätz. Es syg iez eben eso, me haigs nit anderscht chönne dräje, s ganz Land lueg halt d «Staate» as e wohri Gfohr a. Und as Schutz dergege haig men Ängland gwehlt. Fryli, Ängland haig do derfür gwüsi Rächt verlangt. So au d Jagd. Är, der Haupme Sutter, müess also im Pflichteheft Änderige vorneh. Was im aber a der Jagd verlore göng, sell im wider guetgmacht wärde. Er haig s Rächt, Soldaten uuszbilde, sy Koleny dur Muure und Türn z schütze. Au wärd im der Titel «Haupme» vo der Regierig uus gee. Und är, der Guwernör, wöll sorge, ass d Hudson's Bay Company ihri Jagdzüg im Sacramentobiet ystell, und ass d Biziejige zwüsche Vancouver oder Yerba Buena und im Haupme Sutter wider guet wärde.

Der Sutter het dä Brief, won im kai Gringeren as der Staatssekretär sälber brocht het, vürsi und hindertsi gläse. Es het in gwurmt, ass men ims so gmacht het. Aber allsgmächeli ischs im doch gsi, der Guwernör haig nit anderscht chönne – und schliesslig het men im ämmel s Rächt gschänkt, es Fort z bouen und e Garnison z holte. Au het der Sutter innenabegsait: «I cha iez öppis anders go heusche. I cha überhaupt mache, was i will. Tuet d Regierig s Muul uuf, se sägen i numme: Dir hait alles gege mi gchehrt; i muess wäge däm für min elaigge luege. Überhaupt, mit den Amerikanere wird men au no chönne schwätze.»

Lueg a! Chuum het der Gänneraldiräkter vo der änglische Handelsgsellschaft der Rugge gchehrt, se sy us de «Staate» scho Agänten agruckt. Aigetlich ischs en amerikanischi «Expedizion» gsi, wo wien e Blitz us im haitere Himmel i die Neui Schwyz ybrochen isch. Der Sutter hets echly voruus gwüsst, wil im der Anasche e Fischer as Bott gschickt het. Es chöm e chlyni Flotte der Americanfluss ab! Der Sutter het fletig der Fahnen uuseghänkt und d Kanone lo lade. Wo s vorderscht Böötli gege d Ländi zue stüüret, dunderets «Salut». Willsgott, s isch en imposante Bsuech. Sogar d Indianer speere s Muul und d Nasen uuf und merke, was füre grossi Rollen ihre wyss Häuptlig i der wytte Wält uss afe spilt.

Aber bi den yhaimische Wysse hets anderscht tönt. «Also doch!» hai si gsait. «Der Sutter hets mit den Amerikanere, euse gröschte Find. Numme guet, ass d Ängländer au gege d ‹Staate› sy!»

Und gly druuf het si die Mainig wider nomen andere Luft dräit. Hinder den Amerikanere dry isch nämlich der französisch Militärattaschee vo der Gsandtschaft z Mexiko agruckt, mit Eliganz, wunderbare Manieren und no wunderbarere Wort bigoch. Sy Bsuech bim Sutter isch aigetlich der Gipfel vo so Bsüeche gsi. Und es muess däm Franzos i der Neue Schwyz guet gfalle ha. Süscht chönnt me dänk doch nit im Bricht vom Attaschee a d Gsandtschaft läse, der Heer vo der «Nouvelle Helvétie» syg all none Franzos. Franzosen und Kanadier haig er täglig um in umme, är, der Attaschee, syg überzügt, ass die Koleny öppis Französischs an ere haig und ass si ainisch e ganz e gwichtige strategische Punkt wärd sy, wil alli Karawanen us Kanada, us Oregon und us de Verainigte Staate do dure müesse. Wytter glaub är, ass Kalifornie bold ze deer Nazion zelli, wo chönn säge, si haig der Herr Sutter uf ihrer Sytte, und wo der Muet uufbringi, es Chriegsschiff sant zwenhundert Ma anezschicke. Es sygi halt s Los vo deer Provinz, eroberet z wärde, und es sygi nit yzgseh, worum Frankrych nit sy Tail wöll go raiche. Är, der Attaschee, haig bi däm Bsuech Sache verno, wo mahnen und zer Yl trybe. Ängland haig si scho feschtgsetzt, d «Staate» schicke Patrullien uus. Und im Land umme rumors nit wenig. S Volch glaubi styf und fescht, me wöll d Provinz Kalifornien überfalle. Öb me do däm Volch nit sett go hälfe? Öb men im nit as Retter sett ergegecho?

Im Sutter isch das natürlig Wasser uf sy Mühli gsi. Er het iez de Kaliforniere chönne zaige, ass ers wäder mit de «Staate» no mit den Ängländere het. Und er het de stossigschte Nydhämmel chönne z verstoh gee, was chunnt, wenn si nit noolöje. Zuedäm hets im nit wenig gschmaichlet, ass er zsägen uf ai Hock i die grossi Wält ynegstellt worden isch, ass er öppis z gälten und z säge het, wenns um d Zuekouft vo Kalifornie goht.

Iez was bi der «grosse Sach» no wytter im Tuens isch, het men i der Neue Schwyz nit gmerkt, gäb wie men au d Augen uufgspeert und d Ohre loosem gmacht het. Derfür het men öppis anders gmerkt: Die Wysse z Kalifornie, ämmel gar die Bessergstrehlte, hai ihrem neue Mitbürger und Amtsma niene meh trout. Er syg der bös Gaischt, hai si gwäferet. Er gsäi de gförchtete Yankees zem Verwächsle glych, hai si wyttergee. Und wil si aigetlig gege Sutter nüt hai chönne mache, se hai si doch gspeut und gaiferet. Underainisch syn e paar so «Martinez» dogstanden und hai wägem e Rüggerli e Rumor anebrocht, as giengs um s ebig Läbe. Und die paar Brüeli hai glyn e Huufe binenander gha, si sy jo nit sämper gsi bim Uuswehle. Aidwädere Tags hets im ganze Land umme ghaisse, der Sutter trybi Handel mit gstohlnige Ross, er holti syni Versprächige nit, er läbi nummen uf e Kredit hi, er läbi überhaupt, ass s im Tüüfel drab gruusi, ohni Räsun und Religion bigoch, aber mit zweu farbige Wybere vo de Sandwich-Insle. Sone Squaw gieng schliesslig no, das syg gäng und gäb hie umme, zsäge jedwäde Ma, wos vermög, haig deren Indianerwybli näbenyne; aber so Luenzen und Luegmiafratze vo wytt änet im Meer – näi, das göng nit nummen über s Bohnelied, das göng wüescht über d Moral uus. Überhaupt d Moral! Bold chömen Ängländer zuen im, bold Amerikaner, derno wider Französe – juscht, as wött er die alli hinderenander richten und rundewägg e Chrieg afo. Aber wie chönnt sonen Umöntsch Moral im Grosse ha, wenn er se nit emol im Chlynen uufbringt! Stellt er doch die Roten uf e glyche Bode wie die Wysse, zsägen ohni Underschaid! Öb me scho so öppis ghört haig? Au zahl er se schynts, wie wenn si nümm Minderi, Wildi weere! So aim fehls am Gwüsse. Und ass s im do dra fehli, gsäi me scho bim Ziegelmache. Er chnätti nit Strau dry, wies Vorschrift und Bruuch syg, er wurschtli numme Ross- oder Eselmischt under e Lai.

Däwäg hai si die yhaimische Wyssen erhelkt. Und der Kummandant vo San José het d Nase wien e Schaidwegge gstellt und gschwore, är wärdi die Neui Schwyz im Ärdbode glychmache – und dais no ehnder, as me mend; är haig no nie zue de Schluuchi zellt.

S feuft Stück – S sächst Stück – S sibet Stück

E Vertrag und was er nooschlaikt
E Drülli und en arige Chrieg
Wenn der Fahne mit de Stärne wäit

Die Jahre von 1841 bis 1846 sind für die ‹Nuova Helvecia› im Sacramento-Tal eine wechselvolle, bewegte Zeit. Sie bringen dem anfänglich 197 km² grossen Landgut eine weitere Ausdehnung bis auf 593 km², aber auch Missernten, Verwicklung in Kriegswirren und schliesslich – für ganz Kalifornien – den Übergang aus mexikanischer Herrschaft an die beharrlich über die Rocky Mountains nach Westen an den Pazifischen Ozean drängenden Vereinigten Staaten.

Bis dahin aber ist es ein langer und vielfach verschlungener Weg: Zwar bringt das Jahr 1841 das Versprechen, Suter erhalte sein Land als Schenkung des Staates zu seinem Eigentum, doch dass er sich – im Grunde gegen seine eigene innere Stimme – dazu überreden lässt, ein benachbartes russisches Gut zusätzlich zu übernehmen, bringt ihn in schwerste materielle Bedrängnis. Vor allem auch, weil Jahre der Trockenheit trotz allem Einsatz und schwerster Arbeit denkbar schlechten Ertrag erbringen, so dass Suter den mit dem russischen Gut übernommenen Zahlungsverpflichtungen nicht nachkommen kann. Der ahnungsvoll in Angriff genommene Ausbau des Herrenhofes zu einem starken Fort nimmt viele Kräfte in Anspruch und verzögert sich. Siedlerkolonnen aus dem Osten, Vorboten eines amerikanischen Vorstosses in den Westen, die beim Uebergang über das Gebirge in Not geraten, werden von Suter und seinen Leuten versorgt, verpflegt und zum Teil auf seinem Gut als Arbeitskräfte aufgenommen.

Eine schwere Krise bringt die bürgerkriegsähnliche Auseinandersetzung zwischen dem mexikanischen Generalgouverneur Micheltorena und seinem Vorgänger Alvarado und dessen Verbündetem Castro Vallejo, wobei sich Suter mit seinen Leuten auf die Seite des rechtmässigen Vertreters des mexikanischen Landesherrn schlägt, aber in die Gefangenschaft der Aufrührer gerät. Castro Vallejo wird in mexikanischem Namen neuer Generalgouverneur von Kalifornien; Suter verständigt sich mit ihm, wird aus der Gefangenschaft entlassen, steckt nun aber wegen der Kriegskosten in einer neuen tiefen Verschuldung.

Einige gute Ernten helfen über die nächsten Jahre hinweg. Doch ein ganz entscheidender Einschnitt steht bevor: die Auseinandersetzung zwischen dem alten Landesherren Mexiko und den unaufhaltsam nach Westen drängenden ‹Staaten› . Vallejo will Suters Fort fest in mexikanischem Besitz wissen: Sein Tal öffnet den Zugang zu Kalifornien; wer es in Händen hat, ist der Herr über das ganze Gebiet. Drum: Wer nicht mexikanischer Bürger ist, hat das Tal und das Land zu verlassen. Suter ist ein Fremder; er soll verkaufen. Auf seinen Widerstand hin wird auf seinen Kopf eine Prämie ausgesetzt. Damit brechen die Beziehungen zwischen der ‹Neuen Schweiz› und Mexiko endgültig ab.

Suter kann nun nicht mehr daran zweifeln, dass die Zukunft des ganzen amerikanischen Westens in den Händen der Vereinigten Staaten liegt. Aber auch, indem er sich entschieden ihnen zuwendet, sind noch nicht alle Schwierigkeiten aus dem Weg geräumt: Suters Macht, sein Reichtum, seine Beliebtheit wecken Misstrauen und Missgunst des Kommandanten der amerikanischen Vorhut. Doch dessen Versuch, Suter durch die Wegweisung seiner getreuen Kanakin Manuiki zu demütigen, misslingt: Die Unterschrift des amerikanischen Konsuls bestätigt, dass Manuiki mit ihrem Gatten Hamula die Hockfarm verwaltet, ein bedeutendes Gut auf Suters Boden.

Und nun folgt der letzte Schritt: Der Sieg der ‹Staaten› bei Santa Barbara und Los Angeles im Juni 1846 besiegelt das Schicksal Kaliforniens. Über dem Gut Suters wird das Sternenbanner aufgezogen; der Gutsherr heisst nun John A. Sutter. Nach ihm sollen fortan «Freiheit... und Möntscherächt» das höchste Ziel sein, für das Land und seine Pioniere, für ‹Neu Helvetien› und seine Leute.

S acht Stück:

Vom Guld und sym Fluech

I

Men isch i s Sibenevierzgi grütscht. Im Sutter-Fort het men e neue Pulsschlag gspürt. Dasch uus- und ygange, schier an ainer Duur. Der Sutter het mängisch bis zer Tagwach müessen a der Arbet sy. Z Fuess, z Ross, z Wage, im Schiff «Sacramento» sy Bött cho, isch me go poschte. Neui Remyse, Spycher, Dröschtenn und grossi Bachöfe sy bout worde. D Luft sälber isch vo däm läbige, chäferige, gschafferige Här und Hi und Uuf und Ab agfüllt gsi.

Und Holz har, Holz ane! Für Fässer, Schindle, Flöz und Schiffer, für Wäge, Chäre, Spinnreeder und Wäbstüel, für Pumpene, Chärnel, Tüüchel i de Gmüesgärte, für Laitere, Stägen und Heeg, für zem Brenne vo Holzchohle, für d Bachöfen und Chuchene.

Und d Aichrinde nit vergässe – für die neui Gärberei!

Drum go luege, go suechen i d Bärgen ue, go umtue, go verholze, go abefergen und flöze!

Und arig, juscht i das läbig Läben yne het e giftige Chuuch gchuucht: Typhus und anderi Süüche. Wägen oltmödige Pumpibrünnen im Hof, wo s enzig Trinkwasser gee hai? Wäge der böslächte Kanalisazion? Oder wägem Huufe Schlachtabfäl hinder im Fort, wo ammet d Wüeschtefüchs z Gaschtig chöme, ass si bis i d Chuchi, bis i d Spyschammere schlyche? Oder ächt wäge süscht öppisem?

Öb wäge däm oder wäge daim – bi den Indianere hets wider wüescht ghuuset. Und juscht iez, wo me sett säjen und setze, wo s Land alli Händ will ha, wo me tagenacht chönnt dra sy! Der Fort-Dokter isch zwor all uf de Baine gsi. Wie het er doch gluegt und gsorgt! Wenn er het chönne, isch sogar der Heer und

Maischter mit im. Es het im wehto, ass syni aifachen und so aigesinnige Naturchind däwäg müesse lyde.

Und wie wenns a däm nonig längti, isch no öppis derzue cho.

Gället, chuum ischs mit im Typhus wider echly nidsi gange, se zottle, plampe, schlurpen e paar abgmagereti Mannen i s Fort, die rainschte Gripper. Si sy von ere Karewane, wo i de Bärgen obe steckt. Me sell e Rettigskulonne schicke.

Im Sutter isch aisgurts d Gschicht vom Gäbi z Sinn cho. «Numme das nit!» het er brummlet. Und scho isch er mit syne Lüte go rede. Es isch nit lycht gsi für in, wil die amerikanische Truppe, wo all no hie und sältsch a der Südgränze vo Kalifornie stönde, synerzytt die merschte Ross, Muulesel und Wäge grequiriert und nonig zrugggee hai. Aber zletscht het er doch feuf Muulesel chönnen uuftrybe. Die het er mit Proviant, im Anasche as Füerer, zwee Indianere, im Dokter und ime Dotzed Hälfere furtgschickt.

Fryli, dä Zug hets nit ring gha. Er het bis über d Wasserschaide vo der Sierra Nevada müesse goh. Dört het er d Karewanen äntlig troffe. Aber wie! Die merschte vo dene Lüt hai vor Schwechi nit emol meh chönne hocke, gschwyge stoh. Was mache? Im Sutter syni Manne vertaile der Proviant, sorgen und pfläge. Derno blybt der Dokter mit sächs vo syne Hälfere bi der Karewane. Der Anasche goht mit den anderen und mit ime Hüüfli vo dene Lüt wider haizue, für e neui, grösseri Kulonne z raiche. Churz nom Abmarsch laits wider Schnee abe. Es gitt es eeländs Gstampf und Gschlipf. Unds goht schier e Monet, bis das Gschärli, öppen es Dotzed Mannen und feuf Wybervölchli, im Sacramento-Tal, i der Neue Schwyz achunnt. Und uf däm lange, tschuuderige Wäg wird Läder gchätscht, Rinde grafflet und zletscht trybt aim der Hunger i der Muchtlosi derzue, ass men im Sutter syni Indianer sant im Anasche umbringt und uufisst. Wo die ainisch schlofe, sygen e paar derhinder und über se har wie d Wölf.

Und wien es Ughüür isch mit dene hungrige, verfrornige, verzwyflete Möntschen e Schreck i s Tal cho. So fletig wie müglig het der Sutter e zweuti Rettigskulonnen abgschickt. Die isch gottlob grösser und stercher gsi, wil d Amerikaner underwyle wider Fuerwärch und Zugtier zrugggee hai. Unds isch ere glunge, die Ygschneite, Versärplete, Chrankne, Zermürtete frei z mache und i s Tal z bringe. Fryli, öppe d Helfti vo der Karewanen isch scho tod gsi. Vo de Grettete sy none paar uf der gföhrlige Rais gstorbe.

Die anderen alli hai si derno im Sutter-Fort gsammlet. Do hai si Better und Leegene gfunde, het me ne früschi Chlaider gee, het se der Dokter undersuecht und bihandlet. Und mit derzytt het me se mit Spys und Trank eso uufbäppelet und uusegfueret, ass si chäch und buschper d Art und Gattig vome Möntsch wider agno hai. Etail dervo sy derno i der Neue Schwyz blibe.

S isch wider obsi gange. In all däm Umuess het der Sutter none Freud erläbt.

D Baumsetzlig sy agruckt! D Manuiki het dörfen uusläse. So sy vo jedwädere Sorte ganzi Rygleten uf d Hockfarm cho. Der gross Huufe het aber d Gländ im Garte Minal gfüllt. Der Sutter isch bold do, bold dört gsi und het ghulfe setzen und uufzie. Derby isch er läbig worde wie scho lang nümm. Die Arbet het in ganz uufgchlöpft. Willsgott, er het aim neumeduren an e bluetjunge Buureburscht gmahnt, wo grad dra isch, sy Huusstand i s Grais z bringen und sys keuftig Haimet uufzboue. Fryli, d Seel vo däm Gsorg und Gwärch isch ainewäg d Manuiki blibe. Si het dene Baumbuscheli gluegt, wien e Mueter ihrem Möntschebuscheli luegt. Ihri Händ, wo süscht die schönschte Melonen und die chüschtigschte Chürpsen anezauberet hai, sy iez über die finger- oder fessledünne Stämmli gfahre, hai ghackt und der Grund verbrösmelet, as gults der Himmel sant allem Guete. Und mit de Händen isch s Härz und sy die liebschte Weusch und Träum gange.

Iez chuum sy die Bäumli und Räben im Bode gsi, se isch e Brief hargfloge, wo der Sutter uf anderi Gidanke brocht het. Er isch vo sym Erschte gsi – unds het drinn ghaisse, er haig uf dä Summer wöllen über s Gross Wasser cho; aber d Mueter syg chrank worde, und so wöll er die Rais um es Johr verschiebe.

Der Sutter het die Zylete gläsen und gläse. Und über e Brief ewägg het er dai Hag wider gwahrt, wo der Hoggefinger derdursticht, het er dais uhaimlig Chnarflen und Chyche ghört, ass s im der Tschuuder der Ruggen uuf gjagt het.

Äntlig isch er i Hofuusen und het sym tüüren Indianer gsait, er sell sattlen und mitcho. Hockfarm!

D Manuiki isch im Wäg gstande, wo die zwee atrabet sy. Si haigs gspürt, het si gsait, und het de Ross Zucker und Brot gee. Derno sy der Sutter und d Manuiki dur e Garte gspaziert. Hie und sältsch sy si blybe stoh, d Manuiki het verzellt, was si gmacht het, und wie si das zwäglöi und dais nit so rächt obsi wöll. Aber der Sutter het numme halber gloost. Und won in d Manuiki ainisch gar gstuunig agluegt het, as chöm si nit uss im, do het er lang vorabeglart und derno vürebrösmelet, er müess eren öppis säge. Dermit sy si ynegange.

Der Sutter nimmt der Brief vüren und liist und verzellt. Es isch still. Me ghört numme der uglychlig Schnuuf und öppe s Chrüschele vom Papyr. Äntlig luegt der Sutter über e Tisch ewägg und brichtet wie für in sälber vom Suhn Johann Auguscht. Er gseht in wider i der Wagle, gseht in uufwachse. Er gwahrt und gspürt alles wie dainisch, wos passiert isch. «I waiss nit, worum – aber i ha aifach Angscht, es gschäi no öppis!» chycht er uuse.

D Manuiki drüllt und dräit si. Si gspürts am aigene Lyb, wie ihre Heer und Maischter lydet. Lyslig strychelet si d Hand, wo schwer uf im Brief lytt. Mit grossen und glitzerigen Auge sugt si jedwädi Mynen uuf.

Derno chuucht si: «Und d Frau? D Mueter vo däm Suhn?»

Der Sutter vergelschteret. Er fot a rangge.

«Wenn i im Wäg stoh – i waiss, wo ane! Wäge mir muess der Heer nit chumbere.»

«Manuiki! Du bisch jo s Nelly, sy Hand. Bisch der Holt, won i ha!»

«Wenn i cha hälfe – gärn!»

Wider ischs still. Langsam worget der Sutter vüre: «I waiss s, i gspürs, der Hag mit im Hoggefinger muess ewägg. Und dä bring i nummen ewägg, wenn i dais Umuess immer inn bodige, wenn i dai Fluech absühne, wo mer sytt den erschte Stunde mit der Frau ahangt.»

«Es weer es grossis Gschänk, wenn der Vatter sy Suhn äntlig fund!»

«Do muess i mi sälber zerscht möge gmaischtere. Das gwahr i. Das gspür i. Aber i bi z schwach derzue. Dasch öppis Umügligs, Manuiki!»

«Het my Heer und Maischter nit scho so mängs glaischtet, wo umüglig gsi isch? Isch er nit juscht denne starch worde, wenns über alli Chreft und Määss uus gangen isch?»

«Die Wilde – jo. D Nydhämmel – jo. D Wildnis sälber – jo. Aber mi z Bode bringe, Manuiki, mi – dai Ander immer inn?» Nomene Rung hänkt der Sutter wider y: «Es gitt Stunde, wos mer isch, iez gsäi i derdur, iez ergwahr i äntlig dais, wo derhinder läbt. Und was ergwahr i do? Öppis, wo mer kai Name hai derfür. Dais, wo in allem, hinder allem, über und under allem würkt und schafft. Dais, wo in alles ynelängt, ohni ass s mir wai, ohni ass mir dergege chönne sy.»

«Ischs nit der Guet und der Bös Gaischt? Mängisch chunnt dä vüre, mängisch der ander. Mir Möntsche chönne beed lo mache; mer chönnen aber au ergegegoh oder uuswyche.»

«Mer chönnen is ämmel Müeji gee, probiere – allewyl wider probiere. Jä, aber wenns nüt abtrait?»

Wider ischs still. Do sait d Manuiki: «Chas nit eso sy? Der Suhn chunnt ainisch und gseht, wie sy Vatter alles dehinde glo het, was scho gscheh isch. Er gspürt, wie dä Vatter ihm ergege chunnt, wien er alli Hindernis us im Wäg ruumt – und das längt im a s Härz. Er goht byn im sälber a d Arbet. Er ruumt au byn im sälber uus, was er us der Olte Wält mitbrocht het. Der Helge vo sym Vatter, won er sytt chly uuf in im nootrait, dä Helge verblaicht, schwynet, isch underainisch nümm do. Und a sy Platz chunnt der neu Helge, stoht der Vatter, wien er ganz innen isch.»

«Wenn der Vatter das cha, Manuiki.»

«Er chas! I ha das sälber chönne gseh. My Heer und Maischter het i mi ynen au en andere Helge gstellt. I ha müessen uusruumen und Platz mache.»

«Wo di mit im Hamula verhyrotet ha?»
«Scho früejer!»
«Nom Chrieg, wo gar kaine gsi isch?»
«S cha sy. Es isch nit vo aim Tag uf en andere cho. All meh...»
«Und iez luegsch mi anderscht a?»
Der Sutter stoht uuf und lauft umme. Derzue sait er: «Hoffetlig gsehschs rächt, Manuiki. I will mi müeje, ass i der Hag und alles derhinder mag gmaischtere. Erscht derno chan i zfride sy.»

Ainisch holtet er a und ment: «Aigetlig weers es wohrs Glück, wenns eso uusecheem, wie du glaubsch. Er sell doch e guete Gschäftsma sy. Und dä chönnt i bruuche wie niem. Mir lytt settigs nit. Är teet mer der ganz Bättel i d Ornig bringe. I chönnt uf in zelle. E Gschäftsma – juscht das ischs, was der Neue Schwyz no manglet.»

«I bi jo nüt. As jungs Maitli het me mi mym Heer und Maischter gschänkt. I bi aber glücklig, wenn är glücklig isch. Unds isch mer wohl, wenn i ihm e Freud cha mache.»

Der Sutter fahrt der Manuiki über s Hoor: «Du bisch mer treu blibe. Du bisch dä Möntsch, wo mer hilft träge. Und waisch no, es het Stunde gee, won i nümm wyttergseh ha? Wär het der Uuswäg gfunde? Wär het mer zaigt, wo dure?»

«S chunnt alles guet.»
«Wenn d mer hilfsch, mi sälber z ergmaischtere!»

So het si ai Tag näben andere glait – Yschlagfaden an Yschlagfade, bold farbig, sogar plarig, bold grau und gwöhndlig dur e Zettel dure. Öppe sy vornähmi Gescht agruckt, öppe hets e Hochzytt gee. Hie isch e Gräbt gsi, sältsch hai si tauft.

Jä, und sytt im Früelig, wo der Sutter z Minal und uf der Hockfarm gsi isch, het me dur s Band eẅägg gspürt, ass er all noogäbiger wird und afe so mild regiert wien e gmüetlige Grossätti.

Natürlig hets Lüt gee, wo das uusgnutzt hai. Etail hai glylächtig gmacht, was ene passt. Etail hai ihre Heer und Maischter agloge, hain in hindergange, wo si numme hai chönne. Und etail hai gstibitzt und gstohle, ass s en Art gha het. Hets der Sutter gmerkt und het er ne gsait, si selle das lo sy, se hai si no gärn der Zwängchübel uusgleert vor im und haizahlt, er sell ene zerscht der Lohn anelegge. Derby hätt se niem lieber zer Zytt glöhnt as är sälber. Aber do isch halt all no der ruessisch Agänt gsi, wo gstüpft und bällitschiert het – wil im die Obere z Mexiko der Vertrag gly nom Fride mit de «Staate» wider zuegschickt hai. Wytter gilts none Huufe so Überblybsel vo dene zwee Chriegen ewäggzferge. Nit vergässe dais eeländ Noogschlaipf vo de Rettigsarbete, vo de bständigen Understützige! Alles das will bugglet sy.

Glych isch uf de Farme gläbt worde, ass s numme so sprützt und pfüüst. Ai Zyttvertryb am andere, aine grosshansiger as der ander! Und alles uf d Chöschte vom Heer und Maischter. Aine, wo d Uufsicht über d Härde het, isch jedwädem dritte Chutschi – und zwor chuum, ass mes mit im Strauwüsch oder süscht ime Schaub afen abgribe gha het – mit sym aigenen Yse der Stämpfel go uufbrenne. Won im der Sutter druufcho isch, het er in nit gstroft, wien er hätt chönne, näi, e neue Vertrag het er gmacht, e ganz e geuschtige für e Sünder bigoch: Wies im Olte Teschtemänt stoht, so het im der Sutter all s viert Chalb as Lohn gee, also der viert Tail vom jehrlige Zuewachs. Innenabe het der Sutter gsait: «Dermit wird er s Stähle lo sy – und e Viertel isch all no chlyner as e Drittel. I ha bi däm Handel none Vortel.» Nit gnue! Ass dä Vertrag würklig ygholte wird, het der Sutter sym Agstellte no d Mary zer Frau gee. Dasch es Mokelumnewybli gsi, won im der Häuptlig ainisch gschänkt het. Es het mit der Manuiki zsäme d Privathuusholtig gmacht und isch sytt im Wäggang vo der Manuiki quasi d Huusholtere gsi.

Nu, der Sutter het si nit verrächnet mit däm Vertrag und mit der Mary. D Chutschi sy buechstäblig nümm mit im lätzen Yse brennt worde. Etail hai gsait, wil si dä Manno besseret het. Etail hai aber bhauptet, das chöm vo dört har, wil d Mary uf d Yse göng und ihrem früejere Heer und Maischter nit es Höörli liess chrümbe. Item!

Iez bi den Indianere het die vätterligi Art vom wysse Häuptlig au nit grad zem Gueten uusgschlage. Die drüschwänzigi Chatz haig chuum meh gmuuset, ehnder neumen imen Egge gschlofe. Drum het dä und daine pfaükt, was im juscht i d Händ groten isch. Mit derzytt het nit emol meh s Gwüsse zwackt. Die merschten Indianer hai si halt wider zruggbsunne. Was het men i de Jagdgründe vom Stähle gsait? Es syg nüt Schlächts. Es syg no Bruuch und Erfahrehait sogar öppis Rüemligs, wenns d Blaichfratzen agoht. Also!

Und der Sutter het au do zerscht numme gmahnt und gwarnt. Derno het er gluegt z überzüüge, ass settigs lätz isch und ass s allne schadet, wenn zem Byschpel Flaischstücki und Mählseck Bai überchöme. Es dritts Mol isch der Bös a d Wand gmolt worde, wenn der Frävel nit zue strub gsi isch. «Sälber läben und anderi läbe lo!» het halt dur dick und dünn dure gulte. Und schier jedwäde Tag het mes chönne gwahre, ass im Sutter der Chüttel nööcher weder s Hemli isch.

2

Und wie gsehts süscht uus, sytt die amerikanischi Garnison furt isch?

Nit vill anderscht as vor im rächte Chrieg, nummen isch das und dais derzuecho. Au het emängen öppis anders gschafft weder früejer.

Do isch afen im Sutter sy rächti Hand, der Bidwell. Dä bsorgt die bsundrige Verwoltigsarbete, vermisst s Land und wird, wenns nötig isch, as Deligierten oder Gsandte gschickt. Etailne vo de Wärchodere chunnts mängisch vor, der Bidwell haig aigetlig alli Rächt, er müess allwäg nit emol go froge, wenn er öppis wöll agschire. Und teet me der aint und ander echly uusförschtle, was er glaubi, wär do regier – bimaich, er chiem uf e Bidwell! Numme rümpft me wäge däm d Nasen ainewäg nit. Me het nüt gege dä flott, sänkrächt Kärliburscht, im Gegetail! Me mag im sy Stell gönne, potz Ohornen am Haidegg! Es freut aim sogar rächtschaffe. Bsunders, sytt er e Stadt uf e Plan gsetzt het und die afot uusstecke! Si sell Sutterville haisse. Und der Heer und Maischter wöll dört sy Rueji ha, wenn im s Gräbel und s Grumpuus z leschtig wärde.

Jä, derno hai mer im Sutter sy linggi Hand, der tüür gchauft Indianer vom Rendezvous-Platz. Dä isch eso öppis wien e Privatbott und Laufburscht. Me gwahrt in all bim Heer. Er vertrait däm syni Bifähl und Wysige. Er goht für ihn go poschte. Er fueret und drässiert der neu Hund – wider e grossmächtige Dogg, wo der Schmugglerfürscht und Fridesrichter Spence im Sutter gschänkt het – ass im s Laid um e Kaha versuri. Me muess im «Haka» säge; wenn er schon en andere Name mit i die Neui Schwyz brocht het. Und der Sutter sälber verschwätzt si nit sälten und rüeft im «Kaha». Aber däm Tier schynts nit eso druff azcho; es chunnt au under im Name vo sym Vorgänger.

Näbe dene zweene stoht der Reading, iez Pelzjeegeroberscht, wo grad dra isch, im Norde vom Sacramento-Tal en aigeni Farm yzrichte. Der Sutter het im sältsch Land as Lohn und zem Dank für die guete Jagde gee. Und wytter gsäjet-er neume der Marshall, e Zimberma vo Bruef, wo d Wassermühli und none Sagi will boue. Er schwätzt nit vill, wie wenn er es Maleschloss vor im Muul hätt. Aber us de diledicke Hose rupft er allbott es mächtigs Ryssblei vüren und zaichnet an e Wand, uf e ruuche Fleckig oder was s süscht mag sy, Grund- und Uufriss vo dene Boute, wo scho ferig i sym Chopf stönde. Mängisch nimmt er au der Stäcken und chritzt sone Plan i Bode. Derno chan er e Stund lang dervorstoh und wien e Lyrichaschten öppis i Bart sürmele, bis er aisgurts die ganzi Chritzeten und Chratzete mit de gnaglete Schuenen uusputzt. Und was er do chraflet oder chratzt – es goht all um d Mühli und um d Sagi. Emänge schüttlet der Chopf vor däm Marshall. Meh weder ain dütet uf d Stirne, wenn von im gschwätzt wird. Die merschte dunkt er echly uhaimlig, as hätt ers mit de Gaischtere z tue. Numme muess me zuegee, ass dä arig Haichel cha schaffe, ass im s Züüg us der Hand lauft wie nit gly aim – und ass er süscht e grade Kamerad isch.

Iez im Heerehuus isch e neue Verwolter agstellt worde: der McKinstry. Er isch früejer uf ere Bank gsi und het si gly as aine vom Fach uusgwise. Der Sutter het im d Land- und d Kreditbrief zaigt, het in mit Hilf vom Bidwell in alli Gschäfts- und Kassebüecher ygfüert und isch im scho nonere churze Zytt rächt nooch cho, ass s der Aschyn macht, do blüeji bold e Fründschaft uuf.

Wytter het der Huusarzt e Hilfschraft übercho: der Dokter Bates. Schliesslig isch none Neuen uuftuucht, en Äärgäuer, Sämi Kyburz mit Name. Der Sutter het im d Stell vom Lienhard übergee. Alli die «Grüene» sy mit der grettete Karewane harcho und hai aigetlig zue dene paarne zellt, wo dankbar gsi sy unds nit wider dur d Latte ghaue hai.

Au ussehar vom Heerehuus het men anderi Gsichter gwahrt. Uf der «Sacramento» isch der Kosebärg as Kapitän gfahre, wil der Ridley mit im Chrieg as amerikanische Schiffsma abdampft isch. Der Kosebärg isch mit e paar Mormonen agruckt. Er isch aine vo daine gsi, wo me nit verwütscht und also au nit in en Uniform gsteckt het. Är het halt chönne dervodychle wien e Fuchs, wenn er i s Hüenergätter wött und e Ma ghört i Schopf goh. Und für en Anasche, wo die verzwyflete Lüt vo der uglückliche Karewanen umbrocht und gässe hai, het der Sutter uusgrächnet dai Mokelumne-Häuptlig as Indianerlaiter agstellt, wo vom früejere Gänneralkummandant Castro Vallejo s nigelnagelneu Gwehr übercho het, für der «Grüüsel im Sacramento-Tal» überezferge.

Natürlig sy au im Hof, i de Buttigen und Fabrik-Alagen öppe Neui uuftuucht; aber die hai si gly im grosse Helge verlore. Sälte het ain e Farb uuftrait, wo vüregstoche weer.

Ganz anderscht hets im Land usse drygluegt! Afen isch vill meh grütet und about worde weder ammet. Derno hets zue de sächs Farmen und Buuregüetli, wo näbe der Hockfarm und der agfangnige Stadt Sutterville gstande sy, none schöni Zahl vo so Haiwäse gee. Die Neui Schwyz het ech iez öppis über zwei Dotzed Farme zellt – alles Güeter und Güetli, wo der Sutter syne Lüt as Lohn gee het, wenn si zwei Johr byn im gschafft hai – eso gschafft hai, ass er zfride gsi isch. Dai Pflicht, zwölf Familien azsidle, isch also schon e Chehr erfüllt.

Und no wytter uss hets allsgmächeli neui Asidler gee. Um e Monte Diablo, wo der Möntschefind Marsh mit syner gschlifrige Squaw wie am erschte Tag gläbt het, und wo d Stuben und d Chammeren um ke Naseschnuuf weniger gmuttelet und brüttelet hai, isch e ganzi Zylete Farmer agruckt, het grütet, ummegfahren und Hütten uufgrichtet. I der Gegnig vom allererschte Nachtlager, wo der Martinez ammet boolt und tüüflet het, sy aisgurts es Halbdotzed Farme gstande – d Haiwäse vo ygwanderete Yankees. Au obefer am Americanfluss und am Cosumnefluss hait-er hie und sältsch es Buureguet, e Farm gseh.

Alles in allem, Neu-Helvezie het si gmacht. Allbott chömen Ywanderer har und suechen e Plätz uus, wo si chönne blybe. Wytt verstreut gwahrt me gacherets Land, Hütten und Hüüser. Wytt usenander zieje si Heeg de Bäch und Hüble noo, stönde neui Pfärch. Öppen erlickt men e früschi Wetti mit ere Ryglete Säu drinn. Hie uusen erluegt me Schue- und Radgspure – der Afang vomen aständige Wäg, s Buschi von ere keuftige Stross. Sältsch ergspeechzget men es umgholzts Woldstück; es gseht ech dry wien es grupfts Suppehuen. Dernäben isch es Zältdorf. Ainisch wird dört e Stadt sy.

Ainewäg ischs nonig so wytt, ass dä Straife Land «Kalifornie» scho mit den olte, atlantische Staate chönnt zsämebunde wärde. Die Sach isch erscht gchnoplet und gschnürpft, vo näje ke Schwätz! Wyttummen isch no ubruuchte Bode, hets Wüeschtene, Halbwüeschtene, gwoltigi Steppenen und no gwoltigeri Woldige. Au sy d Lüt gar verbärmschtig dünn gsäit. Es längt no lang nit zuemene rächte Staat. Es goht none schöni Wyl, bis Kalifornie zivilisiert isch. Es müessti scho öppis Äxtranigs gscheh! S müesst es purs Wunder cho!

Fryli, die Neui Schwyz, ämmel s Land vom erschten amtlige Brief, isch afen i deer Währig. Und die grosse Fläre vom zweute Landbrief sy uf im schönschte Wäg derzue. Me cha im Sutter sys Guet as Byschpel neh, sogar as Muschter anestelle.

Iez wos wider gege d Ärn zue gangen isch, het der Sutter drüber noodänkt, wien er im Mangel an Arbetschrefte mit Maschine chönnt uufcho. Nit vergäbe het er i s Tagbuech gschribe: «D Zytt isch anderscht worde. Si goht dört dure, ass me d Möntschechraft schier räschtlos muess uusschaide, ass men Arm und Bai dur Maschine muess ersetze. Numme der Chopf wird no blybe! Er wird sogar no müesse wachse, ämmel dais drininne, haisst das, wenns nit Strau isch. Und i gwahres cho: Ainisch sy die gscheite Möntsche quasi blos no d Handlanger oder d Wärchzüüg vo de Maschine. Armi Möntsche!»

Und wo der Sutter so wärwaiset, was me sell agattige, ass s echly strammer luff, isch öppis Unerwartets cho. Ame schöne Tag laufe hundertfüfzg Manne derhar. Si brichte, me haig ihres Battelion uufglöst. Si syge Mormone – und wie si wüsse, syge schon e paar Mormone hiesig. Drum wölle si do blybe, bis si wytter müesse. Me wöll nämlig am Grosse Solzsee «der neu Gottesstaat» yrichte. Si do sette no uf e Bifähl vom Prophéet warte.

Nu, der Sutter het sen uufgno. Und der Bifähl vom Prophéet isch no glylächtig agruckt. Er het ghaisse: «Blybet! Blybet, wo der juscht syt, bis s müglig isch, im ‹Neue Rych Utah› für alli gnue Brot azboue.»

So sy wie uf e höcheri Wysig hi die Hundertfüfzg i der Neue Schwyz blibe. Das het im Sutter wie nüt i d Chreeze passt. «Äntlig!» het er glächlet. «Äntlig chunnt der Rutsch, won i scho so lang druuf gwartet ha.» Und er het der gross Huufe gly uf s Land vertailt, wo si grad hai chönnen ärne. Die, wo gueti Hamperchslüt gsi sy, het er i d Buttigen und Wärchstett to. Und mit ime neuen Yfer het me si hinder e Mühlibou gmacht. Etail vo dene Mormone het der Marshall i d Bärge gno, ass er d Sagi chönn afo. Öb er gangen isch, het der Sutter mit im e Vertrag abgschlosse. Dä isch eso zsämegsetzt gsi, ass der Marshall Tailhaber a der Sagi wird – wie der Lienhard Tailhaber vom Garte Minal isch. Uufgsetzt het dä Vertrag der McKinstry. Der Sutter het im zuegluegt und gchischperet. Won er im s Papyrstück anelait, brümmelet der Sutter: «Jäjä, Euch hätt i dainisch selle ha, won i s mit de Ruesse gha ha. I glaub, Dir hättet d Fädere nit abgno.»

Iez wo der Sutter will underschrybe, chlopft im der Bidwell, wo die ganzi Zytt näbem McKinstry gstanden isch, uf d Achslen und chlüüslet: «I teets lo sy, Heer Sutter! I chas und chas nit ygseh, wie ain bi gsundem Möntscheverstand und Mueterwitz uusgrächnet dä Platz fürn e Sagi rächt findet. Mer hätte hundert, tuusig anderi Plätz, wo geuschtiger leegen und besser weere. Worum denn ums himmelswillen im Bärgtal ‹Dulluh-mah›, wo nit emol meh in Euem Biet isch, wo den Indianere ghört, au wenn mir iez noo so dütlig ‹Coloma› säge? Aber ebenebe, so öppis cha jo kaim anderen as im Marshall z Sinn cho. Wien er aber gsagets Holz dur d Chrächen und Chlimse vom Americanfluss will flöze, dais nimmt mi derno scho wunder!»

«He, me wirds gseh!» lait der Sutter druuf. «Und zuedäm, wär waiss, öb in nit en inneri Stimm gfüert het. Emänd längt dais Ohniname, dais Hinderallem dry. I wött mi ämmel nit go versündige. Abgseh vo däm, Bidwell, isch der Sorgha nit au scho d Stägen ab gheit?» Der Bidwell lüpft numme d Achsle – und der Sutter underschrybt. Wo der Marshall ynechunnt, chan er im no die nassi Fädere länge. Dä tunkt se nit emol meh y, er chritzt der Namen ane. Und es längt im juscht bis zem letschte Buechstabe. Fryli, s Sand, wo der McKinstry druufstreut, weer chuum nötig. Dermit isch s Boue z Coloma obe losgange.

Und gället, i Sache Sagi het der Bidwell die glychi Mainig gha wie alli Lüt i der Neue Schwyz. Kaim hets nämlig yne wölle, wäder ime Wysse no ime Rote, ass juscht sältsch so öppis ane sell. Me het ghänselet. Vill hai der Marshall fürn es Mondchalb agluegt und vom Sutter sym «neuschte Witz» gschwätzt. «Wider aini vom Sutter syne Saipfiblotere!» hets sogar z Monterey und z San Franzisko gschället.

Fryli, der Sutter het öppe syni chiselgrauen Auge lo schifere, wenn im so öppis z Ohre cho isch, und derby dänkt: Lueget dir die Sach a, wie der wait; mir isch si chillig. Die Mühli und die Sagi sy mer d Rettig us der Not!

Unds het in gar hailos gfreut, ass si d Mormone so z scharewys hai lo dinge. Wär het chönne, isch uf d Bouplätz cho. Und si hai si gly a Lade glait, «die Hailige vom Jüngschte Tag». Der Sutter het sen ämmel nit gnue chönne rüeme. So isch dä Gsatz i sys Tagbuech grütscht: «Vill vo dene Mormone sy chrank, wil si z sträng wärche.»

Dasch allerdings öppis anders gsi as bis do ane. Ain elaigge het bigoch mehr ewäggbrocht weder es Halbdotzed Hiesigi. Und derno nit öppe gstrudlet, nüt Halbbatzigs, Zurpflets, Gschnürpfts oder Numme-Bäschelets, näi, dur s Band ewägg suuferi, bravi Arbet! Was wunders, ass s im Sutter inn afo het haitere? S isch im vorcho, wie wenn die Gschar Früschen ihn, der schier Verbruucht, uf d Achsle lüpfti und traiti. Er het in e luteri Zuekouft gseh. Wachi und halberwachi Träum hain in wider bsuecht und hain im allergattig Amächeligs anegugglet – wie vor langer Zytt. S Land, d Wasserstrosse, d Alagen und Buttige, d Vehhärden und Warezüg – alles das het wider gschwätzt mit im, er het ihri Stimme nit numme ghört, er het sen erluuscht und verstande. Und wo derno s Yse für d Sagi agruckt isch, do het der Sutter der Bou, das Cho und Goh wie lybhaftig vor Auge gha. Er hets im Bidwell gschilderet, wie wenn alles scho dostiend, wie wenn d Flöz us risemächtige Tanne juscht iez der Americanfluss abschusse, bi der Sagi uuseghogget wurde, under die scharpfe Sagibletter chiemen und as langi Dile chönnte furtgferget wärde. Und der Sutter het derby s Bruusche und Geutsche vom Wasser, s Poldere vo de Stämm, s ebig Räzen und Weisse vo de Sagene ghört.

Wie uufgchlöpft het der Sutter im Yse-Liferant gschribe: «I vier oder feuf Mönet wird d Sagi laufen und cha scho der nööchscht Früelig s schönscht Tanneholz uf e Märt bringe. Im Herbscht oder zyttlige Winter wird au die neui Mühli vo vier Gäng mit Stai vo vier Fuess Braiti laufen und imstand sy, alles Chorn, wo im Sacramento-Tal wachst, z mahle. Es wird e regelrächte Grossbitrib sy, wenn nit no alles chrüzwys und überzwärch goht. Aber i bi gottlobedank us im Zwyfel, es fehlt jo nüt meh derzue. – Iez d Gärbereie sy au i guete Händ. I ha füfzähhundert Hütt z gärbe. D Arbaiter a der Mühli und a der Sagi sy dur s

Band ewägg Mormone. Es sy die beschte Chreft, won i scho gha ha, wohri Wärchodere. Sobold die Sach emol rächt lauft, se darf i hoffe, äntlig us der Chlemmi uuse z sy. D Kreditschulden und d Schulde wägem Ruessevertrag chönne mit aim Schlag bodiget wärde.»

Im Vallejo, wo i der Gfangeschaft vom eergschte Find zeme Fründ worden isch, het der Sutter gschribe: «D Mormone sy die gwichtigschte Schaffer und Hälfer. Ohni si chönnt i wäder d Mühli no d Sagi boue.»

Und im ruessischen Agänt het der Sutter trout mitztaile, ass ime Johr, no däm d Mühli und d Sagi aföje schaffe, är alli syni Schulde chönn zahle. D Mühli wärd i der Stund vierzg Scheffel Mähl vürebringe. Vo der Sagi chönn er die schönschte Dilen und Treem, wo Kalifornie je gseh haig, uf e Märt ferge. Und obefer und undefer vo der Mühli chönn er iez glylächtig e Strecki Land under Wasser setze; s Damm syg ferig. Dört umme gäbs gwüs s tüürscht Land, wo me wytt und brait haig.

Iez der Ort, wo d Mühli stoht, het me «Natoma» ghaisse. Chuum isch si im Grüscht gstande, se het der Bidwell schon e braiti Stross vom Fort uf Natoma abgsteckt. Und men isch derhinder gange, die Stross z boue.

Fryli, die Arbet isch zwee Tag underbroche worde – wägem erschte Dampfschiff, wo vo San Franzisko der Sacramento und der Americanfluss ue cho isch. Es het bis zem Sutter-Fort juscht e Wuche bruucht. Bigryflig, ass der Sutter syne Lüt frei gee het – zem Feschten und Fyre. Dasch es ganz bsundrigs Eraignis gsi. So öppis het me nit ohni Suus und Bruus dörfe lo verbygoh.

Zwor – der Sutter sälber het ehnder grüblet. Er isch mit sym tüüren Indianer über s Land gritte, het aber nüt gschwätzt. Er het numme gluegt und öppe gstuunt. «No d Mühli und d Sagi», ischs im vorabebrösmelet. «Derno han i alls. Derno isch der höch Schuldebärg nit emol mehn es Hübeli. Und der bös Strick um e Hals gheit ab. Äntlig so wytt!»

Und derby het der Sutter gseh, wie alles cho isch. Do sy die neue Farme vo däm und daim. Dört ligge die wytte Flänggen

Acher und Waidland vo der zweute Schänkig. Derzue füere Wäg und Gspure vo keuftige Wäg. Hie isch s Damm, s Dyg, d Wässerigsalag mit de ville Gräben und Tüüchle. Sältsch sy d Schiffer und d Fährene – alles us im aigene Holz, alles vo den aigene Lüte gmacht. Und s Fort! Du liebi Zytt, das Fort, wo so lang blos e Traum bliben isch und wo derno sone Huufe Liebs und none grössere Huufen Uliebs brocht het. Die fröndi Garnison, die Gfangnige, d Mischligschind, d Chranketen und Süüche, die Karewane voll Eeländ und Truurigi! «Es het vill z chäuen und z schlucke gee!» ischs im Sutter uusetwütscht. «Und aigetlig schier luter Ugfell, schier nüt as Päch. Aber glych ischs gange. Glych het mes trait. Worum ischs gange? Wägem Nelly. Numme wägen ihm!»

Und der Sutter het wyttergseh. Helgen um Helgen isch uuftuucht und verbygrütscht. Der arig Chrieg mit allem, won er aim i d Hutte gsteckt het, isch wider vor d Auge cho. Der Bsuech bim Micheltorena het glaschtet und glitzeret. D Wäschpi und d Hornusele hai afo sure. D Gläubiger sy vordure, vom Sunnol bis zem Ugschuef Martinez. Und do isch Bodega mit im Schiffsufal, do isch der Vertrag, dai feischter Tüüfelsvertrag mit im haitere Rotscheff. Und der zweugsichtig Alvarado! Und das Bitten und Bättle här und hi! Und die schloflose Nächt voll Planes und Sueches! «Aber über allem e liebe Stärn – Manuiki!»

Wider ischs gege d Wienecht zue gange. Der Sutter het uf d Nazionalbank z Basel e Huufe Gält lo überschrybe. Au het er sym Lieschtlerfründ e Brief gschickt voll Sunn und Freud.

Iez a der Wienecht sälber hets i der Neue Schwyz öppis gee, wo us im Alltag uusefallt. Fryli, das Öppis isch nit so lut und luschtig wie s Fescht wägem erschte Dampfer uf im Sacramento oder wien e Hochzytt oder e Taufi oder süscht es Huusfescht bi däm oder disem. Es gitt ekai Rummel derby. Es lauft ganz i der Stilli ab, schier wie under vier Auge. Es isch halt innerlig und goht tief yne.

Also looset! Am Sundig vor der Wienecht bsuecht der Sutter mit im Fort-Dokter im Anasche sys Töchterli, wo im Stärbe lytt. Wüsset-er, sytt im erschröcklige Tod vom Vatter Anasche het der Sutter das Maitli uf Sutterville, i d Stilli und Rueji, to. Dört hai zwo Indianerfrauen im Huus vom Heer und Maischter für das Chind gluegt und gsorgt. Dasch e Vorzugsstellig gsi. Und der Sutter het deer Tochter die gönnt, wil im der Anasche lieb und wil im sy Tod gar nooch cho isch. Er het allwäg dänkt, sy erscht Wägwyser i däm Biet haigs verdient, ass men au syne Chind e Fründesdienscht tüei. Der Uufwiegler und Faschtmörder Anasche isch jo scho lang vergässe gsi. Der Sutter het i däm Indianerhäuptlig vo dainisch numme no der treu Diener und Kamerad gseh.

Jä, und iez lytt also sys Töchterli chrank im Bett. Der Dokter lot im z Odere. Der Sutter het Angscht, es chönnt lätz goh, und passt wien e Häftlimacher uuf. Wos so wytt isch, gönge die zwee Manne wider furt go Medizin raiche. Uf im Ritt gege s Fort zue schwätze si wenig. Numme frogt der Sutter, öbs dervochöm, es syg gar es grings. «Chuuchzart», ment der Dokter; «aber allwäg no zeecher, as s schynt.»

Und tief i der Nacht chöme die zwee wider a s Chrankebett. D Jungmannschaft im Fort schwingt underwyle s Tanzbai mit so gmögiger, lüpfiger Maitliwar und mit deer und dainer Luegmiafratzen und Lumpetoggete. Item, am Mentig haiteret's au bim Sutter echly uuf: Im Anasche sym Töchterli gohts öppis besser. Am Zyschtig sait der Dokter zem Sutter, er glaubi, das Chind chöm dervo. Der Mittwuche bringt ekai andere Bricht. Und wie jedwädere Tag rytet der Dokter au am Dunnschtig uf Sutterville zem chrankne Töchterli und cha derno mälde, es syg no glych. Iez der Frytig zaigt ehnder Wulchigs. Der Sutter wird uufgregt und förchtet öppis Schlimms. Und am Samschtig, a der Wienecht, wo men im Huus vo de Huetmachere juscht fyret, und d Gärber sant de Schuemacheren es grossis Ässe särwiere, do chunnt z Nacht im Sutter sy tüür Indianer, won er uf Sutterville gschickt gha het, chychig zrugg und mäldet, im Anasche sys Töchterli syg gstorbe.

Der Sutter isch uufgstande, het gsait, me mög in doch etschuldige – und isch uusen i sy Kuntor. Was het er sältsch gsuecht? Zerscht d Stilli. Er het wöllen elaigge sy. Won er echly ruejiger gsi isch, het er s gross Gschäftsjournal vüreglängt und drinn bletteret. Zletscht het er au «dä Fal» ygschribe – wie alli andere Fäl.

Gället, es isch juscht, wie wenn der Gaischt vo däm Jümpferli Nacht für Nacht bim Sutter a d Tür pöpperlet hätt?

Es isch es chlys Eraignis – z dotzedwys sy Indianer a der Süüch gstorbe – aber im Sutter muess s ainewäg gross vorcho sy. Wider zaigt si do sys Härz, sys Gmüet, wo alles ander zrugggstellt – und wo günnt.

Unds het no süscht öppis Bsundrigs an im, das chly Eraignis. Es isch nämlig aine vo dene gar aigene Marchstainen uf im Läbeswäg vom Sutter. Oder het nit d Gschicht vo der Neue Schwyz mit im Anasche agfange? Und zaigt nit der Tod vom Anasche sym Töchterli der Afang vom Ändi a, vo daim Ändi, wo s Sutters Indianerrych agoht und wo aigetlig au s Ändi vo den Indianerzytte z Kalifornien überhaupt isch?

Luege mer wytters!

3

S Achtevierzgi het guet agfange. Me het no de Note gfeschtet. Alles isch uufgläbt gsi. Und allewyl het me wider früsch agstossen und es glückhaftigs Neus gweuscht.

Fryli, gege Morgen ane het öppen aine gchlischplet, es schwan im allergattig. Das Johr sygi ganz anderscht uf d Wält cho as die andere.

So tüei der Rälli miaue! het men im ummegee. Das chömi vom z ville hinder e Chrage schütte.

Jää, öb mes denn nit gachtet haig, ass der Himmel i der Gaischterstund schier gäl gsi syg?

«De hesch doch nit d Gälsucht?»

«Tue dy Baarelade zue! Dir hait also gschlofe! Oder numme no d Schöni vo dene Frätzli gseh. He? Nu, vo Chyttigi isch ämmel nit e Gspur gsi. Und luteri, so glitzerigi Stärn hait-er vergäbe gsuecht. Ainewäg hets schier häl gmacht. Aber e gspässigi Häli ischs gsi – ebe gäl, guldiggäl.»

Iez e paar Stund spöter isch me wider im Gschir gsi und het si hinder d Arbet gmacht. Wie die letscht Wuche, wie all Tag, sytt d Mormone hie sy! Jä, d Mormone – hain ech die doch e Huufen ewäggbrocht! Ämmel gar der Schmid Fifield het si draglait wie lätz. Bis in alli Nacht ynen isch er am Ampos gstande. Bis wytt über d Gaischterstund uus hets ghämmeret und so arig tönt i der Schmitti. Was wunders, ass d Sagi quasi scho stoht, ass s Damm und d Wuer ferig sy und s Wasser stauen und laite, wie me will, und ass der Kanal, wo s Wasser vom Schuuflerad ewäggfüert, zsägen uusgraben isch. Im choltlächte Wätter und im böse Wueren und Rause z Tratz!

Henu, iez ischs so wytt, und alles lauft wie am Schnüerli. Me chönnts nit wöllfler weusche. Fryli, gegen Ändi Jänner het si der Himmel afo überzie. Schwarz, lumpelig ischs vo de Bärgen abeghange, het gfötzelet und gfiserlet: der Rägen isch cho. Z chüblewys hets uusgleert. Me het gängschtet – wäge de Dämm bi der Sagi z Coloma und bi der Mühli z Natoma, wil die nonig lang erscht ferig worde sy und sone Schwetti chuum hai möge gfasse.

Und aisgurts, am achtezwänzigschte Jänner, chunnt dur dä Räge, wo wie a Heusaileren obenabehangt, der Marshall i s Fort. Schier chalbernärsch frogt er, wo der Sutter syg. Und all wider, eso gwichtig und ghaimsig, ass me numme der Chopf cha schüttle. Nu, dänkt me so byn im sälber, er isch nit sälte chly wintsch; aber ainewäg, bi däm gottserbärmlige Wätter so feufenachzg Kilemeter cho z ryte – das goht über s Bohnelied uus! Er luegt fryli au nit grad amächelig dry, dä Manno. Vo obefer bis z underscht aben e braite Schlapphuet, es zötzeligs Halstuech i rote, gäle, bruunen und blaue Farbe, e Hyrzlädergwandig öppis grüüsligs. Derzue isch er bis a Nasespitz ue voll vo rötschelige Laisprütz. Und wueschte tuet er und chychen und wäje – es macht ekai Gattig!

Däwäg hüschtet der Marshall i Kuntor näbe der Wachstuben und verlangt der Heer und Maischter.

Wo der Sutter ynechunnt, gitts im schier e Chlapf. Es trümmlet im ganz. Was sell das bidüte? So tschätterig uufzoge? So uhaimlig tue? Der Marshall isch jo erscht vor zwo Wuche hie gsi – und geschtert het men im wider e schwere Wage voll Eesigs gschickt. Was sell denn no mangle? Öppen e bösi Poscht? Ächt wägem Damm – bi däm verfluemerete Wätter weer alles müglig! Süscht en Uschick?

Nu, der Sutter chischperet und frogt. Aber der Marshall schynt für settigs kais Ghör z ha. Scharpf, schier challig verlangt er e Stuben oder e Chammere, wo si zwee elaigge sygen und ekais Bai derzuelaufi – aber au niemer neume chönn luuschtere. Der Sutter chunnt all weniger druus, was iez sell gspilt wärde. Zletscht tröschtet er sys durnüelet Gmüet sälber: Nu, s isch ebe der Marshall, dä ganz bsunders gwigglet Marshall!

Mit däm goht er i d Wohnstube vom Heerehuus. Der Marshall lauft im noo. Wo beed dinne sy, vermacht und verriglet der Sutter d Tür, nit gärn fryli, aber wil der Marshall aifach nit abgitt, bis ers tuet.

Mit ime rote Chopf chunnt der Sutter vo der Tür zrugg und sait: «Was ums himmelswille sell denn das alles? Sy mer aigetlig ime Narehuus, oder wie stohts? D Fasnecht isch uf jedefal nonig, my Liebe! Und der erscht Abrelle lytt au nit obenuff i der Brattig. So, iez aber hü und los!»

Der Marshall goht no a d Tür go luege, öb der Rigel hebt, loost e Rung, öb emänd ainen ussedra luuschteret. Derno düüsselet er a Tisch und chlischplet, er müessi no zwuu Becki ha. Der Sutter lauft a d Tür und chlingelet. Im Hui chunnt en Indianerbueb und raicht, was men im sait. Wo d Becki äntlig dostönde, ment der Marshall, er setti nones Chnebeli Rotforigs ha, derzuen e Schnuer und es Chupferbläch.

Der Sutter gluurt: «Für was das Züüg?»

«Fürn e Woog druus z mache!»

«Aber i ha jo Wooges meh weder gnue! I der Abiteegg chan i numme go vürelänge.» Dermit goht der Sutter aini go raiche, vergisst aber bim Zruggcho d Tür z vermache. Er wird echly gheerschelig und brummlet öppis vorabe.

Äntlig ziet der Marshall us sym tiefen und unergründlige Hyrzlädersack e schmuslige Bouelelumpe vüre, won er öppis dryglyret het. Er chnüpplet uuf, näschtet das Züügli usenander – und lueg a! Gältscheligi Chlümpli und Chörndli, uf jedefal öppis Metalligs. «Wie Rütscherli oder Uusmachmues i der Grössi!» vertwütschts im Sutter. Aber wien er dervo i d Händ will neh, goht juscht d Tür uuf, und e Schryber vom Büro chunnt yne; er müess öppis froge. Der Marshall wird güggelrot – und scho het er sys Wärli wider zsämegramisiert und im Hosesack verlochet.

Iez wo der Schryber furt isch, sprützts im zwatzlige Marshall uuse: «Do hai mer der Prägel! Han i s denn nit gsait, me syg is uf der Luur? All Wänd hai Ohre, grösseri as d Esel – vo de Türe nit z schwätze!» Nu, der Sutter singerlet öppis i Bart, wie wenn er wött säge: «Du chaisch mer und dais chaisch!» Me macht d Tür wider zue und verriglet se so fescht me cha. Der Marshall fingeret sy Lumpe langsam vüren und hebt in im Sutter usenanderglyret vor d Nase. «I glaube, dasch Guld», sait er lyslig, «wenn mi scho d Lüt bi der Sagi oben uuslachen und bhaupte, i syg der lang Wäg verruckt.»

Guld? Luterlötigs Guld?

Der Sutter fahrt e Schritt zrugg, wie wenns in teet blände. Won er si aber wider gmaischteret het, nimmt er vo dene Chörndli i d Hand, muschteret ais nom andere – uf d Form, uf d Heerti, uf s Gwicht. Schliesslig goht er a Büecherschaft, högglet s Lexikon vüre, bletteret drinn, bis er «Gold» het. Langsam, schier gstaggelig liist er vor, was do stoht.

Derno raicht der Sutter i der Abiteegg e Schale Schaidwasser und lait e paar vo dene gälen Ärbsli dry. Si nähme nit ab, si blybe glych. Iez bygt er ais nom anderen uf e Woogschalen und hüüfelet i die anderi Schale Silbergält uuf, bis s Glychgwicht do isch. Der Marshall luegt im wien e Spärbel zue, d Auge chömen all wytter vüre, wie Schnäggehörner, me chönnt se ringlächtig mit der Scheer abzwacke.

Aber der Sutter lot si gar nit störe. Er stellt iez d Woog i s Wasser – und scho ziet d Schale mit de gäle Chlümpli nidsi, all wytters, bis undenuuf. Kai Zwyfel meh, dasch nit numme Guld, dasch Guld vom allerfynschte Grad!

«S isch Guld!» sait der Sutter fescht und lut. Der Marshall packt sys Wärli glaitig wider y und zitteret vor Uufregig wie aschpligs Laub. Und der Sutter brümmelet ärnscht vorabe: «Laider ischs Guld!»

Allsgmächeli wärde syni chiselgrauen Auge grösser und grösser. Si glaren und gleese zem Pfäischter uus, wie wenn si wyttwytt ewägg öppis ergwahrte. Und iez lait sin en arigblaue Glascht drüber. Er sürmelet: «Wenn numme d Sagi scho ferig weer und d Mühli zeuftig luff! Das Guld cha zem Tüüfel wärde – und d Guldgruebe zer Hell! Sobold sis wüsse, schnützts wie der Hurliluft im Land ummen und drüber uus. Herrje, herrjee – wien en Imb, wo stosst, wie d Muggeschwärm am erschte Landigsplatz, wie d Heugümper, wo d Indianer eso drum bätte, wärde si cho und alles verwüeschte, alles verluedere, alles himache. Das huere Guld das!»

«Wär wird cho?»

«Myni Agstellte, myni Dungene, die Verakertierte wie die i der Fron! Und daini andere!»

«Weli andere?»

«Akerat, was Bai het! Vo ussehar, über d Bärge, dur d Wüeschtene, us im Meer! Was s a Sprochen und Rasse numme gitt! Jä, boolet mi a, wie Der wait, Herr Marshall, durbohret mi grad – es chunnt, wien i s gseh! Und dasch eusen Undergang. Das Tüüfelsguld das!»

«He, so wytt ischs nonig. Au wird me no Wäg und Mittel finde...»

Der Sutter loost nümm, was der Marshall sait. Er stoht am Pfäischter und raicht wytt unde der Schnuuf. Nonere Chehr brümmelet er vorabe: «S Guld – ischs nit öppis, wo aim cha nütze, wo sogar zem Säge cha wärde, wenns nit z hüüfewys do isch? Wie s Wasser, wie der Luft, wie s Füür, wie der Möntsch sälber! Aber e Huufe, e Huufe, wär chönnt däm widerstoh, wär mögti dä gmaischtere!»

E langi Wyl druuf chehrt si der Sutter wider um und frogt der Marshall, wien er zue dene Chörndli cho syg. Dä brichtet: «Wo mer d Sagi s erschtmol aglo hai, für afe z luege, öbs göng und was no chönnt mangle, do hai mer gmerkt, ass der Abzugskanal am underen Ändi nit tief gnueg isch. S Wasser het si an ere Grienwand gstaut und isch wider zruggloffe. So het s Schuuflerad mit derzytt bockt und gstockt, bis s zletscht isch blybe stecke. Was hai mer also anders chönne mache, ass e paar Tag lang go graben und dä Abzugskanal tiefer picklen und schuufle. Im Schwyzer Bigler han i der Uuftrag gee, der Grienchlotz z spränge. Syni Hälfer, s merscht Indianer, hai derno Stück um Stück vo däm verbrochlete Fluechlotz mit de Hände müessen uuselüpfen und ewäggferge. Nom Füürobe hai mer aber d Schleuse wider uufgmacht. Und s Wasser het Schutz uf Schutz durechönne. Es het numme so geutscht und gsprützt. Derby hets der lugg Sand und s Grien möge furtgschlaike. Iez möndrisch, wo mer s Wasser abgstellt hai, bin i go luege, öb der Kanal au suufer putzt syg. D Lüt sy alli no i der Baraggen am Zmorge gsi und hai si allwäg luschtig über mi gmacht, ass i scho so prässieri. Nu, chuum bin i i myne Wasserstiflen im Pflotsch gstande, wo no i Düelen und Löchere bliben isch, do gwahr i s scho us Chlecken und Chritze glitzeren und flummere. I längen aben und chnüüble vo bloser Hand uuse, was chunnt, legg es i Wullhuet ynen und laufe derno zer Hütte. «Do lueget a, dir Burschte, wo alles wait besser wüsse», sägen i, «wenn das nit Guld isch, se chönnet-er mer am Beetli chräbele!»

Der Marshall längt i Sack, für z luege, öb die Chörndli no do sy, und fahrt derno wytter: «Jä, Herr Sutter, was glaubet-er, ass die Kärli gmacht hai? D Nase grümpft und mer z düte gee, i haig wider e Spuele für d Spinnerei uff. Aine, wo bi der Armee dient het, isch sogar mit ime Feufdollerstück vüregruckt und het gsait, das haig er vom Sold uufgspart, das sygi gwüsgott rächts Guld – und iez chönn me jo verglyche. Natürlig hai si dä Plätzger under myni Chlümpli to, bold ‹näi› und bold ‹s chönnt sy› gsait. Etail hai sones Dingsli sogar zwüsche d Zehn gno und druufbisse, für z luege, öbs au rächt heert syg. Item, mit derzytt het men ais

Chörndli im Füür erhitzt – unds isch glänzig uusecho, nit es Flemli gschwerzt, nit es Udeeteli dra. Es anders het men i s chochig Lab to, wo d Frau Weimar juscht zem Buuche barat gha het, unds het im nüt gmacht. Äschebrüeji har oder dar, es isch glych blibe!»

Wider chnüüblet der Marshall a sym unergründlig tiefe Hosesack umme, bis der Sutter sait: «Jä, und derno?»

«Es Gmuggles har und hi! Und möndrisch und übermöndrisch het natürlig Hans wie Haini der Chopf bi dene gäle Chlümpli gha. Si hais zwor nie zuegee, ass si sälber au glaube, das syg purs Guld. Ainewäg sy si vor im Zmorgen i Kanal go luege, öbs no meh dere Dingsli haig. Und arig, jedwädi Schwemmi, wo mer z Nacht dureglo hai, het es Hüüfeli neui Chörndli blosglait. Äntlig am vierte Tag han i gfunde, iez sygs aber höchschti Zytt, Euch die Sach cho z zaigen und z brichte. I ha woll gseh, wies do und dört afot fieberen und wies au im Hinderschte scho i Chopf stygt. Drum, Herr Sutter! Und iez weere mer dänk so wytt!»

«No öppis!» längt der Sutter dry. «Der redet do vom Fiebere – jää, schaffe die Burschte nüt meh?»

Der Marshall macht es müpfigs Gsicht und sait: «Das cha me nit grad bhaupte. Si nähme jedwäde Morgen ihri Arbet wider uuf – wie brüüchlig, wies jo au im Astelligsvertrag stoht. Aber si hai der Chopf nümm derby. Au schwätze si vo nüt anderem meh – as vo dene Chlümpli und Chörndli.»

«Und wenns uuschunnt?» vertwütschts im Sutter. «I förcht, i förcht, ass jedwädi Arbet ygstellt wird, sobold d Lüt hie umme dervo wüsse. Guld verdirbt d Möntsche. O Gott, o Gott, wenns die Burschte vernähme, ass s z Coloma obe Guld gitt, derno wird wäder d Sagi no d Mühli ferig gmacht, derno wird überhaupt nüt meh gschafft, derno isch alles uus, alls lauft im Tüüfel zue!»

«Und drum müesset-er mit mer cho, Herr Sutter. Hütt no!»

«Bi däm gruusige Wätter? Iez no, wos scho nachtet, öb mer zäh Kilometer hinder is hai? Näi, Herr Marshall, eso prässierts derno nit. Morn de Morgen isch au no Zytt. Und zue däm, i muess und will mer die Sach none chly dur e Chopf lo goh.»

«So gohn i halt elai!» schnellt der Marshall vüre.
«Nüt isch! Dir ässet iez afe mit is, derno übernachtet-er hie im Fort. Und am Morge ryte mer mitenander uf das Coloma.»
«Gitts nit, Herr Sutter! I chönnts nit verantworte. Ämmel i muess no furt.» Mit däm längt der Marshall im Sutter d Hand anen und schnützt ugässe dervo, wie wenns um s Erbe gieng.

Das het der Sutter möge! «Do cha me nit säge, es möntschelet halt!» ischs im uusetwütscht. «Es guldelet und verheergottet alls. Ass das no het müesse cho! Und uusgrächnet iez het müesse cho – so nooch am Zyl zue! Dasch der eergscht Hau, wo mer s Schicksal je glängt het!»

Und die ganzi Nacht isch der Sutter uufblibe. Über d Ländi har het er s Wasser ghöre bruusche, us de Pfärch öppen e Chue oder e Stier brüele, im Hof e Chare rumple, Hünd bolle, Chettene rassle. Und all Halbstund het d Wach vom Tor har grüefe: «Alles guet!» Wie früejer, wo men im Sutter-Fort no nüt vomen arige Chrieg, no nüt vome rächte Chrieg und no weniger as nüt vo däm chätzers Guld gwüsst het.

«Alles guet!» het der Sutter gsürmelet. «Ebesomär! Bös ischs, böser as je. Sobold si das Züüg ummeschwätzt, gheit s Letscht us der Wid. Und derno? Jä, und derno? Gönge mer alli Hamperch hi, blyben alli Wärch stoh, wird der Bode durnüelt und vertramplet. Grad iez, won i alles chönnti zahle, wenn d Arbet nones Johr, numme nones halbs Jöhrli luff. Es cha sy, ass i die besseren Arbetschreft mit no meh Lohn mag gheebe. D Mormone zem Byschpel chönne doch gwüs wägem Gwüssen underschribnigi Verträg nit aifach lo gheije! Und wär waiss, es isch vilicht au nit sone Huufe Guld umewäg, wie me ment. Oder het denn nit scho vor feuf Johren e Schwed im obere Sacramento-Tal Gspure vo Guld gfunde? Aber wo si sy go luege, ischs si nit emol derwärt gsi. Und s Johr druuf het doch my heerlig Rosschnächt und Muuleseltryber, der Gutierez, am Bärefluss Guldstäubli gfunde. Won i der Bidwell schick go luege, hets chuum e paar Grämmli uusgmacht. Nu, si hai dä arm Gutierez ainewäg ghänkt, die Grüüsel Castro und Kunsorte. Aber der Spiess het si glych gchehrt: Si syn ewägg und i bi no do. Bi no do? Hütt no. Morn allwäg au no. Aber übermorn und spöter?»

Mit ime «Mer wai luege!» isch der Sutter hinder e Chaschte gangen und het i de Brief vo dehai und in olte, ganz brüüntschelige Papyre gschneugget. Derby het er es ganz ärnschts Gsicht gmacht, wie wenns gulti, s Teschtemänt z schrybe. «Han i Gält gnue?» ischs im uusebürzlet. Er het afo rächnen und zsämestelle. Derno isch d Gaisfädere wien es wyssis Fähndli über s Papyr gfäcklet. Zletscht het der Sutter Brief um Brief i d Guwär to, zuegchlaibt, gsiglet und am Tischrand uf es Bygeli glait. «Sodenn!» isch er äntlig uufgstanden und het si gstreckt. «Gly het au der hinderscht Gläubiger i der Schwyz sys Gält mit Zeis und Zeiseszeis zrugg. Es isch lang gange, es Dotzed Johr. Aber ischs bi mir nit glychlang gange, bis i afen echly us im Dräck gsi bi? Und s isch nonig ferig by mer. Erscht im Früelig oder ämmel im Herbscht bin i duss und däne. Wenn nit das chätzers Guld der letscht Hogge stellt, juscht e paar luusigi Schrittli vor im Tagen ane!»

Und iez het der Sutter no ainisch alles dur e Chopf lo goh, wies ächtert uusechöm mit däm Eraignis, was me no sett vorchehre derwäge, und uf weli Art und Wys me si chönnt rette, wenns ganz lätz sett laufe.

Möndrisch und übermöndrisch het der Sutter zerscht die Brief im Buechholter übergee, het der Bidwell lo cho und gsait, was er i de nööchschte Tage sell mache; är raisi i d Bärge, uf Coloma, es nähm in afe wunder, wie wytt die Sach mit der Sagi aigetlig syg. Derno isch er vo Buttig ze Buttig, vo Spycher ze Spycher, vo Remyse ze Remyse go luege, wie gschafft wird. Aigetlig het er wöllen uusetüftele, öb me scho öppis vom Guld wüssi; s isch im gsi, dä ugwohn Uufzug vom Marshall chönnt bi de Gweckteren und Gmerkigeren es Fröglen und Förschtlen uusezörklet ha. Vom Fort isch er äntlig a d Ländi, het d Gärbereie, d Chnochestampfi und d Lüt uf de Fährenen agluegt, isch au d Wäbereie go bsuechen und het sogar d Huetfabrik nit vergässe. Uufgruumt isch er wider zruggcho. Es het in dunkt, s wüssi no kes Bai öppis vom Guld, derfür schaffe si überal, ass s aim numme chönn freue.

Und am erschte Hornig gegen Oben anen isch der Sutter mit sym tüüren Indianer und aim vo syne Garnisonsoldaten uf Natoma i d Mühli gritte. Sältsch het er übernachtet. Und möndrisch het er der Wäg i d Bärge, ze syner Sagi, ygschlage.

Iez i deer Zytt, wo der Sutter no gluegt und gsorgt het, ass alles suufer lauft, wenn är furt isch, het der Marshall au öppis brittlet und barat gmacht. Es het in gwurmt, ass der Heer und Maischter ihn son elaigge het lo abzottlen und nit emol möndrisch noocho isch. Bi sonere Sach bigoch! «Nu, me chan im au echly ais a s Schibai länge!» ischs im aigelige Haichel Marshall uusegsprützt. Und scho isch er derhinder! Er het syne Lüte gsait, si sellen alles Guld, wo si afe gsammlet haige, über im Kanalboden uusstreue – und wenn «der olt Heer» äntlig chöm und gsäi, wies do glaschtet vom ville Guld, se verlier er schier der Verstand vor luter Stuunen und längi i Buesesack, für sy grossi Wäntelen uusezzie; die haig er nämlig all byn im – und die löi er gwüs ummegee – glugglugg.

Item, gegen Oben isch der Sutter mit syne zwee Biglaiteren agruckt. Am andere Morge, wo d Arbaiter wie abgmacht no am Tisch ghockt sy, hai si gseh, wie «der olt Heer» mit im Marshall und im Vorarbaiter Weimar derharchunnt. Der Sutter het früntlig grüesst, isch vo aim zem anderen und het im d Hand gschüttlet. Dasch nit bsunders uufgfalle, wil ers überal und allewyl gmacht het, wenn er neumen isch go luegen und kuntrolliere; sogar d Indianer und d Kanake het er nie duss glo. Nu, gly het ais Wort s ander gfunde. Der Sutter het gfrogt, und die Manne hai Uuskouft gee. Zletscht sait der Heer und Maischter, si sellen alli au grad mit im cho, i Kanal abe. Me het enander zuezwitzeret und öppe mit im Elleboge gstüpft – und isch gange. Aber ohalätz! Si sy nonig zäh Schritt vo der Baraggen ewägg gsi, isch ene scho der Bueb vom Weimar ergege cho und zwor im gstreckte Lauf: «Lueget, wievill Guld i gfunde ha!» Der Sutter het agholten und das Hämpfeli Guld gmuschteret. Derno isch er im Bueb dur die bruune Chruusle gfahre: «Du bisch aber rych! Heb numme Sorg derzue, gäll?»

E du allmächtige Strausack, wie hai die Manne langi Gsichter übercho! Nu, der Sutter isch wytters – und die andere hai wohl oder übel noomüesse. Zem Glück hets i de Chräbel und Chritz vom Bode none paar Chörndli gha; aber nit gnue, ass s für d Wäntele glängt hätt.

Derfür het der Sutter die Lüt vor im lo uufstelle. Derno sy syni chiselgrauen Auge vo aim zem andere gspaziert, don es Rüngli blybe bhange, dört, wie wenn si wötten abohre. Und langsam sy Wort vürecho. Der Sutter het dene Manne bigryflig gmacht, was das für die Neui Schwyz, für ganz Kalifornie teet bidüte, wenn iez uf ai Chlapf gross und chly, olt und jung hie anechiem und Guld wött grabe. «Alli Gschäfter stiende still, s Läbe weer gar kes Läbe meh. S Guld cha zem gröschten Ugfell wärde, wo je über das Land cho isch. Ke Hungersnot, ke Süüch, ke Chrieg isch im Läbe so gföhrlig wien e Guldpescht. Und bi sonere Pescht aiteret s uus, wenns ainisch afot. Drum müesset-er mer versprächen, do i d Hand yne versprächen, ass der die Sach wien es Ghaimnis wahret. Numme dir dörfets wüsse. Kaim Möntsch dörfet-ers verrote. Ämmel sächs Wuche lang – für s mindscht sächs Wuche müesset-ers bha und bholte. Chan i vo euch das verlange? Darf i euch troue?»

Die Manne sy ganz grüert gsi. Ain nom anderen isch im Sutter cho d Hand drücke, het im i d Auge gluegt und gsait, är wärds niem säge. Derno sy alli a d Arbet gange.

Der Marshall het im Sutter no das und dais zaigt, wie wenn er neumedure wött guetmache. Der Sutter isch zfride gsi mit allem, wo do scho glaischtet worden isch, und het numme druufglait, es weer im meh weder rächt, wenn d Sagi no vor sächs Wuchen i Gang chiem und chönnti schaffe.

Är glaubi, i vier Wuche mit allem fix und ferig z sy, het der Marshall tröschtet.

Gege Mittag isch der Sutter mit syne Biglaitere wider haizue gritte; aber nit uf im chürzischte Wäg. Er het zerscht no der Häuptlig vo däm Indianerstamm uufgsuecht, wo das Land regiert. Worum? Wägem Sorgha und Vorsichtigsy! Nu, won er der Häuptlig gfunde gha het, isch er mit sym Wousch vüregruckt. Er teet Coloma und alli Bärghäng drumumme, wo Holz druff isch, gärn pachte, het er gsait.

«Für wie lang?» isch im der Häuptlig noocho.

«Afe drü Johr.»

«Chönnt rächt sy. Was gitt der wyss Häuptlig dra?»

«Jehrlig füfzg Chüe, füfzg Stieren und zäh Muulesel.»

«Wenn der wyss Häuptlig no zwo Balle Tuech, blaus Tuech, derzue lait, se sells gälte.»

«Früsch us myner Wäberei – yverstande!»

Me het enander d Hand gee. Die Öltschte, wo hinder im Häuptlig ghuuret sy, hai s Zaije gmacht, es syg rächt eso – und der Sutter het wytters chönne.

Uf im Hairitt het er no vorabebrümmelet: «D Sagi muess so glaitig wie müglig chönne schaffe, süscht cha d Mühli nit ferigbout wärde. Und i d Sagi han i doch zähtuusig, i d Mühli scho feufezwänzgtuusig Doller gsteckt! I pfyfen uf s Guld; die zwo Boute sy mys Guld. Wenn si laufe, derno chas allem z Tratz nit schlächt uusecho. Das sy myni zwee Wachtürn, wo s Land hüeten und schütze. Und s Land isch d Hauptsach. Au morn no, au denn no, wenn e ganz e neui Zytt sett abräche. Allem anderen isch zletschtemänd doch nit z troue. So Guldchörndli – si rugelen us de Händ, aisgurts het me nüt meh. S Land aber blybt! Es wird vill Schwers drübercho. Alles wird fiebere. Aber s Fieber hebt nit ebig ane. Und was lots zrugg? Der Lyb vom Land und Läbe hie umme! E chrankne Lyb fryli, e särplige Lyb; aber nit aine, wo uusgchuuchet het, nit e dote! Er wird wider zwägcho. Und er chunnt glylächtig wider zwäg, wenn d Sagi und d Mühli ferig sy und chönne schaffe, sobold d Lüt zruggchöme. Oder emänd anderi Lüt dragönge. Numme die müesse barat sy! D Sagi und d Mühli muess me chönnen alo, wenn der Guldruusch verdouschtet, wenn s Läbe nüechteret und i normale Gang zruggchunnt. My Sagi, my Mühli!»

4

Jä, und iez nimmts ech allwäg wunder, was derno gscheh isch! Do isch also das Ghaimnis. Die, wos gwüsst hai, sy mehr oder minder starch bliben und hai nüt verrote. S isch se nit lycht acho. Der Gwunder, wo in alle Möntsche läbt, hätt gar verfluemeret gärn gwüsst, wie die Sach no wytterlauft, wenn ainisch sächs Wuchen umme sy. Und der Gwunder isch vom Stolz oder Pflanz gstachlet und gstüpft worde. Me het der Chambe gstellt, wil me doch öppis chennt, wo kai anderen au nummen e schwachi Ahnig, e blaue Douscht dervo het. Es isch aim neumedure gsi, me stönd e Spränzel höcher, me dörf ruejig uf dä und dain abeluege, gäb wien er si au ment.

Iez im Sutter ischs sälber passiert, ass er dureglo het. Er het zwor glaubt, er machi öppis Ganzgscheits, er bou quasi e Schutz ane, won er zem Guwernör gangen isch und in bittet het, er möcht im Coloma sant im Land drumumme schänke, wien im d Mexikaner synerzytt der Plätz vom erschte Brief und derno s wytt Land vom zweute gschänkt hai. Die Neui Schwyz haig halt dört scho afo boue, und si bruuchi dais Gländ no wytters – wägem Holz.

Jä, aber iez muess ech zerscht no säge, wär dä Guwernör gsi isch. Sytt der Chrieg nümme gwüetet het, und die amerikanische Truppen aigetlig numme so zem Schyn z Monterey und z Los Angeles gstande sy, für allsgmächeli, Gruppen um Gruppen und Kumpeny um Kumpeny, abglöst z wärden und wider haizgoh – i säge, sytt deer Zytt hets emängi Änderig gee. Vom Chrach zwüsche de Höchere han ech scho verzellt. Der Fremont isch quasi all no vor Chriegsgricht gstande. Der Flottekummandant Stockton het mit syne Schiffere wider furt müesse. Und der Gänneral Kearney het e Chehr gregiert, ebe «bis en aigetlige Guwernör ygsetzt worden isch», wies i synen Inschtrukzione ghaisse het. Iez wos derno wider ruejig gsi isch im Land umme, d Mexikaner ihri Soldaten au haigschickt gha hai, do isch der Kearney zrugggrüefe worde – er het vor Chriegsgricht sy Achlag gege Fremont müesse vorbringe. Jä, und wär isch derno as Guwernör anecho? Der Oberscht Mason, wo mit sym Regimänt quasi am Ändi vom Chrieg no agruckt isch.

Zue däm isch also der Sutter gange; är isch jo d Regierig sälber gsi – und het die müesse sy, bis Kalifornien ainisch so wytt isch, ass s e regelrächte Staat uusmacht und en aigeni Regierig cha wehle. Nu, dä Guwernör het ech nüt gege s Sutters Wousch gha, wil er vo der amerikanische Regierig d Wysig im Sack trait het, me müessi alle dene s Land schänke, wos wöllen aboue, grad wies d Vorgänger, ebe d Mexikaner, au gmacht hai, süscht blybt der «neu Staat» no gar lang leer und nütelig. Item, der Guwernör het numme no gfrogt, öbs si derwärt syg, uf däm geechen und stainige Flängge Land go schaffe; es geeb allwäg besseri Plätz. Do isch im der Sutter echly drygfahre, es chönnti sy, ass i däm armseelige Bode no öppis weer.

Was er dermit mendi? Öb er scho grabe haig?

«Dais nit», het der Sutter ummegee, «das haisst, e Kanal hai mer grabe wäge der Sagi. Und do ischs is ebe gsi, i däm Bode chönntis Metall oder Chohlen oder süscht öppis so ha.»

Der Guwernör het der Chopf gschüttlet und dänkt, der Heer vo Neu-Helvezie syg allwäg mit im lingge Bai uufgstande, d Wort chömen im echly durenander. Derno het er gsait, er wöll die Sach bsorge, der Sutter sell im aber none Plan vo däm Landstück zuestelle.

Natürlig het der Sutter gspürt, ass s allwäg besser gsi weer, er hätt nit gloge. Aber er het jo müesse! Wägem Ghaimnis! Nu, er het dä Plan lo mache. Und derby isch im wider e böse Fehler passiert. Er het nit en Indianer oder süscht ainen us im Fort as Bott gschickt, näi, uusgrächnet ain vo Coloma sälber, wo juscht wäge Kummissionen im Fort gsi isch. Dä isch also mit im Plan uf der «Sacramento» wie die andere Passeschier z durab gfahre. Er het aber im Sack versteckt no öppis byn im gha: es Hämpfeli Guldchörndli, won er i de letschte Tagen uusegchnüüblet und gsammlet gha het. Iez z Benicia, ime chlyne neue Näschtli a der Wasserstross, het s Schiff agholten und es Gschärli früschi Passeschier uufgno. Die hai gly mitenander gchrüschelet und wichtig to, es sygi halt doch wohr, ass men am Monte Diablo Chohle gfunde haig. Der Marsh föi se scho a uusgrabe.

Worum men us däm sones Wäse machi! isch im Sutter sy Bott drygfahre. Das syg si jo nit derwärt – wäge Chohle, so simple Chohle verlur är ämmel nit es Wörtli. Und scho het er sys Seckli voll Guldchlümpli vürezoge, hets gspienzlet und gsait: «Aber das do isch si derwärt, he!»

Grossi Auge, gyttigi Fratze – und dermit ischs losgange wie bi uufgsteukte Hüenere. Wohar er die haig? Öbs no meh derigs gäb? Er sell uusrucke mit der Sproch, süscht gäbs öppis!

Näi, das het er doch nit gmacht, euse Coloma-Bott. Wie wenn er si überhaupt aisgurts wider bsunne hätt, ass er jo versproche het, nüt z verrote! Er het also abgwunken und isch vo dene Lüt ewägggloffe. Und es isch in greuig gsi, ass er däwäg wüescht ynetrampet isch und hinder s Bruschttuech het lo luege. Er weer am gärnschten uuf und dervo. «Hätt i doch gar nüt gsait!» het er allbott vorabebrummlet. «Hätt i das chaibe Seckli nit agrüert!»

Ainewäg het dä Bott uf sym Wäg öppis gar nit Guets zruggglo: Trüppli, Gschärli Lüt, wo gchlischplet und grätscht hai – wägem Guld.

Jä, und zer glychlige Zytt isch s Ghaimnis neumen anders uuscho – dur e Sutter sälber.

Es het in doch ame Fäckte packt, das ugwohn Eraignis! In ere schwache Stund het er si ämmel nümm chönnen überha. Er nimmt Papyr vüren und schrybt a sy iezige Fründ und früejere Hauptfind Vallejo e liebe Brief. Do drinn brichtet er au, si haigen e Guldodere gfunde.

Iez der Bidwell, wo gschäftshalber juscht uf Sonoma gangen isch, het dä Brief mitgno. Ihm hets der Sutter wägem Guld scho gsait gha. Und wo der Vallejo frogt, wie das mit der Guldodere denn syg, do wycht der Bidwell uus und fot a vernütige. Bim Adiesäge macht der Vallejo no: «Juscht wie s Wasser dur s Sutters Sagikanal lauft, so mögi s Guld i sy Sack laufe. Er hets verdient!»

Und wytters!

Am nünte Hornig het der Sutter sy Oberfuermen und Landsma Joggi Wittmer mit zwee Wäge Proviant i d Sagi gschickt. Churz vor der Sagi isch däm im Weimar sy Bueb i d Bai gloffen und het grüefe: «Mir hai Guld gfunde!»

Der Wittmer het abghänkt: «Schwätz nit Chöhl!» Der Bueb het aber nit wölle lugglo. Är liegi nit, het er gstampft. Es syg wohr!

Do isch d Frau Weimar us der Baraggen uusecho, het d Händ am Fürtech abputzt und gsait: «Der Bueb schwätzt nit Chöhl. Er het rächt. Mer hai Guld!»

Der Wittmer schüttlet der Chopf und brummlet öppis vo Wyberen unds wärd ander Wätter sy byn ene. Aber d Frau Weimar isch scho ynetwütscht und im Schwick mit ime Hämpfeli Guld wider zruggcho: «Do! Lueget sälber!»

Und der Wittmer het dranumme chönne chnüüble, wien er het wölle, der Bueb und d Mueter hai ainewäg rächt gha.

Nu, d Frau Weimar het im drü Chörndli gschänkt.

Und wo der Wittmer wider im Fort gsi isch, het in der Tüüfel sant der schwarze Grossmueter gritte. Er isch e guetmüetige Kärli gsi, dä Wittmer; aber wenn er es ugrads Mol es Glas vor im gha het, so isch im gar fletig der Ploderi cho.

Er isch also i Lade gange, wo der Mormonemaischter Brannan churz voranen imene Näbehuus ygrichtet het. Do isch allergattig verchauft worde, au Schnaps, aber dä nie uf Kredit, all bar. Nu, der Wittmer het also Schnaps bstellt und het zem Biwys, ass ärs scho vermög, syni drü Guldchlümpli uf e Tisch lo rugele. Das het der Ladediener gmopst; es isch im gsi, dä Fuerme wöll mit im s Chalb mache.

«Jää, lueget numme, s isch ächt, purs und urigs Guld bigott!» ischs im Wittmer uusegsprützt. Und wo der Wirt nit grad yhänkt, chröjelet er wytters: «Numme nit sone vergrumpfleti Nasen anegmacht! Und wenn Ders nit glaubet, se chönnet-er jo der olt Heer sälber froge!»

Im Hui het der Ladediener die Chügeli uufgno und isch i Kuntor gsprunge. Dört het er gfluecht und gwätteret über dä lumpig Fuerchnächt, das syg e Bschysshund. Er wöll ehrbari Lüt hinder s Liecht füere.

Der Sutter het gworget und gschluckt. Wien es Gspängscht ischs im vorcho: Also doch duss! Nüt meh vo ghaim! Zletscht het er aber vürebrösmelet: «Es isch Guld, Herr Burnett, luters Guld sogar!»

Vom Lädeli isch der Wittmer derno, aghaiteret und häluuf, mit sym Dipsli i d Buttige gange, ze de Schuemachere, de Schnydere, Schrynere, Büchsere, Schmide. Sältsch het er pralleret und poleetet, i de Bärgen obe ligge Hüüfe Guld umme. Me chönns numme zsämeräche, es gäb für s mindscht e Chratte voll im Tag. Me het im aber nit glaubt. Har und dar gschüpft hai si dä Wittmer: «Uufschnyder! Lugilieni! Schnapsludi!» Weli Märlitanten ass im dere Gspeuschtli vorgspunne haig? Weles brennt Wässerli dä Wäg chrälleli? Weles Indianerwybli do drylängi? Oder öb ächt e Pflotsch, e Pflartsch oder e Pflutten umewäg syg?

Päpperläpäpp! Är syg äxelänt binenander! Er träg der rainscht Blüejet umme. Und er sygi goppel wollfel derzue cho. Wenn öpper plampi, se sygs der Ander, aber nit är. Ohni z bläche haig er sones Wässerli gha, dais syg wohr; blos, wäge däm tüei er glych no ke Wank. Und wenn si ihm nit glaube, se syge si halt verchehrt i d Wagle glait worde, gäb wie au d Hebamm ke lätze Griff to haig.

Settigs het der Wittmer glaferet, wie wenn er syne Koleegen und Kamerade nüt anders z tiend hätt. Erscht wo men in all mehr uufzoge het und s Zigglen und s Zäpfle kai Rank het wölle finde, isch er still worden und het numme no gsait: «Es wird si wyse!»

«Welewäg?»

«Der wärdets no gseh!»

Langsam und mit Hokuspokus wien e Zauberer het der Wittmer syni gäle Chörndli vüregchnüüblet. S grösser isch ime Gufechnopf z glych gsi. Hai die Mannen und Burschten aber gstuunt und das Wärli agleest! Gwüs, der Fuerme Wittmer het nit der Chürzer zoge.

Iez der erscht, wo wider Wort gfunde het, isch der Schmidmaischter Fifield gsi. Er het das grösser Chlümpli zwüsche d Fingerbeeri gno – wien e Pryse Schnupftubak – und isch mit im uf en Ampos. Derno het er der Hammer glängt, het afo pöpperle, hämmerlen und tätsche. Die andere hai si alli um in umme zsämeglo, hai d Chöpf vüregstreckt und schier d Augen uusgluchset.

Und was isch uf im schwarzen Ampos gläge? Es gäls Blächli, öppe wien e Fingernagel. Und scho hets afo brüelen und jöle, wie wenn d Indianer es Chriegsgschrei losliesse. Under Lachen und Singe, under Pfyfe, Chlatschen und Prätsche het me mit Zange, Hämmere, olten Ysestücki um en Ampos ummen e wilde Tanz uufgfüert. Und uf im Ampos oben isch der uusghänselet Wittmer gstanden und het der Takt derzue gschlage.

Und «Guld! Guld!» hets brüelt, ass d Schmitti ganz erschütteret worden isch. Wie öppis Uhaimligs, öppis Ughüürs und Urwältligs ischs gege Mittnacht über e Hof und im ganze Fort ummegaischtet: «Guld! Guld! Guld!»

Uf ai Chlapf isch der Sutter im Türgstell gstande, gross, fescht, aber blaich, schier lylachewyss. Er gluurt, er gleest. Do erlickt er der Lienhard under dene Burschte. Er winkt im, rüeft im. Wo dä äntlig zuen im anechunnt, frogt er in zersch, worum är hiesig syg.

Er haig Wärchgschir i d Schmitti brocht. Me müess s repariere.

Aber der Sutter loost chuum. Wien e schützlige Ruck gohts dur in dure. Er stoht grad, styf uf der Schwelle. S Bluet schiesst im bis i s Hoor une. Und langsam chunnts über d Läfzge: «I gseh, i gwahrs! S Ghaimnis isch duss. Alles Speere nützt nüt meh. Alls Abwehren isch überenzig. Öb mers überhaue? Öb mer umbocke? Es wird is z gnagen und z läätsche gee. Es chunnt is z sträng ufenander. Aber bodige sells is nit! Mer sy ohni das gstroft gnue. – Und drum der Lämpe nit lo hange! Mer nähmen e Guttere druuf – vom Guete. Trinke mer zsämen und hoffe mer, ass s ainewäg no rächt uusechunnt!»

Dermit het der Sutter alli yglade, wo do gsi sy. Men isch zmitts i der Nacht go feschte. D Freud het überbortet. Numme der Heer und Maischter sälber het si müesse zsämeneh, ass er nit zem Spilverderber worden isch. Gärn weer im s Wasser i d Auge cho. Aber er het leer gschluckt und sy Uuswäg gfunde: Dasmol nit der Haupmen oder der Heer vürelo, dasmol der Mitglücklig, der keuftig Guldsuecher und Guldwäscher spile.

Und d Lüt i der Sagi obe?
Hai au kes Sigel a de Läfzge gha. Zerscht sy si ihrem Verspräche treu blibe, hai gschwige wie d Gschrift, wo scho lang verstaubt uf im Schaft lytt, und hai derby all meh Guldchörndli gsammlet. Aber wo derno jedwäde der Wärt vo öppe hundert Doller erggraggeret und erhüüselet gha het, do het sen allzsäme der Tüggeler doch am Eermel gno. Das Züüg het sen eerger und eerger gluschtet. Si hai afo Jagdzüg mache, nit um Fääl, e bhüetis näi, wägem Guld! Und si hai arigerwys überal gfunde! Es het sogar Plätzli gee, wo me respäktabli Chlümpe mit im Sackmässer oder süscht some Gutti oder Guggistächer us de Fluechleck het chönnen uusechratze. Me het nit emol fescht bruuche z spärbere, wil me der Lehrplätz i deer Brangsche quasi scho gmacht gha het. Nit vergäbe hai die merschte d Händ chönne rybe, wien e Spitzbueb lüegelen und öppe litze, wenn der Noochber gment het, er haigs dicker hinder den Ohren und tiefer im Sack. Fryli, derby hets i Sachen Astelligsvertrag und Arbetspflicht wüescht afo lugge. Derfür het me gärner glögelet und isch guet im Lun gsi.

Iez im Bigler, wo Mormon isch, hets mit derzytt afo tage. Wie d Sunn uufstoht, so isch ihm e Gidanken obsi gstige. Er het gsait, es sygi neumedure nit rächt, wenn d Brüeder bi der Mühli unde nüt vo däm himmlische Sägen überchöme. Und er hets nümm chönne verha. Er het sogar e Brief gschribe. Und d Antwort druuf isch scho am Sundig cho, nit schriftlig, grad lybläbig bigoch. Es ganzis Gschärli Mormone, wo bi der Mühli schaffe, het men aisgurts bi der Sagi gha. Und die Gaschtig isch nit nummen e Tag blibe. Es het se dunkt, dä Bsuech syg eso schön und haimelig, ass men in dörf strecke wie Strumpfbändel. Und mit imen Yfer sunderglyche hai die Burschte die göttligi Gob agno, hai si die Guldchörndli zsämegramisiert. Natütterlig isch ene derno die möntschligi Arbet a der Mühli dräcklangwylig vorcho. Si hai der Chopf nümm chönne derby ha. S isch alles so ergrüüselig anderscht gsi. Drum hai si gspeechzget und gsuecht, wos besser weer. Und do het enen es Inseli wytter obehar vo der Mühli gwunke. Sältsch hets nämlig au eso gäli Bölleli gha. Und gly het me d Mormone nümm uf im Bouplatz gseh, derfür uf im Inseli. E Wuche druuf het das scho der rächt Name gha: Mormoneninseli. Es isch die zweuti gueti Fundstell gsi.

Öb die Mühli-Mormonen im Sagi-Mormon Bigler das au ghörig verdankt hai, stoht laider i kainer Chronik. Aber ais dörfe mer ainewäg aneh: Der Bigler het ohni Gwüssesbiss chönne wytter Guld sueche. Und das heerlig Gschänk isch im au rychlig zuegfalle. Es mag sy, ass er der rächt Lohn für «sy edli Tat», den anderen öppis z gönne, mit Zeis und Zeiseszeis übercho het.

Und iez ischs losgange!

Ain vo de Schmide het s Hamperch a Nagel ghänkt. Ihm isch ain vo der Chnochestampfi noogloffe. Die zwee hai es Grüppeli anderi agmacht. Das Grüppeli het drüeit und isch e Truppele worde. D Truppelen isch zuen ere Gschar, d Gschar zueme Huufen uusgwachse. Und scho ischs gloffe, wien e Sore, wien e Bach, wien e Fluss – aber alls obsi, de Bärge zue.

Glücksjeeger an allen Ort und Ände!

Schier jedwäde Tag syn e paar Lüt im Sutter druusgloffe. Aifach, ame Morge hai si gfehlt – und het me se nümm gfunde.

Mitti Merze het derno die kalifornischi Zyttig vom umöntschlig lange Dokter, wo d Spore bim Ryte wäder a den Absätze no im Chopf, näi, a de Wade het, wil d Füess schier a Bode chöme, e Notiz brocht. Churz und bündig het me chönne läse: Me haig Guld gfunde. Es het derwägen aber nit afo fieberen im Land umme. Im Gegetail! Vill hai bhauptet, das syg wider aine vom Sutter, er wöll allwäg sym Kredit uf d Bai hälfe. Etail hai gment, das Gsätzli chömi vo der amerikanische Regierig. Es syg so öppis wie der Späck, wo me de Müüsen i d Falle hänkt, ass si hardychen und abysse. Me wöll halt meh Lüt, wöll ganzi Karewanezüg anelöckle. Drum spienzli me sogar Guld, wil s ander dänk z wenig zug.

Iez am zwänzgischte Merzen isch e ganzi Chnottete Mormone vo`der Mühli i s Büro vom Sutter gstürmt. Wie ai Ma hai alli uusebrüelt: «Mer wai der Lohn und me chan is stryche!» Der Sutter het aber gsait: «Eso gheit me nit i s Huus. Mer sy nümm under de Wilde. – Und Lüt, wo die Hailige vom Jüngschte Tag wai sy, setten öppis wie Räsun und Gwüsse ha. Oder wie wait-er denn dä Uuftritt, das Heusche mit eue Satzige ryme? Der versülchet mer jo der schön Helge, won i von ech ha. Bis iez han ech gachtet wie niem. Wenn der mer däwäg chömet, so fallts schwer, an euch und an eui Lehr z glaube. Der chömet do ane, fürn e Vertrag z bräche. Der wait dä bräche, wil ech s Guld meh gilt as s Härz und d Seel. Löit-er ech däwäg blände vom Götz Mammon? Regiert dä au bi euergattigs? Guet denn, i will mers merke. Numme wüsset-er so guet wien i, ass ain, wo der Vertrag bricht, ekai Lohn cha verlange. Dasch gültigs Rächt z bod Sytte vo de Bärge, myni Heere! Und s Rächt bräche chönnet au dir nit.»

Der Sutter het syni chiselgrauen Auge lo spaziere. Er het uf en Antwort gwartet. Abers isch still blibe. Echly tüpft und duuch sy alli uusegange.

Fryli, im Hof sy die Manne wider lut worde. Si hai brummlet und gwätteret – und sy derno abzottlet. Derby hai si anderi mitgrisse. Furt i d Bärge. Numme furt go Guld sueche!

Etail sy aber glylächtig wider zruggcho und hai ihr Hüüfeli Guldchörndli gspienzlet. Das het der aint und ander, wo no treu bliben isch, agmacht. Es het wien en erbligi Chranket gwürkt. All meh sy agsteckt worde. Und was der Sutter am merschte gwurmt het: D Mormone hai überal gfüert.

S isch e Mormon gsi, wo d Bidütig vo däm Guldfund richtig ygschetzt het und wo aigetlig tschuld isch, ass derno vo alle Sytte har Lüt anecho sy und s Land buechstäblig überschwemmt hai, eso, ass im Sutter sy Grund und Bode verchniempet, gschändet und uf langi Zyt uuse higmacht worden isch. Der Sam Brannan!

Är isch vo Coloma diräkt uf San Franzisko ghüschtet und het dört sy Plan uusgfüert. So isch er dur alli Strossen und Gasse gloffe, het brüelt, as weer er d Posune vom Jüngschte Gricht: «Chömet har! Lueget! Guld! Guld vom Americanfluss, Guld vo Coloma, Guld us de Bärge!» Derby het er e Schnapsguttere voll Guldchörndli i der Luft ummegschlänggeret und to wien e Hälverruckte.

Do ischs wien es Fieber über d Stadt cho. «Guld!» Drum uuf und furt. Z Fuess, z Ross, uf im Schiff, i Zylete, grüppliwys, jung wie olt, Yhaimischi und Ynegschneiti oder Anegwäiti, alles goht, goht i d Bärge go Guld grabe.

Ändi Maie hai d Gschäfter chönne zuemache. Kai Verchäufer, kai Ladeghilf, niem meh. Im Sutter syne Gruebe föje scho d Tierhütt a fuule, ass s nit numme mäggelet, näi, wyttumme stinkt. Kai Gärber isch umme. Der letscht fischt im Kanal obe Guld. Über die grüene Maisfälder und Waizenächer jeuke d Indianer mit glarigen Auge Coloma zue, wie wenn se d Hell sälber steukti. Überal brüele Chüe. Aber ke Chnächt oder Handbueb ghört se.

D Guldjagd isch im volle Lauf.

Und der Heer und Maischter? Dä rytet über syni Fälder. Er rytet do und dört hi. Er rüeft, er bittet, er mahnt. Öppe lauft im s Wasser d Backen ab. Er fahrt mit im Eermel drüber. Er hebt Lüt a. Er verspricht ene der dopplet, der dreifach Lohn. Er redt wien e Vatter zuen ene. Es nützt nüt.

Und der Sutter rytet wytter, uf Coloma. Er warnt, er schilderet d Gfohre, wo chöme. Er schwätzt wien es Buech, wien e Propheet. Me ghört sy Stimm nit. Me loost numme no uf s Ruusche vom Guldbach, vom Guldfluss. Wie mit ime Woldschlegel gschlage, stoht der Sutter do.

Do chehrt er um und rytet haizue. Gege s Fort ergchunnt im e Karewane, frönds Gsöm vo vorfer bis hindenuus. Si trägen und schlaike Seck, Pfanne, Chörb, Chrätte, Latte – alles Sache, wo die Lüt uf sym Land, i syne Farme, us syne Schüüre, Schöpfen und Spychere gstohle hai. E bodelosi Wuet waalt inn im uuf. Er wätteret druff los. Aber alles grinst und lacht numme drab. Die merschte weuen und hänken im e Zänni ane – und meh weder ain bänglet im Stai noo. E Muchtlosi ohni glychen übernimmt der Sutter. Er muess zueluege, wie si z hüüfewys über d Pflanzplätz und Äcker tschalpe, wie s im alles verdraibe, wie si hie und sältsch lagere, wie si uf de Tenne nächtigen und Dilen um Dilen abrysse – für aigeni Hütte z boue.

Isch das der Fluech, wo s Guld bringt? D Ärn von ere johrlangen Arbet und Müeji dehi. Äntlig weer s Gfell cho! Es het der Sutter scho am Eermel gstraift – und scho wider ewägg. Für all! Für all?

Chönnt mes wüsse!

S nünt Stück:

Alli Wält luegt uf s Guldland

I

Es gschäje Zaijen und Wunder! Dunkts ech nit au, s Glych, wo do öppe gscheht, luege die ainte fürn es Zaije, die andere fürn es Wunder a? S Zaije dütet i däm Fal uf öppis Uliebs, Wüeschts, Schröckligs hi, es mahnt a Nidsigänd und a d Hell. S Wunder macht aim d Augen uuf für Liebs, Schöns, Heerligs, es wyst uf en Obsigänd, i Himmel.

Jä, und so ischs au mit im Guld gsi. Im Sutter und e paar ysichtige Mannen ischs as es Zaije vorcho, im grosse Huufen as es Wunder. Und a däm Zaije het der Sutter z dänken und z grüble gha, tagenacht, wie der sälber scho gmerkt hait und no dütliger wärdet merke.

Nit gnue! Das Zaijen isch dur es zweuts quasi verstercht worde, vo aim Tag uf en andere, vo ainer Stund uf die anderi. Unds isch eso cho:

Bluetrot goht ainisch der Tag uuf. E Luft strycht über d Strossen und d Steppene. Er rüert der Staub i d Höchi, ass er wie gspängschtigi Näbel ummeschlycht. I de Rünnsli grumsets, gurgelets und gluggsets, i de Ghürschte chychts und chorchlets. Und obedure zuusets iez grüüslig. Der Luft wäit und fahrt i die mächtige Güpf vom wältsmeessigen Urwold. Wie das ruuscht und chrächelet, wies guuget, gaglet und chracht! Uf e Chlapf schiebe d Bärge Wulche vüre, aini schwerzer und trächtiger as die anderi. Es verschränzt se. D Säum fötzelen und wärde schwäbelgäl. Abers chöme neui derzue. Alls isch so dimber. Öppe fiserlets, öppe beielets. D Vögel fliege ganz wirbelsinnig ummen und gypse wie lätz.

Underainisch nimmt der Luft ab. Es stillet. Abers isch en uhaimligi Stilli. Si drückt, me mag chuum gschnuufe. Do löje si d Wulche zsäme – unds wätterlaichnet vor de Bärge. Wytt ewägg dunnerets. Und scho wider, dasmol nööcher. Iez schiesst e Blitz us im Wulchechnüngel, glarig und glaschtig, es bländet aim. Me hebt der Oten a. Do chrachts, ass s chroset und no lang rumplet.

Und wider sone Blitz über e feischtere Himmel dure. Und no ain, ganz nooch. Dä fahrt i die grossi Aich bi der olte Mühli im Hof vom Fort, spälteret se zmitts abenander, ass d Speen und d Spryssele numme so fliege...

Der Sutter het vom Heerehuus uus zuegluegt. Es het in fascht umgrüert. Jipsblaich und schlotterig isch er no lang am Pfäischter gstande. Zletscht ischs im uusetwütscht: «Es Zaije! Es wohrhaftigs Zaije! Jä, iez ischs ferig.»

E Rung spöter isch der Sutter i sym Chaschte go neuse. Uf im obere Schaft isch ime Drückli inn dai Aichle gsi, won er so ganz am Afang vo syner Koleny, vo der Neue Schwyz, uufgläse gha het. E Chehr het er die im Hosesack nootrait, allbott vüregno und agluegt – und derno ebe versorgt, wie die anderen Adänkeli au.

Gället, iez het der Sutter die Aichle wider i der hohle Hand gha, het se drüllt und gmuschteret wie nüt eso. Derby syn im d Auge nass worde. Die ganzi Zyt vom erschte Tag uf däm Bode bis zem schwarze Tag, wo s Guld gspienzlet het, isch im dur e Chopf und dur s Härz gange. «Jäjä», het er öppedie vorabebrümmelet, «jäjä, so chly, so nüt – und chan e gwoltige Baum druus gee – und der Blitz fahrt dry – und ferig, nüt meh.»

Iez z San Franzisko und i den anderen Örtere het me vom Brochmonet a zsäge numme no Wyber, olti Mandli und Chind gseh. Alls ander het Guld gsuecht, Guld grabe, Guld gwäsche. Nit emol d Soldate het me möge gheebe. Der Guwernör Mason isch bold ohni Wach gsi. Wenn er neumen e Schildwach uufgstellt het, so isch nonere Viertelstund niemer meh dogstande. Und die, wo me denen Uusryssere noogschickt het, für se z verwütschen und yzspeere, sy au nümm zruggcho. Das hätt me zwor am Füdle chönnen abfingerle, potz Himmel a der Bettlade; aber näi! Nu, d Händler hai ihri Buden au vernaglet oder d Tür off glo. Es het halt emängem eso dunderschiessig prässiert, ass er nit emol meh vermacht het. D Dökter und Quacksalber hai ihrni Chrankne lo liggen und ohni Tröpf oder Pülverli lo stärbe. D Pfarer sy nümm uf d Kanzle, d Gfängniswärter sy furt, d Richter sy ab. Heer und Chnächt, Lehrer wie Schüeler, öb Wyssi oder Indianer, Neger oder süscht uf en Art Ghutteti – alls hets mitgschwemmt, alls hets furtgrissen und uetrait i «d Bärge vo Guld».

Und wie hets im Sutter-Fort uusgseh dainisch?

Ehnder no truuriger! Es isch kai Lohn me höch gnue gsi, fürn e Ma uf sym Poschte feschtzholte. A de Wäbstüelen i der Deckenefabrik hai d Spinn und d Müüs chönne go wäbe. S Füür i der Schmitti isch im Fifield, im Lassen und im Chamberlain, wos doch i der Neue Schwyz ze zwänzg Fraue brocht het, aidwäders verlöscht und der Bloosbalg verstaubt. D Büchser und d Fynschmide sant im Louis Morstai hai wäder Hämmerli no Schtrübli agrüert, si sy mit Pfannen und Sib uf d Guldsuechi. Au bi der Mühli ischs still worde. Der letscht Mormon hets abghauen und dä Bou, wo im Sutter scho feufezwänzgtuusig Doller z schwitze gee het, im Rugge glo. D «Hüeti», d Zimbermanne, d Fuerlüt und d Schryber, d Sattler und d Schuemacher, d Buuren und d Gärtner – si sy numme so dervo wie d Schneeplätz im Merzen uss. Gly het der Sutter sy aigene Choch und Türhüeter chönne sy. Und s Fort sälber, der Stolz und Schutz vom mächtige Sacramento-Tal, isch i der Achtig nidsi gangen und zletscht nüt meh anders gsi – as e chummligi Stazion uf im Wäg i d Guldbärge, wo d Guldsuecher öppen ihre Proviant gchauft und ihri gäle Chörndli umtuscht hai.

Jä, für e Sutter hets wider ghaisse: «Vogel, friss oder stirb!» Aisgurts het er si müessen umstellen und i das Neu, i das Ganzander yfüege. Do het wäder s Lamäntiere no s Wouele ghulfe. Do hätt alles Geechlen und Speeren e Dräck gnützt. Do hai sogar die bessere Chreft nümm möge bha und zruggholte. Do hets numme no ais gee: Luege, ass me nit undergoht! Und derby hoffen und glaube – ainisch göngs dure, ainisch göng die Uzytt voller Umuess und Uhünd wien es erschröckligs Wätter verby. Und me chönn wider gsunde, a Lyb und Seel gsunde.

Und der Sutter het reech gränkt und umgstellt. «Me cha Spycher und Remyse vermiete», het er gsait. «Me cha d Stube, d Chammeren yrichten und Büro und Leegene druusmache. Me cha hie und sältsch e Lade, e Gaschtstube, schier öppis wien es Hotel anepflümle. Das bringt ämmel Gält y, me goht nit z Grund, me cha sogar d Schulde ferig zahle. Und wenn ainisch der Guldruusch verrället und vernüechteret, so isch me doch no do und cha wytterluege.»

Gottlob sy die merschten Indianer ihrem wysse Häuptlig treu blibe! Er het en ortlige Tail vo syner Ärn chönne rette. Numme het me das Züüg nit chönne drösche, wils a Möntschen und Tiere gmanglet het. Me hets also uf im Fäld müesse zsämeträgen und uufbyge; i de Schüüren und Spychere hai jo jedwädi Nacht Guldjeeger pfuust. Fryli, uf im offnige Fäld isch der Waize nit sicher gsi. Er het Bai übercho. Guldsuecher hai aifach Ärfel und Ärfel dervon ewäggtrait und ihri Muulesel und Ross dermit gfueret.

Und i das Eeländ yne hets no Grücht gwäit. Dä haig an eren enzige Guldstell sächzähtuusig Doller zsämegchratzt, dain haig us numme feuf Chäre Grund öppe füfzähtuusig Doller gschüttlet, grytteret und gseechtet. In eren änge Chlimse bi der Sagi haig im Sutter sy Vehhärdelaiter und Mary-Ma in ainer Wuche sibezähtuusig Doller gunne. Dasch nit nummen e Trog voll aichig Bireschnitz, he? Jä, und der Wäber, ebe dai Wäber, wo ammet im Castro Vallejo sy zeuftig Gännералstebler gsi isch und es Zyttli halt au d Luft vome Fort-Eggturn ygschnuuft het, sell bigoppligen imene Bach, wo hütt no sy Name trait, e Guldchlumpen uusegfischt ha, er wäg elaiggen und ohni Drumunddra zähnehalb Pfund. Iez der gross Huufe vo dene Guldsuechere tüei zsäge jedwäde Tag so acht- bis zähtuusig Doller vüremache. Dasch e Prägel, haiterenabenander!

Bigryflig, ass dere Grücht d Luft fülle, ass sin e Gluet i s Land bringe, wo alles chönnt bache dra, nit numme fiebere. Bigryfliger no, ass s wien e Ruusch über Kalifornie chunnt. Was bis do ane gulte het i Handel und Verchehr, im Umgang mit de Mitmöntsche – dasch iez ewägggwüscht. Ehrligkait, Moral, Astand, Rächt und Grächtigkait – wie zerbloose. Do gitts nüt meh z balge! Wenn si au ab und zue etail Lüt no wacker wehre – si chönnen im neue Chuuch us de Bärge nit widerstoh. Au der Sterchscht laits um!

Und all meh Guldsuecher sy anecho. Wien e Strom duruuf, wien e Strom us de Bärge zrugg ischs hin und här, hin und här und het si im Sutter-Fort gstaut. Und was für Lüt het me do chönne gwahre, gwüs vo jedwädere Sorte, wo der Heerget nummen uusdänkt und uufgstellt het, es Muschter! Aber ain wie der ander e Niegnue und glych e Haissen im Augschte. Natürlig hets au a Lyren und Morälle nit gfehlt. Jäjä, so Mannehosigs und Juntegwächs! Ame schöne Tag isch sogar der Martinez mit e paarnen us syner nööcheren oder wyttere Verwandtschaft agruckt. Der Sutter het in grad gseh i Lade vom Brannan goh. Es het in zwackt, er hätt däm Ugschuef am gärnschten ais glängt. Aber do isch im juscht s Nelly z Sinn cho, und er het numme brümmelet: «Er passt zue den andere. Iez isch im mys Land rächt. S sell im guettue!»

Und all wider neui Lüt! Und schier der Hinderscht mit ime Muulwärch, as gults der Taglohn. Hai die aim doch agranzt, e Stud hätt chönnen uusschlo derby! Und het der aint gcholderet, ass s aim gsi isch, der Chifel sett im verstuuche, se het der ander gwätteret und gfluecht, d Läfzge hätten im chönnen abgheije derwäge. Dur s Band ewägg Hässigs! Numme nüt meh vo der gmüetligen «olte Zytt», wos no vätterlig, haimelig zuegangen isch, wo me jedwäde mit ime Handdruck grüesst het, wo gly ais aständig Wort s ander gee het, ass men im Nu gwüsst het, wies stoht und wohar und wohi.

Und gället, Hals über Chopf schnütze die Zweubainer a, Hals über Chopf schwiren oder trottle si ab. Ross und Ryter hänke der

Lälli uuse. Mit ere ruuche, helsere Stimm, flessig, schnuderig, frogt öppen aine nom Wäg i d Bärge. Und waiss er, wo dure, se bohrt er sym Chläppergoggi d Sporen i d Sytte, ass er schier zsämegheit – und furt fliegt das Gschüüch – und in ere Staubwulche mag me nüt meh gwahre. Numme ghöre tuet me dä Gruus no lang! Das chläpperet, chlimperet und chesslet vo den aghänkte Becki, Platte wie Wäjebläch, de Picklen und Schuufle – all wytter ewägg. Bloos ain do Äsche!

Jä, und die, wo ammet us de Guldfäldere wider zruggchöme? Die verproviantiere si, wai si schadlos holte für d Müeji, wo si i de Bärge gha hai. Si ässe, si trinke, was chuum in ere Chuehutt Platz hätt. Si läbe si uus. Und überal ligge leeri, hinigi Gutteren umme. I den Egge vom Fort-Hof hets afe ganzi Schärbehüüfe. Und wo me goht und stoht, do plampe, gwaggle Bsoffnigi derhar, lallere und – schlöjen aidwäders wider öppis chrüz und chly zsäme. Es gitt Schlegereien an aim Gurt. Me längt enander i Sack, stihlt im Wysewy s Guld, mängisch uf e fyneri, mängisch uf e rüücheri Art, öppen ohni ass s der ander merkt, öppe ruechemeessig mit im Mässer. Allbott tuet ain vergaischte. Überal gwahrt me vergrinneni Auge, und Schritt uf Schritt gleest aim s Hindedra vo däm Guldruusch a. Es isch truurig und gruusig in aim. Es isch s Eeländ und der Tod inenander...

Was wunders, ass der Sutter e Brief schrybt! Dasmol an e wyttläufige Verwandte z Darmstadt, wo syni Bueben Emil und Alfons i der Astandsschlyffi het. Zerscht frogt er, wie si die Bürschtli mache, derno brichtet er, ass der Landschryber z Lieschtel alles, was i Sache Gält müess greglet wärde, i de Händ haig. Äntlig verzellt er es Wytts und es Braits, wien er haig müessen umstelle, wie sy ganzi Arbet, aigetlig sys ganz Läben uf es anders Gleus grütscht syg ebe wäge däm verfluemerete Guldfieber. D Lüt sygen aifach kaini Möntsche meh, si syge bsässe. Öb d Hell uusbroche syg? Wil alli böse Gaischter und Gspängschter so huusen und s Letscht underobsi chehre? Es wärd jo nüt weder gmaust und verschlänggeret und verflökt, nüt weder verbrüelt, verchätzeret, z Bode trampet. Är sälber chönni nümm buuren und wärche. Sy Läbesarbet syg dehi. Sys Läbe sälber motti numme no. Aber er glaubi ainewäg, es chöm ainisch wider e Luft, wos achuuchi, ass s wien es Füür uufgöng und e suuferi Flamme zaig. Är gäbs ämmel nonig verlore. Was er iez machi? He, im Fort und um s Fort umme gsäis doch wie uf ere Mäss uus. Öppen es Dotzed Chauflüt haige si do ygnischtet. Me chöm für d Stuben im Monet hundert Doller Mietzeis über. Der Kyburz haig s ganz Heerehuus gmietet und zuemene Gaschthuus gmacht. Är, der Sutter, chönn jedwäde Monet byn im feufhundert Doller go yzie. Wytter syge d Prys gar unerchannt i d Höchi gschnellt. Es Fass Mähl choschti hütt sächsedryssg Doller. Wägem Guldruusch. Das syg e Sach das! Der Guwernör Mason haig die Guldwäschereien ygschetzt und sägi, im Tag wärd luterlötigs Guld im Wärt vo dryssg- bis füfzgtuusig Doller grabe.

Jä, das Guld!

Chuum isch im Sutter sy Brief furtgfloge, unds isch scho wider e neui Gschar Guldsuecher agruckt, dasmol aini us de «Staate». Drunder isch aine gsi, wo im Sutter bsunders uufgfallen isch: der Laufkötter. Wie us im Himmel gheit, isch dä Ma, wo synerzytt uf ai Chlapf het wölle rych wärde, vor sym «Fründ» vo dainisch gstande. Het das Auge gee! Natürlig ischs nit ohni e guete Schluck abgange. Derby het der Laufkötter verzellt, won in s Läben anepeutscht haig. All Wäg bigoch! Obsi, nidsi, hüscht und hott! Vo St. Charles uf Neu-York, vo sältsch i d Südstaate, vo denen uf Kanada. Und überal ghändelet, gchreemerlet, öppis gunnen und under der Hand verlitzt. Nüt syg blibe. Drum i s Wunderland, i s Guldland! Hie wärds iez äntlig cho, s Glück. Vo Meer ze Meer brichte si doch, alli Zyttige schrybe, wie men i churzer Zytt, zsäge vo hütt uf morn, stairych wärd. Im Sutter sy bi däm Bricht d St. Louis- und d St. Charlestagen uufgstige. Underainisch gwahrt er wider s Nelly lybhaftig vor im zue. Er ghört nüt meh. Er merkt chuum, ass der Laufkötter uufstoht und furtdycht. Er vergisst überhaupt alles zringelum.

So ischs gsi. S guldig Zyttolter isch abroche. D Lüt sy im Guld gstande. Drum hets nit nummen im Sutter-Fort afo lotzen und lottere, näi, im ganze Land, sogar i Landstraifen änen a de Bärge, änen a de Meere. Derby sy Suffereie, Stählereie, Händel und Wybergschlaik, Mord und Todschlag all mehr uufcho.

Mit däm isch der viert Heumonet, der amerikanisch Nazionaltag, agruckt. Me het der Sutter aisgurts i s Liecht glüpft. Was er vor Johre no gweuscht het und doch nie z erlänge gsi isch – iez ischs anecho und wien e Wirbelwind über in gange: Anerchennig, Ehr, Ruem. Es het im Sutter aber nit guet to. Er isch derdur vom tiefen Innehar i s nit tief Ussehar grütscht. Er isch sogar uusgschlipft und het sy ruejige Gang und sy feschti Holtig verlore.

Looset numme!

Also a däm höche Tag isch uusgrächnet der Guwernör Mason mit synen Offiziere i s Fort uf Bsuech cho. Nit nummen i pärsöndligi Sache, oder wägem Plan über s Land um Coloma – settigs isch scho lang i Vergäss grote – näi, im Uuftrag vo der Regierig z Washington. Me het der Sutter zem Tischpresidänt gmacht. I Trinksprüchen und Feschtrede het men im Heer und Maischter vo der Neue Schwyz, im grosse Pionier und Wägbahner für die Verainigte Staate s Lob zwägbüschelet und anebrocht. Der Sutter het fürn e paar Stund sys inner Eeländ chönne vergässe. Ischs im aber doch öppedie obsi cho, se het ers mit ime guete Schluck abegschwänkt. Und all hai die höche Heere wider afo rede: Im Sutter sym Undernähmigsgaischt haigs d Wält z verdanke, ass me das Guld gfunde haig. Är, der Schwyzer, haig den Amerikanere das neu Land, dä keuftig Staat Kalifornie quasi i d Händ glait. Er haig aber au Tuusige d Augen uufto, ass si über Land und Meer hie ane luegen und gsäje, was do isch und was s do gitt. Der Haupme Sutter sell läbe, höch läbe!

Natürlig het der Sutter die Wort gärn hinderegschläckt. Si hain im gar wohl to. «Äntlig», het er innenabebrümmelet, «äntlig gsäje si au änet de Bärgen y, was i scho gmacht und glaischtet ha. Numme, es nützt nüt meh. Sogar dä höch Tag wird vom dräckige Grundwasser überwaalt, ewäggschwemmt, uusgwüscht. Es isch z spot, alls das isch z spot.»

Me het härzlig Abschaid gno. Der Guwernör het der Sutter agholte, er sell im doch d Ehr atue und in ainisch bsueche. Aber so schön alles gsi isch – im Sutter ischs wien e liebe Traum dervo. Und s Gräbel und Wüeschttue um in ummen isch all mehr agläge. Der Sutter het der Uuswäg nümm gseh, d Stimm vom Nelly nümm ghört. Er het der Tag lo cho, wien er cho isch, het in wider lo goh, wien er gangen isch. «Lo schlittle, wär wötts heebe!» ischs im öppen uuse. Dermit isch är sälber gschlittlet, alls nidsi, nidsi. Woll het er mängisch wider en Arang gno; aber d Chraft für dergegen und derdur isch z schwach gsi, si het versait. Wie ain, wo i muerige, chnätschige Bode trampet, wytter abesinkt und nümmen uusechunnt, so ischs im gange. Es hätt scho öpper müesse cho zie. Aber wär hätt das wölle! Es sy jo alli nit im Trochne gstande.

Fryli, wemme dänkt, was der Sutter in ere Hampfle Johre glaischtet und zwägbrocht het, se wills aim nit rächt i Chopf, worum er si iez eso lot goh. Steckt er denn däwäg im Gulddräck inn, ass er nüt anders meh gwahrt? Und halt au mitschwingt, nummen uf en anderi Art? Oder isch er aifach ferig mit syner Arbet, mit syner Uufgob, mit ihm sälber? Isch ächt dais, was er vo innen uuse, so as Wärchzüüg vom Schicksal, het müesse mache, ebe gmacht – und dermit alles abgloffe, wien es Zytt ablauft ze syner Zytt? Luege mer wytters!

Uf en Augschten isch der Sutter wider uruejiger worde. Er het afo jüschten und isch aidwäders hinder all Chäschte go schneugge. Und älehüpp ab! I d Bärge bigoch! Wie wenn in der Guldtüüfel am Eermel packt hätt.

Me het numme der Chopf chönne schüttle. Wär het im denn dä Schupf gee? Nit s Guld. Der Sutter het jo härzlig wenig grabe. Er het numme zem Fort uus wölle, furt. Wägem Läbe, wies der Heerget verbotte het und wies der Bös ob allne Böse sältsch füert? Wäge daim Läbe, wo si afe tagenacht in alle Stuben und Chammere, i Spycher und Schopf, uf im Platz und um d Muuren umme braitmacht und uusgitt? Au nit!

Es het si um e «Flucht» ghandlet, schier wie die erschti über d Schwyzergränze vor vierzäh Johre. Der Suhn, der Erscht, der Johann Auguscht Sutter junior, isch uf der Rais hiehar, wien e Poscht mäldet. Und däm hüschtigen Uufbruch isch wider ainisch e Nacht voruusgange mit im bösischte vo allne böse Träum: der Hag und der Hoggefinger. Jä, und däm Traum isch e Kampf noocho – wie no kain! Der Vatter Sutter het alles, was er uf der Hockfarm mit der Manuiki abgmacht het, vürebrocht, het der guet Wille zaigt, het si ehrlig abgmürtet – und glych der Churz zoge. Je yfriger as er drufflos isch, je dütliger het er müessen ygseh, ass er z schwach isch, ass er der ander Sutter in im inn aifach nit mag ergmaischtere. S Augewasser isch im d Backen ab. «Manuiki!» het er lut grüefe, wien es Chind, es hilflosis Chind der Mueter rüeft. Aber nüt isch cho, won e Hoffnig brocht hätt. S Kunträri derfür! Der Zwängchopf isch im Sutter uufgstanden und het gsait: «I chönnt uf d Hockfarm go luege; aber z Tratz gang i nit! I will aifach ab, will vergässe, fertigschnätz!» Und am Morgen isch der Heer und Maischter vome Privatrych wie kais wytt und brait, der «König vo Kalifornie», der «Guldkönig» as es eeländs Hüüfeli hinder im Umhang vom Himmelbett ghuuret, wie wenn d Angscht und d Gschämigi zsäme lybläbig Gstalt agno hätte.

Es isch derno fryli zueme früschen Uufbäume cho, ime Ross z glych, wo der Chappezaum sant Biiss und Sattel wött abschlänggere. Aber der Ryter isch nit us im Sattel gheit, er het wäder Stygbügel no Spore verlore, wils eben e Ryter isch, wo im wildschte Gaul gwachse mag sy: s Schicksal. Das het sys Rächt verlangt und die ygfädleti Sach wölle z Änd füere. Und do hets numme no ai Uuswäg gee: d «Flucht». Nit blos us im Fort ewägg, näi, us im ganze Tue und Tryben ewägg – go vergässe.

2

Der Sutter isch also uf Coloma und i d Bärge gange. Die erschte zwee Tag isch er vo ainer Stell ze der andere gleutscht, zsäge planlos und wie ghetzt. Er het zuegluegt, wie si do Grund und Grien uuseschuufle, wie si Stai abchratze, wie si Sand rytteren und Guld wäsche. Überal sy lotterigi Hütte, schitteri Baraggen und wintschi Zält gstande. Öppe zweutuusig Möntsche hai um d Sagi umme bis i d Flüe unen ihri Lager gha. Do het me Wäge gseh, dört Chäre. Hie sy Muultier apfohlt gsi, sältsch Ross frei ummegloffe. Neume hai si gholzet, neume ghämmeret und gnaglet. Es het neui Hütten und Schnapsbude selle gee.

D Schnapsbude! Schier a jedwädem Eggen isch sone Dileverschlag gsi. Manne sy ynegschuenet. Manne sy uusetschalpet. Neumen isch es Tschudeli wie der lybhaftig Verbärmscht ghuuret. Neume het si es Fägnäscht gwichtig gmacht. Und Gure sy ummegwatschlet, Stygelen und Staglen überal im Wäg gstande. I de Bude hai si brichtet und glacht. Allbott sy Gschichten uuftischt worde, aini gstrüüsster und verlogniger as die anderi. Aber alli wägem Guld, potz Blitz und Halfterchettene! Und der gringscht Särbel het e grossi Röhre gha und der Haimlifaiss vüregchehrt. Allbott het me ghöre fluechen und uufbigähre. Allbott hets polderet und gschärbelet. Öppen isch e Ma uusegfloge wien es Stück Holz. Kais Bai het si wytter um in gchümmeret. All ander Tag hets e wüeschti Schlegerei und Mässereten abgsetzt. Dasch gstochen und ghaue worde, ass s Bluet sprützt. Aber Dotni hets hie bis iez kaini gee.

Derfür het me hundert, tuusig Läbigi zellt! Die sy gegen Oben i die Schnapspinte cho, hai e paar Guldchörndli aneglait und d Schnapsgutteren i d Händ gno. Druuf hai se si neume gsädlet, um es leers Fass umme, wo as Tisch dient het, oder um en umgchehrti Holzchischte. Und scho isch dä und disen agruckt. D Koleegen oder Kumpane binenander! Aber doch het no öppis gmanglet: dais zem Lache, dais zem Tätschle, dais zem Ummedrücke – s Gspusi. Kai Angscht, derigs isch au barat! Z Hunderte sy si jo cho, die Indianerwybli. Me gitt ene z ässen und vom Schnaps, wemme zfriden isch, gitt au öppen es lützels Guldchörndli – und scho hange si aim wie Chläberen a.

Jä, und i das Läben ynen isch der Sutter cho. Die merschte hain in agluegt wie aine vo tuusig. Dä und dain vo den Agstellte het in aber bsunders früntlig uufgno und e Freud gha ass der Heer und Maischter au der «rächt Wäg», der «guldig Wäg» ygschlage het.

Nu, der Sutter het gspürt, ass me do cha flie und vergässe, nämlig vo daim ewäggflie, wo aim wie der Schatte noolauft, wo d Seel uufwüelt und plogt; dais vergässe, wo men am gärnschte nie ghört hätt. Drum dry i das Glärms und Tuens, dry i das ganz ander Läbe!

Und er isch dry, der Sutter, het sy früntligi Art vüregee, het ploderet und trunke, het neui Fründschafte gschlossen und olti wider uufgwermt. Im Schwips isch er vo aim Tag in andere gschwapplet. Alls het in lychter dunkt und gmögiger. Fryli, öppen isch im d Hockfarm vorcho, het er aidwäders d Manuiki vor im gseh und derby gspürt, wie wytt abe ass er gschlittlet isch sytt dainisch, sytt im letschte Früelig. Aber er het der Muet und d Chraft nümm gfunde, für obsi z chräsme. Er het numme no vorabegsürmelet: «I bin e Fötzel! Ha mi lo goh. Ha alles uufgee, wo mi chönnt heebe.» Mängisch het er mit der Hand gwüscht – und der Helgen isch ewägg. Und e Stimm het im zuegchlüüslet: «Lue, alli sy so abegheit. Waisch, dasch ebe s verfluecht Guld. Unds isch die neui Zytt, wo jäst. Wie sait me? Guet jäse, gitts e Lutere! S Schicksal wills halt eso. Wär wött im widerha!»

Wie zem Gspass isch der Sutter au echly go Guld grabe. Mit den aigene Chörndli het er z Obe zahlt und wie die andere zringsetum trunke, brichtet, glaferet, tätschlet und afo gwaggle; aber nie fuuli Witz grisse, im gröschte Troli nit. Nüt meh vo «Heer spile», nüt meh vo daim Hockfarm-Sutter, wo wött ergmaischtere. Numme vergässe, undereschliefe, undergoh! Bim Schnaps, bime Schwätz – oder i Wyberarme!

Sogar bi olte Bikannte! So unerwartet wie unerweuscht gheit der Sutter ainisch schier uf e Rosshändler ue, wo schynts syne «guete Biziejige» z Tratz hie ane cho isch, für Guld z wäsche. Der Sutter hänkt zerscht wägem Zsämeputsch, derno wägem «Grüenhorn»-Zäpfler e Lüppel uuse. Won er aber merkt, ass in dise gar nümm chennt, wird er nööchberlig und brichtet vom

Guldsueche, wie wenn das sy aigetlig Bruef weer. Der Rosshändler loost und sait mit derzytt, ihm gfalls nümm do, er wöll wytters, ganz i d Bärgen ue. Hie umme syg gar e Chaibete, e wohri Chilbi, me tramp enander d Zeechen ab. Und wäge däm blyb aim zsäge nüt i de Fingere. Ämmel ihm wölls nit, ebe s Glück. Es wart allwäg neumen anders uff in.

«Nit jedwäde het der rächt Laik und der rächt Griff», sait der Sutter. «I läng au all dernäbe. Wenn i so zrugglueg, se dunkts mi, i haig s ganz Läbe dernäbe glängt. Aber i ha mi jo nit sälber gmacht. So nimm i s halt, wies chunnt.»

«Numme nit abgee!» tröschtet der Rosshändler. «S chunnt scho no. Was gilts, do i der Hand heeb i gly ainisch e pfündige Chlumpe Guld! Und dä pfyft die anderen ane. Morn scho schieb i ab.» Und wien es gsteukts Ross isch er dervo. Me hätt chönne mende, er schmöcks, er gsäis und müess s numme go länge.

Anderscht e Frau, wo der Sutter ime Graben atroffe het. Si het mit ere Gschar Bueben und zwee Manne juscht Grien verläse. Wo si uufluegt, wär do duregoht, erlickt der Sutter s Ammol uf im lingge Backe. Er stutzt – und scho gseht er das Wybli uf im Schiff «Nouveau monde». So frogt er, weles ass iez der «Brüetsch» syg. Die Frau verstuunt ganz. D Auge wärden all grösser. Underainisch waiss si, wär vor ere stoht. Si putzt waidlig d Händ ab und chnorzt us im Graben uuse. Es gitt e härzligi Bigrüessig. Der Sutter frogt, was so gange syg zider. S Ammol-Wybli stellt im der Ma und der «Brüetsch» vor, derno ihri Buebe, schier e Zotterete. Me verzellt, ass me s Guld ganz vergisst. Wo der Sutter afe die halbi Familiegschicht chennt, ladt er das Fraueli und der «Brüetsch» zuen ere Fläsche Wy y. I der vordere Baragge gäbs derigs. Si säge «jo». Dermit gönge die drü i d Baragge, trinken und brichte zsäme wie Lütli, wo so vill mitenander erläbt hai. D Stunde sy ughört verloffe. S isch dimber worde. Jedwädes het der Chropf gleert und s Härz uuspackt. Jedwädem hets wohlto, wider ainisch die Sytte vom Läbe z gspüre.

Iez ainisch gwahrt men us im Wold e chlyne, magere, halbblutte Ma cho. Er goht i die erschti Schnapsbuden und warnt vor däm

Gift. Me lacht e Schübel uuse. Aber dä Blütz lot si nit vergelschtere, er hebt die spränzeldünnen Arm uuf und redt wie ain, wo mit deer Gsellschaft will z Bode mache. Ärnscht chöme d Wort über die schmale Läfzge. I de schwarzen Augen under de buschige Bräme brennt sones aiges Füür, ass me wie glehmt dohockt. Aim, won e leeri Guttere wött bänglen und scho uufziet, sackt der Arm abe – wien e Blitz ischs us denen arigen Augen uf in lospfylt und dur in dure gfahre.

Vo der erschte Schnapsbude goht das chly Chnochemandli mit sym Hoorghürscht bis uf d Achslen abe zer zweute, zer dritte Schnapshütte. Und all wytters! Kaini lot er duss. Überal goht er yne, wo s rauchig Funzleliecht dur es Haiterloch luegt, as gluurti e Strosselampe dur e dicke Näbel. Überal stoht er e Chehr im ruessige Dilen- und Latteverschlag. Überal will men in zerscht mit ime Schübel Glach vertöffle, derno mit Fluechen und Dröje versteuke. Aber niene gscheht im öppis, und alli hai zletscht es uhaimligs Würgen im Hals.

Dasch der Indianerpater Gabriel, der Gäbi.

Er isch us tiefe Jagdgründe hiehar gwalzt, wil er dänkt het, er findi au Indianer do und die wöll er rette. I dene Bude göngs sowieso der lätz Wäg. Nu, er het e paar gfunde; aber die hai si scho drückt, won er nummen ynecho isch.

Möndrisch het me der Gäbi derno i de Wäschstelle gseh ummegaisse. D Indianer hai gly alles lo liggen und sy zuen im gsprunge – wie Chind, wenn der Vatter vom Märt haichunnt und e Chrom uuspackt. Er het enen aber numme gsait, im Guld läbi der Bös. Er chöm fryli nit vüre, wenns für öppis Rächts bruucht wärd. Alles Rächt und Guet chönn der Bös banne. Derfür chöm er mit aller Gwolt uuse, wemme mit dene gäle Bölleli öppis Schlächts chaufi. Und schlächt syg der Schnaps; er vergifti nit numme s Bluet, näi, au d Seel.

E paar Tag isch der Gäbi no i de Schnapsbuden ummegange. Es isch im allwäg drum z tue gsi, uusezfinde, öb doch öppe nonen Indianer ynetwütsch. Er het kaine meh gfunde. Aber neumen isch im der Wirt mit ime Bängel ergege cho: Wenn er nit huium abfrack, se schlöi er in zeme Hüüfli Bainer! Scho ziet er uuf. Do stoht wie anegwäit der Sutter vor im: «Furt mit im Bängel! Dasch my Fründ!»

Der Gäbi stuunt, luegt in lang a und chlischplet derno schüüch und verläge, öb er so guet weer und e Rung uusechiem. Er hätt nones Wörtli für in.

Der Sutter isch gange. Dusse bittet in der Gäbi, er sell doch nit i die Stinklöcher goh. Do läbi d Seelesüüch und d Härzpescht in aim. Für ihn sygs sündeschad, ass er si so abelöi und ainisch mit im Grümpel ewägggheit wärd.

Der Sutter stutzt und suecht no Worte. Äntlig bringt ers zwäg, ass er im Gäbi cha säge, worum er überhaupt hie syg und ass er kai andere Wäg gfunde haig.

Im Gäbi syni Auge blitzen underainisch uuf. Und scho chunnts vüre: «I chenn di allewyl no. Aber mir zwee sy gstorbe für die Wält. Im Himmel gsäje mer is wider.»

Dermit isch der Gäbi furt, lys und lycht wien e Chuuch.

Und der Sutter het a Chopf glängt und gsürmelet: «Gstorbe für die Wält – im Himmel – und er het mi duzt! Aber er het rächt. Er ments seeleguet mit mer. Er isch überhaupt der unaigenützigscht Möntsch, wos gitt. Und er isch der liebscht Möntsch, wo der Ärdbode trait, dä Gäbi! Drum het er die Macht über alli Indianer. Wien e Hailige verehre s in jo. Jä, isch er nit e Hailige? Wär weer denn süscht schon e Hailige?»

I der Baragge vo s Weimars bi der Sagi isch der Sutter derno i s Bett cho. Er het no langlang im Gäbi noodänkt. Und ob der Frog, öb der Gäbi ächt e Bott vom Guete Gaischt syg und öb er ihm ächt no ainisch der Wäg müess wyse, isch er ygschlofe.

Uusgrächnet i die Zueversicht, wo aifach alles drunder und drüber isch, wo s Guldfieber wüetet und Ornig und Zivilisazion uf e Huufe gheit, trampet der jung Sutter.

Er hätt scho kai dümmeri Zytt chönne wehle! Aber är sälber het se jo nit gwehlt, so wenig wie sy Vatter der Guldruusch gwehlt het. Das het si iez aifach so braicht, het si so gee. Unds schynt nit nummen e ganz en arige Zuefal z sy, s isch s Schicksal, wos eso glaitslet het. Überhaupt «Zuefal»! Wemme die «Zuefäl» echly under d Lupe nimmt, se gwahrt me no gly ainisch, ass si neumedure mit ime Gschehnis zsämehange, ass si au wie s ander, won is nit as «Zuefal» vorchunnt, quasi Glaich sy – Glaich vo dainer arige Chettene, wo der Ablauf vome Läben uusmacht. Numme ass d «Zuefäl» meh vürestäche weder die Glaich vorfer und hindefer dra; si sy glaschtiger oder dicker; si gumpen is i d Auge, wie me sait; mer gwahre numme si – und überluegen alles ander, gsäjes nit emol meh oder achtes ämmel chuum.

Item! S Schiff het der Suhn Sutter dur s Guldig Tor brocht, wie synerzytt der Vatter. Numme het äs dörfe landen und het der Hafenort nümm Yerba Buena, derfür San Franzisko ghaisse. Und do sy däm junge Ma scho die erschte Bricht über der «olt Heer» z Ohre cho.

Die ainte hai gsait, der Haupme Sutter syg der rychschst Ma uf der ganze Wält; aber er wüssis nit. Scho s Land elai haig e Wärt, me chönnt in chuum schetze. Derno die ville Gwärb und Fabrike mit ihrne Maschinen und allem Gschir – es syg nit z errächne. Und erscht no s Guld! S Guld, wo i däm Sutter-Bode liggi! Vo rächtswäge ghöri das alles ihm, eben im Guldkönig. Und wenn er no Gsetz wött, se müessten im d Guldjeeger alles abgee – und är teet se derfür etlöhne wie fürn en anderi Arbet. Aber ebe, es haperi a der Yrichtig. S Staatswäse sygi halt no z jung, es laufi nonig im Gleus. Es mangli a der Uufsicht und Kuntrolle, es fehli a der Polizei und a de Gricht. Es sygi alles erscht im Tuens, i der Machi. Und der Sutter sälber löis cho, wies chunnt, und goh, wies goht. Me chönns alluege, wie me wöll; aber das Guld syg zer dümmschten Uzytt vürecho, wos numme gäb: die Neui Schwyz und ihre Heer und Maischter juscht e paar Schritt vor im Zyl zue, s Land Kalifornie sälber nümm mexikanisch und nonig amerikanisch, nit haiss, nit cholt, wäder das no dais – nüt meh und no nüt, also glattewägg und duredur nüt.

Jä, und die andere hai d Mainig gha, der Sutter syg eermer as arm. Sy sorglosi Art, sy Hang zem Vergüüde, sys ebig Versprächen und Verschänke haig in an usserschte Rand brocht. Es bruuchi numme nones Schüpfli – und der Sutter ghei abe, ganz abe. Es syg wäger schad für in; dä Ma haig schier übermöntschligi Goben und Chreft inn im. Aber er haig halt so Schurken und Wybergschlämp um in umme. Dene glaub er alles. Und wenn er ne doch uf e Strich chöm, se vergäb er ne nummen und säg, si selle settigs lo sy. Churz, die Halunggewar haig ihre Maischter buechstäblig um e Finger gno.

Gället, so hets glüte, so hets gschället. Iez chönnet-er ech öppe vorstelle, wie die Bricht uf s Gmüet vo däm junge Ma gwürkt hai. Vergässet derby aber nit, ass er in aifache, aigetlig eermlige Verheltnis uufgwachsen isch, ass er schmürzelig gläbt het. Vergässet wytter nit, ass für ihn bis do anen alles sträng no Gsetz und Ornig gangen isch. Nüt isch gmacht worde, ohni ass d Mueter dryglängt het. Jedwädes Räppli het me zweunisch oder sogar drünisch umgchehrt. Drum het si dä Burscht so härzlig druuf gfreut, äntlig us im Gschir und ab der Diechsle z cho, äntlig freier z wärden und en andere Luft um in umme z ha. Drum isch im der gross Schritt über der Gross Bach i die Neui Wält ehnder wien e Freudegump vorcho, gar, won im der Landschryber z Lieschtel alles so süüferlig brittlet und zwägglait het und die letschte Brief vom Vatter sones härzligs Gottwilchen i d Ohre bimbelet hai. Er chönn in guet bruuche, het dä mächtig Heer vo der Neue Schwyz doch gschribe. Er sell numme nit lenger lyre, do chönn er läbe wie im Himmel voruss, jedwäde Tag lauf wien es Brütli zem Schatz vordure.

So öppis het glüpft und zoge. Und iez?

Afen en erschti Dusche, e cholti, si jagt der Tschuuder ruggenuuf, ruggenab.

Däwäg stygt der Sutter junior i d «Sacramento», wo zuefelig grad im Hafen isch. Und er fahrt duruuf, alls duruuf. Er luegt über d Wasserstross, luegt über d Bort hüscht und hott ewägg; aber er gwahrt nit vill. Vor synen Auge stoht all der Vatter – und zwor dä Vatter, wo d Mueter dehai zaichnet und anegmolt het, dai Vatter, wos haisst, er syg vo hitziger Art, s fahr öppe wien es

Wätter inn in, er haig sones schutzligs Wäsen und wöll nüt weder der Heer, der Fürnähm spile. Zwor toli er nüt Gmains oder Minders um in umme; aber er wöll allewyl rächtha, er mendi, nummen är gsäi guet, nummen är findi der Hoggen uuse, alli andere luege verby.

Jä, und näbe dä Vatter chunnt iez der ander, wo schynts trinkt und mit Wybere goht, wo schänkt und vergüüdet, wo verspricht und nit holtet, dä Vatter, won es Läbe füert, wies sonen Indianerhäuptlig dänk füert.

Weles isch der rächt Vatter?

Der Suhn Sutter schüttlet der Chopf: «D Mueter wirds am beschte braiche! Numme, s cha jo sy, ass er si i dene ville Johren und i däm ganz andere Läben änen a der Wält gänderet het. Wär wötts wüsse!»

Under Hoffen und Plangere, under Zwyfel, won er bis hie ane gar nie gchennt het, chunnt der jung Sutter bi der Ländi äntlig a. Do gseht er drei, vier Agstellti. Er grüesst, er sait, wär er syg. Derby merkt er scho nome Rüngli, ass die Mannen Öl a der Chappe hai. Unds isch doch no haiterhäle Tag! Nu, si füere der «Herr Sutter junior» i s Fort. Do sait men im, der Heer syg i d Guldbärge gange, er chöm erscht in e paar Tage zrugg.

So het der Suhn Sutter gnüeglig Zytt, die Sach afen azluegen und z muschtere. Ohni ass er will, wärde die schlimme Bricht vo San Franzisko zsäge mit jedwädere Stund gfarbiger und wohrer. Er gseht und gwahrt, ass s hie zue- und härgoht, wies numme cha zue- und härgoh, wenn alles übereggs und underobsi isch, ass s Letscht i Hinderlig chunnt und der Tüüfel sälber regiert. Himmeltruurig, s chönnt aim z hindefür mache!

Und scho möndrisch oder übermöndrisch isch der jung Sutter mit allem im Chitt und i der Rahme. Der Helge hangt fixferig vor im zue. Und der Johann Auguscht sait vorabe: «Die merschte sy furt go Guld sueche – und die, wo no do sy, mache, was si wai. Jedwäde nimmt, was im Vatter ghört. D Händler und Chreemer im Fort verchaufen im hinderschte Bai Ware – uf d Rächnig vom Vatter. Und wies mer vorchunnt, het der Herr Brannan aigetlig alls i de Händ.»

Wie stohts aber im Büro? Me cha Schublade vürezie, wo me will. Do lytt e gwichtige Vermässigsplan, dört es ganzis Bygeli Rächnige vom Fremont. Wemme die muschteret, se cha men ergseh, was d Eroberig vom junge Staat Kalifornie der Privatma Sutter gchoschtet het. Es längt über all Marchstai und Gränzpföhl uus. Und was isch hie? E Huufe Kreditbrief vom Sunnol z San José. Zahle, ganzi Bygene Zahle – d Hoor stönden aim z Bärg! Das alles het der Vatter scho aneglait? Und dere Löcher sy no z verschoppe? Wowoll! Jä, und sältsch? Glart aim der Vertrag mit der ruessische Pelzgsellschaft sant im Nootrag vom früejere Kummandant und Schriftsteller Rotscheff a. Und niem schliesst d Chäschten ab? Niene stoht e Wach oder so öpper dervor? Me chönnt Chopf vora dur all Böden und Wänd!

Wo der jung Sutter ainisch frogt, worum die gwichtige Papyr numme so ummeligge, do sait men im, wil halt alli Lüt s Guldfieber überco haigen und ab syge. Das haig frylig e Fuer gee, e häli sogar! Schier uf e Chlapf syg alls gar grüüslig i Brascht cho – und öb topig oder gischplig, öb bärhämisch oder wien e Chitter im Wäse, öb e Schlurpi oder e Wältsfäger, e Chalberi oder e Schützligbueb – men isch uuf und druus. Guld, numme Guld! Au d Garnison syg scho lang nümm hiesig. Aber das syg halt überal eso. Sogar bim amerikanische Guwernör, wo doch die höchschti Amtspärson und rächtmeessigi Regierig isch, lueg und sorg niemer meh. D Wält syg eben us im Lym. Alls syg verruckt. D Möntsche ghörten a d Chettene wie bissig Hünd.

Was wunders, ass dä schlau, gscheit, energisch jung Ma numme no der Chopf het chönne schüttle! Es het im bis z innerscht yne wehto, ass so gar nüt vo Brevi ummen isch, ass d Bitteri aim ganz übernimmt. Sys Tämperamänt het si afo uufbäume wien es überfyns Rytross. Er weer am liebschte wider umgchehrt. Und er het tatsächlig der Plan uusgheckt, wien er ab chönnt, hai, zer Mueter zrugg.

Er weer allwäg gange, wenn nit no öppis do gsi weer, won in hebt: Zerscht der Vatter gseh, zerscht mit im schwätze!

Äntlig nonere Wuche voll Uufregig und Angscht isch der Vatter cho.

Vierzäh Johr hai die zwee Sutteren enander nie meh i d Auge gluegt. Und wie isch das erscht Zsämecho gsi? Härzlig und lieb, wie mes woll weuscht, wies aber i däm Fal chuum erwartet worden isch. Numme het im Vatter Sutter dais arig und so uverständlig Gspröchli mit im Gäbi der Wäg in Obsigänd gwise. Er isch jo nümm i d Schnapsbude gange. Er isch i der Baragge vo sym Vorarbaiter Weimar bliben oder aifach im Land ummegschuenet. Derby het er s Nelly wider vor Auge gha und sy Stimm erluuscht: «Dänk a die bessere Chreft!» Derno isch im der Bsuech uf der Hockfarm ganz dütlig vorcho. Wie us ime tiefe Brunneschacht undenue sy d Wort vo der Manuiki obsi gstigen und hai gchrällelet im bärgfrüsche Wasser z glych. Der Sutter het ygseh, wie wytt abe, ass er gheit isch. Er hets erlickeret, won er der erscht lätz Schritt gmacht het, won er i s Rütschen und Schlittlen ynecho isch und wos eke Holt und Stand meh gee het. Er het dä gfehlt Sutter verfluecht, het aber gspürt, ass er in allwäg nie mög gmaischteren und z Bode bringe. Jä, und vo däm Momänt a het in öppis wien en Angscht päcklet, en arigi Angscht vor ihm sälber. Und iez stoht also sy Bueb und Erscht vor im zue. Er umarmt in, er verschmutzt in. Beed chöme s Wasser i d Augen über. Beeden überlaufts und rugelets d Backen ab. Beed sy glücklig, ass si enander gfunde hai – und iez hoffetlig für allewyl binenander sy. Nüt Trüebs müschlet si i das Zsämecho. Wäder d Angscht vor im Hoggefinger uf der Sytte vom Vatter no d Angscht vor ime verzwilkte, frönde Ma uf der Sytte vom Bueb gitt lut. Men isch ais Härz und ai Seel.

Der Suhn het derno vo der Mueter verzellt, was si haig müesse duremachen all die Johr. Wie si mängisch chuum meh gwüsst haig, wo uus und a. Wie si still, gheeb und gnot läbi, jedwädes Brösmeli zsämeraggeri und s nütigscht Dingsli erhüüseli. Däwäg haig si ihn, der Guschti, und der Alfons erzoge. Si zwee wüsse, was Ängi haisst – und wie d Eermi drückt.

Der Vatter het gchäut und leer gschluckt. Alls isch vor im

gstande. Alls het er gseh und gspürt, wie wenn ärs sälber mitmiech. S het im bis z innerscht yne wehto. Öppe het er gruchset. Öppen ischs im lys über d Läfzge: «Glünggi! Umöntsch!»

Derno het der Bueb vo de Brüederen und vo der Schweschter verzellt. Vom Lyseli und vom Emil het er vorbrocht, was er z Lieschtel ghört het. Är sälber wüssi nit vill von ene, es syg im, wie wenn die gar nit zer Familie zellte.

«Das chunnt iez gly anderscht!» het der Vatter dryglait. «Wenn si au do sy, chömet-er scho zsäme, wies si ghört. Und derno wai mer vüregee, was mer i dene Johre dehinde glo hai. Es het halt schynts däwäg müesse sy. I bi nit elaigge tschuld an allem. Do längt öpper ganz ander dry! Und gege dai Hand, Guschti, gege dai ghaimi Hand chönne mir Möntsche nüt mache. Das han i afe gnüeglig müesse gseh und erfahre. Sogar erlyde – darfsch mers glaube!»

E Chehr ischs still gsi. Öppen isch der Vatter im Bueb über d Achsle gfahre. Öppe het si der Bueb müesse wehre, ass er nit grinne het.

Iez wo der Jung der Fade wider gfunde het, isch er i s Verzellen yncho, ass der Vatter ortelig gstuunig uufgluegt het. Sy Bueb het vom Landschryber brichtet, wie dä ammet cho syg und die neuschte Bricht brocht haig. Es syg nit anderscht gsi, me haig in mängisch wie der Santichlaus erweuscht und erplangeret. Au haig er aim all none guete Rot gwüsst. Es gäb überhaupt wytt und brait kai sänkrächtere, ehrligeren und gmüetligere Ma as dä Landschryber. Nit vergäbe haigen in all Lüt gärn. Und nit vergäbe hänk men im all mehr Ämtli a, wo der Armewäg göngen und wo nüt yträge weder e Huufen Arbet und d Rueji vome suufere Gwüsse.

«Und nit vergäbe han i der Marti a d Stell vo some nütnutzige Vatter gsetzt!»

«Vatter!»

Der Sutter winkt ab, und sy Öltscht brichtet vo der Tante Mary und ihrne Chinde. Der Bueb wöll au ainisch uf Kalifornie cho.

Iez hänkt der Sutter öppen y. Es chöme Froge, es chömen Antworte druuf. S merscht goht um olti Familiegschichten und Sachen us früejere Zytte. Im Vatter Sutter wärde mängisch d Auge ganz glaschtig.

Zletscht brichte die zwee Suttere no vo der iezige Lag. Der Suhn verzellt, was er hie verno haig und was im die Chehr duren alles vor d Auge cho syg. Er nimmt ekais Blatt vor s Muul. Numme bruucht er wäder scharpfi no plarigi Wörter derzue. Der Vatter loost und verdütet das und dais. Öppe dunkts in, der Bueb schwätzi, wien ers gsäi. Und wie chönnt ers anderscht gseh? Er chunnt doch us eren andere Wält! Öppe brümmelet der Vatter vorabe: «Er het rächt. Hätt in numme scho lang by mer gha! Emängs weer anderscht. Alles weer anderscht – bis a s Guld!»

Aisgurts bietet der Suhn sy Hilf a. Er wöll hälfe, was und won er chönn, wenns no müglig syg. Der Vatter het e Freud. Er nimmt das Abott wien es Gschänk a. Er waiss woll, wie guets allem tuet, wenn e zueverleessigi Chraft ysetzt. Au luegt er im Bueb sy ghaimi Angscht z vertrybe: Es syg iez woll schlimm, es gäb i nütem Marche, der Guldruusch machi d Lüt nit numme gälthungrig und gyttig uf alles, er syg e Chranket, e Fluech, emänd sogar e Strof. Und me müess das Ugfell träge, es syg denn, me wötti flie. Aber är, der Vatter, haig Plän im Chopf, wo doch en Uuswäg bringe. Das Guld göng nämlig ainisch ewägg. D Lüt wärde wider nüechter. Si wöllen aber wytterläbe. Do gäbs nüt anders weder schaffe, rächt schaffe. Jä, und dä Bode mög s Schaffe verlyde. Er haig halt no ganz anders Guld in im inne. Und dais müess me go uusezie! S Land Kalifornie müess ainisch e Hockfarm, en enzige Garte Minal sy! Und das wärds au no, wärds so sicher no, as si zwee iez dohocken und mitenander brichte! – «Kalifornie gitt s schönscht und s rychscht Obschtland vo der Wält!» rüeft der Sutter underainisch uuse. «I wirds nümm erläbe. Aber du, Bueb, und dyni Chind, wo no hinder im grossen Umhang sy – dir wärdets no gseh und ha!»

Und nome Wyli setzt der Vatter Sutter früsch y: «Es mag hütt uusgseh, wies will, es mag ai Schlächti und Wüeschti sy, as öb d

Hell under is dur en Ärdbode duredrückt hätt, und s Bös alles überwuechereti – ainewäg säg der, es chunnt anderscht. Es chunnt juscht hie anderscht. Wo d iez nüt as Dräck und Laschter gsehsch, lytt ainisch es Land, Bueb, es Land – de hesch nummen ais Wort derfür: Paredys!»

Die Wort hai der Suhn Sutter uufgchlöpft – es het im afo wohle.

3

Numme schad, ass gar glylächtig wider e bösi Hand dryglängt het!

Der müesset wüsse: Im junge Sutter isch sys Abott, go hälfe, ärnscht gsi. Er het afo arangschiere, durestiere, däm uufchünde, daim uf d Finger luege. Gly het me gcholderet und glärmitiert, und die merschte hai nümm wölle pariere. «Dä Schnuufer!» hets ghaisse. «Euserain isch allwäg lenger hiesig und lot si nümm alls säge.»

Aber heerpäissig, wie der jung Sutter gsi isch, het er nit noogee. D Muttig müess gruumt sy, rappelchöpfig har oder dar, derno gsäi me wytters. Ornig müess ane. S Rächt müess gälte.

Natürlig isch me das im «olte Heer» go hinderbringe. D Lütuusmacher sy scho dainisch dick gsäit gsi! Iez der Vatter Sutter het die Rätschereie nit wölle ghöre. Das grossmuulig Tue und Chäre het im jo nie passt. Drum het er gly abgchlemmt und der Suhn i Schutz gno: Er syg halt no jung und müess si zerscht yläbe. Me sell nit alls uf s Guldwöögli legge. Aber schier Tag für Tag sy neui Chlage cho. Me het dröit und verweuscht. Strub vorfer, wüescht hindefer! Der aint het sy Sach uusegwetzt, der ander uusegmörtet – numme, ass der «olt Heer» waich wurd. Und mit derzytt isch ers worde. Es het Underredige gee. Bi dene het der Vatter chönne merke, ass sy Erscht das, won er will, fescht im Sinn het und nit es Bitzeli dervo ablot. Wie wenns um s Letscht giengi! Der Vatter het im wölle bigryflig mache, ass me nit däwäg dörf dryfahre. Abers isch a d Wand gschwätzt gsi. Er het zwor no anderi Saiten uufzoge, der Vatter. Öppe die: Är gsäis y, sy Suhn mendis guet und wöll numme s Bescht. Oder er het au gsait, as junge Gümper glaub me halt no, d Stärne möge z erglänge, me streck si über alls uus und überlueg derby s Nööchscht. Aidue, der Sutter junior het ekai Wank to. Do sy aber die Mieter vo Stube, Chammere, vo Schöpf, Schüüren und Spycher, vo Buttigen und Fabrikalage, vo so und so vill Gviertmetere Platz im Hof und uf im Fäld drumumme sant ihren Undermieteren oder Agstellten eerger und no eerger cho lamäntiere – und der Sutter senior, wo schliesslig der Bsitzer vom ganze Guet isch, het es Ohr und es Härz für se gha. Etail hais sogar verstande, der «olt Heer» ghörig yzsaipfe. Dermit hets halt zwüsche de beede Suttere wider e Schranz gee. Und dä Schranz isch schier vo Tag ze Tag lenger und braiter worde.

Er isch eso brait worde, ass s e regelrächte Chlack druus gee het. Und zwor wäge der Manuiki!

Was het iez die do z tue? rütschts ech vüre. Jä, si cha so wenig derfür, wie dir und i. Und doch ischs wägen ihr.

Also, si chunnt au wider ainisch i s Fort wäge Gschäftssache. Der Vatter Sutter het natürlig e grüüsligi Freud und stellt se sym Suhn vor. Dä machts scho chybig, wil er gseht, ass die zweu wie Ma und Frau oder Vatter und Tochter mitenander schwätze. Es würgt in im Hals; aber er nimmt si no zsäme, isch sogar churz abunde. Iez wo der Vatter verzellt, was das Wybli scho glaischtet het und wies aigetlig d Seel vo der ganze Sach syg, do fot der Suhn doch a brämse. Er ghört wider, was im e Härd Lüt brichtet het, won er hie ane cho isch: Es sygen ebe gar vill um e Vatter umme – und die hangen im a, pumpen in uus, jo, und do drunder syge d Wybervölcher no die schlimmschte; wenn die nit weere, luegti alles anderscht dry. «He, z Schinderwille!» brümmelet er innenabe, «das schynt no die z sy, wo der Ruhn obenabschöpft; drum isch der Vatter däwäg uf d Truese cho, isch alles lumpig und jättig zäntum.» Und vo Schnuuf ze Schnuuf trüebets all mehr in im inn. Aisgurts wird er faltsch, fot a hornelen und sait wie gstoche: «Do chan i nit mit! I will kaini Wyber um di umme gseh,

Vatter! Wenn i sell chrampfen und schufte, ass mer zem Dräck uuschöme, wenn i sell bösha und chalmüsere, für go Chlüttere zahle, wo scho ebig lang sette zahlt sy, se muess i au i däm e putzte Tisch vor mer gseh. Mer dörfe jo d Familie, gar d Mueter, nit lo cho! Deer teets s Härz umdräje, wenn si gseech, was i gseh. O chönnt i der ganz Bättel anegheije; s isch doch alls ai Pflartsch! Mir alli lytte besser! Aber i ha der s Wort gee, Vatter, wils mi verbärmt het ab der. Und i wött ebe nit numme derglyche tue, i wött Wort holten und go süüfere, Mammerch um Mammerch.»

Der Vatter cha si nümm heebe, er schiesst uuf. Do luegt in aber d Manuiki us grosse, glaschtigen Augen a – und er blybt still. Der Suhn gwahrt, wie das uschynber, schier zsämeghügerlet Fraueli e Gwolt über e Vatter het; aber er luegts lätz a. Ihm ischs e Biwys derfür, ass die dummlächte Schwätzer und erwildeten Aschwerzer halt doch rächt hai. Er dezidiert si, under kainen Umstände lugg z lo, im Gegetail. Dermit chömen är und der Vatter all wytter usenander. Zwor wött d Manuiki no schlichten und Fride stifte – ämmel afen e Brugg boue, wo die zweu Mannevölcher druff chönnte zsämecho. Aber wie si au uf underschidligi Art und Wys der Guet Gaischt uufrüeft und mahnt und bittibättet, me sell um alls Liebs wille die bessere Chreft nit verschütte – s trait nüt ab. Nit emol ihri nachtschwarze, füechten Auge möge meh ghälfe. Der jung Sutter gseht aifach i deer Frau s Übel, wo si verstellt, s Bös, wo si verchlaidet, der Ustärn ob allem, ferig. Und der olt Sutter gspürt wider nüt weder dai gförchtet Hoggefinger uf der Bruscht – und ass er z schwach isch, für in z erwehre. D Brugg chunnt nit ane – und der Chlack blybt.

Und d Manuiki?

Won ere der Vatter Sutter sait, wies iez syg mit daim andere, bessere Helgen i der Seel vom Junge, do ment si, me dörf die Sach nit verlore gee. Dai Helge, wo si dainisch uf der Hockfarm ergseh haig, syg fryli no wytt ewägg. Derfür stönd im junge Heer inn e wüeschteren as dä, won er us der Olte Wält mitbrocht haig. Das syg im nit emol z verarge.

«Wieso nit?»

«He, er isch doch hiehar cho – und was het er gseh? Alles marod, miserablig, schmäckerlig, versülcht. Don e Schummel, dört e Schärbe. Derby Lüt, wo aim nummen im Wäg stönden oder wo ummeflanggiere. Niemer, wo schafft oder gar schanzt, dur s Band ewägg dai Sorte, wo i kai Schue yne guet isch. Und ain im andere gfehr. Blöterlig spile – und vertörle! Hie gschrämmlet, sältsch higmacht! Jä, my Heer und Maischter, und was het er ghört, der jung Heer? Us allen Eggen uuse sones Gmuggles, Achryder und Aruesser, wos derby vo Hand nähme wie der Bös. S harmlosischt Dingsli wird schlächt gmacht, s süüferscht i Dräck und Mischt zoge. Und alles das isch im z sträng ufenander cho. Er hets verdatteret agluegt – und ebe dä verlognig Helge gseh, so dütlig gseh, ass er in no lang nit ewäggbringt.»

Der Sutter luegt d Manuiki verschmeukt a und brösmelet vüre: «Cha sy, s cha sy! Aber s ander, Manuiki – worum gseht er i dir nit di? Worum bisch im du es schlächts Wyb, es Möntsch?»

«Wil er mi no dur s Grätsch duren aluegt. Wil er mi nonig chennt, nonig cha chenne.»

«Er setts doch gwahre, gspüre! Und wil er das nit tuet und nit cha, isch er halt ainewäg der Ander, my Find!»

«Nit Find, Heer und Maischter, nit Find! Ainisch göngen im d Augen uuf, und er wird rächt luegen und s Urächt ygseh.»

«Glaubsch du a settigs?»

«I glaube styf und fescht dra.»

S isch au nit bim Chlack blibe, es het schier uf ai Hock hi so öppis wien e Graben ane müesse.

Der Putsch derzue het der ruessisch Vertrag gee. Nit, wil men in iez e Chehr vergässe gha het; aber wil der ruessisch Konsul gstorben isch, und sy Noofolger, en Oberscht Steward, die ganzi Sach het wölle ferig mache – und derwäge dröit het, er versteuki der Sutter us der Neue Schwyz, wenn er nit sofort zahli. Das het der Heer und Maischter bigryfligerwys wider i s Füür brocht, heerschaftyne! Es het um in ummen afo bällitschieren und hope, s hätt aim chönne trümmlig wärde. Gar dunderschiessig isch alles i s Gjäs cho. Wohar dä Huufe Gält neh? Hoger und Högerli länge nit, s bruucht e Bärg, ho z sapperlott! Und was none Wärt het, isch doch vermietet. Und s Land wyttumme, dasch jo s enzig, wo aim zletschtemänd no blybt, wenn ainisch alles uus und verby isch. Kain sell si understoh, do dra z rüttle! Jä, aber juscht s Land ghört de Ruesse, wenn ebe nit Gält uf e Lade chunnt. Drum zahle, se chunnt dä drünisch verfluecht Vertrag äntlig ewägg. So oder so, es muess e Wäg goh!

Aber wele? Und wie?

Der Vatter Sutter het grächnet und noodänkt. Der Suhn Sutter het Summen uusegschriben und zsämezellt. Mit däm sy die zwee enander wider nööcher cho, ohni ass si s gross gachtet hai, und numme, wil si a der glyche Diechslen im Gschir gläge sy. Si hai also groten und gwärwaiset und uusgheckt, Chrugel um Chrugel, fynessig do, uf s Grotwohl dört. Vorderhand isch jedwäde zfride gsi, wenn der ander öppis erlickt, weers au blos der Afang vome Wäg, wo us däm Ghürscht uusefüert. Und do derby het der Vatter gly chönne merke, wie willig und gscheit sy Bueb isch, wien er tagenacht schafft und si schier hindersinnet, für öppis Gangbars z finde. «Alles lait er dry», het er öppe gsürmelet, «das müesst im der Nyd lo. Er gitt si ganz har, schüücht vor nütem zrugg, au wenn er sett hindenabneh.» Und der Suhn het afen ygseh, ass der Vatter all noogitt, wenn är e bessere Vorschlag vürebringt. Kai Frog, es het der Aschyn gmacht, dä Wätterschlag us der Gegnig vom Bodegabiet bring die Suttere no zsäme, ass me dörf säge: S gröscht Uglück stellt dienoo s gröscht Glück uf d Wält. Öb das derno Münz oder Omünz isch, wird me no gseh.

Fryli, wie die zwee au grächnet und uusetüftelet hai, es het nit d Hand z chehren überal die glyche Bräschte zaigt wie allewyl, wenn der Vatter Sutter hinder dä Vertrag gangen isch. Es längt aifach niene! Und der ruessisch Konsul – pfitschinder, will die ganzi Präglete, der Choschte sant Zeis und Zeiseszeis; oder aber s gross Pfand derfür, der Bode vom erschte Landbrief sant Hab und Guet, wo druff isch, fertigschnätz!

Jä, was mache? Wider go aholten um s tuusiggottswille, bis me dostoht wien es ugschalets Ai? Oder öppen im neue Konsul wölle go s Zytt uusputze, ass s en Art het? Jo, schyssepyppi Hüenerdräck, wäder s aint no s ander nützti öppis. Er het der Vertrag i de Chlöpe, göng dä noo so wytt über s Bohnelied, er gilt der langwäg wie der braitwäg und lot aim nit ugheit, bis er eben abzahlt isch, jeemerli au! Und mit der Läiji ischs halt nit gmacht, und mit der Pfiffigi au nit. E schöni Liferig so öppis, haidebritsch! Jä, und wemmes gnau aluegt, se will dä neu Konsul numme zeuftig ysappe; es goht im nit um d Abmachig, um e Vertrag, es goht im um der Zapfe, fürn e gueti Läbtig z ha. Er schynt ain vo dainer Sippe z sy, wo Hurscht und Näscht nimmt, ass aim z ligglige d Ägerschtenauge no füüre. Me chönnt tuubetänzig wärde!

Also: Was mache?

Vatter und Suhn Sutter hai die Sach au im früejere Verwolter McKinstry, wo im Junior Platz gmacht und iez e rächti Guldwäscherei z aige het, brichtet. Dä het gsait, es gäb nummen ai Uuswäg: S ganz Bsitztum, wo im Vertrag gnamst wärd, uf e Name vom Suhn z überträge.

Öb das göng – no Gsetz? het der Vatter Sutter wölle wüsse.

Der McKinstry isch im noocho: «Aigetlig nit, s isch jedwädem aständige Landesgsetz e Dorn im Aug. Aber hai mir do überhaupt es Gsetz? Goht hie nit alles wie Chrutt und Chabis durenander? Fryli, s Land Kalifornien isch eroberet worde. Mexiko hets im Fridesvertrag abgee, wies si ghört. Es sett also noo der Gyge vo de ‹Staate› tanze. Aber tuets das? Chas es überhaupt tue? Der amerikanisch Senat muess jo alli Verträg mit im Ussland, also i däm Fal au der Fridesvertrag mit Mexiko, sankzioniere, öb si gälte. Und das het er nonig gmacht. Drum gult aigetlig allewyl no s mexikanisch oder kalifornisch Gsetz. Das chennt aber kaine, wos sett chenne, oder es handlet niemer derno. Und so läbe mer i däm Guldland halt ohni Gsetz, Herr Sutter, bis Kalifornie regelrächt i d ‹Staate› uufgno wird und sys Läbe noo den amerikanische Gsetz muess richte.»

«Derno stoht deer Überschrybig nüt im Wäg?»

«Abselut nüt!»

«Also hätte mer au ainisch e Vortel vo der Gsetzlosi?»
«Die andere nütze die scho lang uus, Herr Sutter!»
«Dais chan i wäger gspüre! Mys ganz Eeländ chunnt jo dervo.»
Jä, d Brattig het der vierzäht Wymonet vom Achtevierzgi zaigt, wo die Überträgig mit Hilf vom Schmugglerfürscht und Fridesrichter und im amerikanische Guwernör z standcho isch. Vo iez a isch also alles Land und Guet, wo der Ruessevertrag chennt, im Herr Johann Auguscht Sutter junior. Är isch der Heer und Maischter über das Biet, wo all no Neui Schwyz haisst.

Mit däm isch der Pionier und Kolenisator Sutter wider ainisch grettet gsi. S letschtmol het in d Eroberig vo Kalifornie vor im Undergang vo sym «Rych» und vor im Nütha und Nütmehsy gschützt. Dasmol ischs en erzglungnigi Ygäbig, e geuschtige Laik oder e gschossnigi Sach gsi, won in us im Eergschten uuseglüpft het.

Ainewäg ischs im Sutter senior nit wohl gsi derby. Er het si scho vor der Underzaichnig innerlig gspeert dergege. Er het doch gspürt, ass er derno s feuft Rad am Wagen isch und ass er si mit deer Underschrift aigetlig sälber und quasi aigehändig- i s «Stöckli» schüpft. Aber was hätt er anders wölle mache? I der Not frisst der Tüüfel Fliege – und der Möntsch nimmt, was men im no anegitt. Es syg ämmel s gringer Übel, het er öppe brümmelet, fryli, es Übel sygs!

Und iez, wos gscheh isch, het der Sutter alles no schwerzer agluegt as vorane. Der Grabe zwüschen ihm und im Suhn isch wider braiter worde. Der Chyb, wo der Vatter scho lang inn im trait het, het afo glumse, glüejen und zeuserle, all eerger. Zwor het dä Ma ygseh, ass das Bücken und der Buggel härha, das Abgee und uf d Sytte goh i däm Fal am Platz isch. Sy Chopf isch nit vernäblet gsi, ass er settigs nit gwahrt hätt. Aber im Härz hets wehto wie no nüt im Läbe. «Uusgrächnet i, wo das Land urbar gmacht ha, wo d Wildnis sant alle Gfohre gmaischteret ha, i, wo die Wilde zehmt und zivilisiert und derfür glitte ha bis an es grads Nünevierzgi, uusgrächnet i ha nüt meh z gälte, muess folge!» het er gchiflet. «Und muess däm folge, wo vo Afang a my Uštärn gsi isch. Wenn öppis i der Wält lätz goht, so das! Der ander Johann Auguscht, der Ugweuscht und Verweuscht, het aisgurts putzt. Der Hoggefinger isch dure.»

Us der Gluet gitts es Füür. Der Chyb läderet uuf, wird Wuet. «Mys pur Gegetail, my Find, isch iez dört, won i sett sy!» vertwütschts im Sutter. «Und i wird no tolet; aber wäder Staub no Laub isch meh myn. Won i gang, stoht dai Hag, unds chnarflet derhinder. Won i bi, sticht dai Finger i d Bruscht. Cha numme no hasse, us Angscht hasse!»

Und wie us Tiefene, tiefer as s Meer, stygt iez im Sutter Feischters und Bösis uuf. Sys ganz Wäse wird dervo überwaalt – as weers e chyttigi, chuttigi Wätternacht. Und alls das isch gege sy Erscht grichtet.

Der Grabe gitt e Chlus. Es halbs Johr sytt der Akouft vom junge Sutter – und Vatter und Suhn sy trennt wie no nie. Iez wil der Suhn luegt z rette, was öppe z retten isch, und numme druff hizylt, us im Dräck z cho, cha der Vatter nümm im Fort blybe. «Es frur mi a Lyb und Seel», sait er – und goht uf d Hockfarm. Er isch duredur zermürset, wött aber nit wider i d Guldfälder und Schnapsbude go vergässe – wägem Gäbi, oder ämmel wäge daim, wo us im gredt het – und se hofft er im Stillne, bi der Manuiki e Troschtle z finde.

Und iez wöttet-er verneh, wies im Sutter-Fort wyttergangen isch. Stellet ech ainisch der neu Heer und Maischter vor! Er zellt erscht zweuezwänzg Jöhrli und stoht no ganz frönd im Läbe vo däm Guldland inn. Tag für Tag gwahrt er sone Huufe Neus, ass er au vor luter Bäume der Wold nümm gseht. Wie chönnts anderscht sy! Derzue chunnt, ass er der Gründer vo deer Koleny zem Find het. Er isch zwor däm sy lyblige Suhn, glych het er der Vatter nummen as Büebli no gchennt. Er isch nie derzue cho, z säge: Vatter, wo ane gohsch? Vatter, was witt? Vatter, darf i au mit der? Dä Ma isch im scho dai Zyt frönd gsi wien en andere Ma. Nit gnue! D Grossmueter het jo synerzytt nüt as vom «Fötzel» verzellt, vom «Schuft», wo i s Zuchthuus ghörti, und är, der

Guschti, sell d Familie Dübeld ainisch rääche. Numme, si het au gsait, är gäb e Fürspräch ab – und er het ainewäg müesse Gschäftsma wärde. Jä, oder d Mueter? Het us ihrer Eermi und Truurigi uuse vom Vatter au nit vill anders chönne säge, as er syg tschuld am ganzen Eeländ, wil er der Chopf z höch trägi und e Grattel haig, as weer er e Heer vo Huus uus. Aber erscht die Härd Lüt hie umme! Ämmel daini, wo wie dur e schwarzi Brülle luege! Näi, er isch juscht nit der Heer, dä Vatter, er isch vill z waich zem Regieren und Kummidiere, er gitt all noo, lot die andere mache, was und wie si wai – und schlittlet sälber mit enen abe. Wär nutzt in nit uus! Wär übertölplet in nit Schritt uf Schritt!

Und dä jung Burscht hätt also sellen Ornig machen und der Chare zie, ass er wider lauft. Isch das nit en Arbet, es Haidewärch, wo au imen öltere, gsündere, chäferigen und sprützige Burscht oder Ma über d Ohren uus wiechs?

Nu, die mit de bessere Nase hai ämmel gschmöckt, wies stoht. Es het Wätter für d Spekulante gee. Dä sämper Kärli obena, derno d Chlus zwüschem Olten und Junge – do wäit myseecht e geuschtige Wind! So isch me druff los, allne vora der Sam Brannan, wo afe zweu Jöhrli z Kalifornie läbt und würkt und scho überal d Hand derby het, wenn die Hand Gält cha uusechnüüble. En abgfymte, abgschlagnige Dunder, jowoll! Nit vergäbe hain in d Mormonen uusegspaicht – er het au si verwütscht, het au ihnen e Chnüppel i d Nase gmacht, nit nummen im Vatter Sutter. Was wunders, ass er erlickt het, wie me bi däm böse Verheltnis zwüsche Vatter und Suhn im Trüebe cha go fische – und allwäg no ortlig vill uuseluegt. Der «olt Heer» isch im jo no Gält schuldig gsi. Das het im der Brannan bim Bou vo der Mühli vorgstreckt. Und iez het ers bis uf e letschte Blutzger zrugggheusche. Er het dänkt, das syg es Höggli, wo me chönn ahänke. Jä, und er hets nit öppe vom aigetlige Schuldner wölle, näi, vom aigetlige Maischter. Absichtlig – er het derby no öppis im Schild gfüert.

Wien e Fuchs isch er also zem junge Sutter gange, het grüemselet, gottlobedank göng iez alles besser, me chönn wider an en Obsigänd glaube; es syg numme schad, ass är, der jung Heer, nit scho lang hiesig syg – und settigs. Derno isch er uf sy aigetligi Sach z rede cho. Är, der Brannan, sett ebe sys Gält zruggha. Es syge sächzähtuusig Doller. Fryli, är wüss au, ass kai bars Gält ummeligg. Drum mach er e Vorschlag. Wies ächt weer, wemme zwüschem Fort und im Sacramento e neui Stadt teet boue. Es chöme jo all meh Lüt har. Uf jede Fal teet die Stadt glaitiger wachsen as d Stadt vom «olte Heer», d Stadt Sutterville, wo doch nit wöll zueneh und blos uf im Papyr öppis vorstell. Bi der neue Stadt – do syg är guet derfür – chieme d Lüt wien en Imb, wo stosst. Si lytti gar geuschtig. S Land gieng ewägg wie chnuschperigi Weggli. In e paar Wuche weer der letscht Plätz zem höchschte Prys verchauft. Me chönnt alli Schulden im Handumdräje zahle – sogar der Ruessevertrag. Und d Chreeze, wo me so lang bugglet haig, teet lychte. Alles gieng obsi – Guldschwemmi har oder dar.

Wie het der jung Sutter müesse loose! Die Wort sy inn in yne. «Das weer öppis!» het er schier uusegjuchzget. «Näi, das weer nit nummen öppis, das weers überhaupt!» Er het si fascht nit chönnen überha, er hätt am gärnschte dä Brannan umarmt. Bigryflig! Bis iez het der Sutter junior jo nüt weder Schulde vor im gseh – und Lüt, wo Gält wai, Lüt, won er muess uf e besseri Zytt vertröschten oder süscht überschwätze; oder er het vo früe bis nacht nüt chönne machen as rächnen und sorge, luege, wo me wider e Schübel Gält uuseschlieg. Und wie der Blitz us im haitere Himmel chunnt aisgurts dä Brannan, wo zaigt, wie däm ebigen Uschick und Ugfell an allen Ort und Ände chönnt abghulfe wärde. Es fot a tage! D Nacht fliegt furt!

Fryli, wo die erschti Freud echly verwäit isch, und der jung Sutter wider nüechterer i d Wält luegt, chunnt im no das und dais z Sinn. Er stellt Froge. Aber der Brannan blybt nit hinder im Stutz. Er het für alles en Antwort barat. Scho der Geometer, wo do sell uusmässe, isch umewäg und wartet numme no uf e Wink. No meh! Me cha sogar der Name vo der ganzneue Stadt läse. Der Brannan ziet e Zedel us der Buese. Do druff haissts: Sacramento-City. Näi, au dere Sache sy im Gleus. Me cha fahre.

Und wie wenn der Lybhaftig sälber derhinder gieng, gohts los.

Me misst uus, vom Fort bis a Fluss Sacramento. Me steckt Pföhl, naglet Latte dra. Im Hui gseht me, was d Hauptstross, was d Näbestrossen und was d Hüüser sell gee. Im Schwick wärden überal Zedeli aghänkt mit Nummere druff. Und lueg a! Ime Monet sy au die letschte Bouplätz a Ma brocht. Wie Schwümm nome warme Räge schiesse scho d Hüüser uuf, ämmel gar am Fluss unde. Und alles das schürkt Gält ane. Me cha zahle.

S isch aber au nötig bigoch! Wils ebe no ainisch um e Ruessevertrag ummen afot gwitteren und wättere. Wäge däm:

Die ruessischi Pelzgsellschaft isch mit der Überschrybig vom Vertrag uf e Sutter junior gar nit zfride gsi. Si hätt vill lieber purs Gält gha – as wider nüt. Bsunders ihren Ehrepresidänt, nämlig der Zar vo Ruessland, het ekai Rueji glo. Er het die Sach ime Diplomat übergee. Dä isch bi der Regierig z Washington vorstellig worde. Und iez hets pfüüst und pfiffe. Die amerikanischi Regierig het ihrem Guwernör Mason z Kalifornien e Stupf gee. Dä het im ruessische Konsul gwunke. Und beed sy derhinder gange. Der Guwernör het gmahnt. Der Konsul het dröit. Und gly druuf isch der Konsul im Fort gstande, uufgstrüüsst wien e Pfau. Er het gsait, er göng nit furt, bis er s Gält, nämlig ainedryssgtuusig Doller, im Sack haig. Nu, me het im zähtuusig chönne gee, für e Räschte het men im Schuldschyn vo de Landchäuferen aneglait. Er het dankt und ab wölle. Aber der neu Heer het im nit trout. Er het d Hand uf d Schuldschyn glait und e Quittig vüregschobe: «Zerscht underschrybe, bitt i!» Pärzig hets der Konsul gmacht, het derno syni Schuldschyn uf ai Chlapf vergrämplet – und isch mit im ganze Huufe Gält uuf und dervo. Me haig in niene meh gseh. Und der Zar oder d Gsellschaft het das Gält nie gseh. Är oder si het dä bös Vertrag und sys nooböser Gält äntgültig chönnen a s Bai stryche.

Und wie wenn ais Uliebs s ander noozug, isch uf dä Ruessevertrag, wo mit im Gält vo der neue Stadt het chönne gstriche wärde, no dä und dise cho Gält heusche. Die Lüt hai allwäg verno, wie der jung Sutter cha zahle. Ai Rächnig uf die anderi hets ynegschneit. E paar mit Rächt – für olti Schulde. Die merschten aber numme süscht eso, me wölls probiere, nützis nüt, se schadis nüt. Sogar für d «Clementine», wo der Vatter Sutter synerzytt vo Sitka uf Monterey brocht het, hätt me no selle Mietzeis bläche. Au der Herr Douglas vo der Hudson's Bay Company het e Rächnig gschickt. Oder die französische Gschäftsheere, wo der Sutter as Gsellschafter uf ihri Fahrt über beed Arkansas-Flüss mitgno hai, sy no so langer Zytt für nüt und widernüt vürecho. Alles Rächnige, wo ke Möntsch chönnt noolueg, öb si au stimme, uf en Art Bättelbrief. Die het der jung Sutter natürlig i Papyrchorb gheit.

Es het si also guet aglo – und es weer allwäg alles guet gange, wenn iez nit d Bösi sälber no dryglängt hätt. Si het die Böse gweckt und uufgsteukt – es het ech drygseh, wie wenn d Hell los weer.

Also, do isch e Spekulant mit Name McDougall. Dä wött verchaufti Bouplätz i der neue Stadt zruggchaufe, für se wytter a Ma z bringen und do derby e zeuftige Bollen uuseszschlo. Der jung Sutter verwehrt ims und sait: «Näi, gitts nit!» Der McDougall goht – und goht zem Vatter uf d Hockfarm. Do schwätzt er uf e früejere Maischter yne, wie wenn er s Patänt druff hätt. Är, der Gründer vo der Koleny, wärd si doch nit vo sym Bueb däwäg lo kujoniere und a d Wand drücke. Är wärd woll no öppis z säge ha. Dasch allerdings der rächt Some gsi für uf dai Bode, wo im Sutter inne barat lytt. Gege Suhn, sy Erzfind! Numme wytter druff! Hopp! Unds chunnt no meh druuf. Der McKinstry ruckt a. Dä isch vertäubt und sait, es syg lätz gsi, was er dainisch grote haig, ebe wäge der Überschrybig vom Guet uf e Suhn. Er wötts ummeneh. Me chönn die Sach doch wider chehre, der Ruessevertrag syg jo dehi. «Dä Hudel!» sprützts im Sutter uuse. «Er isch mer lang gnueg uf im Mage gläge. Jä, dainisch ha mi wüescht vergaloppiert.» Underwyle chunnt im sys ganz Nütha und Nütmehgälte vor d Auge. Er gseht und gwahrt numme no dais, won in drückt und durnüelt – und uufhetzt gege sy Erscht. Gar, won er derno vernimmt, ass me die Stadt Sacramento-City blos uusgheckt, plant und anegstellt haig, für im Vatter ais z längen und sy Stadt Sutterville z bodige.

So wird der «olt Heer» bis undenuus überschwätzt und yglyret. Taglang hocke die zwee byn im und stichlen und stüpfe gege der Jung. Si löje ke trochene Faden an im. Und im Vatter tuets neumedure wohl. Das sy Sachen und Sächeli, won er gärn ghört, wo sys ganz Wäsen uufnimmt, wie der verlächnet Acher s Tau und s Rägeli uufnimmt. Aber nonig gnue! Es chunnt none Dritte derzue, vorduren e Süüfzgi, hindedure Bürger vo Verwütschige, Hastings mit Name. Und iez isch s bös Chleeblatt binenander. All wird wider gsait, me müess däm Junge s Hamperch legge, müess in aifach choltstelle. Öb men in nit chönnt haischicke, i Chettene, wenns not teet? Zue was? Numme, ass me wider freii Hand hätt, der «rächt Heer und Maischter» am Rueder weer. Das Hinderha, wo uf die olte Fründ gmünzt isch, chöm aim afe wohl faiss. Das Vernütigen und Abschlo, wemmen öppis guet mend und dütlig vorbring, göng aim je lenger je eerger wider e Strich. Und schier Schritt für Schritt aim öppis fürha – sones Bürschtli, chuum troch hinder den Ohre – näi, derigs schluck me nümm.

Dasch Wasser uf dai Suttermühli, wo sytt der Abfuer mit der Manuiki zsäge nüt weder Bösis gege «Find vo allem Afang a» mahlt. Bigryflig, ass der Sutter nümm luter gseht. Und schier wie dainisch bim Ruessevertrag wird ame schönen Oben uf so und so vill Guttere Wy aben e Fätze Papyr vor e Sutter gschürkt. Er sells underschrybe. Und gäb wöll er oder nit – er chraflet sy Name har. Under was aigetlig? He, under es simpels Gsätzli. Das will, ass är, der gsetzlig Bsitzer vo Neu-Helvezie, vo sym Suhn choschtelos Land i der Stadt Sutterville verlangt und zwor für «syni Fründ». Punktum!

Chuum hai die drei «Fründ» das Papyr i Hände gha – und scho sy si go Reklame mache für d Stadt Sutterville, lut und grossmuulig. Die het ygschlage. Die drei sy afen umzoge, vo der Suhnsstadt i d Vatterstadt. Do hai se si ygrichtet. Es syg gfreut z wohne, hai si prelaagget. Gly sy anderi z Gascht cho. Me het ene vo däm gschänkte Land abgee – au gschänkt. Fryli numme, wenn si uuszieje, vo Sacramento-City uf Sutterville chöme. Die hais gmacht. Ihr Grundstück sant Baraggen oder Zält i der Suhnsstadt hai si wytterverchauft und sy umzüglet. Nit lang, ischs wien en Uuswanderig gsi. Die neui Stadt, im junge Sutter sy Hoffnig, het abgno. Das het natürlig au der Brannan pickt. Scho wider isch im e Plan cho! Er hüschtet zem Sacramento-Sutter und macht im der Vorschlag, i syner Stadt au Land z verschänke – wie der Vatter z Sutterville. Süscht chöm d Stadt nit uuf, süscht mög d Riwalin über. Unds weer alles im Olte. Der jung Sutter het gchäut und gschluckt. Er het scho gseh, ass sys Wysewy rächt het; aber was fürigs Land verschänke? Der Vatter het sältsch none grosse Fläre. Numme, das darf me nit neh. Überhaupt sett me doch nit aifach verschänke. Drum es chreftigs «Näi».

Der Jung het abgwunke. «Nit en üble Trumpf!» het der Brannan innenabegchlüüslet – und isch, wie wenn er Füür im Füdle hätt, uf d Hockfarm ghüschtet. Er het au im olte Heer und Maischter sy Sach vorbrocht, het sogar gsait, er müess yhänke, wil er z Sutterville au gee haig. Me chönn doch nit parteiisch sy, s chiem bös uuse. Er sell aifach jedwädem «Fründ» i der Sacramento-City zweuhundert Bouplätz schänke, derno wölle si luege, ass die Stadt wachsi und für e Sutter senior schaffi. Der Vatter Sutter het das nit ugärn ghört, glych isch er nit derfür gsi. Das göng z wytt, het er abgchlemmt. Aber do isch im Brannan der Trumpf z Sinn cho. Schlau, wie wenn er si teet schiniere, het er gchlischplet: «I chan Ech nit verstoh, Heer und Maischter! Der Suhn het mi doch furtgschickt, das mach er nit, das göng nit, das syg duredur lätz. Und iez wait Dir i s glych Horn bloose? Mi dunkts, juscht wil der Suhn ‹näi› sait, sett der Vatter ugsinnet ‹jo› säge. Han i nit rächt?»

Und uf das abe het der Vatter Sutter ygschlage – und es schöns Stück vo sym Land bi der Stadt vom Suhn verschänkt. Ebe wäge daim Hoggefinger. D Chlus isch all braiter worde.

4

Der dörfet iez aber nit mende, es syg im Sutter senior wohl gsi derby. Es isch im überhaupt nümme wohl gsi. Woll het d Manuiki gluegt und gmacht, wo und was si het chönne. Si isch mit im im Garte gspaziert, het im d Bäum und d Räbe zaigt, het schier vo jedwädem Gwächsli e Gschicht gwüsst und het in all wider an Obsigänd gmahnt und a die guete Chreft. I dene Stunden isch der Sutter fryli wider zfridener und uufgläbter worde. Mängisch het me sogar es Lächli chönne gwahre. Aber wenn er elaigge gsi isch, het in dai uhaimligi Feischteri packt, wo nüt as Wüeschts aneschwemmt. Und alls isch um e Suhn, um der Erscht gange.

No meh! Schier jedwäde Tag sy «Fründ» cho und hai über dä Suhn gchlagt oder gwätteret. Derby hai si der «olt Heer» derzue brocht, ass er s Fort, sy Traum und Stärn vo dainisch, für vierzgtuusig Doller verchauft het. Aigetlig au numme, wils e Schlag gege sy eergscht Find, der unerweuscht und verweuscht Suhn, gsi isch.

I haitere Momänte het der Sutter öppen ygseh, ass derigs nit rächt isch. Aber er isch im sälber wien e Gjeukten und Versteukte vorcho. Und das, won in so gjeukt und gsteukt het, isch dai arigi Gwolt, wo us deer gruusige Feischteri chunnt. Er isch schier verzwyflet dra, der Sutter. Meh weder ainisch het er si öppis wöllen atue. Churz nom Fort-Verchauf het in der Lienhard vom Garte Minal mit ere Pischtole gseh ummedychle – wien e Hälverruckte. Er isch uf in zue und het in agholte, settigs lo z sy. Und as öb er us ime tschuuderige Traum uufschuss, het der Sutter d Pischtole lo gheijen und imene wilde Tier z glych uusegschroue, s isch aim dur March und Bai gfahre. Chuum meh bi Sinne het er derno sy Schiessi wider uufghebt, im Lienhard i d Händ drückt und gchuucht: «Se do, versteck se! Furt dermit! Oder bisch öppe verbeuschtig, he?» Dermit isch er tschäppiert.

Vo däm Tag a isch der Sutter haimlig under vier Auge gstande. Er het chönne chiere, ummepfoslen oder verstare, wie und won er het wölle, der Lienhard isch uf der Luur gsi, und d Manuiki schier nümm ewägg von im. Au het d Manuiki derfür gsorgt, ass d «Fründ» nit all an im hange. Do derby isch eren ihri uusnähm gmerkigi Nase z guet cho. Si hets aifach gschmöckt, wenn wider so öpper derdury chunnt – und uf hunderterlai Schlichen und mit fyn drächsleten Uusrede sy die leschtige Froger und Ploger abgschüüfelet worde. Hets esi lo mache, se isch d Manuiki mit ihrem Heer und Maischter uf dä oder dai Hübel, i dä oder dai Wold – numme für in us de Chlaue vo denen Ugaischtere z zie. All isch eren öppis z Sinn cho! Und dais muess me scho säge, ihr het der Sutter pariert, uf ihri Vorschleeg isch er ohni z wärwaisen ygange. Er het i syner Feischteri inn doch gspürt, ass s do none Sunn gitt, wo dure mag.

Und mit derzytt ischs au wider echly obsi gange. Wien e Chrankne, wo s Eergscht überstande het, und wo der kritisch Tag duss und dänen isch, ass er none Rung särplet und si mauggeret, für äntlig zwäg z cho, so isch der Sutter gsi. Es het in im inn afo chribele. Fryli, me het subtil mit im müessen umgoh und nüt dörfen underwäge lo. Aber das het jo d Manuiki verstande wie chuum aini, und si hets gärn und us Liebi gmacht.

Iez wo d Nacht im Sutter wie d Nacht vor im Tage langsam verwäit isch, hets laider wider öppis gee, ass d Haiteri verschüücht aben und zrugg rütscht. So ugweuscht wie unerwartet ruckt der Suhn a.

Er het sytt im Fort-Verchauf e Stube gmietet gha, het de villen Uschick und de no villere Find z Tratz wytter grächnet, Bouplätz verchauft, Gält yzoge, Schuldbrief gschribe, alles süüferlig und wie d Äxakti sälber buecht – und erscht no der Mueter dehai s Raisgält gschickt. Der Schritt vom Vatter, nit blos z Sutterville, näi, au um d Sacramento-City umme z hüüfewys Land go verschänke – juscht a die hinderruggsigschte, verdräitschte Gältfrässer, wo kai Straich wai schaffen und glych rych wärde – i säge, dai Schritt het dä Burscht nit numme gwurmt und gschmirzt, er het im buechstäblig d Gsündi gno. Und aidwädere Tags het er nümm chönnen uufstoh, er isch i Hitze gläge, ass d Zieche dämpft hai, unds het in gar udings gschüttlet, aschpligs Laub isch nüt dergege. Der olt Fort-Dokter mit de Sporen a de Wade, wo all no sy Zyttig laitet, isch glylächt cho luege. Aber wien er au undersuecht het, das Fieber het er nit chönne haistelle. Es isch im es Rätsel gsi und blibe. Wo der jung Sutter derno wider über s Bett abe het möge, abgmageret und blaich, s rainscht Gstellaschi bigoch, do het in der Dokter churzerhand uf d Hockfarm brocht.

Und iez isch er also hie – humplet und schlycht wien e Schatten umenander, ass s aim sälber drab tschuuderet. Allbott etnuckt er z ständlige. Derdurwille het d Manuiki es bsunders Aug uf in. Si het schon e Stube barat gmacht – obeninn, gege Garte zue. Si stellt im jedwäde Tag e Maijen uf e Tisch. Si raicht Wasser zem Wäsche, bsorgt im d Chlaider und d Schue. Ohni es Wort. Si redt numme mit ihrne grosse, warmen Auge. Und si passt uuf wien e Häftlimacher, ass die zweu Mannevölcher enander nit i Wäg oder gar i s Gheeg chöme. Drum bringt si s Ässe sälber i d Stube zem Suhn – nüt Maschtigs, e rächti Chrankechoscht. Die erscht Tag speert si der Paziänt, öppis z neh – wie wenns in teet awidere – emänd sogar us ime ghaime Verdacht uuse: s chönnt vergiftet sy, jo, vo deer, wo eben aini vo dainen isch! Aber mit derzyt gryft er doch zue, haiteret überhaupt echly uuf, wird au öppis früscher, wie s Gras nom Täuele – numme, schwätze tuet er nüt.

Und ame schöne Summertag, wo der Vatter Sutter zem Lienhard i Garte goht, sait d Manuiki s erscht Wort zem Suhn. Si ruumt juscht s Gschirr ab, luegt zem Pfäischter uus i die stächig Sunn und macht: «D Mueter!» Do fahrt der Suhn zsäme, hebt der Chopf uuf und luegt d Manuiki lang a. Si chehrt si au ihm zue: «I freu mi druuf, d Mueter z gseh. I will se lieb ha und will ere diene, se lang i läb.»

Der jung Sutter schnuuft lut. Die gstarigen Auge wärde füecht. Lyslig brümmelet er vorabe: «D Mueter – was het si ammet gsait? S Haiweh syg as wie s Zahnweh, es chöm eso schutzwys und heeb a! D Mueter breecht mi emänd wider zwäg. I mangle se Stund für Stund. Ohni si bin i do nit numme nüt, näi, allem find. Der Hinderscht luegt mi lätz a. Kaine verstoht mi. Sogar im Vatter chumm i as der Greuel vor – as der Bös sälber.»

«Er isch au chrank, der Vatter – z innerscht inne schwer chrank. Er cha nüt derfür. Die hundert Ugfell und faltsche Fründ, die umöntschligi Arbet, d Sorge johry, johruus – alls das het in so gmacht.»

«Hätts nit sellen an in ane lo cho!»

«Sy Art, sys Schicksal!»

«Me muess si halt i der Zange ha!»

«Wemmes vermag.»

«Oder ämmel aim lo mache – numme lo mache. Wemme so mit Lyb und Seel dra goht wien i, für der Charen us im Dräck z zie. Aber näi, aheebe tuet er, und wenn er äntlig doch lauft, der Chare, no nimmt er verstohlnigs d Lohnen uuse, ass d Rad abgheije – und der Chare blybt stecke.»

«Das chunnt us der Chranket.»

«Chranket, Chranket! Was fürn e Chranket?»

«D Nacht in im inn, guete Heer. Dai Feischteri, wo undenue chunnt, ganz undenue. Mer chenne se nit. Mer gsäje nit abe.»

«Do chumm i nit noo!»

«S isch halt öppis, wo mir Möntsche nit verstönde. S isch aifach do und chunnt, wie d Nacht do isch und chunnt. Und bi däm, wo die Feischteri überhand nimmt, tryben alli böse Gaischter ihr Wärch. Er isch en Arme, isch der Eermscht under den Arme. Me muess im guet sy, muess in lieb ha.»

I deer Zytt, wos um e Sutter senior wie um e Sutter junior afe gstillet und i beeden uf en Art lyslig ghaiteret het, isch e Mäldig i d Hockfarm gfloge, me het nit wenig gstuunt drab. Der früejer Guwernör Alvarado und der iezig Oberscht Fremont hai wider öppis lo ghöre von ene. Si sy nämlig au Guldjeeger worde, aber im grosse Styl.

Der Alvarado het oben a Coloma Land gchauft und mit ime Dotzed Lüt afo Guld grabe, ryttere, wäsche. Er sells nit übel braicht ha. S het ämmel uusgee. Scho wäge däm, wil är nit eso schutzlig druff los isch. Er het syni Mannen uusgläsen und derno so öppis wien e Vertrag mit ene gmacht. Do drinn isch gstande, es müess alles ihm abgee wärde. Me tüeis wäge – und im Bringer e volle Viertel dervo guetschrybe. Däwäg sygs es Gschäft, wo si dörf lo gseh. Au chönne die Mannen all schaffe byn im, Summer und Winter; für s Ässen und s Gliger sorg är, der Alvarado.

No grosszügiger hets der Fremont apackt. Är isch also, wien ech scho verzellt ha, dai Zytt nom aigetlige Chrieg vor s Gricht z Washington cho. S Gricht het in nomene langen Uuf und Ab nit freigsproche, het in aber au nit verdunderet, es het s Urtel im Presidänt vo de «Staate» überlo. Und dä het Gnad vor Rächt lo wolte, wie me sait, und het der Fremont freigee. Es haisst, wäge syne grosse Verdienscht – nit us im Chrieg, aber us de Johr vorane, won er neui Päss über d Bärge hiehar gsuecht und gfunde – und quasi neus Land i d Charten yzaichnet het. Natürlig isch däm Fremont i der lyrilarige Grichtszytt und uf syne Forschigsraisen alles Gält furtgrugelet. Er het sogar zeuftig müesse Schulde mache. Do het er eben au vom Guld ghört. Es wärd fryli Harz ha, bis er sys Wärli wider binenander haig, het der Fremont dänkt; aber glych het er im Guwernör z Kalifornie gschribe, er sell im Uufschluss über die Sach gee; är wöll wüsse, öbs si derwärt syg, z cho – oder öb die Bricht und Grücht, wo so ummegspängschte, us der Schleechen e Mammutbaum mache. Nu, der Fremont schynt e geuschtigi Antwort übercho z ha; er isch ämmel im Schnutz mit der Frau und zweu Chinden uf San Franzisko und gly druuf elaigge, quasi as Geolog und Bodeschmöcker, i d Bärgen abgraist. E paar Wuche spöter isch er wider haigange. Ohni ass er der Frau gschribe gha het, isch er so mit der Tür und ime vollgstopfte Sack i s Huus ynegheit. D Frau het in agluurt wie ain, wo si erzaigt. Im Schwick het er der Sack abgstellt und afo uufchnüpple.

E Rung spöter het der Fremont e Hampfle voll druus gno und zer Frau gsait, wo vor Gwunder schier vergitzlet isch: «Muul uuf und d Auge zue! Winggeli, wänggeli, weli Hand, weli Hampfle wötsch?»

«Mach mer kaini Spargimänter! Mira denn, die linggi!»

«Ätsch! Isch cholt!»

«Die rächti!»

«Heeb d Hand ane!» Dermit schüttlet er fyni, glitzerigi Chörndli dry.

«Guld! Du Lieberheerget, Guld!» gyxt d Frau uuse.

«Jä, Guld. Waisch, wievill i däm Sack isch? Hundert Pfund, öppen e Wärt vo feufezwänzgtuusig Doller, he?»

Wil d Frau all no stuunt – si verschluckt si schier drab – sait der Fremont zuen ere: «Wart do! Kai Schritt!» Und scho schnützt er furt und bugglet none satte Sack yne – und gly druuf no aine. Er stellt die Seck a d Wand und macht sen uuf, für z zaige, wie au i dene luterlötigs Guld isch. Druuf lächlet er: «I säg der, Fraueli, die Bäch sältsch obe sy quasi mit Guld gfüeteret. Me cha numme go neh.»

«Jää, ghört das alles eus?»

«Das do? Näi, aber d Helfti. Muesch wüsse, i ha regelrächti Arbaiter agstellt. Wie der Alvarado, wie nones Halbdotzed anderi. Aber mir halbere, s goht halb uf halb. I versorges do. Wenn e Räje Seck ummestoht, se verchauf i s Guld und zahle d Arbaiter uus.»

«Und du glaubsch, es haig no meh Guld dört obe?»

«No für Mylione, Schatz! Drum han i dä Plätz Land gchauft, ehrber gchauft. Er haisst Mariposa. Und i vermuet, ass juscht d Hauptodere vom Guld dur eusers Land goht.»

«Dasch jon es Glück, wies nit emol i de Märli stoht!»

«Es tuet is guet, wie d wirdsch wüsse. Jä, wär hätts dänkt, ass i no ainisch däwäg uf das Kalifornie chumm und der bescht Guldplätz find! Bime Hoor im Zuchthuus, sytt Johren i Schulde – und iez im schönschten Obsigänd. S Rad dräit si, s dräit si...»

Natürlig isch au dä Guldplätz nit öppe ghaim blibe. Gly het me dervo verzellt und i d Zyttige ganzi Uufsätz brocht. D Hockfarm isch nummen ais vo dene villen Örtere, wo die Mariposa-Guldodere schier tagenacht z Sproch cho isch. Und wies goht, es Zyttli spöter sy ganzi Karewane dört ane gstopft und tschumplet, ebe für barfiss i de Bäche z pfattlen und überal ummezpflotsche. Jä, und es Jöhrli druuf hait-er sogar näbem Fremont synen Arbaitere no drütuusig anderi im Mariposabiet gseh Guld fische.

Au sältsch obe het s Aigetum wie d Bouten und d Yrichtige so wenig gulten as z Coloma und im Sutterland. Unds isch nit minder ruuch gange, ho z Pfannedeckel und Pflätterpflutti! Es het ech wie überal uf däm Guldbode Suffete, Händlete, Stächete, Verwundeti und Dotni gee, bhüet is! Fryli, der Fremont, zuegängliger und zyttiger as dainisch uf der «Expedizion» und im Sutter-Fort nom «Säubannerzug» – er het au wie jedwäde, wenn er d Chalberzehn abstraift, a Verstand und Erfahrig zuegno – also, dä Fremont het sys Wärli ainewäg i Schärme brocht. Wie brichtet wird, sell er e paar Myliöndli uf d Sytte gferget und für die olte Tagen uuf bahrt ha.

Gället, die Fremontgschicht, wo me druus sones Gschyss macht, het au uf der Suttersytten und gar für d Hockfarm öppis ehnder Liebs as Uliebs zruggglo: Men isch echly läbiger und chäferiger worde. Vatter und Suhn Sutter sy enander frylig all no uusgwiche; aber si hai ämmel nit Händel gsuecht, hai ihren aigene Chumber schier vergässe – und d Manuiki lo sorgen und hälfe, ohni se neume z derangschiere. Wie het si Freud gha dra! Wider het si ihr amächelig Möppi dörfe zaigen und nümm allbott ime ghaimen Egge müesse go ragge, wil der olt oder der jung Heer syni Mugge lot schwärme – und derby aifach nit will gspüre, wie guet sis ment, und wien es Lächli gar wohlteet. Jä, und mit derzytt het me chönnen aneh, es göng nit nummen i der lyblige Gsündi bi beeden obsi, es haiteri allsgmach au im Gmüet.

Do trampt aber gar e schwarze Tag i s Gäu! Zwee «Fründ» wai mit im Sutter senior verhandle. D Manuiki wött sen uf all Art und Wys furtkumplimäntiere, numme, si chunnt ene nit z Schlag. Und was wai si aigetlig, so im Sundigstaat, gfitzt wie Fratze?

He, si schwätzen im Vatter Sutter wider d Ohre voll – zerscht fidriol, echly flauderig, derno bluetärnscht. Er sell ebe sym Suhn s Gält, d Obligazione, d Schuldschyn und anderi Wärtpapyr, won er vom Landverchauf am Sacramento het, heusche. Iez wenn der Junge der Grattel oder der Gytt uufstoss und er säg, är, der Vatter, chönn im gstohle wärde, se sell er halt mit der Rysbürschte derhinder und nit abgee, bis er die Sach haig. Er müess sy Suhn aifach derzue zwinge, ferig. Wytter haige si don e Vertrag uufgsetzt. I däm stönd, ass d Überträgig vom Vatter uf e Suhn nümm gält, ass der Suhn uf alles verzichti – und s Land, Hab und Guet wider im Vatter ghör.

Im Sutter senior het die Underredig wider alles uufgrüert, was si afe so süüferlig gsetzt gha het. S isch feischter worde. Der Hass uf dai Hoggefinger und Hag, wos derhinder so chnarflet, isch aidwäders do gsi – wie anegwäit. Er het si zwor no zsämegno, der Vatter Sutter. Er isch zem Suhn gange – und het im afe so zwüsche de Wörtere duren adütet, was im Grais isch und wies sell cho.

Der jung Sutter hèt si wölle still ha; aber underainisch hets in wien es Fieber packt und gschüttlet. Er schreit uuf – und sackt uf s Bett. Alls schlotteret an im. Wo derno der olt Sutter uusegoht, chunnt juscht d Manuiki yne, tröschtet, macht Umschleeg uf d Stirne – und fahrt über d Hoor, fyn und lieb wien e Mueter. Nodisno wird der jung Heer ruejiger. D Manuiki frogt, öb si öppis chönn hälfe.

«E Bott zem Burnett, mym Agänt, schicke! Er sell hurtig hie ane cho!»

D Manuiki bsorgt das. Ohni, ass s öpper achtet, goht der Manuiki-Ma, der treu Hamula, wie s Büsiwätter ab und dervo.

Und die zwee «Fründ» übernachten uf der Hockfarm und blyben e paar Tag. Allewyl nähme si der «olt Heer» wider «i s Gibätt», wie si säge, oder i s Füür, wies rächter haisst.

Äntlig schnützt der Burnett a. Aber me wyst in cholt ab, er cha churzerhand wider goh – no mit im Bricht, er haig hie nüt verlore, me bruuch syni Dienscht nümm. Der Vertrag mit im junge Heer syg vo hütt a ugültig. Der Herr Sutter senior syg wider Bsitzer.

Wo der Suhn das vernimmt, ischs im gschwunde. Vill Stund spöter flismet er so undevüre: «Schad, sündeschad! Der enzig Möntsch im ganze Land, wo der Familie Sutter hätt chönne hälfe, wyst men ab. Der gröscht Fehler, wo der Vatter scho gmacht het!

Hätt er dä Burnett as Verwolter ygstellt, er weer in e paar Johre der rychscht Ma uf der Wält!»

Er het nit mehr uusebrocht, der jung Johann Auguscht Sutter. Aber er het gspürt, ass das der Schluss isch vo sym Läben im Dienscht vom Vatter. Är wärd nie meh däwäg uufcho, ass er imstand weer, settigi Gschäfter no wytter z bsorge.

«Numme, i goh glych my Wäg», ischs im nome Rung über die schmale, bluetleere Lippe grütscht. «I goh erscht iez my Wäg.»

Und der jung Sutter isch uf der Hockfarm blibe. Still sy d Tage für in cho, still sy si wider gange. Bim Vatter het er kes Wort verlore. D Manuiki het für in gluegt wie am Afang. Und der Vatter het in lo goh – dais, won in zsäge täglig, stündlig am merschte gwurmt het – nummen e Tolete vom Bueb! – isch ewägg gsi.

So isch der Pionier und Kolenisator wider Heer und Maischter vo der Neue Schwyz worde – fryli, nit frei nom aigene Wille, näi, bunden a d Um- und Zueständ und erscht no abhängig vo de «Fründ», wo ghaimi Wärchzüüg vom nooghaimere Schicksal sy.

S zäht Stück:

D Familie Sutter uf der Hockfarm

I

Gället, die Chranket mit däm arige Fieber het der jung Sutter bös zwäggno. Aber won er wider echly binenander gsi isch und syner Megeri und Schwechi z Tratz ugstört uus und y het chönne, isch er die merschti Zyt i Garte Minal gangen und het im Lienhard zuegluegt. Dä het öppis zerwärchet! Vo früe bis nacht dra, chuum e Schnuufpause lang noodänkt, was wytters, het er ech ghackt, der Grund rain grächelet, gjättet, zweit, d Räben uufzoge, gsäit, gsetzt, dängge Härd uufgchröjelet, scherpi Plätz gsprützt, hien es bäits Blettli uusegchnüüblet, sältsch es dürs Brömli abbroche, oder derno gschnäflet und an öppis ummepärzt – aifach allewyl und überal! Und wie hets im uusgee! Handchehrum isch d Sach gsi, wien er se het wölle ha. Nie nüt Flauderigs, nüt Halbbatzigs, numme für der Tag z vertörle. Jedwäde Schritt het e Sinn gha, und was er apackt het, der Lienhard, isch rächt gsi, s chlynscht Dingsli nit schärpis.

Es het im junge Sutter wohlto, so derby z sy. Die früschi Luft, d Stilli, dä ruejig Ma, wo ganz i der Arbet uufgoht und wie nomene ghaime Gsetz schafft – alles das het öppis Guets gha für in. S het in quasi schrittliwys in Obsigänd gfüert. Wider isch im z Sinn cho, was der Vatter ainisch vom Lienhard gsait het. Er syg echly stettig und i synen Asichte wohl äng, wie wenn er Schüüchläder ahätt; aber derfür luter wie Bärgwasser und uglaublig offe. Er verdecki nüt, er säg aim die gröbschti Wohret i s Gsicht yne. Und das syg vill wärt. Er syg überhaupt der enzig Wyss hiezland, wo me si ruejig uf in dörf verlo.

Bigryflig, ass dä aifach, fren und schafferig Ma im junge Sutter gfalle het. Si sy mitenander i s Gspröchle cho, jedwäde het sym

Ablooser verzellt, was er scho gseh und erläbt het – und derby gmerkt, ass d Wort ynegönge. Nodisno hets zwüsche dene zweene so öppis wien e stilli Fründschaft gee.

Iez ainisch, in ere geuschtige Stund, het der jung Sutter sy aigetlige Wousch vorbrocht: d Mueter hie ane z bringe. Elaigge mit de Brüederen und der Schweschter chöm si aber nit z Schlag. Si syg jo no nie graist – und d Gschwischterti wüssten allwäg au nit wo uus und y uf ere Rais in e ganz anderi Wält. Drum – öbs ihm, im Lienhard, ächt müglig weer, d Familie z raiche?

Der Lienhard het sys Gschir, won er zem Zweije bruucht, uf d Sytte gschürkt und lang vorabegluegt. Derno ischs im uusecho: «I ha nüt dergege. I wött sowieso wider ainisch hai, für no das und dais i d Ornig z bringe. D Eltere sy ebe nümm do – und wie mer d Schweschter chürzlig gschribe het, weers ere rächt, wenn i d Sach wägem Erbe hulf richte. Wie gsait, die Rais cheem mer nit übel.»

Öbs dä Summer no gieng?

«Wemme mer nit alls verzoust und mi Eue Vatter lot goh!» D Rais wurd natürlig zahlt. Was er rächni? Öbs mit zweutuusig Doller gmacht weer?

Iez fot der Lienhard a zsämestelle. Wenns um s Gält goht, isch er au derby; es gitt Müüler, wo sogar säge, er hangi dra wien e Zäch. Item, er rächnet und sait ämmel: «I zell uf sächs oder acht Mönet. I de ‹Staate› isch wider Cholera. Hie und sältsch sell au s Chagresfieber wüete. Es cha also rächt ugmüetlig wärde. Me wird woll überal die erschti Klass müesse neh, uf im Schiff, i der Bahn und i de Hotel.»

E Chehr ischs still. Äntlig ment der jung Sutter: «Und sächstuusig?» Der Lienhard chehrt si gegen in: «S Dopplet, Heer Sutter, derno übernimm i dä Uuftrag. I waiss woll, s choscht es Haidegält. Aber der Vatter isch mer au no das und dais z tiend – und süscht. Do isch d Hand!»

Der jung Sutter isch fascht und gar dra, abzchlemme: «Zwölftuusig Doller, säget-er?»

«Jo – und voruuszahlt! Der müesset mi verstoh, Heer Sutter,

me het mer do, z Kalifornie, scho gar emängs versproche – und nit gholte, nit chönne holte, i gib es zue. So ha mer vorgno, numme no ‹jo› z säge, wenn i der Lohn scho i der Hand ha. Gället, s Läbe lehrt aim halt Zügs und Saches, wo me nie glaubt hätt!»

Der jung Sutter brümmelet: «He, se nu se denn! I verstohn Ech. Aber zwölftuusig Doller! Und i ha jo kaini Vollmachte meh. I muess im Vatter go heusche. Es wird in vertäube. S cha wüescht harze!»

«Nu, zweutuusig cha me mer uf Bouplätz überschrybe, aine z San Franzisko, der ander i der Sacramento-City. I d Hand wött i also numme zähtuusig jo, und zürnet ämmel nüt!»

Me het nüt meh gsait und ainewäg gmerkt, ass s für beed wie abgmacht gilt.

Der Suhn Sutter isch e paar Tag spöter zem Vatter und het im so fyn wie müglig die Sach vorbrocht. Und arig, der Vatter isch still blibe. Derno het er im McKinstry, wo näbe sym aigene Gschäft wider bim Sutter Verwolter isch, e Zedel gschribe – und alles isch i s Blei cho.

Iez der Lienhard het i deer Zyt no das und dais verchauft, derno d Guldchörndli, won er zem Tail sälber gfunde und zem Tail ermärtet und erhandlet gha het, i drei währschafti leeri Guttere lo risle. Ainisch z Oben isch er die i Wold ob der Hockfarm go vergrabe. Jedwädere het er es bsunders Plätzli uusgsuecht, wil er innenabegsait het: «Verwütscht me die ainti, se blybe mer ämmel no zwo für. Bi Chyb und Wind, s sell niemer derhinder cho!» Und wien er se versteckt het, die Guldguttere! I Baum dernäbe chlyni Zaije gchritzt, die sant der Wytti vo aim zem andere i s Notizbüechli gchraflet, über d Löcher Chnebeli und dürs Laub glait – und erscht no Schiesspulver druufgstreut, ass de wilde Tier au der Gluscht zem Schnüfflen und Schneugge vergoht – juscht eso het ers gmacht.

Und wo das alles versorgt gsi isch, und der Lienhard s Gält i de Secke gha het, isch er älehüpp abgraist. Me het der zwänzgischt Brochmonet gschribe.

Z San Franzisko het der Lienhard zwee Tag uf s Schiff müesse warte. Do isch er go luege, wo sy neuscht Bouplatz aigetlig lytt. Im Hafe het er öppe sächshundert Schiffer vo alle Sorten und Grössene zellt. E wohre Wold vo Maschten und Stange! Und alles leer, wie vergässe! Us alle Richtige, über alli Meer sy si doch harcho und aisgurts do blybe stecke. D Matrose sant im Kapitän sy ab go Guld sueche. Öppe vierzgtuusig Möntsche selle die Schiffer elaiggen anegschlaikt und i s Land gspeut ha. Drum gohts dänk afe zue, ass s im Tüüfel sälber drab gruust. All no kaini Gsetz, kai Ornig, numme Händel und Schiessereie schier wo me goht und stoht. Wemmes rächt aluegt, ischs e Chrieg zwüsche de Neuen und den Yhaimische. Bsunders d Indianer wärden uf s Chorn gno und abgschosse, as weeres Wildsäu.

Ame Noomittag isch der Lienhard i neu Dampfer «Panama» ygstigen und i Gross Ozian uuse gfahre, derno gege Süde, Panama zue. Gly isch im e Källner uufgfalle. Dä het gar bsunders guet für d Passeschier gsorgt. Mit derzytt het ais Wort s ander gee. Ainisch z Obe sait dä Källner zem Lienhard, er haig e Frau z Neu-York. Öb er im sys Erhuuset, so sächshundert Doller, dörfti mitgee. Der Lienhard stutzt und speert sin e Rung; er haig süscht scho gnue z hüete. Wo der Källner aber wytter uf in yne redt, sait er doch «jo». Der Källner zellt im s Gält ane, lait none Gulddublone druuf und macht: «Für der Bueb. Er wird iez glylächt Feufi.» Derno schrybt er d Adrässi uuf, und der Lienhard macht e Quittig barat: «I wills bsorge, wills gärn bsorge, wils um e Frau und es Buebli goht. Hoffetlig chumm i as Gältbott guet dure. Me cha nie wüsse!»

In ere chyttige Nacht isch s Schiff z Panama acho. Es het wytt ussen im Hafe glandet. Am Morge sy dernon e Huufe Ruederböötli derharpfitzt und hai s Bagaschi a s Land gno. D Passeschier sy z rittligen uf Matrose dur s Wasser bugglet worde.

Vo Panama ischs pär Muulesel uf Cruzes gange. Ihrere Sibe hai zsämen es Grüppli uusgmacht. Das isch mit vier Tryberen am andere Tag zue der Stadt uus und über e wytti Sawannen in Urwold gritte. Dä hets im Lienhard ato. Das tuusigfach Läbe zringsetum! Bäum, me luegti se s Läbe lang nit uus, Wältsniele dra so dick wien e tolle Arm, derno Kolibri wie Stärndli und Füürflämmli i de Güpf obe, ass s glitzeret, funklet, glaschtet und blitzt! Und erscht die Tön überal! Do röhrlets, dört flötlets, hie chräits, sältsch schreits – bold tief, bold höch; me verliert si ganz drinn und waiss nümm, wo uus und a. Und allbott gwoltigi Chrotte, Frösch i de plarigschte Farbe, Schlangen und Heudächsli – das rütscht, gropet, schnogget, gumpet, schnützt, pfitzt an allen Ort und Ände. Oder die ville Vierhänder i de Dolder und Nescht – wie si turnen und Gsichter schnyde, enander Zaije gäbe, e Zirkus isch Narewärch dergege! Und erscht die grosse, dickchöpfige Bäramslen und Wolhaischte, wo regelrächti Fuesswäg bahne, sächs bis acht Zoll brait bigoch!

Iez der Wäg isch ehnder schlächt gsi as rächt, streckiwys no s Fürig von eren olte, spannische Stross, halber pflaschteret; streckiwys voll tiefe Furen oder Gräbe, es chönnt Hals- und Baibrüch absetze; oder verwachse, ass me nit derdur gseht und zerscht muess go Luft mache, au do und dört pflotschig wie noneren Überschwemmig – s rainscht Muer! Und joo nie graduus, all echly ringgeliränggeli hüscht ummen und hott dure.

Zmitts i däm Urwold hets für e Lienhard bime Hoor no öppis Dumms gee. Me het d Laschttier mit der Bagaschiwar voruustribe. Der Lienhard het uf im ganze Wäg der Schwanz vom Zug marggiert. Won er ainisch vüresprängt, für z luege, öb syner Kuffere mit im ville Gält drinn nüt passiert isch, muess er gwahre, ass si sant im Tier fehlt. Er frogt. Me lüpft d Achsle, schüttlet d Chöpf. Niemer will öppis wüsse. Im Hui und mit Wort so scharpf, si hätte syni Bartstuffle mögen abschabe, chehrt er um und rytet zrugg. Do – öppe tuusig Meter hinder der chlyne Karewanen erlickt er dä Muulesel seeleruejig, Chopf gege der Wäg zue, hinder ime Ghürscht. Alles isch no schön binenander. Er trybt das Tier vor im ane vürsi – und voller Muchses und Gruchses grüblet er dainer haikle Frog no: Worum het das Vych müesse dehinde blybe? Aber wien er au rätslet, er chunnt ze kaim andere Schluss as däm: D Tryber hai vo Afang a die Kufferen im Aug gha. Wils die schwerschti isch. Si wärd gältträchtig sy, hai si dänkt. Es het emänd Guld drinn, hai si wytterkalkuliert, wil ihre Bsitzer jo diräkt us im Guldland chunnt. Also uf d Sytte dermit – und z Nacht go ganz ewäggtue, ferig!

Item, men isch äntlig zuen ere Hütte cho, tief im Wold inn. Si het aim ehnder an es Heuhüüsli gmahnt; über die verwitterete, halber verfuulte Trumm und Treem sy Bambusbletter glampet – as Dach. Glych isch men yne. En olti, zsämegschrumpfleti Negere, e paar Hüener, es Truthuen, e Särpelhund und e Strublichatz sy do dehai gsi. Alli zsäme hai nit so vill Flaisch an ene gha, ass der Hund elaigge hätt möge hinderewolche. Also het me nit uf en aständigen Imbiss chönne rächne. Der Hunger weer zwor do gsi. Der Lienhard het der Negere zweu, drü Hüener wöllen abchaufe; aber si het numme brummlet und bös drygluegt. Erscht won er nen es ortligs Hüüfli Münz i die gschliferige Händ glait het, hai die sibe hungrige Manne s Truthuen chönne ha. Es isch fletig grupft und no fletiger gässe gsi. Nu, me hätt au mit mehr im Buuch dai Nacht schlächt gschlofe. Deuschtig, drückig, ass me chuum der Schnuuf het möge zie! Derfür isch s Uufstoh ringer gange. Es het grägnet – und um s Verseh sy überal Gumpene, halbi Weijer ummegläge. Das het gchnätscht und gsprützt öppis grüüsligs. Numme guet, ass me scho am Noomittag us im Wold uusecho isch. Und lueg a, zäntumme Gras, ehrbers Gras! Und grad vornen erscht no d Ländi am Chagresfluss, wo der holperig Muuleselritt sys Ändi findet.

Do sy die Mannen i Böötli umgsädlet. Und öb i der stächige Sunn, ass wytt und brait alles wisem isch, oder ime Rägeplatsch, wos tätscht und geutscht – die Ruederer hai das Wärli vürsi buggsiert, s het en Art gha, und gsunge hai si derby und gchräit, gwüs schier wie d Pappegeie de Bort noo. Näi, deere Kärli gitts nit überal! Iez uf ime Sandinseli wien e Glatze zmitts im Fluss inn het men aisgurts en umgheite Baumstamm gwahrt. Aber ohä! Bim Nööchercho ischs ehnder en Alligator gsi. Derfür hüscht wie hott am Bort a äntwäder Bambusrohr und Kaktusstöck oder Palme mit Frücht as wie Trüübel und was für d Lüt hie ummen am merschte zellt: Brotfruchtbäum!

Vo Chagres sy si mit im Dampfer gege Kingston uf der Jamaika-Insle zuegfahre. Es het vill anderi Lüt uf däm Schiff gha. Me het enander zerscht echly abööget. Und scho am zweute Tag het d Doteglogge bimbelet. E junge Passeschier isch gstorbe – a der Schwyni, wie si verzellt hai. Me het d Lych i Segeltuech ygnäit und uf e Dile bunde. Dä hai si derno mit Staine schwerer gmacht und bim Bätten i s Meer glo.

Es het nüt Bsundrigs gee uf der Fahrt. D Lüt sy glych uufgläbter worde, wie meh si Norde zue gege Neu-York cho sy. Aine, wo allwäg süscht kaini grosse Sprüng macht, het der rainscht Baijass abgee. Er het die anderen uusgmacht, Wörter verdräit, Witz grisse, halöpperigi Liedli gsungen und gschauspileret – etail hai müesse d Büüch heebe vor lache. Und all wider öppis Neus, Yfal uf Yfal, ass d Stunde numme so dervogschnütz sy!

Fryli, wo me z Neu-York ygfahren isch, hets none Dämpfer gee. Afe het men über Nacht uf im Schiff müesse blybe – wägem Zoll. Do und dört het d Täubi vüredrückt. Dä und dain het brummlet: «Das kumweniert mer ieze nit!» Schier allzsäme hai e kuriosi Luegi gmacht. Derno isch men afo ummeträmperle, het d Händ griben und der Noochber gfrogt: «Worum au settigs? Was isch do derhinder?» Möndrisch ischs uuscho. Me vermueti, es wärd z vill Guld mittrait. Der Staat wött öppis dervo.

Nu, die Biamte sy agruckt und hai erklärt, wär über zweutuusig Doller byn im haig, müess uf s Tuusig e Prozänt ablade. Uf das hi hets meh weder ai Motsch gee. Emängs isch underobsis cho, e Muttig har, e Muttig dar. Und uufgregt sy die Lüt gsi. Wäge was denn? Vo wäge däm ugweuschte Prozänt! Aisgurts ischs ämmel zue- und härgange wie imene Hüenerstal, wenn der Fuchs s Nasebeeri dur s Gitter steckt. Schier jedwäde het i syner Kufferen afo neusen und schweri Seckli verstecke. Aine, none styfe Burscht, het Guldstücki i d Stifelrohr lo gheije, ass er derno ummeghopset isch wie mit zäh Ägerschtenauge. En andere sell i die änge Hosen und i s Hemli e paar tuusig Guldvögel to ha. Und dänk der Schlauscht vo allne – er haig underwägs scho so öppis wien es Bruchband erstande – het das uf der blose Hutt trait, natürlig mit syne liebe «Vreneli» drinn.

Iez bi der Muschterig isch der Lienhard glylächt a d Räje cho. So mir nüt, dir nüt het er gsait, er haig öppe dryzähtuusig Doller byn im, s merscht syg aber nit ihm; e chlynere Bitz ghör inere Frau und Mueter hie z Neu-York, der grösser Tail im Haupme Sutter z Kalifornie; är müess däm sy Familien i der Schwyz go raiche, und do derfür bruuch er ebe das Gält. Die Biamte hai enander agluegt, hai no das und dais gfrogt. Es isch ene gsi, me dörft i däm Fal allwäg scho lugg sy. In ihrer Uglägni sy si aber doch zem Schluss cho, dä Ma müess bläche, was verlangt wärd, er chönns jo vo de Bsitzere zruggverlange. Das het der Lienhard uwäg dunkt. Er het uufbigährt wien e Rohrspatz; aber s het nüt abtrait. So isch er a d Kasse go meh weder hundert Doller anezelle.

Nit gnue! Wo der Lienhard mit syner Zahlerei ferig isch und d Kuffere will uufneh, isch si nümm do. Er luegt umme. Nüt! «Sell denn alls us im Lym!» chiflet er und schiesst dur die ville Lüt dure wie gjeukt. Niene nüt! Er hets halt nit gachtet, wie juscht d Gutschner uf s Schiff cho sy, wo die Biamten ihn underhänds gha hai. Und er hets gar nit gachtet, ass ain vo dene Gutschneren ihn und sy Mordskuffere ganz bsunders gnau aluegt.

Es isch im windeweh – und so lauft er der Stäg ab und speechzget umme. Do trifft er juscht es Maitli. Er frogts, öbs niemer gseh haig mit ere grosse Kuffere. Woll, dört göng er grad, saits und zaigt uf e tolle Kärli. Der Lienhard brummlet: «Däm will is aber zünde!» Und was gisch, was hesch pfylt er der Stäg ab und uf dä Manno zue. Er verwütscht in grad no, won er d Kufferen uf e Gutsche lüpft. «Haltla!» rüeft der Lienhard. «Wär het Ech ghaisse, my Kuffere mitzneh?»

Echly pyggiert sait der Gutschner: «Niem. Aber i ha mer halt dänkt, i wöll Euch i s Hotel bringe. Und won i so gseh ha, ass Der zsäge ferig syt mit im Zahle, han i das Wärli uufgno und bi afe gange.»

«Äxpräss, he? Der weeret woll au ohni mi gange?» lait der Lienhard iez druuf.

«Wowass? Glaubet denn Dir, i syg aine vo sälber Sorte? Fehlti no! Bin en Ehrema, möcht Ech gsait ha, wenn i s au numme zem Gutschner brocht ha. Verstande!»

Der Lienhard steckt im e Doller zue und sait: «Franklin-House, Broadway!» Und chuum hockt er uf im Polschter, se schälbet sy Gutschner zuemene junge Burscht überen und dütet, är sell uf e Bock und fahre. Dä nit fuul, jüppst uf e Bock, gitt im Ross e Zwack mit der Gaisle – und der Lienhard sürmelet: «Henu, so isch men ämmel gly am Broadway.»

S isch aber lätz grächnet. Das Gfehrt goht chrüz und chrumb dur d Strossen und holtet äntlig vor ime höche Bachestaihuus. Scho stoht e dicke, öltere, gschnyglete Heer do – wie us im Bode gschloffe. Dä macht uuf und bittet der Lienhard chatzefrüntlig, uusezcho. Im Lienhard wirds aber aisgurts nit ghüür. Er sait: «Jää, isch das s Franklin-House?»

«Natürlig!»

«Am Broadway?»

«Sälbverständlig!»

«Mumpitz! I will a Broadway gfüert wärde – und das uf der Stell!»

Do druuf wött dä dick, ölter, gschnyglet Heer no allergattig schwätze; aber der Lienhard isch nit derfür. «Päpperläpäpp!» sait er, längt im Gutschner e Doller vüren und heerschelet in a: «Wenn Dir iez nit dört ane fahret, won i gsait ha, se pfyf i der Polizei! Hait-ers ghört?»

Der Gutschner zwackt s Ross wider – und im Schnutz schnützt d Gutschen i rächte Broadway und zem richtige Franklin-House.

Hie verzellt men im, ass er Glück gha haig. Das höch Bachestaihuus syg gwüs so öppis wien e besseri Räuberhöhli – und beed Gutschner syge Hälfer und Hälfershälfer vom Häuptlig, ebe daim dicke, öltere, gschnyglete Heer.

«Und wie gseechs derno uus?» brümmelet der Lienhard innenabe. «Weer allwäg für alli Zytt ewägg. D Lych teet men emänd ainisch us im Hudson fische. Z Kalifornie teet me mi fürn e schlächte Hund holte. Der Sutter senior teet dänk i Bart sürmlen und geeb der Sämf derzue: E, e, e! Ass me si au so cha tüsche! Do hätt i iez gwettet, was z wetten isch, das syg e grade, lutere Ma. Aber ebenebe, i has jo all gsait, uf die Wysse chönn me si nit verlo, lieber die rüüchschti Rothutt as s glettscht Blaichgsicht, jo-wolle!»

Möndrisch het der Lienhard im Källner sy Frau uufgsuecht und ihr Gält abgee. Derby isch ere vor Freud und Langizytt nom Ma s Wasser i d Auge cho...

Vo Neu-York het er derno der glych Wäg gmacht wie synerzytt sy Heer und Maischter, frylig umgchehrt und uf ime gschmeudige Dampfer, nit nummen ime willwänkige Segler.

So glaitig, ass s gangen isch, het der Lienhard sy Uufgob glöst.

Er isch ech über Darmstadt graist, für d Suttersühn Emil und Alfons z raiche, wo dört all no i der Astandsschlyffi gsi sy. Mit denen isch er uf Lieschtel zem Landschryber. Hie hets e lengere Holt gee. Der Lienhard het halt im Fründ vom Sutter alles hoorgnau müesse verzelle, was änet im Grosse Bach die Johr dure gangen isch, und wie das Züüg wyttergoht. Der Landschryber het im kai Rueji glo. Vom Wunderland, vom Guld, wo men au uf deer Sytte vom Ozian sone Huufe dervo z ghören und z läsen überchöm, ass me wie as Chind vor de Märli numme no chönn stuune, derno vom Guldsutter sälber het er all und all wider müessen uuschrome. Und wenn er gment het, iez syg aber s letscht Birebitzeli duss, es chöm im beschte Fal nüt weder Schabeten und Schärete noo, so isch der Landschryber gwüs mit ere neue Frog barat gstande. «Jää, und derno, Heer Lienhard?» hets allewyl tönt.

Nu, näbe dene Verzelleten isch me z Lieschtel au überais cho, der Emil und der Alfons selle hie blybe. S Leis, wo juscht bi der Mueter z Burgdorf uushilft, wöll der Landschryber mit der Mueter sälber go raiche. Die ganzi Familie Sutter müess si z Lieschtel quasi sammlen und zsämelo. Do chönn se der Lienhard gseh und mitneh, wenns so wytt syg.

Dä Plan het im Lienhard i d Chreeze passt wie nit gly aine. Der Landschryber het im gsait, är wöll die Sach scho yränken und brittle. Underwyle chönn im Lienhard sy aigeni Aglägni i d Ornig brocht wärde.

Und men isch derhinder! Der Lienhard isch i s Glarnerland ze syne Lüt gange. Der Landschryber isch uf Burgdorf graist und het sältsch alles zer Abfahrt grüschtet. Si hain in nötig gha im olte Dübeld-Huus am Stadtplatz, he z sappermoscht! Nit numme wäge de ville Gäng und Läuf zue den Amtsstelle hie und usswärts und wägem Uusläsen und Packe vo dene Sachen und Sächeli, wo me will mitneh – näi, au wäge der Rueji. Alls isch jo us im Hüüsli cho, vor Uufregig und Plangere. Füürigi Backen und gischpligi Händ do wie dört – die drü Wybervölchli hai doch vor luter Yfer und «das no erwärche» und «dais nit vergässe» chuum meh gwüsst, was stoht und was lytt. Zem Verbummeränzle bigoch! D Schweschter vo der Frau Sutter, d Mary, isch zwor no verständig und neumeduren ortlig rutiniert gsi; abers het nit glängt, die andere zwo zer Vernouft z bringe, ass s echly inständs wurd. D Mueter het gar erbärmlig gmacht, s Leis het allbott hauthöchlige pfupft oder derno grinne wien es verpypäppelets Wüschli. Me hätt alli mitenander sellen i d Fasson chlöpfe. Uuf und nider nüt weder Strublete durane! Näi, es weer ke Wäg gange. Und so het der Landschryber aigetlig gwürkt wie d Stilli nom Gwitter, wenns fyn und lys afot sprützerle. Er het zwor spöter syner Frau verrote, die Burgdorfertage haigen in no heerter troffen as daini, won er d Chind haig müesse go raiche.

Glych isch alles no der rächt Wäg gangen und guet uusecho. Lüt und Bagaschi het men uf Lieschtel brocht. Und wo der Lienhard wider aruckt, isch au s Letscht a sym Ort. Es gitt none langen und härzligen Abschaid. D Mueter Sutter und s Landschrybers gspüre derby, ass si enander nümm gsäje; aber si luege bodsyttig s Augewasser zruggzheebe. So schwätze si numme vo der Schöni, wo der Läbesobe wärd bringe. Und mit ime «So bhüet ech Gott!» goht men usenander.

2

Iez über die langi Rais will ech nit brichte. I chiem chuum z Änd und fund allwäg der rächt Fade nümm. Der chönnet echs ainewäg vorstelle: Die Lütli sy gfahren und gfahre, uf im Land i der Poschtgutsche, uf im Wasser im Schiff; nöbler frylig as der Vatter Sutter vor sächzäh Johre, au nit ohni z wüsse, wo ane, wie är dainisch. Si sy also besser dra gsi, hai gnue Gält und e guete Füerer byn ene gha – und hai nit son elaiggen und elai uf aigeni Fuuscht hi müesse go sueche, allewyl wider go sueche. Iez vo Neu-York a hai si natürlig nit dai bitterbösi Rais über e wytten und aim gfehre Kontinänt müesse mache, wie synerzytt s «Grüenhorn» Sutter; der Lienhard het sen aifach uf im glychlige Wäg, won er sälber harcho isch, nummen umgchehrt, i s so lang erbaitet Land Kalifornie gfüert.

Item, si sy also alli ohni Ugfell und mehr oder minder zwäg am ainezwänzgischte Jänner vom Achzähhundertfüfzgi im Hafe z San Franzisko acho – und zwor mit daim Schiff «Panama», wo der Lienhard sy «Källner» wider gfunde het. Herkeless, s isch no ainisch alls anderscht gsi, as won im der Lienhard vor sibe Mönet der Rugge gchehrt het! Die leere, halbhinige Schiffer sy zwor no do ghuuret und hai wie dainisch der Zuegang zem Landigsplatz versperrt. Derfür syn e Huufe Böötli derharpfitzt und hai für tüürs Gält d Passeschier a s Land brocht. Nu, der Lienhard het syni Lüt i sones Böötli gspediert und isch derno mit enen es Hotel go sueche. All Augeblick sy si a verchohlete Hüüserstofer verby cho, all Otezüg isch men über e Grümpel oder Hinigs gstolperet. Überal hets Dräck und Äsche gha, nit zem Säge. Vo was au? He, San Franzisko het e bösi Brouscht duregmacht. Neumen ischs aifach agange, öb äxpräss, öb numme süscht – daisch nie uuscho; es het zeuserlet, bränzelet, gläderet no de Note, und die Holzhüüser syn ewägg gsi. Fryli, chuum het s Füür nümme gwüetet, isch me scho derhinder und het zimberet und neu bout. Vo aim abgände Mond zem andere het ech d Stadt wider e Gstalt und es Gsicht gha: ganzi Strossezüg Baraggen und Verschleeg, do und dört e grösseri Holzbude.

Iez ussen a der aigetlige Stadt stoht s Graham-Huus. Das hai d Flamme nit mögen erglänge. Es isch au nummen us Holz, und d Wänd vo Stube ze Stuben oder zwüsche de Gäng und de Chammere sy us gwöhndligem Bouelestoff, me chönnt se für fescht gspannti Umhäng holte. Hie ane het der Lienhard d Sutterfamilie gfüert und isch derno go luege, öb der Heer und Maischter neumen umewäg syg. Nu, i deer Zytt hai si syni Lüt chönne riterieren und woll au drüber noodänke, was das fürn es Zaije chönnt sy: Nüt weder Dräck und Ruess, wo men aneluegt, verbrennti Holzstücki – und e sumbere, graue Himmel drüber, won es Strubelwätter i der Machi het. Der Frau Sutter chunnt öppen es Gruchsen undenue; d Rais het se halt allem z Tratz doch fescht apackt. Iez d Jungwar isch ehnder halöpperig uufglait und wött ihri Weusch und Glüscht und der ganz Gwunder äntlig uuselo.

Underwyle suecht der Lienhard sy Maischter. In alle Strossen und Gasse rodt si s lut Läbe; me hätt chönne mende, es haig no nie sone Läbtig gee. Mit derzytt vernimmt der Lienhard, der Guldsutter syg die Nemtig hiesig gsi, aber wider abgraist, uf Sacramento-City. Iez was mache?

Er goht i s Graham-Huus zrugg und sait, me sell si fürn e paar Tag do yrichte; me müess no luege wägem Schiff duruuf i die Neui Schwyz. Är sälber göng im Heer Sutter go brichte, ass d Familien agruckt syg. Mit däm isch er furt und im erschtbeschte Schiff uf Sacramento-City gfahre. Dört het men im gsait, der Haupme Sutter syg im «City-Hotel». Und richtig, er het in bi vier Schwyzere gfunde, wo früsch hiehar cho sy.

Der Sutter het e Freud gha am Bricht. Wo derno d Hauptsach verzellt gsi isch, het der Sutter vüregge, was i der letschte Zytt hie ummen alles passiert isch.

«Afe s Hudelwätter, Rägen a Räge, churz vor der färnterige Wienecht!» het er agfange. «Der Sacramento isch däwäg über beudi Bort uus und i s Land yne gwaalt, ass s wien e grosse See uusgseh het. Er isch emänge Kilemeter brait gsi, säg Ech. Und d Stadt do isch bis ze daine Hüüseren am Fort-Hübel buechstäblig under Wasser gläge. D Schoner sy mit aller Ringi dur d Strosse gfahre. Numme d Dächer und e paar oberi Stöck hai no uuse güggelet. Jä, und hundert Buden oder meh, vo de Zält gar nit z schwätze, hets Ech wie rööschs Laub ewägggwüscht. Tuusig

Chischten und Ballen und Fässer und Zäntner vo Tubak sant de tüüre Holzbygene hets im Wutsch numme so furtgschwemmt. Iez der Stadt Sutterville uf de Höger und Högerli obe hets nüt chönnen atue, das nundedienig Wasser das! S isch also doch nit so lätz gsi, was i dainisch gmacht ha, wemmer scho die Ganzgscheite dais Propheetebeeri a d Nase ghänkt hai: E Stadt ghör i s Tal und nit uf d Hübel!»

Wo der Lienhard gfrogt het, öbs wytter obehar im Tal au gschadet haig, ischs im Sutter wider vürecho: «Alletwäge jo! Gege d Hockfarm ue sy Tuusigi vo Chüe und Stieren umcho. Si hai si uf die paar Hübeli wölle go rette; aber wil s Wasser so lang nit abgloffen isch, hai si nit gnue z frässe gfunde – und sy verhungeret. Das Brüeles um und a, Lienhard! Es lytt mer hütt no i den Ohre. Jä, und gly druuf sy eben uf Schiffere so Uhünd cho, hain Ech das Veh uusgschlachtet und mit im Flaisch d Stedt hie ummen und d Guldwäscher z Coloma versorgt. Me hätt se selle schasse, die Grüüsel. Numme, was wait-er? Do derzue bruuchtis halt e Polizei oder grad Militär. Und beedes hai mer nit, hai mer all nonig! Me het mer gsait, etail vo dene Metzgere haige bi däm Hellegschäft sächzgtuusig Doller i Sack gmacht, vilichter no meh, was waiss i! Alles Gält, wo vo Rächts wäge mir ghörti, he. S isch doch mys Veh gsi! Natürlig han i gchlagt, und me het mi verträschtet. Me wöll luege, het der neu Guwernör gsait. Aber gang lueg ain – die Lumpewar isch jo lengscht uuf und dervo!»

E zyttlang ischs still gsi. Jedwäde het a syne Halbbatzen umme gmacht. Derno het der Lienhard no ainisch agsetzt: «Jää, und süscht, Heer Sutter? Hets nit au none chly Sunnigs und Gmüetligs gee i däm Wunderland?»

«Sunnig, gmüetlig – wie mes aluegt!» het der Sutter yghänkt. «He, s Land isch iez ämmel bold e Staat, e rächte Staat im grosse Verband. Hait-ers nonig verno? Nit? Also, öppis vor däm Uwätter mit sym Gruus und Schaden ischs äntlig zuen ere Versammlig vo Deligierte cho. S het vill Sitzige gee. Hejo, me het doch e Verfassig müessen uus- und duredänke, het die derno Stück um Stück müesse formuliere – und zletscht underschrybe. I ha au zue dene Manne zellt. I der Sitzig, wo d Underschrifte gschribe worde sy, bin i sogar Presidänt gsi. Jäjä, emängs isch heert gange; aber s isch gangen und iez ischs do!»

«Der hait vorig öppis vom neue Guwernör gsait, Herr Sutter. Hets also au do gänderet?»

«No der Verfassig muess s en Yhaimische, ain us im aigene Bode sy, nit ain vo däne. I ha mi au lo portiere. Abers het schynts nit selle sy.»

«Wär isch Guwernör worde?»

Der Sutter het e Chehr gschwigen und derno gsait: «Nit grad my Fründ – der Burnett.»

«Im junge Heer sy früejer Agänt?»

«Won i gschaubt ha!»

Möndrisch sy der Sutter und der Lienhard mit im Dampfer «El Dorado» uf San Franzisko gfahre. Chuum acho, het der Lienhard gsait, er möcht lieber nit bi der Bigrüessig sy, er haig au no gschäftlig das und dais z bsorge; aber wenn s Schiff wider fahr, syg er am Platz. Dermit isch er i d Stadt, und uf syne Gänge het er no meh verno, wo zem Bricht vom Sutter passt. S «City-Hotel» syg nüt anders as d Mormonemühli, wo bis an es Nüteli ferig gsi weer. Me haig sen abbrochen und das Hotel druus bout. Wytter syg der Suhn Sutter allwäg wäge däm nit uf San Franzisko cho, wil er dienoo wider ganz bösi Afäl gha haig. Me wüss nit rächt wäge was. Etail mende, der Verluscht vo ganze Vehhärde haig im so i s Gmüet gschlage. Anderi bhaupte, er chönns nit überwinde, ass d Familien uusgrächnet iez, wos am truurigschten isch, müess cho. Nu, sygs, was s wöll, sicher isch, ass dä Kärli e zyttlang gar mörderlig gschroue het, und ass d Manuiki zsäge tagenacht um in umme muess sy. Süscht nähm er vo niem nüt a. Es haissi uf der Hockfarm, er syg überegschnappt, er haig es Reedli verlore – oder ämmel afen e Stifzgen oder so öppis.

Iez wie d Bigrüessig im Graham-Huus gsi isch, het me nie verno. Me darf aneh, ass s bim Vatter wie bi der Mueter und de Chinde grossi Auge gee het, ass me verstuunt isch vorenander – und ass aim s «Frönd» no überal im Wäg gstanden isch.

Item, am andere Morgen isch me derno wytter. Me het s chly Dampferli «Captain Sutter» chönne neh; aber der Captain Sutter isch i «Senator» ygstige – und syni Lüt hai wohl oder übel noo müesse. S Wätter het si guet aglo. Wo der Morgenäbel verraucht gsi isch, het me nüt meh gwahrt as Sunn und lutere Himmel. Und wie s Wätter, so s Schiff! Alles blitzsuufer und erscht no kumod ygrichtet. Was wunders, as bis a d Mueter alli häluuf und buschper gsi sy!

Z Sacramento-City isch men uusgstigen und in es ganz neus Gaschthuus gange, für z übernachte. Wider am änere Morge het me si ime flachbödige Dampferli gsädlet. Das het d Familie Sutter und der Lienhard mit ime Halbdotzed andere Fahrgescht i die ganzneui Stadt Marysville brocht. S Wasser het si schon e Wyl zruggzoge gha. D Strosse i beede Stedt sy numme no mit Sand und Gschlämp zuedeckt gsi. I däm het me nit e Schue voll uusezoge; aber d Schue sy mängisch blybe stecke. Jä, und gly oben a Marysville sy öppen i de Naschtgable vo de Bäum uf im Bort dotni Chüe und Ross ghange. Uf ime Hübel gege d Hockfarm zue het me gege dryssg Vehlyche zellt. Und wie wytter obsi, ass me grütscht isch, wie weniger Wasser hets gha. Äntlig isch men uf der Hockfarm acho. Bi der suufer putzte Ländi sy schon e paar Kanaken und Indianer gstande, für s Bagaschi abzlade und i s Huus z träge. Echly ubholfen isch men uusgstigen und het das gross, schön Guet mit im Haupthuus und syner Veranda und de Stäl, Schüüren und Schöpf lang agluegt.

Äntlig isch men yne gange. D Bigrüessig vo der Manuiki und ihrem Ma isch bsunders härzlig gsi. Derfür het si der Guschti gar styf gee – wie wenn in alls das nüt agieng. Er het nit emol d Mueter verschmützlet, gschwygen aim vo syne Brüederen oder der Schweschter d Hand anegstreckt. Der Lienhard, wo doch sy Härzwousch so guet uusgfüert het, isch für ihn nit do oder numme Luft gsi. Kais «Grüessi!» – nüt as es feischters Gsicht. Was isch denn do gscheh?

Und no öppis het bsunders der Vatter Sutter hargno. Won er frogt, wieso iez der treu Haka nit umme syg, sait d Manuiki schüüch und wie verschämt, as hätt si öppis bosget: «Er isch nümm do, Heer und Maischter! E bösböse Ma, e frönde Guldsuecher, het in dienoo bim Wold hinde verschosse. Mer hain in i s Grab glait – under im Chriesbaum bim Gartebrunne.» «Au das no!» ischs im Sutter uusetwütscht. Er het über alles ewägg i d Wytti gluegt – und isch derno, wo niemer meh umewäg gsi isch, langsam, wie hinder ime Dotebaum dry, über e Hof i Garte gschlurpet und zem Brunne gange.

3

Iez ischs afe Zyt, ass ech die Lüt vorstelle!

Do isch d Mueter. As jung isch si es bildschöns, zügigs Maitli gsi, wo gärn Muusig ghört und schöni Gschichte gläse oder still und zfride träumeret und a Wunder, wie si im Märligarte wachse, glaubt het. Hütt isch si s pur Kunträri vo däm. Der gwahret e mageri, eggigi Frau, wo voryne heldet. Scho vo wyttem merket-er, ass si schwer z buggle gha het. Si isch schitterig worden und chycht bi jedwädem Schritt. Si trait all e chohlschwarze Rock, wo styf uusestoht, und us den ängen Eermle hange schmali, chnochigi Händ mit übergrosse Chnödli a de Fingere. Mängisch mahnt s ech an e Schatte, wo aidwädere Tags lybhafti Gstalt agno het. Jä, und chömet-er nööcher zue, se fallen ech die spitzigi Nasen und s fascht so spitzig Chini uuf. Zwüsche dene ziet si s Muul wien e grade Strich wagrächt dure, numme d Ändi, wo bim Schwätze füecht wärde, gönge scharpf nidsi und vertlaufe si i tiefe Chritz und Gräbe. D Backe sy blaich, ygfallen und läderig. D Auge hai si schier i Chopf yne zruggzoge, si sy feischter, churzsichtig, wärden allbott zuedrückt – und gluure derno under dicke Bräme vüre, wo wie sumberi Wulche drüber ligge. Si stächen aim, die Auge, me chönnt Angscht übercho. Gället, das Gsicht sait ech alles, was s Läbe deer Frau brocht het; sait ech aber au, wie wenig Sunnigs d Lüt überchöme, wo do uus- und ygönge.

Jä, und dermit chiem also der Guschti a d Räje; aber dä hait-er scho agluegt, und so gönge mer halt wytters zem Maitli, zue der Tochter, zem Lyseli, Lysi oder Leis – sytt im Yzug i d Hockfarm natürlig Eliza ghaisse. Si isch juscht so olt wie der Guschti gsi isch, wo der in i der Neue Schwyz atroffe hait: nämlig zweuezwänzgi. Fürn es Maitli nit ugeuschtig, gället! Au in andere Sachen e Vortel, süscht lueget die Eliza ainisch a! Si isch eberächt gross, schlank, aber nit mager, gschmeudig wien e Wyderuete, chäferig und lychtläbig, churz, der Vatter wie uusgschnätzlet, au i der Art uuf und ähndlig. So het si Freud am Läben und cha mit de Lüte verchehre. Chuum gitt si afen e paar Gsätzli vüre, se schlot schon e Gloggen a, won es Zsämelüten ychlänkt. Wär wött sones buschpers Gschöpfli nit gärn ha! Fryli, si het au s ander vom Vatter – i mende dai arig Grattel, wo gutschgutsch obenuuf chunnt, der Lun, nobel z tue, der Laik, all echly schynig dur s Läbe z goh. Numme nit müesse rächne, ytaile, sorge – lieber echly lo sprütze, echly schletze, vo Härze verschänke, wemme cha! Nit vergäben isch d Eliza vo chly uuf dehai nüt weder «die verchehrti Wält» gsi. Nit vergäbe hets bsunders s letscht Johr z Burgdorf schier numme Balgis gee: «Es sell der e Warnig sy – wird äntlig rächt! I bi wäger süscht scho gstroft gnue!»

Und der zweut Suhn, dain, wo der Landschryber synerzytt sant im Lyseli vo der Wittib Dübeld mit haigno het und wo derno ebe so still und verriglet gsi isch, ass si der neu Vatter und die neui Mueter z Lieschtel mängisch fascht hindersinnet hai wägen im? Fryli, er isch spöter i d Löffelschlyffi cho; aber nit i die wältschi. Iez wies schynt, het die dütschi au ghörig gschliffen an im, ämmel ussedure, wie der gsäjet. Er chunnt doch gschnyglet derhar, noo der neuschte Mode. Glych sy d Manieren ehnder ländlig blibe, alls isch echly hölzig an im. Und süscht? Der Emil – so haisst dä Zwänzgjehrig doch – schlot der Mueter noo. Er isch nit chäch und quäcksilberig wie sy Schweschter, er lacht nie; wemmen in chutzleti, teet er chuum lächle. Au verliert er sälten es Wort. Er goht sogar denn nit us im uuse, wenns under allen Umstände sett sy. Und ment men äntlig, iez haig men in, se ränkt er aisgurts ab und hänkt es Gsicht vüre, wo ke Möntsch öppis chönnt drabläse. E zuedeckti Wält!

Und der Jüngscht, wo scho gly nom «Uglück im Huus» au grad no zwo Lyche het müessen erläbe – dainisch z Burgdorf? I mende der achzähjehrig Alfons! Är isch doch zerscht bi der Tantegotte Mary gsi, wie der no wärdet wüsse, und het derno eben i der Schuel nit wenig duregmacht, wil in die andere Buebe wägem Vatter all ghänselet und vernütet hai. Jä, dä Alfons isch iez der gröscht vo allnen uf der Hockfarm, en uufgschossene, hagere Fäger; aber glych nit uglaichig. Er gseht ech nit wie d Mueter und nit wie der Vatter uus, ämmel im Gsicht und Gsün. Er isch ehnder höchnäsig – chlyn e Stryzzi. Und s erscht, won er hie weuscht, isch es aiges Ross und en Uniform sant Sabel. Dir bsinnet ech iez wider, wie der Vatter Sutter die erschti Zytt i der Neue Wält nüt so haiss erweuscht het as e militärische Grad. Es chönnt also doch sy, ass der jüngscht Sutter das Soldätlen und Chriegerle nit nummen uufgläse het, ass s im im Bluet steckt. I däm Fal hätt er aber allem z Tratz no öppis vo sym Vatter verwütscht. Nu, syg däm, wies wöll, der Vatter het ämmel gschmöllelet, wenn sy Bueb so über e Tisch ewägg nüt as vom Ryten und Militärle brichtet het. Er het halt do derby ihn sälber gseh, sygs iez uf der Santa-Fé-Fahrt oder i der Ugfell-Karewanen über e halbe Kontinänt, sygs schliesslig au bi dene villen Indianeruufständ, im arigen oder gar im rächte Chrieg. Und ohni ass ers aigetlig het wölle, ischs im undenue und uuse cho: Er het wider verzellt wie dainisch und all no wie us im Eermel gschüttlet. Und er isch uufgläbt derby.

So denne – und iez wai mer luege, wies wyttergoht!

D Mueter het grad öppis z tue gha, won ere rächt gsi isch: für ihre Stolz und ihri Hoffnig, für e Guschti, z luegen und z sorge. Zerscht het si d Manuiki, won ere scho vom erschte Tag a e Dorn im Aug gsi isch, wölle schaube, ämmel i d Chuchi as Ribelmagd versteuke. Aber do isch si am Vatter und arigerwys schier no heerter am Guschti sälber aputscht. Uusgrächnet ihren Erscht, wo doch süscht nüt het lo gälte, was bim Vatter gültig gsi isch, het si für d Manuiki gwehrt. Die syg nit eso, wie si mend, het er der Mueter graduuse gsait. Wenn die nit weer, geebs ihn scho lang nümm. «Näi, Mueter, numme das nit! Do het der Vatter ainisch rächt gluegt. I bi au lang lätz dra gsi – unds tuet mer hütt no weh derwäge. Abers goht anderscht! Die merschti Zytt, sytt i hie bi, isch d Manuiki jon elaiggen um mi umme gsi. I has chönnen erfahre, ass si der luterscht und treuscht Möntsch isch wyt und brait. I glaube sogar, si isch der enzig guet Möntsch im ganze Land.»

«Hoz, das wött i gseh!» het d Mueter abgchlemmt. «Nu, se löje mers, wies isch, es wird si erwyse – mit derzytt.»

«Wirdschs no sälber erläbe!»

Vo do a het d Mueter d Manuiki lo cho und wider goh, wie wenn nit es Stäubeli umme weer. Aber si het öppe Gält lo ligge – so im Vergäss, natürlig halber versteckt; het e Chaschten e Spange wytt off glo oder am Chäschtli mit im Schmuck drinn s Schlüsseli lo stecke – und si het all öppe glüüsslet und hindedure gmuschteret, wievill Flaisch und Gmües aigetlig ynechunnt, und was me mit im Fürige macht. D Mueter het also regelrächti «Versuecherli» gspienzlet und Falle gstellt.

Natürlig het das d Manuiki nit numme gmerkt, si hets scho gspürt, wenn si d «Madame», wie si het müesse säge, blos agluegt het. Unds isch eren yne gange, z innerscht yne. Aber si hets nit z merke gee. Nie hätt si wölle go chlage – zem Heer und Maischter oder zem junge Heer. Kai Gidanke, nit emol es Schätteli vome Gidanken a settigs! Näi, d Manuiki het sogar Tuure gha mit deer Frau und im Stillne für si gsait: «I will ere hälfe – mit Liebi. Si cha jo nüt derfür, ass si so isch. Armi, eermschti Frau und Mueter!»

So isch d Manuiki s verlait Gält allewyl wider still go zruggbringe, het der Chaschte vermacht, s Schlüsseli vom Drückli der «Madame» i d Hand glait – ohni derbyn es Stärbeswörtli z verliere. Derfür het si der Maischteri vom Gsicht abgläse, was si weuscht, und eren ughaissen aneglängt, was si het wölle ha; het eren öppis z chnuschpere brocht, es bsundrigs Käffeli oder es Fruchtsäftli gmacht, wenns se dunkt het, das hätt iez die Frau gärn – und isch allewyl wien es liebs Sunneschyndli um ihri Feischteri und Chölti ummezäberlet.

Scho none paar Wuche sy die «Versuecherli» rarer glait und d Falle sältener gstellt worde. D «Madame» het d Manuiki nümm wien es Ughüür im harmlose Gwändli agluegt. Fryli, es «Chumm mer nit z nooch» oder es «Rüer mi nit a» isch all no um die Frau umme gsi. Derfür isch der jung Heer sichtlig uufgläbt derby, won er ergwahrt het, ass s der Mueter ähndlig wie ihm goht, wenn sis aim au nie wird zuegee – um nüt i der Wält. Si isch cholt und feischter blibe – Manuiki har oder dar – het ekaim über e Wäg trout, hinder allem öppis Lätzis oder Bösis gseh, und het wäder ihr sälber no däm oder disem um sen umme s gringscht Freudeli möge gönne. Ärnscht isch si im Huus ummedycht oder imen Egge ghuuret, underainisch uufgschosse wie s bös Gwüsse – es förchtigs Gspängscht.

Ganz anderscht die Junge! Dene het settigs nümm vill uusgmacht, si sy nit vergelschteret, wenns do cholt und feischter worden isch. Si hai si aifach drausst und sy ab. Si hai halt wölle ha und läbe! Scho vom erschte Tag a sy si uusgfloge wie jungi Vögel und hai das Wunderland agluegt, «ihr Land» bigoch. Und was s do gee het! Alli Bricht vo dehai, alli Träum und Spintisierereie, wo si scho ghört oder gha hai – si sy nüt dergege! Schier jedwäde Schritt öppis Neus, Ganzfrönds, öppis, wo aim packt. Wien e Ruusch chunnts aim a, me wird trümmlig drab.

Jä, und isch men iez nit rych, stairych? Das wytt Land do, das Guld drinn, die Stedt, wo wachsen und wachse – Mylionen und Mylione wärt! Und überal stönde Dienschtbotte barat, wo aim länge, was me will. Und nüt vo schaffen und müesse Gält verdiene! Der Bode schafft jo für is, die andere Lüt wärches aim ane! He z nundebuggel, isch das anderscht worde! So vo aim Tag uf der ander i d Höchi gschnellt, us der Eermi i Rychtum yne gschlänggeret – me chas nit verstoh. Cha numme stuune – und drinn schwümme!

Drum Ross ane, hopphopp! Der Huusmaischter sell aim lehre ryte. Und derno furt, de Woldige noo, über d Hübel, i d Bärge. Und öppen uf d Jagd! Und zwüschenynen e tolli Flussfahrt mit ime Dampferli, vo Stadt ze Stadt. Und allewyl gniessen und luschtig läbe! Bold es Gartefescht mit gfarbete Papyrlatärne – s muess füüren und pfüüse. Bold Muusig und Tanz und e Huufe jungi Lüt, ass me cha schmuuse und lache. D Ängi het aim bigochlige lang gnueg ygchlemmt. Iez muess s wytt wärde! Und was het me bis do anen anderscht gmacht, as am Nütha gnagt! Also güüden im Villha, neh und all wider neh, bis me nümm mag!

Und so ischs cho, Tag für Tag – me het die stilli Hockfarm nümm gchennt. Das jung, chäferig Läben i däm Egge hinden a der lute Wält! Gwüs ai Trubleten a der andere, Fescht a Fescht bis in alli Nacht yne, bis d Stärne blaiche. Zem Glück het der Vatter nüt dergege gha, das sprützig Läbe het in sogar agmacht. Er isch sälber schier wider jung worde. Er het jo no vill meh z vergässen as syni Sprösslig – und vill Eergers! Drum mitmache, wos so hauthöchlige zuegoht; me cha doch nie wüsse...

Er het wacker mitgmacht, der Vatter Sutter. Derby isch er wider i dai Laik ynegrütscht, won im vo Afang a sone Huufe Chumber und Sorgen uufbige het: Er lot si vom waiche, vom zue waiche Härz laite. Er vergüüdet und verschänkt. Er het zwor die letschti Zytt ghörig obsi gmacht. Schier all Tag het er chönne Bouland verchaufe, z Marysville, z Sutterville, z Sacramento-City und sogar z San José und z San Franzisko. Und das het im e Schübel ybrocht; d Pryse styge jo bigoch wie der Güzer bim schöne Wätter. Nümm azheebe! Und er machts doch so gärn, der «olt Ma» uf der Hockfarm; erscht wenn er cha gee, schänke, ischs im rächt wohl, isch er glücklig. Drum furt dermit und derfür zringsetum glüejigi Backen und e Freud i den Auge gseh – das tuet aim guet. So schänkt der Sutter sym Alfons, wo ammet der Fahnen uufzieht, wenn grosse Bsuech chunnt oder es Fescht isch, und wo darf d Kanone näbem Tor im Hof ablo, wenn e Salut uuse muess, afen e Plätz Land bi der Hockfarm. Gly druuf chunnt d Eliza sogar es ganzis Guet z San José über. Das het der Heer und Maischter vo der Neue Schwyz as Mitglid vom Verfassigskumitee bi sym früejere Kreditspänder Sunnol erhandlet, wil dä Gält bruucht het. Und er gitts der Tochter wäge däm: Si rytet derno vill mehr und vill lenger, ass si ihr Aige, wo jo so wytt ewägg isch, cha go aluege.

Aber das Verschänke goht no wytter und findt ekais Änd. Nit numme die Aigene, au ander Lüt, wai im Heer und Maischter sy guet Lun uusnutze. So gönge s in go schräpfe. Z scharewys rucke si a – für d Familie chenne z lere, wie si säge, oder für «im grosse Pionier und Möntsch» d Hand z drücke. Grüemti Manne hets drunder, Zyttigslüt, Induschtrielli, Schriftsteller, Moler, Geometer, Chartezaichner, Glehrti, höchi Biamti, Manne vo Regierige, Adeligi us aller Wält, sogar der Prinz Paul vo Württebärg, e villgraiste Ma. Dä chunnt grad mit syner Biglaitig e paar Tag uf Bsuech. Är und es Halbdotzed anderi vo dene noblen und schynige Gescht hai numme wölle cho luegen und im Sutter härzlig «Dankgerschön» säge für alles, was er scho glaischtet het. Der gross Huufe het aber uf anders gspeechzget – uf öppis Handgryfligs. Es het halt gar wenig gee wie dai Dokter, wo uf der «Panama» der Frau Sutter es Chopfwehpülverli aneglängt het und wo sen e paar Wuche spöter so im «zuefellige Verbygoh» isch cho bsueche. Won in der Sutter nämlig um d Rächnig frogt – ebe wäge daim Chopfwehpülverli – do sait er: «Aber Heer Sutter! Dasch doch nüt gsi!» Und z Mittag am Tisch – wien er d Serwietten usenanderlyret, rugelet es Hämpfeli Guldchörndli i Täller. Jedwädes vo dene Chörndli het e ganz arigi und aigeni Form. Der Wärt nom Gwicht weer öppe sibehundert Doller; aber er isch höcher, wil sytt ere Zytt dere Kuriositeete gar hailos gsuecht sy. Der Dokter stuunt und luegt vom Täller äntlig uuf. Do gwahrt er numme, wie der Sutter abwinkt, und wie us synen Auge, wo blau glaschte, der rainscht Spitzbueb lächlet.

Näi, die Sorte Lüt het der Heerget erbärmlig dünn gsäit gha dainisch. Derfür die anderi umso dicker, z hächligedick! Und die Dickgsäite sy nit furtgange, bis si e Zedel im Sack gha hai, wo uf e zeuftige Bouplatz dütet het. D Underschrift – und scho gschänkt, ferig! Öppe het die Verschänkerei über all Marchen uus glängt. Ganz Trupplete Spekulante – Schwindler weer der rächt Name – sy aifach cho, hai gschwätzt und gässe, grüemselet und trunke – und derno uf die ixti Gutteren aben e Vertrag zem Underzaichnen anegee. Lueg a! Möndrisch sy wytti Fläre Land mit emängem Dotzed Bouplätz druff nümm im Heer und Maischter gsi. Und all wider settigs und all no schnütziger nidsi, gäb wien etail vo dene Bsüech am Sutter nit nummen en ortlige Schübel, näi, es wohrs Vermöge gmacht hai!

Und gället, isch der Charen ainisch im Lauf, se lauft er. Iez sy au d Chind nümm öppe schüüch gsi und hinder im Stutz blibe. Er müess no vill rycher sy, as me mend! hai si gsait. Und d Buebe wie s Maitli hai si nööchberliger as nööchberlig gmacht und sy däm ughüür ryche Vatter vo früe bis nacht aghange. Ais Bättles und Heusches tagy, taguus! Nit vergäbe – der Vatter het jo gee, allewyl wider gee. Numme schänken und allewyl wider schänke!

Fryli, öppen ainisch het er doch afo rüüchen und der Chare brämst. Öb si sy schöni Bibliothek au scho agluegt haige? Si selle läse. D Büecher bilde! «Oder», het dä Vatter ze syner Jungwar gsait, «der chönntet ech im Saal bi de Sammlige verwylen und vernuefere. Der Herr Wood, das glehrt Huus, gitt ech scho Bschaid. I ha doch vo de rarschte Chrischtall und Verstainerige Prachtsmuschter! Oder d Handarbete, wo d Indianerwyber gmacht hai! Oder daini ville Schublade voll Zaichnigen und Stich! Aber erscht d Mineraliesammlig, wo mi gwüs jedwädes Museeum drum binydet! Do gitts e Huufe z gseh, wo aim Freud und Churzizytt macht.»

Unds het süscht none Huufe gee, jeemer! Nummen e paar Müschterli dervo! Do weer der Geometer Fähndrich, en Äärgäuer. Dä isch ech au wie hundert oder tuusig anderi aidwädere Tags hie agruckt. Im Handumdräje het im der Sutter schon en Arbet gha: Er sell e Plan uuschnoblen und zaichne, e Plan für e neui Stadt. Die haig är, der Sutter, vier, feuf Kilemeter obehar vo Marysville dänkt. Nu, dä Burscht isch voll Yfer derhinder. Er het zwor ais Aug uf die dunders gmögigi und wätterdunders vermögligi Tochter vom Huus gha; aber er isch ainewäg mit syner

Arbet ring z Schlag cho und het sen erscht no über alles Erwarte fletig und suufer ferigbrocht. Scho het me chönnen uusmässen und uusstecke. Scho sy d Bouplätz abgange wie Flugbletter – und zwor fürn e Prys, d Hoor hätten aim chönne z Bärg stoh, nämlig drünisch so höch wie z Sacramento-City. Ime Monet sy au Holzhüüser und Zält gstande. Sogar s gross «Eliza-Hotel» zmitts i der Stadt het für d Yweijig chönne rüschten und afo d Lüt ylade. D Eliza sälber het derno mit der Scheer der Bändel dörfe halbiere, wo über d Stross bim Ygang ghangen isch. Dermit hai d Lüt i die allerneuschti Stadt z Kalifornie chönnen yzie. Me het se mit Fug und Rächt Eliza-City tauft. D Taufi haig drei Tag und zwo Nächt duuret, so het me gfeschtet, und d Gotte, ebe die schöni Eliza, sant im Gründer – im «erschte Ma vom ganze Land», wies lut glüte het – höch lo läbe. Jä, und bi deer Fyr het der Sutter näbe neue, ängere Landslüt, wien e Bader vo Gälterchinden und e Tschudi vo Muttez, wider zwee «Langglagereti» vo syner olte Garden atroffe, der Äxiziermaischter Dürr und der Gawalleryfüerer Gantt. Beed hai do Bouland gchauft und sy juscht am Uufrichte gsi. Au het der Sutter so under der Hand verno, ass syne lätze Fründ McDougall und Hastings schier die halbi Stadt ghört, wil sin e Huufe Landlos erhandlet hai, wo vom Heer und Maischter vor Tagen oder Wuche däm und daim gschänkt oder verchauft worde sy. Scho möndrisch hai die zwee Reklame gmacht, für ihr Land sant de Baragge drüff tüür z vermiete, und si hai die Reklame no lüter und globhudleter gmacht as daini für Sutterville synerzytt. Nit lang, isch alles ewägg gsi, wil all no neui Gschare Guldsuecher i s Land chöme, und wil die wider anderi Gschare Lüt, Händler und Handwärcher, noozieje. D Stadt Eliza-City wachst und nimmt zue, gwüs vo Stund ze Stund. Iez zem Dank derfür, ass d Eliza ihri Sach a der Yweijig vo der Stadt, wo ihre Name trait, so guet gmacht het – und woll au us purer Freud, wil me das Jümpferli überal gärn gseht und Höch wie Nider ums umme wött sy, het der Sutter der tüürscht Kunzärtflügel lo cho und syner Tochter gschänkt. Si het scho Klavierstunde gha – und isch froh gsi, ass si wider cha spile. Nit nummen elaigge! Ganz uverhofft het au der Geometer Fähndrich e Flöten uuspackt und näbem Flügel afo flötle. Es het guet zsämetönt, me cha säge: «Kai Misston drinn!» S isch aber au z bigryfe, d Härz vo dene zweune hai jo au die glychligi Wys pöpperlet, und d Auge hai uf die hoorglychlige Note gluegt und je lenger je meh s Tupfeglychlig uusegfunde. Das het ghaisse: «De gfallsch mer, i ha di gärn.» Fryli, im Vatter hets nit gfalle. Er het z Bode gredt, bi der Tochter, bi ihrem Schatz. Und wos nit het wölle batte, het er sy Geometer vo ainer Stund uf die anderi uuszahlt und furtgschickt. Es het es langs Gsicht gee bim Heer Fähndrich und Träne bim Jümpferli. Zwo, drei Wuche het d Eliza sogar e Muuchi vüregchehrt, zwängt und täupelet; aber derno isch glych wider s haiter Gmüet obsi cho.

Oder do het d Miss Delia Furori gmacht. Dasch e füfzähjehrigs Maitli gsi, hübsch zem Ahimmle, chnuschperig zem Abysse – und es het es Läbe gha für Sibe. Es het z San Franzisko bi der Mueter gwohnt, eren achtbare Frau. Iez ame schöne Tag hai e paar Burschte das Maitli aifach gstohlen und sy mit im ab. Es Gläuf und es Gsuech wie nit gscheit! Aber für d Müüs! Nu, gly druuf gseht men im «Eliza-Hotel» e bluetjungen und blueschtschöne Tänzer uf d Bühni cho. Er tanzt elaiggen und macht zwüschenyne die uglaubligschten Akrobatestückli. Natürlig gitts möndrisch e Zuelauf. Und vo Tag ze Tag meh! Und die Vorstelligen und s Zsämehocke mit däm Tänzer und Cheuschtler duure mängisch bis i d Nacht yne. Au s Sutters ihri gönge go luegen und guene. Bsunders der Alfons glart ammet schier d Auge zem Chopf uus. Er ladet dä Wundermöntsch y und merkt derno, ass er de sydige Mannehosen und im männlige Hoorschnitt z Tratz e «Si» isch. Si lächlet und chlüüslet ihrem galante Heer, wo so freigäbig zahlt und nobel tuet, lyslig i d Ohre, si syg d Miss Delia. Wien es Lauffüür gohts dur d Stadt – und arig, iez het dä gschmeudig und glaichig Tänzer und Cheuschtler Obe für Oben e wohren Uuflauf z bueche. Numme, ainisch chöme fröndi Mannen i Saal vom «Eliza-Hotel», gönge schnuerstracks uf d Bühni und packe die Miss Delia und füere se wien e Zuchthüüsler ab. D

Mueter haig se gschickt! säge si, wo me ne das schön Chind wider wött neh. S setzt e Schlegerei ab, ass Bluet sprützt; aber d Miss Delia rütscht glych us der Sicht und us der Stadt – nüt meh! Und s Läbe goht wytter.

Chuum isch das gscheh, het Eliza-City öppis ganz anders erläbt. Zmitts im Tag isch es Ruederböötli bi der Ländi agfahre. Druus isch e Bueb gstige, wo gar erschröckelig grinne het. E paar Manne, wo juscht ummestönde, froge, was s gee haig. Der Vatter syg wytter oben i s Wasser gfallen und undergange. Er haig e Sack Guld byn im gha und das wölle go wächsle. Die Manne loose, schälben enander a – und gönge mit im Bueb go sueche. Aber si finde nüt, sägen ämmel im Bueb, er sell hai goh, zue der Mueter, dä Vatter haigs halt furtgschwemmt. Iez zwee Tag druuf, wo der Tschudi uf ime Gschäftsgang so mir nüt, dir nüt dört durechunnt, gseht er e Lych uf im Bort – mit ime Chüttel, uufgschränzt und durnüelet. Er raicht Lüt, und si bringe die Lych i d Stadt. Me chündet uus – und d Mueter vo däm Bueb cha feschtstelle, ass das ihre Ma isch.

Jä, s Guld het Mord und Todschlag brocht! Das het au der Bader müesse gspüre. Won er nämlig ainisch gegen Obe haicho isch, hets in scho vor im Huus dunkt, es syg öppis nit i der Ornig. Er rüeft der Frau. Kai Antwort! Er goht yne. Leer! Aber d Schublade vo der Kumoden uusegrisse, durnüelet, der Chaschte speerangelwytt off, durenandergwurschtlet – und sys Gwehr, sys guet Gwehr a der Wand, ewägg. Voller Bang lauft er zem Tschudi, sym Noochber, und haisst in cho luege. Si finde nüt. Mit no zwee Noochbere gönge si derno im Fluss noo obsi, dörthi, wo d Frau Bader ammet buuchet, ämmel s chlyner Plunder wäscht. Und lueg a – si lytt do, vo hindehar agschosse, und de rote Strymen am Hals noo verwürget. Worum sone gruusigi Utat? Der Bader het es ortligs Schübeli Guld binenander gha, ehrlig erwärchets und erhuusets – und das het die Mörder gluschtig, gyttig und ze Umöntsche gmacht, ass si nit numme gstohle, näi, au grad gmördet hai. Natürlig het der Bader nüt underwäge glo, für die Grüüsel z verwütsche. Er isch im fascht d Bai abgloffe, het der Stadtvorstand gmahnt, a Guwernör gschribe – und hie wie sältsch gueti Wort übercho. Me wöll luege; näi, so öppis dörfs nümm gee; settigs müess gräächt wärde! Abers isch nie nüt uuscho.

Derfür isch s Läben i däm Land all rüücher worde. Es het aim peutscht und ummegheit, het aim apackt und uusgsugt wie niene so. Numme wägem Guld – und daim, wo das chätzers Guld noogschlaikt het!

4

S Eergscht vo däm Noogschlaikten isch dai bösi Sach mit de Squatters gsi. «Squatter» haisst uf guetdütsch «Hocker»; me ment dermit alson e Ma, wo neumen abhockt und ebe hocke blybt. Aber nit nummen e Höckeler, wo gärn höckelet – dai Sorten isch ehnder guetmüetig! Der Hocker isch s uusgspeut Gegetail vom Höckeler, er goht druff uus, en andere, sone Nit-Hocker, z ruiniere. Süscht looset numme!

Also im Früelig vom Füfzgi sy vo allne Sytte har Lüt uf Kalifornie cho, hai ummegluegt und sältsch, wos ene gfalle het, Pföhl ygschlage. Derno hai si Hütte bout – us im Holz, won e Hiesige vilicht juscht zem Verchaufe barat glait het. Isch sone Hütte gstande, se het me für s täglig Läbe gsorgt. Men isch i Wold go wildere, het s Land uusgnutzt, zwüschenyne ghändelet und au gmaust, was aim öppen i d Händ gloffen isch. Iez het der Bsitzer vo some Landstücki uufbigährt und für s mindscht e Pachtzeis verlangt, se het men im dröit. Dääwäg isch in e paar Wuche die Neui Schwyz wytt umme vo vill hundert Hockere bsetzt worde. Die rainschti Landplog, si het aim an e Heugumpersüüch gmahnt!

Natürlig isch der Sutter mit im Bidwell, won im all no treu bliben isch, zue dene Lüt go rede. Er het ene wölle bigryflig mache, ass settigs nit goht, ass s alle möntschlige Verornige zwider isch und ze jedwädem Rächt passt wien e Fuuscht uf s Aug. Aber die Hocker hai die Sach ganz anderscht agluegt. Si haige s Rächt ze däm, hai si gsait. Das syg jo no frens Land. Wo der Sutter abwinkt, es sygen iez juscht nün Johr, sytt das sys Aige syg; är haig hie grütet und urbar gmacht, und drum haig im der domolig Guwernör der Landbrief sant Plan uusghändiget – do gorpse si, dä gälti jo gar nit, er syg all nonig guetghaisse worde z Washington. Überhaupt dai Landbrief! Die neuschte Vermässige haige doch ergee, ass das mit der Südgränzen erheit und erlogen isch. Si göng e paar Kilemeter oben am Fort duren und nit, wie der Sutter all bhaupti, unde. Ämmel d Stedt Sutterville und Sacramento-City sant allem Land drumummen und südlig dervo haige no nie ze däm Biet ghört. Das haigi mit im Land sälber nüt z tue, het der Sutter wölle verdüte; es syg dainisch e Mässfehler passiert, der Geometer haig laider ugnaui Inschtrumänt gha – und die haige halt d Südgränze vo der Neue Schwyz mit im Grad 38.49.03 agee. Die neui Vermässig vor ime Johr haig allerdings zaigt, ass dä Grad nördlig vom Fort duregoht; aber das tüei jo der Gränze nit weh, es haig blos der Plan echly gchratzt, wil men ebe die neui Zahl haig müessen aneschrybe. Dais syg ihne wurscht! ischs ime Hocker uusetwütscht. Si wölle numme s Land ha. Und do derfür wärde si scho sorge. Är, der Sutter, chönn e Stäcke derzue stecke!

Uf das abe hai si alli Grundbsitzer zsämeglo und bi der Regierig z Washington greklemiert. Me het sen abgloost und derglyche to, das haig no sy Zytt, Kalifornie göng aim schliesslig no nüt a. Underwyle hai si d Hocker grodt. I de Hundstage sy si aisgurts uufgstande. Es het e bluetige Putsch gee. Derby sy der Bürgermaischter vo Sacramento-City und e paar Dotzed Nit-Hocker umcho. Meh! Der Kungräss het de Hockere quasi ghulfe. Am nünte Herbschtmonet isch Kalifornien in aller Form äntlig as Staat i d Union uufgno worde. Gly druuf isch es Gsetz uusecho, wo dä neu Staat im Staatebund ganz bsunders agangen isch: D Landverornig für Kalifornie. Und no deer neue Verornig het jedwäde Hocker sys Zält oder sy Baragge chönnen uufstelle, won er het wölle, und s Land drumumme dörfe neh und ha wie bis do ane. Wytter het der Sutter us der Verornig gseh, ass sy Grund und Boden all nonig as Aigetum gilt, wil s Bundesgricht syni mexikanisch-kalifornische Landbrief zerscht no müess gnähmige.

Dasch e Schlag gsi wie no kain – für e Sutter! Zerscht hets in doch so vill gchoschtet, bis d «Staate» dä neu Staat numme gha hai. Und iez, wos in hai, machen im die glyche «Staate» no s Land, s Aige, strytig. Wytter het der Sutter brummlet: «No däm Gsetz muess i für myni feufhundertdreiesächzg Quadratkilometer Grund und Bode, wo mer no blibe sy, d Stüüre zahle wie bis dohi, ha aber aigetlig kais Arächt uf mys Land. I chas nit nutze – das bsorgen iez d Hocker. Und dene darf i nit emol e Zeis heusche. Was so Landstrycher under der olte Regierig öppe wider Gsetz und Ornig gmacht hai, das dörfe si hüttigstags vo rächtswägen ugstört mache, wils ene s Gsetz erlaubt. Und das will d Zivilisazion sy? Vo do har sell d Kultur cho? Arig, wie au die gscheitschten und beschte Möntschen allewyl e wytten Umwäg uussueche, anstatt grad vürsi z goh!»

Jä, d Hocker sy ze ihrer Sach cho! Das gsäjet-er am beschten a däm: Si hai no meh Land vom Sutter bsetzt. Si hai ab und zue sys Veh zsämetriben und abgschlachtet – ohni öppis z zahle, ohni au numme z froge, öb me dörf. Si hai Bäum umto, wo und wenn se der Laik acho isch – und derno s Holz tüür verchauft. Si hai überhaupt tribe, was ene der Gluscht oder d Wuet ygee het. Und niemer het se gstroft derwäge, wil ene niemer öppis het chönnen atue. Ebe wäge däm neue Gsetz!

Bigryflig, ass si der Sutter wie die andere Grundbsitzer dergege gwehrt het. Ain nom andere het der Staat sälber ygchlagt. Für das het men Afflikate bruucht. Die hain es Sündegält gheusche. Ainewäg, es goht um s Rächt! Nit vergäbe sy die Afflikate wie Schwümm us im Bode gschosse. Nit vergäbe het ai Prozäss der ander gjagt. Tuusigi vo Doller het der Sutter müessen anelegge. Und all wider! D Gälthüüfe sy verloffe wie der Schnee, wenn der Föhn chuucht. Me het wider müesse go vertlehne, go Kredit sueche. Zue däm hets es Pfand bruucht. Land ane, nüt weder Land! Die neue Gältlüt, wo ze höche Zeise d Doller hai lo rugele, sy verriglet blibe, bis me nen i de Stedt oder i der Nööchi vo Stedt Land guetgschribe het.

Die Prozäss wäge de Hockere, oder wägem neue Gsetz, ohaijehaije! Es het noo so schön chönne herbschtelen und oltwybersünnele landy, landuus, der Sutter het ganzi Vermöge für d Prozäss verlore, het sys so suur und reech erwärchet Land Stück um Stück verchauft oder verpfändet – und er isch am Ändi vom Johr glych nit e Schritt wytter gsi. Was het er ime Bricht a d Regierig z Washington gschribe? «Ändi Johr – und alles das, won i vo mym Land sett chönnen yneh, chunnt nit zue mer. Es cha nit zue mer cho, wils anderi vorewägg nähme. I ha nüt meh, won i cha nutze, as d Hockfarm. Aber au do isch der gröscht Tail verpfändet – wäge den ughüüre Prozässchöschten und was drum- und drahangt. Und i will doch nüt weder mys Rächt! Was myn isch, muess myn sy – i gibe gärn dervo ab, i verschänke do ane, dört uuse. Nüt macht mer Freud wie s Verschänke! Aber i will säge, was und wenn. I will über das, wo mer aigen isch, chönne verfüege. Drum muess s Rächt wider ane. I will nüt weder mys Rächt!»

Und d Prozäss sy wyttergange, all höcher ue, all tüürer. Uf der Hockfarm het me si müessen yschränke. Uufputz, Glascht dehi! Nüt meh vome Fürschteläbe, vo feschten und vergüüde – settigs isch gsi! Zwor het me dene Lüt, ämmel im Sutter sälber, nüt agseh. Si hai alli derglyche to, es syg no glych. Gar der Heer und Maischter hait-er nie anderscht as im feischterblaue Frack neume gwahrt, der nobel Stäcke mit im grosse Guldchnopf i der Hand – aifach e Heer vom Huet bis i d Schuesohle. Und sys rundlig, bäit und rötschelig Gsicht het so früntlig us im gräutschelige Backebart, im schier wysse Schnauz und im luschtige Müggli under im Muul vüregluegt wie i der höchschte Zytt, vor ime Johr. D Auge sy ehnder no blauer worde – und drusuuse het ech dais aige Füür zeuserlet und blitzt wie allewyl. Näi, s isch no wohr wie am erschte Tag, ass er öpper isch, wo aim en Ydruck macht, ass er e Holtig het wie kain, ass er für jedwäden es Gsätzli barat het, won im wohltuet. Nüt vo Schwachsy oder Abgee! Nit s gringscht Zaije, ass der hättet chönne merke, er lydi vill, er sorgi um sy Zuekouft, er suech en Uuswäg us der ganzböse Chlemmi – oder er erhelk si täglig ab däm Urächt, wo men im atuet.

Aber er het brämst, der Sutter, ohni z brummle. Er het gstriche und abghänkt, was gangen isch. Und d Frau Sutter het wider afo hüüselen und schmürzele – wie i der Olte Wält. Dienschtlüt hai furt müesse. D «Madame» sälber isch i d Chuchi go luege. D Sühn und d Tochter het si täglig vermahnt, aifach z sy und öppis z hälfe.

Und wie uf e Schlag hai die grosse Bsüech uufghört. Wär no cho isch, het e Rächnig brocht oder es Pfand oder fellige Zeis wölle. Es isch wider still worden uf der Hockfarm. Unds isch still worde, wil der Heer und Maischter nit numme s Gält, näi, au d Fründ verlore het. Ain nom anderen isch doch abzottlet und het si numme sälten oder gar nie lo gseh. Kain hätt dradänkt, ass er sys Vermöge däm Ma z verdanke het – oder gnäuer: syner Art, lycht und sorglos z läbe, allen e Freud z mache, gärn go güüden und vergüüde.

So het si d Akouft vo der Familie gjehrt. Men isch i der grosse Stube blibe. Sälte het me lutgee, jedwädes het a synen aigene Halbbatzen ummegmacht. Und zue dene het au d Sach vo däm zellt, wo ebe fehlt: vom Guschti.

Er isch zwor schon e schöni Chehr nümm uf der Hockfarm. Won er wider so wytt binenander gsi isch, het er gsait, er wöll uf Sacramento-City gon es aiges Gschäft afo. Me het e Firma gründet: Sutter, Brandes und Kunsorte. Der Brandes isch im Guschti sy neu Dokter gsi. Der Vatter Sutter het d Mittel gee und do derby s waich Härz wider ainisch ganz obenuuf lo cho: Ohni ass der Dokter Brandes und die anderen au nummen es Schärbeli aneglait hai, het jedwäden e Tailhaber mit glyche Rächt dörfe sy. Im Vatter Sutter ischs gsi, der Dokter luegi so scho us eren innere Pflicht uuse wytter zem Suhn – und är sälber müess nümm ängschte wägem Hag und Hoggefinger. Jä, und die Sach isch gloffe, und der Dokter het würklig wyttergluegt, aber uf e bösi Art, wie der Suhn spöter verrote het. Er haig im all wider Tropfen ygee, und die haigen in ruejig gmacht, er syg wie ime fyne Rüüschli ummedurmlet; aber vo Dänken oder Rächne kai Gspur meh! Und gället, wenn der Guschti kai Medizin gha het, isch sy uhaimligi Närvechranket no eerger vürecho as uf der Hockfarm, ai Afal am anderen a. Derby het er gschuumet und gaiferet, het er gschrouen und wien e Verruckte brüelt. Alls gege Vatter! Iez wemmen in no somen Afal gfrogt het, was er gment haig, het er nummen i d Luft gleest und nüt meh gwüsst. Es syg gsi, wie wenn e Ganzanderen us im uuse grinn und schrou bi den Afäl. Jä, und wo derno dai bluetig Uufstand vo de Hockere cho isch, het der Guschti im Gschäft sy Atail verlangt. Der Dokter het im feufezwänzgtuusig Doller i d Hand drückt und gsait, er haig no hunderttuusig z guet; aber die chönn me nit uusegee, numme, si schaffe jo wytter für in. Und der Guschti isch gange. Er wöll nüt meh vo Kalifornie wüsse, het er der Mueter gschribe. Ohni uf d Hockfarm go «adie» säge, isch er über d Gränzen i s Mexikanisch ynen und het si z Acapulco gsädlet. Sältsch het er au glylächtig sy Frau gfunde, e bluetjungi Spannierin. D Lugge, won er im Gschäft zrugglo het, isch uusgfüllt worde, dur e Brannan. Dä het im Schwick afo laitslen und trybe. Nit lang, het er alles i syne Händ gha – und mit Chniff und Schliff isch er zem gröschte Tail vo der Stadt Sacramento-City cho. Nüt meh Sutterigs, numme no Brannan!

Und der jung Sutter, der Guschti? Me het lang nüt ghört von im. Aber nom Familietag isch en erschte Brief hargfloge. Er chöm dienoo sys Gält cho raiche. Und wos afe gmerzelet het, isch er aisgurts z Sacramento-City uuftuucht und het syni hunderttuusig Doller gheusche. Aber niem het öppis wölle wüsse dervo. Es syg iez eben anderscht. Der Brannan haig alles. Der Guschti isch zue den Afflikate, zue de Richtere, zue de Gschworene go bittibätte, heuschen und dröje. Nüt – as cholti Gsichter, Uusrede, Gegechlage. Zletscht het im der Brannan no Wächsel zuegsteckt; aber numme dere, wo är nie cha go ylöse. Ferig! Wien e Verschwörig gege der Sutter junior, gegen alles, was der Name Sutter trait! Schwarz ischs im Guschti undenuecho, schwarz ischs im vor den Auge ghange. Vom Verfolgigswahn peutscht und gsteukt, isch er furt; aber nit hai zue der junge Frau – näi, i die mexikanischi Wüeschti. Öb in dört d Stilli und d Rueji wider zuen im sälber bringe? Öb in s Läbe bi den aifachen Indianere wider us der Nacht i Tag lüpft und alles inständs wird? Mer wai luege!

Iez der Heer und Maischter het dä Winter dure gnue Zytt gha, für si z bsinnen und z luege, öbs doch nonen andere Wäg gieng. Scho meh weder ainisch isch er juscht i der gröschte Not uf öppis cho, won in uuseglüpft het. Dainisch bim Guld het er doch uf ai Hock voruusgseh, ass s gly wien es Fieber, wien e Süüch über s Land tschuuderet – und scho het er umgstellt, Stedt gründet, Bouplätz verchauft und derby i Sache Gält und Ruem und Glascht Wuchen erläbt wie no kaine wytt und brait. Wie höch isch er doch gstige! Und scho isch er wider dunde, ganz undefer. Sogar sy aigene Bode sell aigetlig nümm oder nonig syn sy. Er darf numme Stüüre zahle, wie wenn dä Bode doch ihm weer. Er muess se fryli neumen anders vürechnüüble, Doller um Doller, und der Staat sackt sen y, und d Hocker hai der Bolle vom verstüürte Land.

«S Land! Mys Land!» sürmelet der Sutter all wider vorabe. «Äs isch glych das, wo blybt. Bode ha, uf im Land chönne schaffe – dasch s Zaije für alles Bständig und Gsund.» Und schier adächtig goht er iez über s Land, der Maischter vo der Hockfarm. Bis z innerscht yne gspürt er wider dai Chuuch vo der Mueter Ärde, wo vo de Guldjeegeren und vo de Hockere täglig, stündlig so gschändet wird. Und underainisch chunnts im z Sinn, was er sym Erschte noo der Bigrüessig gsait het. Alls stoht vor im – wien e suufere Helge: Obschtbäum, Räbe, Gmüesgländ und Fruchtächer – e wältwytte Garte, s Garteland Kalifornie.

«I muess afo!» chunnts im undenue. «Dä Helgen isch wohr. I muess in den andere Lüt numme no zaige. Gitt mer s Schicksal dä Düt? Zaigts mer no ainisch, wo dure? Wie dainisch bim Nelly, wo der Huusfründ vom Wunderland verzellt het? Wie dört, won i mit den erschte Dungene mys Land gsuecht ha? Oder won i d Pföhl für e Garte Minal und für d Hockfarm ygsteckt ha? Und d Manuiki verhyrotet?»

Der Sutter het träumeret, plant und i deer neue Wält gläbt, wo no gar nit isch, won er wie so mängs zerscht muess erschaffe. I stillen Obestunde het er alles, was im so z Sinn cho isch, der Manuiki wien es grossis Helgebuech aneglait. Und bi däm lyse Brichten und Chrüschele het er s erschtmol sytt langem s Nelly wider gseh und sy Stimm ghört: «Die guete Chreft...»

D Manuiki het ganz glaschtigi Augen übercho vor Freud. Es isch ere gsi, der Guet Gaischt haig sen agrüert, iez wärd ihr Läbe wider sunnig. Und si het mit ihrem Heer und Maischter der Garte gmuschteret und gsait, was me hie chönnt machen und sältsch neu afo. Wos derno so eberächt gmerzelet het, sy der Sutter und d Manuiki der ganz Tag im Garte gsi und hai ghackt, gjättet, gchröjelet, gsäit und gsetzt. Allbott hai si wider Indianer zueglo, olti Bikannti. Der Sutter het sen agstellt. E paar Wuche druuf hai drü, vier Dotzed Lüt uf der Hockfarm und z Minal im Garte gschafft. Es het Gmüesbettli gee wie kaini zringsetum. De Wäg noo sy Beeristuuden und Pfirsechbäumli gstande. No das Johr het d Hockfarm Chörb und Zaine voll Gmües und hundert Chrätte Beeri uf e Märt brocht.

Aber nit gnue! I der glyche Zytt het der Sutter syni Obschtbäum putzt und do und dört e neui Sorten uufzweit. Mit im Lienhard, wo all no der Garte Minal bsorgt, het er Lischten um Lischte für Öpfel-, Bire-, Pfluume-, Wätschger-, Chriesi- und allergatti Trüübelsorten uufgstellt. Die het er derno wider us aller Wält lo cho. Dernäbe het er pröblet und ais Äxpärimänt nom andere gmacht. Es isch im um Neus, um Bessers gange! Buur und Forscher in aim! Zue däm het er aber au nit vergässe, syni Sühn azspanne. Wie synerzytt den Indianere het er nes vorgmacht. Es het zerscht suuri Mynen und Zwängchöpf gee. Aber nodisno isch der Emil wie der Alfons derhinder und het im Garte gschafft wie dä und daine. Zletscht hai au die Heerli nit emol der Hächler meh gschüücht, gschwyge s Chrüzweh und s Zie i de Wade.

Jä, und s Johr druuf het der Sutter nit nummen all Stedt im Sacramento-Tal mit Gmües, Beeri und Obscht versorgt, er het no Fürigs gha. Natürlig hai si au wider Lüt lo zaige. Dasmol het se der pur Gwunder gstüpft. D Hockfarm isch no ainisch ze Bsüech cho. Und die sy nie leer uusgange. Afe hai si gstuunt, was do glaischtet worden isch und all no glaischtet wird. Die Gmüesplätz, Beerikulture, Baumgärten und Räbächer! Die ville Lüt, wo drinn schaffe – ohni si um öppis anders z chümmeren as um d Arbet am Bode. Die Rueji zäntum! Wie wenns gar kai Guld und nüt vo Boulos, Spekulante, Wuecherer, Gälttryber, Schelmen und Mörder geeb. Alles wie änen a der lute Wält, wo doch all Tag no Karewane vo Neuen achöme. Jä, und derno hai die Bsüech au gstuunt, wil der «olt Heer» aigetlig all der Glych isch, allem Bösen um in umme z Tratz. Er gitt sogar no, schänkt no – fryli, nümm Bouplätz und ganzi Landstücki, derfür e Chratte Mareieli, e Zaine guldgäli Garöttli oder für s mindscht e Bluemchöhl, s rainscht Wunder.

Und wider drü Jöhrli – und der Muschtergarten isch do! Wie luegt er dry? He, do gsäjet-er afe vier grossi Baumgärte mit allen Obschtbäum, wo der so chennet, und dernäbe Räbächer a Räbächer. Alles isch suufer putzt, as chiems us im Drückli. Iez zwüschem Heerehuus und im Fluss mit der Ländi isch en änglische Garte zem Spaziere. Überal churze, gsaftiggrüene Wase, öppen e glungnigi Staiplatte, zmitts e Springbrunne, hien es Hölzli us Strüüchere, sältsch e Gruppe Bäum, vill hundert Johr olt, und allbott es Bluemebettli und de schöne Wäg und Wägli noo Majestöckli in alle Farbe, s Hinderscht gar gattig und dundersnätt anegsetzet. Näbedra gwahret-er drei Jurte Pfirsechbäumli, nüt as Pfirsechbäumli. Dä Plätz isch so schön, ass der Sutter ainisch wien e Bueb g-juchzget het: «No zwänzgtuusig deren ane, unds isch, was i erlueg – Kalifornie, wenn i nümm bi!» Jä, und dört? En Alee, öppe vierhundert Schritt lang, linggs und rächts wider Pfirsechbäum. Wenn die blüeje, lauf men «uf der Stross i Himmel», sait der Sutter. Hott näbezue sy zwo ganzi Jurte luter Rose. Hüscht vo der Alee hets e glych grosse Plätz Kaktuspflanze, alli müglige, schier umüglige Sorte. Und derno wytt, ass mes chuum mag ergseh, Gmüesgländ a Gmüesgländ! Alli die Gärten oder Gartetail sy yghaget, don e Läbhag us Strüüchere, wild, me dänkt an Urwold; dört e Buchswand, glatt und glychmeessig gschnitte. Alles, wies juscht passt! Die Heeg het der Sutter anegmacht, wil sy Muschtergarte derdur schöner wird und jedwädes quasi «sy Stube» het – und ass die Alage vor wilde Tier wie vor im aigene Veh, wo ussedra waidet, gschützt sy.

Dä Garte! Der Sutter het natürlig nit gwüsst, ass er mit däm no ainisch zem Pionier worden isch und im Land Kalifornie der Wäg, sy uraigene Wäg wyst. Und wie hätt ers erscht chönnen ertraume, ass sy Helge hundert Johr spöter buechstäblig wohr wird: S Garteland Kalifornie!

S ölft Stück:

Und die Neui Schwyz goht z Änd

I

Iez chöme vierzäh Johr, me cha nit säge: die sibe faissen und die sibe magere; dur allizsäme goht nämlig en ängen und geeche Wäg – und er füert nidsi, wenn der vo ussehar lueget.

Ainisch isch im Sutter zmitts i der Gartenarbet e Helgen ergcho, won er nie meh vergässe het. Er het si am Haueholm graduuf grecklet, für echly z verschnuufen und s Chrüzweh lo z versure. Und wien er der Chopf uf d Händ stützt und muchset, isch er aisgurts nümm bi Sinne. Er achtet wäder Bäum no Gstrüüch und Gstüüd. Er wüssti im Momänt nit emol meh, won er aigetlig isch und wär er isch. Und vo wytthar chunnts wien e Traum über in. Er isch wider der Bueb Hans i der Papyrfabrik. Vor im zue stoht die langi Maschine mit de ville Reederen und grosse Walze – und undevüre drückts wien e graue Dile, all wytter, all meh, ohni Ändi. Er längt dra. Füecht und läi, es tschuuderet in ganz! Und iez wachst nit numme dä Dile Papyr, iez wachsen au d Walze. Si wärde lenger und dicker und dräje si glychmeessig. Underainisch isch überhaupt nüt meh do as zwo wältwytt Walze, wo ganz still und langsam e risige, graue Papyrdile vürsistosse – anenander, allewyl anenander. Der Sutter gruchset, hebt der Chopf uuf und wüscht mit ainer Hand vordure, as wött er öppis vor syne glarigen Augen uusputze. Derno luegt er umme. Do isch jo der gross Pflanzplätz und dört der läbig Hag vor im Beerigarte – und sältsch hinde güggele no d Pfirsechbäum gwundrig überyne. «Es isch alles no am rächten Ort», brümmelet der Sutter vorabe, «nummen i mir schynt öppis lätz z sy. Jänu, men oltet afe, es schwynt aim, s goht änenabe.» Dermit lot er d Haue stoh und goht ganz ohni Vorsatz und wie von ere fyne Hand gfüert de Bettli noo, dur e Hag zue de Beeriströüchere, änen umme dur d Kaktusgländ und e paar Schritt «uf der Stross i Himmel». Hie blybt er stoh – und chunnt allsgmächeli wider zuen im sälber.

Der Sutter isch derno wider a d Arbet gange; aber wien er au gwärchet het, dä wältgross und muusgrau Dile, wo anenander und allewyl im glychlige Tämpo vürsi und wytters rütscht, het er nit zem Chopf uus brocht. Sogar möndrisch und none Chehr het er öppe dradänkt. Und je lenger, je dütliger het ers gspürt, ass das es Zaije wird sy, won im öppis Gwichtigs z säge het. Was ächt? Die Frog het im Sutter kai Rueji meh glo.

Iez ame stillen Obe, wo aim s Inner sowieso obsi chunnt und uuse will, ämmel gar, wenn e liebe Möntsch ummen isch, het der Sutter der Manuiki vo däm arige Helge verzellt. Er wött ebe gärn wüsse, was die Sach z bidüte haig, und er glaub, si, d Manuiki, gsäi au do derdur – wie scho so mängisch.

D Manuiki het gloost und gstuunt. Lang ischs still gsi, wie wenn beudi ertschliefe. Derno ischs der Manuiki lyslig vürecho: Si chönnis nit haistelle; aber si lueg in e graui Zuekouft. Die Johr, wo iez chöme, haigen alli zsäge s glych Gsicht. Me blyb wytter uf der Hockfarm, gheeb und ohni vill lo z merke – wie die letschti Zyt. Öppe wärd der Heer und Maischter wider öppis afure, fryli; öppe legg aim s Schicksal wider Bsundrigs i d Hutte. Es gäb emängi schweri Trägete. Aber wie sis ergwahri, bringe die Johr nit zue vill Schwarzis ane; si wäbe grau i grau. Und si glaub, eso dörf der Heer und Maischter zfride sy.

«Wenn scho, lieber luter Graus as nummen e Schlirgg Schwarzis!» het der Sutter brümmelet. «Henu, me wird si au chönne dryschicke. Es isch jo nümm wie ammet.»

«Ischs nit i mängem besser?»

«Ass i nit lach, Manuiki! Und glych – neumedure chönntsch rächt ha.»

In aim het d Manuiki gwüs rächt gha: I der Hockfarm isch zue der Rueji no der Friden ygchehrt. Dai erschröcklig Chrieg zwüsche Vatter und Suhn, wo alls i d Jäschte gjagt het, ass nüt weder Lätzis und Wüeschts uufcho isch, und der aint gforsset, der ander greschtet het – er isch nümm. Und d «Madame», wo si so gheerschlig gitt und jedwädem alles vergunnt, ass s überal äket und räggelet und nie nüt am rächten Ort isch – dai «Madame» isch au nümm. Us im Gschüüch hets en olti, stilli Frau gee, wo der Chare lot laufe, wien er lauft, wos sogar der Manuiki nümm verwehrt, echly z gspröchle, wil si gspürt, wie alls us Guetem chunnt. No meh! Die Frau sait ainisch zem Ma, das bruunhüttig Wäse syg der guet Gaischt und s guet Härz uf der Hockfarm. «Mer weere böser as bös dra, wenn s is dervoluff wie so mängs anders vo dene Gschöpfere. Dänk a Garte – dänk nummen a d Lüt, wo do y- und uusgönge!»

Und isch i der tägluge Gartenarbet nit öppis wien e Säge gsi? Der dänket zerscht a die ville Chörb und Zainen und Seck voll Obscht und Gmües oder ämmel a s Schiff, wo Ladig a Ladig z durab i d Stedt uf e Märt brocht het. Emänd gsäjet-er au dä Huufe Gält, wo derfür zruggcho isch; properi, gängigi War – suufers, ehrbers Gält. Settigs isch aber nüt weder der verdient Lohn. I gib es zue, me chönnt derhinder au no s Glück gwahre. Der Sutter het nit numme wachsig Wätter, er het au Gfell und Glück gha, ass im sy Plan sant im Müejen und Sorge so groten isch und ass das Züügli so schön uusgee het. Aber dänket iez none Bitz wytter! Woll sy d Tage cho und gange, ain wie der ander. Me het vo früe bis nacht gschafft. Men isch müed und glylächt i s Bett. Sälte het öppis anders dryglängt. Aifach Tramp a Tramp vom Säjen und Setze zem Günnen und Furtneh! Und all wider das uf e Märt, dais i Bode – wies a der Zytt isch! Allsfurt grau a grau, glych uf glych, ferig! Und doch isch no öppis anecho. Die glychmeessigi, ruejigi Arbet i Sunn und Räge het e gwüsi Wöhli mitbrocht. Men isch zfridener worde, schier wouschlos. Me het nit vill gschwätzt dervo, me het überhaupt wenig Wort verlore. Der Sutter und d Manuiki sy mängisch sogar stundelang näbenenander a der Arbet gsi, ohni au numme lut z dänke. Si hai gspürt, ass alles Lut nit am Platz weer, ass s störti, ass s am schönschten isch, wemme numme waiss, s ander isch au do – unds macht s Glych – unds läbt i der glyche Stilli inn. Alls isch iez ais: d Arbet, der Bode, wo me druff stoht, d Luft, wo men yschnuuft, d Sunn durane, der Himmel über allem. Und isch das nit e ghaime Säge?

Iez a churze Füüröbe, wenn der Sutter und d Manuiki neumen imen Egge ghöcklet sy, het mängisch doch no ais Wort s ander gee. Es sy aber allewyl dainere Wort gsi, wo z innerscht uuse chömen und wo wider tief yne gönge. Si längen an öppis, wos aigetlig gar kaini Wort meh gitt, wil d Stilli sälber redt – und numme si. Und ainisch a somen Obe het der Sutter no langem Schwygen und Sinne wie für in sälber vorabebrösmelet: «Und was blybt mer? Jä, was blybt mer no vom ganze Läbe? Es Sunneflänggli us Westport: S Nelly, wo mi die gfehrschte Wäg und über die tiefschte Chräche gfüert het. Und wytter? Dais gottgsägnet Wurzemandli us der Haimet, der Gäbi mit sym Gsätzli, won i all no ghör und all nonig verstoh. Jä, und du blybsch mer, Manuiki; Schritt für Schritt bisch du by mer. Mags noo so grau und ainerlai sy, Tag für Tag und Johr für Johr – du bringsch Sunn und Farb dry. Du gwahrsch der Sinn vo däm usinnige Läbe. Gäll, und du machsch au, ass i no öppis ergseh, mys Erscht und Letscht: dai Helge vo mym Land – s keuftig Kalifornie. Dasch alls, Manuiki. Alls ander isch verruuscht, läbt nümm.»

I deer Zytt isch also der Sutter ganz i sym Garten uufgange. Er het jo nit numme gschafft und gluegt, ass gschafft wird, er het nit blos d Märt uufgsuecht und derfür gsorgt, ass sy Huufe War abgoht, näi, er het no meh vo syne guete Chreft uufbotten und ygsetzt. So isch er däm und daim go zaige, wie me der Härd undersuecht und derby uusebringt, was für Dünger ane sett. Allbott het er öpper i sys «Laboratorium» gno oder zue de Rose, won er gokuliert het. Er hets nie wölle verhaime, was er do uusefindt und wien er das oder dais zwägbringt. Er het die anderen allewyl glehrt; si selles au chönne, selles wider andere zaige, quasi wyttergee – es müess im Land, de ville Möntsche zguet cho.

Natürlig isch im Sutter ob däm Schaffen und Pröblen und Vorzaigen alles ander hinder e Rugge grütscht. Und isch doch öppis vo ussehar an in ane cho, se het er aisgurts im Bidwell gsait, er sell do go luegen und raitle, wien ers für rächt find. Nu, der Bidwell het jo – sytt der McKinstry wider furt isch – im Sutter sy Sach verwoltet, as weers sy aigeni. Numme, überal het er au nit chönne sy. Do und dört hets e bsundrigen Agänt bruucht, gar bi de Landverchäuf und i de Verhandlige mit den Afflikate wäge de Prozäss. Ebe die Prozäss! Si hai halt no lang nit us im letschte Loch pfiffe. Ehnder s Kunträri dervo. Wie bi de Müüs hets aigetlig anenander gjünglet. Jedwäde Prozäss het es guets Halbdotzed neui i d Wält gsetzt – und jedwäde Neue hets bim Tüggeler uf es eberächts Dotzed brocht. Wär hätt die Bruet wöllen überluegen oder gar uusrotte! Nit gnue! Sone neue Prozäss het erscht no meh gchoschtet. Vo Tag ze Tag, ämmel vo Wuche ze Wuche sy nämlig d Afflikateprys gstige – eerger as der schlimmscht ander Ubott. Fryli, d Bouplätz sy derfür abgange wie Erbstücki, bsunders i der Suhnsstadt Sacramento-City. Sältsch hai d Lüt enander schier gfrässe derwäge. Numme sy zletscht glych die faissischte Flären i de Chlaue vom Brannan blybe hange.

Umso truuriger ischs, ass die Sach mit denen Agänte sones bitterbösis Noospil gha het. Der Sutter het doch i gueter Treui dene Manne vertrout und mit im Uuftrag au d Vollmacht übergee. Was hai si aber gmacht dermit? Fascht jedwäde het sone Landplätz vom Sutter verchauft, nit blos aim, näi, feufne, zähne – ohni ass s die Feuf oder Zäh gwüsst hai. Jä, und bim letschte Chund het er nit weniger gheuschen as bi den andere, au wenn dä nit öppe gsi isch, ass me hätt chönne Böhndlistäcken uff im spitze. Item, der Agänt het ämmel chönne Gält zellen und i Sack stecke. Und derno? Ainisch ischs uuscho! Jedwäde vo dene Chäufere het natürlig «sy Plätz» wölle. Aber feuf oder zäh oder no meh hain in nit chönne ha. Zahlt isch er gsi sant im Kummissionsbolle. Also go wätteren und dröje – grad uf d Hockfarm, der Agänt het me jo doch nümme verwütscht. So het der Sutter «die ughüüri Bschysserei» dörfen uusbainle. Nit numme, ass är vo däm Landgält nüt z gseh übercho het, näi, er het die erbooste Manne mit im Zruggzahle müesse gschwaiggen oder none Huufe Prozäss uf e Buggel neh. S Gält isch dervo wien es Deuschtli im scharpfen Oberluft. Es hets fryli chönne gee, ass der aint oder ander vo denen Agänten im Sutter öppis vome «Irtum» gschribe het. Das Wörtli het chätzers nätt tönt, het aber der Sutter vo Johr ze Johr nöocher a dais schwarz Loch brocht, wo «Nütmehha» haisst. Do hai au die schöne Gwinn vom Muschtergarte nümm möge verschoppe.

Wie läse mer im Tagbuech us deer graue Zytt? «I ha no nie öppis vom Gschäfte verstande. Und i bi erscht no so dumm gsi, ass i voll Vertrouen e paar Manne d Vollmacht gee ha, i mym Namen Urkunden uuszstelle. Die hai mys Zuetrouen aber wüescht missbruucht, hai mi dur s Band ewägg aglogen und hindergange. Emänge het do derdur sys Vermöge gmacht – und i bi sys Opfer worde, bi s Opfer worde vo jedwädem Schwindler, wo derhargloffen isch.»

Oder es anders Byschpel, won ech zaigt, wie sis dai Zytt im Sutter gmacht hai.

Do isch also der Herr Winn, der Albi Winn. Me chan in nie verwächsle, wil er bim Schwätzen all echly seuferlet wien en ubheebe Fasshahne. Und er schwätzt vill! Maijet, dä het sy ganz Familie – und er isch regelrächt überchindet gsi – dur e tüüre Cheuschtler lo mole, nit sülchig, ass s en übli Gattig macht, näi, schön uf Lynen und mit de braitschte Guldlyschte drum, pingpäng! Iez wo die prächtige Gmäld ferig sy und a de Wände hange, as giengs um en Uusstellig, lait der Cheuschtler au d Rächnig ane. Si wird zahlt – aber mit was? He, mit ime Grundstück vom Sutter. Nonig gnue! Er verstohts gar guet azgee, ebe dä Seuferi-Winn; er nimmt nämlig no Mönet lang Gält uuf. Das gitt men im, wil er gar härzhaft dragoht, wien e Müpfi zwängig randeliert und erscht no der höch Zeis zem voruus uf im Sutter-Konto lot abzie. Iez der Sutter sälber vernimmt die Sach afe, wo der Winn schon e Chehr zem Land uus isch und aidwädere Tags der Scheriff vo Sacramento-City uf d Hockfarm chunnt, fürn e Winn-Rächnig vo numme feufedryssgtuusig Doller anezlegge. All nonig gnue! Dä gwichtig Amtsheer sait im verstuunte Sutter graduuse: «Äntwäder s Gält ane – oder aber d Hockfarm guetschrybe!»

Bigryflig, ass do «gueti Wort gee» so wenig wie «alli Zaije flueche» öppis abtrait. Die Sach längt im Sutter i s Härz. «Numme das nit, d Hockfarm verliere!» chunnts im allbott wider vüre. Er lauft zem Bidwell – und zsäme chönne sin es ortligs Hüüfeli zsämeschäre. Das gitt der Sutter as Azahlig im Scheriff und bitüürt, alls ander wöll er i Rate nooschicke. Der Scheriff lot si gschwaigge. Dermit het der Sutter sy Uglückscharen uf im abheldige Wäg no ainisch mögen agheebe. Wär het in aigetlig grettet? Der Garte, sy Muschtergarte! Numme, die Agänte hai halt wytters glogen und verutreut, was Name het. Wenn der Sutter i sym Garte nit so hätt chönnen i die inneri Gaischt- und Seelewält ynegoh und derby alles ander vergässe – d Maasslaidi weer über in gloffe. Au der letscht «Fründ» und «Ahänger» vom Pionier und Kolenisator Sutter het in jo gluegt z verwütschen und het dä «olt Heer, wo all so gärn wien e Heerget schänkt», nit nummen uusgnutzt, näi, mit alle Mitteli gluegt äntgültig z bodige.

Jä, und wie stohts aigetlig mit der Familie?

He, d Mueter isch langi Zytt nit so zwäg gsi. Si chlagt iez no über es arigs Chopfweh, wo si dur gar nüt löi demme. Au ghört si nümm guet. Wytter isch ere s Land und s Läbe hie umme no so frönd wie am Afang. Es chunnt ere zwider. Drum lert si die änglischi Sproch nit – si will nüt vo däm wüsse.

Iez der Guschti schynt sytt syner erschröcklingen Abfuer z Sacramento-City mit Kalifornie wie abenander z sy. Er schrybt nie. Me waiss aigetlich nit emol, won er isch – und öbs mit der Frau goht. Im Vatter mags ganz rächt sy eso; er hüetet si ämmel, dra z rüere. Dergege d Mueter chumberet um in, fryli still, quasi zwüsche vier Wände.

Lüter und läbiger gohts aber all no um d Eliza zue. Si schafft im Garte wie ihri Brüeder, hilft öppen i der Chuchi und rüschtet mit der Manuiki zsäme hauptsächlich s Gmües und s Obscht für uf e Märt. Si luegt, ass nüt Abgändigs i d Chörb und Zaine chunnt, het all öppis Glungnigs im Lun und verstoht das Züügli azgattige, ass s echly Schygg het. Dernäbe rytet si mängisch uus – und z Oben oder a Rägetage rütscht si wider a Flügel im Salong und spilt. Ämmel gar, sytt der Heer Ängler hiesig isch, e Muusiker vo Bruef, wo aigetlig im Alfons all Tag Stunde gitt. Und arig, wie bim Fähndrich synerzytt fots au do no ainisch a, numme ghaimer, quasi im Versteckte. Der Vatter gwahrt ämmel nüt dervo. Und d Brüedere hälfe jo gärn mit, das Füürli z hüete, wil si au sones Ghaimnis hai. Si luege doch schon e Chehr, wie si ab chönnte. Dä ebig glych Tramp tagy, taguus, Johr für Johr, hänkt enen afe s Umuess in Äckte. Derno so kai Abwächslig, es weer denn e neue Bricht, ass der Vatter no meh verlore het. Näi, lieber furt, öbs im Fass der Boden uusschlot! Es syg däwäg scho eeländ gnue!

Und lueg a! Ame schöne Tag nähme beed Abschaid. Si mahnen aim willsgott a d Matrose, wo s Schiff verlöje, öbs ganz undergoht. Und wie der Kapitän darf der Vatter-Sutter no blybe. Är isch es Stück vom Schiff sälber. Das muess heebe – bis numme no luter Wasser isch.

Nu, der Emil goht zerscht i d Guldmyne. Won er es Schübeli Guld binenander het, verziet er si uf San Franzisko. Sältsch tuet er es Notariatsbüro uuf. Er lot lang nüt verlute. Es goht im au all Wäg; aber er mag si gchehre. Iez der Alfons, wo scho vo Afang a numme het wölle militärle, goht mit imen Oberscht Walker ab. Si stryche zsäme dur s Land Nicaragua. Es sell sältsch nämlig Chrieg gee – und der Oberscht sett ebe, wie synerzytt der Fremont i der Sierra Nevada, go luege, was öppe z mache weer. Si müessen also Wäg und Bruggen undersuechen und uf d Charten yzaichne, müessen au so under der Hand quasi spioniere, wie und wo und was und wenn. Item, vo dört har fliegt ab und zuen es Briefli uf d Hockfarm. Das gitt im Vatter wider d Glägni, a die ville Karewane z dänke, won er no i der «guete Zytt» uufbäppelet het und won im so vill hai chönne verzelle vo de böse Wäg i de gruusige Zinggen und Fluechlötz obe.

Jä, und chuum hai die zwee Suttere der Hockfarm der Rugge gchehrt, se chunnt e Vetter us der Schwyz, der Walter Schläfli, im

Mary sy Suhn. Är bringt alles echly us im ebige Tramp uuse. Es gitt z brichte vo dehai. Bsunders d Mueter Sutter het iez Churzwyl und cha ganzi Öbe gspröchlen und all wider öppis Neus froge. Si läbt sichtlig uuf derby. Natürlig chunnt au der Landschryber dra – gar bim Vatter Sutter, oder bim «Unggle», wie der Walter sait. Er cha nit gnue vürelegge. Alls will dä Unggle wüsse.

Me läbt fürn e Chehr wider mit de Lüt änen am Grosse Weijer und gspürt dur s Band ewägg so öppis wien es stills Haiweh.

2

Ainisch hai d Indianer gfehlt. Si sy süscht Tag für Tag i Garte cho schaffe. Der Sutter isch enen all no der wyss Häuptlig gsi, wie won er sen im Fort aglehrt und glaitet het. Drum isch me verstuunt, ass si aidwäders nümm do sy.

Me het groten und gwärwaiset. Äntlig het der Lienhard gsait, är wöll go luege. Und er isch gange. Iez won er bim Dimber gege Wold wytt oben a der Hockfarm cho isch, het er sones Gschlyches und Gmuggles ghört. Es isch wie gschlaikt und gruchset gsi. Der Lienhard isch blybe stoh, het gloost und gluuschteret. Do isch im ganz uverhofft en Indianerbueb i d Bai gloffe, ain, won er öppen im Garte Minal für so Längmeralls-Ärbetli bruucht. Dä het im verrote, ass der Häuptlig verbrennt wärd, der Rufino. Wyssi sygen us de Guldbärge zruggcho und haigen in queelt, umbrocht und skalpiert.

Der Lienhard isch derno mit im Bueb i Wold yne gange. Wytt inn, wos scho gnachtet het, ass men allbott über e Wurze gstolperet isch, het er gseh, wie si juscht es Füür amache. Lyslig isch er nööcher zue, nit, ohni ass s im dutteret hätt. Do het er gmerkt, wien e Huufen Indianer um das Füür ummestönden und gar jömerig tüejen und grynen oder singe.

Underainisch het jedwäde vo dene Mannen e Bängel i d Glüet gsteckt und in brennig i d Höchi gha – wien e Fackle. Dermit hai si afo d Glaich verränke, die Manne, und hai um s Füür öppis wien e Tanz uufgfüert. Derby hai si Gümp gno, d Feischteri azännet und uusgweut, d Arm verwäit, gchoderet und gspeut, au öppe gchräit öppis grüüsligs. Es isch aim dur March und Bai gange. Uf das abe sy wider lyseri und truurigeri Tön cho. Und aisgurts no ainisch lut und wüetig wie gschroue!

Iez bi däm Chräje, Sumsle, Brummlen und Ummenandergumpe hai zwee Manne d Lych vom Häuptlig uf s Füür glait. Anderi hai all wider früsch Laub und Holz brocht, s merscht verbaumts, wo so ummeglägen isch und gar haidemeessig gräuchnet het. Und die Tanzerei isch gange, bis d Lych veräschet isch. Derno het der Öltscht mit hohle Händ d Äsche zsämegschäret und uufghüüflet und zletscht dur d Finger in en irdige Chrueg lo risle. Derby isch alles müüslistill blibe.

Äntlig hain e paar vo denen Indianere der Lienhard erlickt oder ämmel z merke gee, ass s in gsäje. Ain isch uf in dar und het im verzellt, was alles gangen isch und wie si ihre tod Häuptlig i der Hockfarm wölle vergrabe.

Zmitts i der Nacht sy si derno ime lange, stille Zug und mit Facklen i der Hand uf d Hockfarm. Dört hai si i der Nööchi vom Springbrunne der Chrueg mit der Äsche vergrabe. Bis s taget het, sy si ohni Mux drumumme ghuuret, schön im Ring und wie wenn si bös zwäg weere. Jedwäde het uf e Plätz mit im früsche Härd gluurt. Derby sy d Fackle verglumst und nodisno verlöscht. Wo d Sunn überyne güggelet het, isch kes Glüetli meh umme gsi. D Indianer sy ohni es Wort und wie Schätte dervo. Erscht möndrisch hai se si wider zaigt und harglo.

Mit derzytt het men uf der Hockfarm verno, was do alles gscheh isch. Bi Coloma sy ainisch z Nacht e paar Guldwäscher tod ummegläge. Die hai wölle gräächt sy. Und wil me kaini Mörder verwütscht het, hai halt die uschuldigen Indianer müesse dra glaube. Es het derby nit numme der Häuptlig Rufino gchoschtet; aber im Häuptlig het sy Stamm die letschti Ehr nom olte Bruuch botte.

Underwyle het si der jung Vetter ghörig ygläbt. Er isch im Unggle, im Lienhard und der Manuiki a d Hand, won er het chönne. Wenn in öppe der Verlaider oder ämmel die Langizytt am Eermel gno het, se isch er fürn es Rüngli bi der Eliza ummegstriche. Bi deer het er chönne lachen und luschtig sy; es syg im ammet vorcho wie uf ere Rössliryti. D Eliza haig im grauen Ainerlai derfür to, sappermoscht! Kes ugrads Wörtli! Nüt weder Gspäss und glungnigi Verwütschmi-Frogen oder verchehrti Värsli und lächerigi Müschterli! Jä, und wenn är öppis uf im Chärbholz oder so Tüüfels im Lun gha haig, se haig s ims nit uusbrocht oder abgschlage. D Bäsi Eliza syg dai Chehr ebe lämpelig und lüftig gnue gsi, für so Nütnutzstündli i Chauf z neh. Si haig halt sälber gärn echly d Zytt vertänderlet.

Fryli, ganz vergäben isch der Vetter Walter au nit derzue cho. Er het syner amächelige Bäsi müesse verspräche, ass er se nit verrot, ass er nit emol säg, wo si syg, wemmen in frog. Halt wäge daim Füürli! Jo ebe, das het afe wacker zündet und glället, sytt der Alfons nümm do isch, und der Heer Ängler wäge däm wie mit Verlaub meh Zytt für d Eliza uufbringt. Er blybt schier Tag für Tag lenger chläbe byn ere. Emänd, wil s in allbott zerchnottet. Nu, wie däm mag sy, der Walter het gärn gschwigen und süscht öppe none Liebesdienscht to.

Glych muess sy Ungglen öppis gschmöckt ha. Er het si ämmel bim Ängler all chürzer abunde gee und meh weder ainisch syni chiselgrauen Auge lo schifere, ass s nümm gmüetlig gsi isch. Aber gsait het er nüt. Nummen isch er ainisch ze sym Verwolter Bidwell gangen und het im mit so gwundene Wort und i gar chuderwältsch dräite Gsätzli z verstoh gee, ass s in teet freue, wenn er in as Schwigersuhn chönnt um in ha. Der Bidwell isch fascht ab im Stuel abegheit vor Gstuunigi. Er het nit wöllen abändle. Nit, ass im die Tochter nit gfalle het! Si het jo all nonig gwüeschtet, schier s Gegetail! Aber me teet doch no anders hyrote – und dais weer nüt Luschtigs, dais weer der Nidsigänd sälber, wo allwäg erscht ime Schuldeloch sys Änd fund. Das het der Bidwell scho lang voruusgseh. Drum d Händ ewägg! Derglyche to isch no nie gchüechlet gsi! Fryli, im Vatter, sym Heer und Maischter, wöll er wytters hälfe. Aber si go binde, no däwäg bis a Tod? Näi, das weer goppel öppis Ugschickts!

Eso het der Bidwell innenabebrümmelet. Unds het nüt gee. Im Sutter sy Schachzug isch verheit. Umso sicherer isch d Eliza sälber uf ihr Zyl los.

Me het zwor all no wenelig gseh, hets au e Chehr vergässe, wil öppis anders vüredrückt het.

Aidwädere Tags bringe nämlig e paar Manne voll Mösen und Schränz ugfrogt zwee Verwundeti i d Hockfarm. Wie früejer i settige Fäl sy d Manuiki und der Sutter glaitig go luege und mit im Abiteeggerzüüg derhinder. Do hai si gseh, ass die bös Gschundene der Kapitän Wilson und der Wetler sy. Bim Wäsche, Plätzen und Verbinde sy im Sutter wider d Tage vom Rendezvous-Platz bis uf Vancouver und der Bsuech bim Sonomaheerget vo dainisch z Sinn cho. Es het dernon e Räje haimeligi Ploderstündli gee, wo die drei Mannen enander verzellt hai, was si zider haige müesse duremache. Iez wäge der Verwundig het der Sutter verno, ass die zwee mit dene, wo se harbrocht hai, us im Mariposabiet chöme.

Öb der Fremont all no mit Maschinen und der Gugger waiss was für Yrichtige Guld grabi? het der Sutter gfrogt.

Näi, er syg schon e Chehr verdouschtet. Nu, er haig sy Sach binenander. Aber iez göngs dört obe wie im häle Chrieg zue. Nit Wyssi gege Roti wie hie unde vo Zytt ze Zytt, derfür Guldjeeger gege Guldjeeger. Es gäb all Tag Dotni. Und do sygen ebe so Bandenen us alle Heergetsländere – gwüs über tuusig Ma. Die haige si zsämeglo und wölle bartu s ganz Mariposabiet vo allen andere süüferen und ruume. Wär nit zuen ene zell, müess si duppe. Fuchstüüfelswild chöme si uf aim los, gheijen aim zerscht Dräck i s Gsicht, Fläre wie Harnischplätz oder Möcke wie Mütschli, jä, derno haue si aim gottsvergässen ab und zletscht brüele si aim a: «Furt, süscht gilts!» Was gilt, syg gly uusgmacht. Aifach der Cholben oder d Chugele – oder der Dolch, ferig! Au müess me zsäge blutt ab, wemme no mit hailer Hutt wöll dervocho. Vo mitneh, was men i langer Zytt zsämegramisiert het, ke Gspur! Die schönschte Rafflete syge verlore. Alls wölle die Chätzere ha, nit numme der Boden und was no drinn isch, näi, au dais, wo die andere sytt johretag scho uusegchnüüblet hai. Jäjä, dä Gruus syg aifach ainisch do gsi – wie zsämegschneit vo allne Winde.

«Soso», het der Sutter brösmelet, «au sältsch gohts der verchehrt Wäg. S Guld und was s noogschlaikt het! Do bringt sogar e Fremont ke Rächt und ke Ornig ane. Er muess flie – us sym aigene Bsitz flie. I bi ämmel no do. Fryli, es rütscht au, s rütscht bös.»

Die zwee Manne sy chuum wider im Gstell gstande, wo so öppis wie haiters Wätter über d Hockfarm cho isch. D Eliza het si verlobt – mit im Schorschi Ängler. Der Vatter het nit vill gsait, d Mueter ämmel kai Wuescht ane gmacht. Nodisno hai si alli drygschickt.

Und e paar Wuche druuf isch scho d Hochzytt gsi. Es het wider ainisch es grossis Fescht gee uf der Hockfarm. Über zweuhundert Lüt sy yglade worde. Au het e Muusigkapälle gspilt. D Indianer hai sogar ihri arige Tänz vorgmacht, für die noble Lüt z underholte. Und bis gege Morge zue het men im Saal obe s Tanzbai gschwunge wie dainisch, wo me der Vatter as «der rychscht Ma uf der Wält» agluegt het. Natürlig hets au nit am chrällelige Wy und a de fröndländische, guetschmöckige Sigare gmanglet. Der Sutter het si gee wie i syne beschte Johre.

Fryli, wär gnäuer gluegt het, isch chuum drüber ewägg cho, z gseh, ass das es Tuens isch, für die ebiggraue Tage z vergässen und der geech Nidsigänd ämmel nümm z gwahre. Me het duranen und in allem aigetlig numme derglyche to. Der Sutter isch wider us der stille, inneren i die luteri, usseri Wält grütscht. Und er het do derby zaigt, ass er s Schauspileren und s Schynen all no us im Effeff verstoht. Sys Gsicht het ech glaschtet und über all Tisch ewägg haiter gmacht. Um s Muul ummen isch bständig es Lächli ghöcklet. D Auge hai wie der blau Himmel drygluegt. Und d Verzellete, wo wie s Wasser us der Brunneröhren uusecho sy, hai eso vill Luschtigs und Witzigs vürebrocht – der hättet chönne mende, si chöme vome junge, buschpere Burscht, wo vor Gsündi und Wöhli schier verchnellt.

Jä, und wien e Tätsch druuf sy churz no däm Familiefescht, wo derno d Eliza mit ihrem Ma uf die aigeni Farm z San José brocht het, gar schwarzi Tagen und Wuche noogrütscht. D Regierig z Washington het äntlig es Undersuechigskumitee bstellt, für d Missgriff vom Kungräss wäge daim böse Gsetz wider guet z mache. Dasch d Landkummission gsi. Die het iez verlangt, ass alli Landbsitzer z Kalifornie mit Jurischten uufrucken und die haikli Sach vorbringe. So öppis isch gwüs rächt gsi; aber s het früsch Gält gchoschtet. Und wie! Der Sutter het ämmel Stück für Stück vo der liebe Hockfarm müesse verchaufe – oder aber alli Ynahme, won im us de Ländereien i de Händ vo synen Agänte no zuechöme, glatt anelegge. So het er die nööchschti Zytt numme für die jurischtische Rotschleeg und d Schryberchöschte, für d Züügen und d Stüür für sys aige Land, wo d Hocker all no druff hocken und der hinderscht Eggen uusnutze, nit weniger as hunderttuusig Doller müesse bläche.

Bis die dusse gsi sy, ohaijehaije! Bis das alles überhaupt i der Ornig gsi isch – der Sutter hätt schier täglig chönnen us der Hutt fahre! Unds isch nit anderscht gangen as däwäg: Er het der gröscht Tail vo sym heerlige Muschtergarten as Pfand müessen anegee. O wie mängisch isch im do derby dais Gspröch mit im früejere Guwernör Alvarado wider uufgstige, won er im doch gsait het: Kai dritti Hand dörf do drylänge! Kai dritti Hand – und iez? Dainisch mit den Ygsässene, wo aim so verachtet und plogt hai – und iez mit den erplangereten Ynegwäite, wo d Zivilisazion sette bringe, und wo under im Stärnefahne s Möntscheläbe sant der Freihait, s Rächt und d Grächtigkait sette gschützt sy dur dick und dünn dure. Dainisch und iez!

3

Vom Rägen i d Trauffi! chönnt men au säge.

Vo iez a wills nümm noolo abehaue. Im ganze Land gohts afen eso umöntschlig zue, ass sogar der Guwernör Burnett, wo doch nit öppen e Fyneli isch, d Närve verliert und sys Amt ablait. Ain vo de schlimmschte «Fründ» vom Sutter rütscht ane, der McDougall. Dänket a dai Sutterville-Handel, wo är azettlet het! Dur die Landstücki, vom Heer und Maischter freigäbig gschänkt, isch er hablig und dur sys Wuechere rych worde. Er het derno mit e paar andere «Fründ» e Firma gründet. Und die isch wie im Brannan sys Büro numme druff uus gange, Sutterland z verwütschen und jedwäde Möntsch, won eren i d Händ lauft, uuszsuugen und z bodige. Si het Händel under de Lüt atribe, Armlütploger ygsetzt, Lugnere rächt gee, Schwindler gschmirt, Abmachigen und Verträg verdräit und vernütet, churz, si het alles gmacht, was aim numme der Bös cha agee. Und si isch eso reubsch und mit Gift und Galle derhinder, ass s aim schier ganz gschmuech worden isch. Nüt isch meh sicher gsi vor ere. Numme Hang und Bang um sen umme! Jä, und dä McDougall, wo jedwädem rächtgschaffne Ma Forcht und Gruusen ygjagt het, isch also Guwernör worde.

Natürlig isch im gly der «Aisidler uf der Hockfarm», wien er veächtlig gsait het, z Sinn cho. Verdräit, e Wid weer grad dergege, het er im Sutter sy gwichtig amtlig Bsuech gmacht und derby der «Fründ» ime Wätterfahne z glych no alle Sytte gstellt. Wo die zwee afe so rächt im Gspröch gsi sy, het der McDougall im Sutter e Bott gmacht und gsait, z London wärd d Wältuusstellig uufto. Kalifornie müess au derby sy. Är as Guwernör haig iez aber nit derzytt und möcht ihn, der «gross Pionier», as offizielle Verträtter schicke. Der McDougall het woll gwüsst, wie der Sutter so Ehrigen uufnimmt und wie si sys Härz rüere. Jä, er het nit lätz grächnet. Im Sutter hets gar verfluemeret wohlto, ass men all no an in dänkt. Er isch druff und dra gsi, yzschlo. Do gwahrt er aber es fuchsschlaus Zwitzere bim Guwernör. Er stutzt e Rung – und underainisch dunkts in, es nähm in öpper am Eermel, ganz lyslig. Er chehrt si um und gseht wyttwytt ewägg im Nelly syni blauen Auge. Mit ime tiefe Schnuuf gitt er im Guwernör d Hand und sait langsam, fescht: «I dank Ech. I gang nit.»

Der Guwernör isch merklig zsämegfahre. Er het si aber wider

i d Zange gno und no ainisch agfange. Alli erdänklige schöne Wörter und geuschtige Vörteli het er vürebrocht. Der Sutter het vorabebrummlet, synetwäge sells laufe, är wunk däm Züüg nit eso. Und scho het er nümm gloost und nummen a s Nelly dänkt. Wo der Bsuech mit sym Schwätz ferig gsi isch, het in der Sutter zem Schiff biglaitet und no gsait: «I dank Ech für e Bsuech, Herr Guwernör; aber i cha nit furtgoh, i muess hie blybe.» Spöter isch im Sutter z Ohre cho, ass d Firma McDougall und Kunsorte no die letschti Jurte Sutterland het wölle ha – also au d Hockfarm.

Nom Guwernör het sogar s Wätter d Hockfarm wölle ha. Und dasch none böseri Sach gsi, wie der iez wärdet ghöre.

Es het wider ainisch grägelet und grägnet. Der Americanfluss und der Sacramento sy über d Bort uus, all wytter. «Chunnts ächt wie vor dainer wüeschte Wienecht?» het me gängschtet. Scho sy Marysville und SacramentoCity chnüühöch under Wasser gstande. Au z Eliza-City hai d Strosse ehnder Bäche gliche. Aber Gutsch a Gutsch all meh! S Tal isch e wohre See worde. Und dä isch gstige, gstige. Iez het er der änglisch Garten a der Ländi der langwäg überschwemmt. Und Tag für Tag hööcher! Es het i de Rosegländ afo gluggsen und gurgele, Gstrüüch und Bäum sy undergange. Hie und sältsch het nones Güpfli uusegluegt wien en umgchehrte Waidlig. Und gly i de Gmüesplätz! Und scho über e Hof und a d Hüüser ane! Wenn nimmt au die Hangi und Bangi es Änd? Nonig gnue! D Wulche hange bis uf d Dächer abe, wuchenuus, wucheny. S Wasser längt a d Pfäischtersinze. Der Schopf, wo us Adobe gmuuret isch, wird uusgwäschen und underhöhlt, d Wänd gheije zsäme. Au d Stäl und d Schüüre stönde nümm fescht. S Veh brüelt. E paar Indianer jeukes zmitts i der Nacht uusen und trybes under Läbesgfohr dur s Wasser, wo all no stygt, im Wold zue, uf e Hübel. Überal pflotschts und bruuschets.

Die Nacht gumpet der Sutter uuf und brüelt i d Stuben yne: «Iez isch gnue!» Und am Morge fahrt er mit im Dampferli uf Eliza-City, trifft dört e Landchäufer und bietet im ritschrätsch d Hockfarm a. Är, der Sutter, wöll uf d Sandwich-Insle; er sturb hie vor Chumber und Eeländi. Der Verchauf chunnt z stand, fryli, under der Bidingig, ass der Chäufer e zeuftige Schübel as Azahlig anelait. Dä waiblet dervo, cha aber niene kai Gält uuftrybe – und der Sutter muess wider hai. Iez won er chumberig duruuffahrt, lot der Räge noo. S Eergscht isch dure. Natürlig isch alles ai Gruus und ai Wüeschti. Der Sutter und syni Treue chönne wider vorfer afo. Es isch alletwäge nüt meh umme, wo me cha bruuche, rain stiribitzig nüt meh.

Aber der Spiess dräit si!
Do und dört het men afo Atail neh am Sutter und a sym Ugfell. Meh weder ain hets tuuret, ass dä verdient Ma grad däwäg dra muess und settigs muess duremache. Emängem ischs wider z Sinn cho, wien er doch all nom Gsätzli «Sälber läben und anderi läbe lo!» gläbt het, wien im der Chüttel die merschti Zytt nööcher gsi isch weder s Hemli, und wien er wäge däm ebe verschänkt het, gee und verschänkt. Jää, und hets nit vill Lüt hie umme, wo ainisch über die gruusige Bärge harcho sy? Hai die Halberdotne nit im Sutter-Fort ihr Läbe wider gfunde? Also! Und iez isch är sälber chuum besser dra! Und sy Garte, der töllscht Garten uf der Wält bigoch? Kumplett dehi! Wäge daim Uwätter, wies no kais gee het.
Me het settigs i d Zyttige gschribe, für allne d Augen uufztue. Sogar der Guwernör het si i s Gschir glait. Im Name vom Land het er «im gröschte Ma z Kalifornie» dankt und e langi Lischte süessi und plarigi Wörter derzue bruucht. Er het zwor au dasmol öppis im Versteck barat gha. Sy jung Staat het doch äntlig e hischtorische Hindergrund müesse ha, ass er öppis gilt! Settigs macht erscht der Name vome Land, nit s Guld. Und was chiem aim do chummliger as sone Sutter und sys Wärch? Dä isch jo wie gschaffe für so öppis! Also von im rede, über in schrybe! Das ghören und läse d Lüt gärn. Und me wird erscht no populär derdur. Wasser uf d Mühli vome Staatsma! Au z Washington selle sis verneh, was mir für Manne hai am usserschte Zipfel vom Kontinänt. Und was so ain wie dä Sutter für d «Staate» glaischtet het!

Oder chönnte die änen a de Bärgen au ainen anestelle, won es ganzis Land gfunde het, wo das ganz neu Land urbar gmacht het – und wo alles brittlet und graitlet het, ass mes schier fixferig het chönne go neh?

Jä, men isch der Aisidler vo der Hockfarm wider go uusezie – i d Wält. Und do derby het gly ai Rüemerei und Ehrbizüügig die anderi überbotte.

So hai s erschtmol, sytts es Kalifornie gitt, zwee wältbikannti Sänger z San Franzisko es Kunzärt gee. D «Sutter-Wehr», wie sin e Haimetschutztruppe binamst het, het das Kunzärt arangschiert und isch ihre «Götti» uf der Hockfarm mit militärischen Ehre go raiche. Under Biglaitig vo den Offizier und im Jubel vo de Lüt isch derno der Sutter wien e Siger oder Held i d Stadt yzoge. I der Kunzärthalle het men im en Ehreplatz abotte. Do isch es schöns und braits Sofa gstande – wien e Thronsässel elaigge zwüsche der Bühni und de Bankräje für s Publikum. Iez wo der Sutter ynecho isch, sy scho all Lüt i d Höchi gschnellt und hai gchlatscht wie bsässe. D Sänger hai Bücklig gmacht. Und der Guwernör het e Bigrüessigsasproch gholte, gwüs, wie wenn er no gar nie uf der Hockfarm z Bsuech gsi weer, für däm Ehrema no der letscht Plätz Land abzlääschele.

Und gly druuf isch none grösseri Ehrig cho. D Regierig z Kalifornie het im Sutter in ere fyrlige Versammlig vo alle Höchere der Rang und d Uuszaichnige vome Gänneral gee. Das het der Sutter mainaidig gfreut. S Augewasser isch im vürecho, won er dankt het. Wie vill Johr het er doch so öppis erbaitet! Wie vill Leergäng hets doch bruucht, bis men im numme der «Haupme» gee het! Und iez ganz uverhofft grad Gänneral – der enzig im Land!

Fryli, das Ehrenamt het usser der Achtig aigetlig nüt ytrait. Kai Sold, kais Honorar oder so öppis! Der Sutter het neui, schöni Uniforme dörfe lo mache – und sälber zahle. Er het allbott dörfe grossi Heeren ylade – und für d Gaschtierig uufcho. Er het si dörfe do und dört zaige – und d Rais-Chöschte sant im Underholt us im aigene Sack bläche. Er het i so vill Kummissione dörfe presidiere – uf sy Rächnig. Es isch i s Guettuech gange! Glych het im d Frau nüt dergege gha, si, wo sytt de böse Johr wider vo Hebsen isch, schier wie z Burgdorf. S erschtmol im Läben isch die Frau Sutter überhaupt zfride mit ihrem Ma. Halt wägem «Gänneral». Dä het eres ato wie no niem. So ime Gänneral cha me numme vergee, wil er aim schliesslig doch zer «Frau Gänneral» oder zer «Gänneralin» macht. Jä, dä Grad het die styfi, cholti, armi Frau mögen erweermen und ere chrüüsele, ass sin emängs anders i Chauf gno het.

So hai die Ehrige wider es Flemli Glascht i s Läbe vo der Hockfarm brocht. Me het in bitter nötig gha. Bis der Garte nummen echly aständig drygluegt het, isch gar mänge Chych und Süüfzger uuse. D Tage sy allem z Tratz schwer cho und schwer gange. Schaffe, nüt as schaffe! Derzue no sorgen und hüüsele, all wider sorgen und hüüsele.

Unds het schynts nonig glängt! Ame schöne Tag het me d Eliza ganz unerwartet uf der Hockfarm gseh; nit uufgruumt wie süscht. Si holtis aifach nümm uus bim Ma, het si no langem Gspeer und Gwehr vüregee. Si läben eben i der Schaidig. Der Emil z San Franzisko bsorg ere d Sach. So, so? Jä, und wäge was denn au? He, wägen allem! Nu, die Schaidig isch cho. Der Ängler isch sogar usser Lands gange. D Eliza het ihr Guet z San José verchauft und isch uf der Hockfarm blibe.

Es isch den Eltere zguet cho. Nit numme wägem Gält, wo men afe bruucht het wie d Luft, näi, au wäge der Hilf im Garte. D Eliza het doch gar vill ewäggbrocht, es isch ere gloffe wie gsalbet. Numme d Manuiki het no meh möge. Nit vergäbe het me se die Zytt, wo si furt gsi isch, gmanglet wie chuum öpper. Jo, und derno het au ihri Art all echly uufgchlöpft. Und dasch sytt im Uwätter nit numme rächt gsi. Es het au lenger aneghebt as d Glaschttage vom Vatter.

Aber dere hets wider gee, sapperlott!

D «Fründ», wo früejer vom Sutter so vill und so grossi Gschänker a Land und Bouplätz übercho hai, ass si zider ohni Uusnahm zue de Habligen und Ryche zelle, hai für e Gänneral regelrächt Propeganda gmacht. Nit wägem Sutter sälber oder wäge sym höchen Amt und tiefen Eeländ, biwahr mi! Das Waiblen und Rüeme het nonere ghaime Chuchi gschmöckt. Der Sutter het blos es Mittel zem Zwäck selle sy, kes Höörli meh! Aigetlig hai die Heere, wo jo dur s Band ewägg Grundbsitzer sy, de Hockere wölle der Verlaider i d Chnoche jage. Es isch ene sogar drum gange, e Chrieg mit «däm luusige Pack» z woge, frylig e ghaime, sone Hindenummen- und Undedurechrieg. Do derzue hai sin es Dach bruucht, wo deckt, e Blache, wo verdeckt. Natürlig mit im Fahne druff: Sutter und Kalifornie! Oder: Der gross Pionier und sys Land! Item, die Sach het Schwung i s Läbe brocht. D Zyttige hai no de Note gartiklet. D Lüt uf der Stross und i de Wirtschafte hai dervo gschwätzt, bis e Chue drei Batze gilt. Sogar dere, wo süscht nummen öppis Suurs und Räggeligs an ene hai, sy aisgurts mit häler Freud für «die gueti Tat» ygstande. As «Sutter-Gmainschaft» isch me sogar über d Bärgen i die andere Bundesstaate gangen und het nit emol i der Hauptstadt Holt gmacht. Ai höche Biamte nom andere het me dragno und ygsaipft, vor däm und daim Deligierte vom Senat het me das Züügli griblet und dureghächlet. So sy si au z Washington warm worde dervo. Aisgurts hai si ygseh, ass dä Sutter aigetlig ain vo de gwichtigschte Mannen isch, wo so Ugwöhndligs, ganz Umügligs glaischtet het. Was wunders, ass sin e schöne Helge von im i s Kapitol brocht und uufghänkt hai – quasi as Ergänzig zem Helge vom grosse Presidänt Washington, wo im Senatssaal hangt. Dermit isch der Aisidler vo der Hockfarm, wo doch die merschti Zytt in aller Stilli zsäge bättelarm dur d Tage ghopperet isch, uf ai Schlag zem Nazionalheld gstämpflet worde. S het e Chrach glo, numme d Lorbone hai gfehlt!

No meh! Am nünte Herbschtmonet het si der Giburtstag vo Kalifornie wider gjehrt – dai gross Tag, wos um d Uufnahm vo däm frönde Kolenialland am Stillen Ozian i Bundesstaat gangen isch. Do hai si under im Ehrepresidium vom Brannan z San Franzisko e Fyr gha wie no kaini. D Stadt sälber, sytt Johre die gröschti im Land und aini, wo vo Wuche ze Wuche no zuenimmt, also die chäferigi, lutläbigi Stadt isch voll Fähnen und Flagge gsi. Ze jedwädem Pfäischter uus, vo jedwädem Dach und Pfoschte hets farbig gwäit und gwunke. Näbem blaue Fahne mit de silberige Stärne sy schier überal d Fähne vo de merschte Länderen uf der Wält ghange. Au s Schwyzerchrüz het nit gfehlt. Si sy halt vo Süden und Norde, us im Oschte wie us im Weschte harcho, d Lüt, wo si z San Franzisko gsädlet und ygrichtet hai. Es het Wyssi und Gäli, Bruuni und Schwarzi drunder gha. Me het näbem arigen Änglisch zsägen alli Sproche ghört, wos eso gitt. Wär dur d Strosse vo deer aigelige, fieberige Sammelsuriumstadt gloffen isch, het bim Lieb chönne mende, er syg z Babel, und si syge juscht dra, dai uhaimlig Turn z boue.

Item! Hütt, am Nazionaltag für Kalifornie, het d Muusig rassig bloost. Uf allne Plätz hai no bsundrigi Kapälle d Nazionalhymne gspilt. I der Hauptstross und vor im Rothuus sy Lüt gstande – hächligedick, me hätt uf de Chöpf chönne laufe. Und gsunge hets überal und gjuchzget und glacht. Vo de Höchene zringelum hai Kanonen e Salut brocht. Militär i plarige, glaschtigen Uniformen isch Spalier gstande. Und uf ime blueschtwysse Schimmel isch der Gänneral Sutter am Chopf vom erschte kalifornische Regimänt, vor der Gawallery und Artillery under Gyrlanden und Chränz dure gritte. «Der Gänneral Sutter sell läbe!» hets grüefe. Händ hai gwäit. Maije sy cho z fliege. Und allewyl wider: «Der Gänneral Sutter! Höch! Höch! Höch!» Und vo hüscht und vo hott, us Ryglete Wysse, us Zottlete Bruune, us ime Huufe Gälen und ime Chlumpe Schwarzen allbott no ainisch: «Der Gänneral Sutter! S Symbol für s Land! Der Pionier, wo s Tor i s guldig Zyttolter uufto het! Er sell läbe!»

Im Theater, wo derno der aigetlig Feschtakt gsi isch, het me vo der Regierigssytten uus der Sutter no lang grüemt und syni Verdienscht gwürdiget. In aim Schnuuf het men in näbe die grüemtschte Manne gstellt. Sy Namen isch paarnisch mit de gröschte Näme vo der Wältgschicht zsämebunde worde. Är, der Sutter, syg uschärblig. Er wärd alli anderen überduure. Ainisch – wytt i der Zuekouft – wärde Gschichtsschryber verwachen und uufstoh; und die wärde der Wält zaige, schwarz uf wyss zaige, wie dur dä enzig Sutter as Pionier der Gross Weschten en Uufstig gmacht het. Kalifornie syg ohni Sutter nit z dänke. Das rych Land, wo alli Lüt in alle Völchere so azieji, weer ohni Sutter none Wildnis, e Fläre Bode, wo niem chennti. D Union aber weer ohni dä Suecher und Finder no lang nit ze Kalifornie cho. Ke Möntsch wüsst öppis vome Guldland. Alls das haig men im Sutter z verdanke. Der Name Johann Auguscht Sutter wärdi blybe, se lang überhaupt e Name blybi.

Us im Nazionaltag hets aigetlig e Suttertag gee. Er isch neumedure der Gipfel im Läbe vom Sutter gsi. D Regierig und s Volch hai doch ygseh, was er glaischtet het, und hain im das uf hundert Arte zaigt. Juscht in ere Zyt, won er aigetlig am übelschte dra gsi isch! Me cha säge, uusgrächnet i syner tiefschte Tiefi isch er uf sone höchschti Höchi ue glüpft worde. Isch das nit s Schicksal, sys uraige Schicksal? Allewyl, wenn er i der Feischteri gstanden isch, het in dai ghaimi Hand i d Haiteri zoge. Jedesmol, wenn er so bös undedure het müesse, het in dais Ohniname, wo me nit cha errächne, nit verstoh, vor den Auge vo der Wält höch obedure zaigt. Wie wenn dä Ma us luter Gegesätz und Kunträri hätt müesse läbe! Wie wenn ai Sytte von im juscht d Chehrsytte vürezauberet hätt! Grad iez, won er doch numme no ganz inne gläbt het, dä Aisidler vo der Hockfarm, het in s Schicksal uusegrissen und rätschpätsch vor alli Lüt, vor die luti Wält, i s offiziell Läbe gstellt – und der Hinderscht het jedwädi Mynen und Schessten abgluegt, und s Nüteligscht a däm ugwohne Ma isch Gschwätz und Grätsch worde.

Wider het si d Chehrsytte vom höche Tag vüreglo!
Zerscht hets aim zwor dunkt, es göng i Haiteri und Glascht wytters. D Landkummission het äntlig ihre Bschaid über d Suttersach gfasst und bikannt gee. Dä het für e Sutter hailos geuschtig glüte. Die Kummission het nämlig im Sutter sy erscht Landbrief – dain vom früejere Guwernör Alvarado, wie sy zweut – vom kalifornische Militärguwernör Micheltorena, ohni Ab-

strich bistätiget. Dermit isch im Sutter der gröscht Stai ab im Härz grugelet. Er het grinne vor Freud, isch ummegschnützt wien e Bueb, wo ganz us im Hüüsli chunnt. Und derno het der Sutter es Fescht arangschiert wie no kais. E paar hundert Gescht het er bigoch yglade. Muusigkapälle hai gspilt. Und me het gfyret und si gfreut – die rainscht Chilbi im Himmel voruss!

Jä, was het der Sutter aigetlig gment und glaubt? Er het doch sys Land wider übercho; die Neui Schwyz isch äntlig syn gsi, nümm es Pfand für d Ruesse wie dainisch lut Vertrag, und nümm agfochten und agaiferet und nummen uf im Papyr wie sytt im Fahne mit de Stärn. Fryli, das Land het zem gröschte Tail nit ihm sälber ghört – sytt de grosse Verchäuf und de no grössere Verschänkige. Aber im Sutter ischs jo um s Rächt gange. Und das het men im iez anerchennt. Punktum! Allerdings, no daim Gsetz, wo d Hocker lot mache, was si wai, no daim uglaublige Dräi-, Drüll- und Lätzgsetz, goht s Urtel vo der Landkummission automatisch obsi a s nööchscht höcher Gricht. Das haisst: No meh Prozäss risgiere, no meh Prozässchöschte bläche. Haisst: Gält vürechnüüble, zahle, nüt as zahle.

Wenns mit däm numme to weer!

Der Bschaid vo der Landkummission het natürlig d Hocker uufgsteukt und i d Wuet brocht. Si hai no eerger afo huusen und fuschten as bis do ane. Um d Hockfarm umme het d Hell gwätteret. Sy ammet d Hocker dermit zfride gsi, im Sutter d Ross, d Chüe, d Schof und d Säu z stählen und hie wie sältsch öppe Bäum umztue, se hai se si iez hinder die wunderschöne Hölzli und Woldstücki bi der Hockfarm glo, wo johrhundertolti Ohornen und Aiche gstande sy. Die Hölzli und Woldstücki hai im Sutter nit numme d Gegnig bi der Hockfarm so amächelig und dunders nätt gmacht, ass s aim aifach gwohlet het bis z innerscht yne, sobold d Augen uufgange sy, näi, si hai im verarmte Bsitzer nones Vermöge bidütet. «Wenn alles chrumb und überzwäris luff», het er öppe gsürmelet, «se hätt i ämmel no myni tuusig und abertuusig mächtigen Ohornen und Aiche! Die sy der letscht Räschte – wenn ainisch no s Letscht lätz gieng.»

Jä, und juscht hinder dä letscht Räschte sy iez d Hocker gange. Vor den Auge vom Sutter hai si hundert und wider hundert deren urolte Bäum umto und s Holz tüür verchauft. Was het der Sutter wölle mache? Au umtue, ass er ämmel no öppis vo sym letschte Räschte verwütscht! Er het also Lüt agstellt, het se guet zahlt – und si sy a s Umtue gange. Iez ischs de Hockeren erscht rächt wie der Tüüfel i s Bluet gfahre! Ihr fräch und ughoblet Wäsen isch no meh vürecho. Ihri Schlächtigkait het wäder Hag no March gchennt. Ainisch z Nacht hai si im Sutter syni Bygene Holz vo denen Aichen und Ohorne zem Tail azündet, zem Tail zmitts dur d Hockfarm duren i d Ländi gferget und der Fluss ab gflözt. Wil der Sutter derbygstanden isch bigoschtlige! Si hai sogar gegen in gspeut, hain in uusghöhnt, er syg e lumpige Grätti, e hundsmisserablige Züttel. Und si hai grölt: «He, du verluusete, gottverfluechten Ussländer du! Iez gohts anderscht! Iez chaisch i der Nase go grüble! De nehmsch is allwäg gärn vor Gricht; aber de hesch kai Gält derzue. Und wenn de no neume chaisch vürechratze, s nützt der nüt. Mir säge, wo dure. Ätsch!»

Mit im Gricht hai die Hocker allerdings rächt gha. Der Sutter hätt vo aim zem andere chönne waiblen und bittibätten und büsele bis an es grads Nünevierzgi – es hätt in der letscht Batze gchoschtet und glych nüt abtrait. Die kalifornische Gricht sy tatsächlig i de Händ vo de Hockere gsi. Die hai halt chönne schmire – mit im Gält, wo si vom Land uusegschlage hai, vo daim Land, wo der Bsitzer het dörfe verstüüren und doch nit nutze. Und si hai au süscht alli Gwolt gha, die Hocker. Wil me se dur s Band ewägg aifach gförchtet het wie d Pescht.

Dere Sachen und Sächeli het der Sutter allbott und all wider müessen erläbe – Johr dure. Es isch im wie i der Folterchammere vorcho, wo Tag für Tag, schier Stund uf Stund, neui, no gruusigeri Hänkerwärchzüüg bruucht wärde, für aim no meh z queelen und z martere. Bigryflig, ass das au s letscht Räschtli vom Stolz abedrückt, d Seel muderig gmacht und der Gaischt glehmt het. Die Zytt isch im Sutter wien e langsame Stärbet vorcho. En übelzyttige Wäg wytters!

Glych het me der Sutter nit ganz möge bodige. Dur dick und dünn dure, öb möltsch und chöltsch gschlage, öb zerhauen und zerschränzt, het si sy stilli Hoffnig wunders wie allewyl wider zwäg glo. Und si het im i d Ohre gchlüüslet: «Ainisch chunnts besser! Ainisch gilt au z Kalifornie s Rächt. Ainisch darf und cha men au hiehar vo de Bärgen und der zivilisierte Wält Möntsch sy.»

Scho het es höchers Gricht s Urtel vo der Landkummission für guet gholte. Aber d Hocker hai au do wider gappelliert – unds het no meh Prozässchöschte gchoschtet. D Stadtverwoltig z Sacramento-City, wo ganz verhockeret gsi isch, het us de Stüüre vom Sutter-Land feuftuusig Doller ewägggno und mit denen en Afflikat uf Washington gschickt, ass er vor im höchschte Landesgricht im Sutter syni Landbrief chönn go afächten und vernütige. Derby isch d Hockfarm rätsch i Konkurs cho. Wie wenn alli böse Gaischter überais chieme! Het ech das es Muchses und es Räsenieres gee! Es het suufer nüt gnützt. E Huufe Gläubiger vom Sutter hai dä letscht Plätz vo der Neue Schwyz, wo no würklig Aigetum vom Sutter gsi isch, ugattig, was nummen ugattig haisst, aber difig verstaigeret. Wie wenn si das scho lang über im Füür gha hätte! Für wievill? Für numme vierzähtuusig Doller! Zem Glück het der Sutter d Hockfarm, sys Haim und sys Haimet, wie dur es wohrs Wunder chönne zruggchaufe.

Ganz uverhofft und unerwartet het im d Manuiki e paar Tag spöter s Gält uf e Tisch glait. Wohar sis haig? – Vo Manne – är chenn se chuum; aber si haige Tuure mit im Heer und Maischter.

«Manuiki!»

Jä, und gly uf das aben isch none grosse Brief vo Westport derhargfläderet. Us im Guwär het der Sutter e Zyttschrift chönne neh sant ime Zedeli vom Nelly. Er het gläsen und gstuunt. Ime langen Uufsatz über ihn und sy Läbesarbet isch au gstande: «D Lüt, wo die gröschte Vortel us im Sutter syner fürschtlige Gaschtfründschaft zoge hai, sy die erschte, wo so Vortel sytt johretag uusnutze, für ihrem Gönner und Fründ der ganz Bsitz no z stähle. Vo allem Afang a hai s ims wüescht gmacht – und machen ims all no wüeschter. Au s Letscht und Liebscht sett schynts z Schande goh! Mög der Lieberheerget de Kaliforniere vergee, ass si deren Umöntschen an ihren olt Pionier hai lo anecho, ass s in nit meh gachtet und gschützt hai!»

4

Und d Grächtigkait het si afo zaige; si het aber es arigs Gsicht gmacht.

Der Prozäss vom Sutter gege die Verainigte Staaten isch z Änd cho. Sy Spruch isch wien e Dunnerschlag über en Aisidler uf der Hockfarm. S Bundesgricht z Washington het zwor der erscht Landbrief anerchennt. Es het aber aihälig s Urtel vo den undere Gricht über e zweute Landbrief umgheit. Dermit het die höchscht Inschtanz im Sutter öppen e Drittel vom Land glo – die andere zwee Drittel haigen im jo gar nie ghört. Punktum!

Und worum isch der oberscht Grichtshof zuemene settigen Urtel cho, wo der hinderscht Chärnepicker oder Chnöpflibyger d Händ über im Chopf zsämeschlieg, wenns ihn treef? Schneugge mer ainisch i Büecheren und Akte!

Do gsäje mer glylächt, ass s scho bim erschte Landbrief gharzet het. Zwee Richter hai nämlig gsait, er syg ugültig. Zwor isch vo der olte Regierig z Mexiko s Züügnis vorgläge, ass si das dur ihrne Guwernör a Sutter verschänkt Land Nueva Helvecia im Sächsevierzgi haig wölle zruggchaufe, wil si s Fort gärn i mexikanische Händ gha hätt. Aber der Bsitzer dervo, ebe der Haupme Sutter, haig e vill e z höchen Ubott gstellt. – Dir erinneret ech dänk no a dai Zytt voll Uuf und Ab und Har und Dar. Jä, und iez froget-er ech gwüs au: Was hätt denn dütliger chönne zaige, ass dä Landbrief bis i s letscht Tüpfli uuse stimmt? Glych hai si die zwee Richter erhelkt drab und «näi» gsait. Worum? He, wil si der Mainig gsi sy, von ere Regierig, wo im Chrieg mit aim der Churz ziet und underlytt, nimmt der Siger nüt a. Oder öppe doch im Sutter z lieb? Das fehlti grad no! Isch dä dainisch nit au mexikanische Bürger gsi, alson e Find wie jedwäden andere?

Zem Glück für e Sutter hai si die andere Richter nit lo überschwätze. So isch bi der Abstimmig über dä Fal d Mehrzahl derfür gsi, ass s höchscht Gricht i de Verainigte Staate der erscht Landbrief guethaissi. Und däwäg ischs uusecho.

Und iez wöttet-er no wüsse, wies bim zweute Landbrief gangen isch, bi daim vom früejere Militärguwernör Micheltorena us im arige Chrieg.

Jä, do het s oberscht Gricht vo der schnuergrade Stross zem Rächt es Ränkli gmacht und e chrumbe Syttewäg ygschlage. D Hoor stönden aim z Bärg! Wemmen im Protekoll bletteri, se gwahr me, ass s i däm zweute Fal Sutter gar nümm um s Rächt gangen isch. Alli Verhandlige mueten ehnder wie parteipolitischi Hetzrätscheten a. Und worummeli denn? Der müesset wüsse, ass me juscht vor daim böse Chrieg gstanden isch: «Für oder gege d Sklaverei», also in ere Zytt, wo alli Gmüeter durnüelet und wie im Fieber uufghetzt gsi sy. Uschickligerwys haiges au die merschte vo de Richtere mit dene gha, wo für e Sklavehandel ygstande sy und wo d Forderige vo de Plantaschebsitzeren und Negerbaronen i de Südstaate zeuftig understützt hai. Und wäge däm – numme wäge däm syge schier alli Bundesrichter gege dä Pionier und Kolenisator Sutter gsi, wo doch vo Afang a d Sklavebrüüch ewägggwüscht und die Wilden as achtbari Möntschen agno het. Wien e Dorn im Aug! Some Sklavereifind müess men uf d Yse. Me müess ims zaige, ass er aim aigetlig im Wäg stönd.

Natürlig het men anderi Gründ müesse vorschiebe. Es het doch no Gsetz und Verfassig sellen uusgseh! So isch me druufcho, ass der Micheltorena dä Landbrief nit as Guwernör oder Regierigspresidänt, näi, nummen as Gänneral und Kummandant vo de Regierigstruppen underschribe het. Au haig er in erscht underzaichnet, won er sy Regierigssitz, nämlig Monterey, biraits «prysgee» gha het – jä, «prysgee» hai d Richter gsait. Das haissi so vill wie «desertiert» oder «as Zivilguwernör und Regierigspresidänt abdankt». D Underschrift vome Desertör oder Abdankte haig aber no nie und niene gulte.

Dir säget iez gwüs: «Sy das aber dräiti und verdräiti Sache! En

Uusheckerei und e Tüpflischysserei ohni glyche!» Der chönnets allwäg au nit bigryfe, worums lätz sell sy, wenn e Staatsbrief wäge den Umständ, wo grad heersche, nit i der Hauptstadt underschribe wird; oder wil dä, wo d Fädere füert, juscht i der Uniform steckt. Nu, me het no öppis anders vürezoge – s glych wie bim erschte Landbrief: E Find het imen andere Find Land verschribe und zwor Land, wo iez eus, de Sigere, ghört. As Siger will und cha me das nit zrugggee. Drum furt dermit!

Nonig gnue! S höchscht Gricht het nämlig mit sym Urtel der Sutter au verdunderet und zwunge, alli verchauften und verschänkte Landstücki, wo zem zweute Landbrief zelle, quasi zruggzchaufe, also z zahle. D Chöschte dervo hai nit weniger as drühundertzwänzgtuusig Doller uusgmacht – es Vermöge, wo bi eus dai Zytt meh weder anderthalb Mylione Franke gulte hätt.

Däm sait me Grächtigkait, he? Nit vergäben isch im Sutter die heerti, schweri Zytt voll Uschick und Umuess i der Neue Schwyz vor im Guld as die «guldigi Zytt» vorcho.

Und iez hai die schwerschte Kaliforniejohr agsetzt.

Im Oschte hets Chrieg gee, e Bürger- oder Brüederchrieg bigoch. Z Kalifornie het me die glychi Chehr Guld im Wärt vo hundertsächsenachzg Mylione Doller us im Bode gchratzt. Das het e schöne Batze für d Chriegsrüschtige vo der Unionsarmee gee. Es gitt Gschichtsschryber, wo bhaupte, wenn d Nordstaate dä Batze nit gha hätte, se hätte si der Chrieg gege d Sklavetryber nit möge gmaischtere. I däm Fal hai sis also au bis zeme gwüse Tail im Sutter z verdanke, wenn dä scho nit mitgmacht het; aber s Guld weer jo chuum scho barat gsi ohni ihn.

Item, der Sutter sälber isch die Zytt ganz dunde gsi. Er het schier alli Lüt müesse lo goh – er hätt se nümm chönnen etlöhne. D Frau Gänneralin, wo nie meh so rächt zwäg gsi isch, het mit imen Indianermaitli d Chuchi bsorgt. Der Sutter und d Manuiki hai im Garte gluegt, ass si no öppis für s Ässen uusebrocht hai. Der Lienhard isch mit im Bidwell und allen andere, wo no hiesig gsi sy, scho gly nom Urtel vom Bundesgricht furt. Die Manne hai halt au müessen e neue Brotchorb go sueche. Uf der Hockfarm hets jo chuum für die paar Aigene glängt. Jä, und d Eliza? Si isch dienoo zerscht zue ihrem Brüeder Guschti uf Acapulco verraist, het dört e Dokter Link uufgablet und dä ghyrote. Dermit isch si wider versorgt gsi.

Dasch der Helge vo der Hockfarm: Es goht rächt eermelig und schmürzelig zue.

Und nit emol gnue! Ainisch bringt me s Grosschind i s Huus. Es isch der Guschteli, im Erschte sy Bueb, wil in d Mueter nümm het wölle ha. Dai Huusholtig isch jo scho lang abenander gsi, Vatter und Mueter hai a zwöu verschidenen Örtere gläbt. Und iez isch also der mexikanische Frau au das Buebli no z vill. Drum furt uf d Hockfarm! Daini selle luege! Nu, me nimmt dä Guschteli natürlig uuf – wie men en Uglücksbott uufnimmt: Me cha nit anderscht! Und so läbt me wytters wie Verstossnigi, läbt vo der Hand i s Muul, Tag für Tag. Es isch gräuer as numme grau zäntumme.

D Not wird schliesslig so gross, ass sogar Lüt wie der Brannan nümm chönne zueluege. Es mag sy, ass dä rych und mächtig Brannan, wo sytt im erschte Tag z Kalifornie druff uusgangen isch, z raggeren und zsämezramisiere, was nummen ummelytt, so öppis wie Gwüssesbiss gspürt. Syner Glaichsucht z Tratz chunnt er mithi uf d Hockfarm und waiblet aiswägs vo aim zem andere go brichten und aholte, me müess für e Sutter öppis tue, er haig nit emol meh all Tag e Wämpe Brot. Am merschte stüpft er bi de Mitglidere vo der «Kalifornische Pioniergsellschaft». Die het er s vorig Johr sälber gründet gha. Nu, uf dä Stupf hi lot si die Gsellschaft au a Laden und goht im ganze Land umme go Gält sammle – «für en Almosevertailer vo dainisch». So wird der Sutter, wo dur alli syni Zytte dure gee und gschänkt het, zem arme Ma, wo iez muess «Dankgerschön» säge, wemmen im öppis gitt. En erschröcklige Chniemp uf sone stolzi Seel! Aber der «Gänneral und erscht Ma im Land» trait dä Uschick still und tapfer.

Und churz no deer Sammlig für e Pionier uf der Hockfarm isch vo NevadaCity e schwarze Vogel hargfäcklet. Der Alfons, im Sutter sy liebscht Suhn, isch an ere Tropechranket gstorbe. Die het er im Nicaragua-Händel mit im Oberscht Walker uufgläse gha. Er het e Frau und es Büebli hinderlo. Die het me derno uf d Hockfarm brocht. No meh Müüler zem Ässe – und kaini, wo aim süscht echly chönnten uufchlöpfe!

Iez s letscht vo dene vierzäh Johre het no ortlig agfange.

Die kalifornischi Regierig het bschlosse, ihrem Gänneral und Pionier Sutter as Understützig füfzähtuusig Doller z gee. Das Gält sell aber nit uf ai Hock zahlt wärde, näi, im Verlauf vo feuf Johren und zwor i Monetsrate vo zweuhundertfüfzg Doller. Es isch also so öppis wien e Pangsion gsi.

Der dänket emänd, das syg ämmel es guets Wärch und s chöm us der Güeti. Es isch laider nit ganz eso. Es het si aigetlig um öppis anders ghandlet – um s Zruggzahle vo de Stüüre, wo der Sutter uf s Land het müesse gee, uf dais Land, wo men im lut Urtel ewägggno het. Glych, für e Sutter sy die Zahligen all Mönet e würkligi Hilf gsi. Er het se bluetnötig gha. Und si hain in quasi über Wasser gholte.

Aber das Feufesächzgi isch halt ainewäg wüescht i Herbscht yne grütscht. Es het öppis brocht, wo überhaupt allem der Garuus macht und e lattedicke Schlusstrich under d Kaliforniejohr setzt.

Ainisch z Nacht hets uf der Hockfarm brennt. I de Schüüren isch s Füür agange. Im Schwick hets i de Stäl und im Schopf gläderet öppis gruusigs. Und scho hai d Flamme der Lälli i s Heerehuus gstreckt und eso gyttig zünglet und gschläckt, ass dä gross Bou schier im Handumdräjen e Brouscht isch, wo wytt i d Feischteri, wytt i s Land yne zündet. Wie Garbe schiessts Füürbüntel und Gluetchnüngel i Nachthimmel ue. Und e Luft chuucht anen und bloost d Flammen in aim Strich dur alles dure. Me cha si nümm wehre, cha nümm lösche, cha nit emol meh öppis anders as s aige Läbe rette.

Schier ohni s Allernötigscht uusebrocht z ha, stönde der Sutter und syni Lüt verschreckt, verdatteret und wie Gspängschter a der Holde näbe de Räben und gluuren i s Füür. Armseelig, hilflos müesse si zueluege, wie iez au ihres Letscht verbrennt, veräschet, verchohlet, zsämegheit – nümmen isch. Sogar die ryche Sammlige, die gwichtige Dokumänt und Urkunde, wo wie Marchstai dä erzaigelig und enzigartig Wäg vom Sutter wyse, alli Adänken a d Pionierjohr, d Bibliothek, d Gschänker vo grossen und grüemte Lüt, d Läbesgschicht, wo der Sutter afe dra gschribe het – alles, alls isch rüppedistüppis dehi, isch nümm, isch umme.

Me het no johrlang gluegt uusezfinde, wär azündet het. Me het nüt gfunde. Es isch Ghaimnis blibe – wie wenn s Schicksal sälber d Hand aglait und Schluss gmacht hätt.

Jä, und wie sells iez wyttergoh? Was sell mit im Sutter und syne Lüt no gscheh? Wien es Symbol stoht die Brouscht am Ändi vo der Kaliforniezytt, am Ändi vome ganz ugwohne Läbeswärch. Das Land, sys Land, lytt für e Sutter dehinde. Im Nünedryssgi ischs im uufgange – d Aichlen i der Hand. Im Feufesächzgi isch au der letscht Plätz ewägggwüscht worde – d Hockfarm i Füür und Flamme!

S letscht Stück:

Die letschte Johr und Schritt

I

Der syt mer bis do ane brav noocho. I han ech die villen Obsi und Nidsi, Hüscht und Hott vo däm arige Sutter-Wäg zaigt und han ech all wider echly hinder s Bruschttuech lo luege, ass der gwahret, wies innehar uusgseht. Der hait mitgmacht und fürn es Wyli das fröönd Läbe neumedure sälber gläbt. Es het ech Ruuchhöörigs und Fyneligs i d Händ glait. Der syt a hundsgmaine Lüt, an olte Chrutteri und Chümispoltere wie a nüträchtsige Burschten und Halöpperiwar verbycho. Der hait Fötzeler und mängi guetmüetigi Hutt glert chenne. Und nit sälte hait-ers braicht, ass ech dais, wo mir do niden all no kai Name derfür hai, wider öppis Reesis ybaizt, oder ass der öppis Chüschtigs dörfet uushültsche. Gället, Uneesigs, wo me chuum abebringt näben Eesigem, ass me z hauthöchlige cha moffle! Und allbott öppen e Lumpete wie für basseltang und wätsch druuf e vatterländische Hau, e bhüetis trüli!

Jä, und iez sy mer also do, wo vor e paar Stunde no d Hockfarm wien e Burg gstanden isch, und mer frogen is no ainisch: Du liebi Zytt, was wytters und wo dure?

Lueget a, wie us im Bode gstige, stoht der Gäbi vor is! Er goht vo aim zem andere, drückt jedwädem fescht d Hand, glart im tief i d Augen und sait ekes Wort. Derno chlüüslet er der Manuiki öppis i s Ohr, nimmt der Sutter am Eermel und baiggeret mit im d Holden uuf im Holzrand noo. Iez holtet er a, zaigt über die verchohlete Muure – und scho redts us im uuse: «Dai Wäg isch ferig! Vo hie, wo mer stönde, fot der ander Wäg a, der Wäg yneszue, i s Innerscht. Er füert dur d Stilli. I waiss, es längt no öppis an in ane, wo di i s usser Läbe zruggrüeft; aber der Wäg sälber, wo d iez druff laufsch, isch der Wäg i s Änedra. Er isch no lang, i gwahrs! Es wäle der druff die letschte Freudeli – wie s Bluescht vor im Zyttigwärde. De verliersch, was der d Wält schänkt, verliersch au die letschte Chreftli vo dyner Gsündi. Glych ischs dy gsägnet Wäg. Er bringt di ze dir sälber. De magsch äntlig dai Ander in der inn ergmaischtere.»

Der Sutter schnuuft tief uuf. Er gseht in sälber wider hinder dainer Schnapsbaiz, won im der Gäbi so uverhofft ergcho isch. Er ghört syni Gsätzli, Wort um Wort. «Mir zwee sy gstorbe für die Wält», chlischplet der Sutter vorabe. Underainisch fahrt er uuf. «Aber s Rächt, Gäbi, mys Rächt! Si hai mers gstohle, daini z Washington. I muess s zruggha – vor aller Wält müesse s mers wider hargee!»

«Mys Rächt, saisch! Wär het es Rächt uf sys Rächt! Numme der Heer! Är gitt und schänkt. Är nimmt is wider, was er gee und gschänkt het – wenn er gseht, es isch guet so. Mir Möntsche hai nüt weder azneh, mit Dank azneh und wider z gee, mit Dank wider z gee. Wär wött do go richte!»

«Nit richte, Gäbi, nit richte! Aber de Lüte d Augen uuftue, ass si gsäje, wie urächt und wie hellebös sis aim mache.»

«Au das bsorgt der Heer! De wirdschs no ergwahre – uf dym letschte Wäg.»

«Darf me settigs erhoffe?»

«Glaube mueschs, glaube!»

Wider schwyge si und trämperlen am Holzrand hin und här, hin und här. Aisgurts gitt der Gäbi im Sutter d Hand und sait: «Es chunnt rächt uuse! Alles chunnt no rächt!» Der Sutter gspürt, wien e Wermi dur in dure chrüüslet. Si tuet im wohl, si isch öppis hailos Liebs für in. Lyslig sait er: «De hesch mer scho zweunisch der Wäg zaigt, Gäbi. Dainisch, wos agfange het, uf Gälterchinden abe. Und wider ainisch, wos agfange het, mit im andere Johann Auguscht und allem, was drum und dra hangt. Beudi Mol ischs der rächt Wäg gsi. De wirdsch au do nit lätz goh. Aber lueg ainisch myni Lütli dört! Was sell denn mit dene gscheh?»

«Numme d Manuiki lo mache! Wenn öpper, se lauft die treui Seel rächt.»

Mit däm gönge si zue den andere zrugg. D Manuiki chunnt enen e paar Schritt ergegen und sait, si wüss, ass der Heer und d Frau i dai Stadt müesse, wo d Regierig syg. Der Hamula und si wölle derwyle der Garte Minal bsorge. Si chöme scho dure.

«Jäjä», ment der Sutter, «aber die andere? Dir zweu…»

«Mir luege, ass s dene Buebe byn is gfallt. Und i glaub, d Mueter vom Alfönsli will au do blybe.»

Es weer ere scho rächt, sait die, si chönnt der Chly nit elai lo. Und wil d Manuiki und der Sutter no das und dais mitenander abmache, schwätzt der Gäbi mit im Walter. Underainisch chunnt dä uf sy Unggle zue und sait: «I goh zem Vetter Guschti!»

«Erscht no!» etwütschts der Frau Sutter, wo bis do ane gschwige het, as gieng sen alles nüt a. «Dä het doch es neus Gschäft agfange, wie si brichtet hai. Findsch gwüs Arbet byn im. Numme, chausch dun elai so wytt furt?»

Er müess gar nit elaigge goh, lait der Gäbi dry: Är göng mit im. Er nähm grad die Indianer, wo hie no ummestryche, i s Mexikanisch yne, jo, ass si wider neume dehai sy. So gäbs es Zügli über d Gränzen uf Acapulco.

Und so ischs gange. Es het none langen Abschaid gee. Zerscht isch der Gäbi mit sym Trüppeli dervozottlet. E paar Tag druuf sy der Sutter und d Frau bi der Ländi, wo numme no sälte gnutzt wird, ohni Ghäi i s Dampferli gstige. Vom Bort uus hai ihri Lütli gwunken und Glückweusch lo flädere. A der Holde hindedra sy d Stai- und Äschehüüfe gchläbt – quasi zruggblibe wie d Griebe, wemmen e Pfanne voll Anken uuslot. Es armseeligs Räschtli, das Fürig, wo sones überrychs Läbe no ablait! Im Sutter isch s Wasser i d Auge cho. Er het e Chehr afo ryben und schnütze. Es isch im gsi, er müess z nüt wärde, ohaije Gottevatter!

Iez z San Franzisko sy s Sutters bim Emil agchehrt und hai no das und dais brittlet und graitlet. Derno het se s Schiff «Panama» mitgno – wie synerzytt der Lienhard. Si sy au der glychlig Wäg graist bis uf Neu-York. Aber vo sältsch het se d Ysebahn uf Washington brocht.

Men isch juscht i Chrischtmonet vom Feufesächzgi grütscht, wo die zweu i der Hauptstadt vo de «Staate» agruckt sy. Si hai ime Hotel fürn es Losemänt gluegt. Der Sutter het im Sinn gha, bim ainten und andere vo de Regierigsheeren azchlopfen und sy Sach vorzbringe – derno wider abzschiebe, neumen uf s Land. In ere Stadt ischs im sowieso nie wohl gsi. Item, me het Hotel und Stube sant Tisch und Bett gfunde. Dermit het s neu Läbe chönnen afo.

Fryli, der Sutter hets mit sym Plan nit grad guet braicht. Er isch aigetlig zueneren Uzytt uf das Washington cho. Worum? He, s isch quasi alles us der Nuet gheit. Halt wägem Chrieg. Dä het zwor churz vorane sys Ändi gfunde und für d Nordstaate kais übels! Aber das Ändi het halt ainewäg e Huufe Ghudlets noogschlaikt. Nit numme, ass s Wirtschaftsläbe glotteret und gsärplet het, ass die Induschtry numme no halber und daini gar nümm gloffen isch, und ass d Pryse schier vo Tag ze Tag gstige sy und d Lüt ohni Arbet und Verdienscht zuegno hai. Näi, juscht d Lüt sy all liederliger und schlächter worde. Dur s Band ewägg hets Bschyssereien und Stählereie gee. Dä isch verderbt gsi, dain vergottloset bis dört und änen uuse. Die hai si lo schmire, disi hai verutreut. Churz, nüt meh isch feschtgstande. Handel und Wandel hai gwagglet. Überal ischs grütscht. Allbott isch öppis zsämepräglet. Schlipf a Schlipf!

Näi, der Sutter isch gly us im Zwyfel gsi, wenn er no anderscht dänkt het. Au für ihn sy juscht daini Johr cho, wos von ene haisst, si haige Mannen a s Rueder brocht – die rainschte Chanüter und Holzböck. Und under dene hätt me lang chönne go hüblen oder haizünde, es weer ainewäg nüt Nutzligs uusecho, wil bis obevüren alls verlogen und verluederet gsi isch. Glych het der Sutter brümmelet: «Es muess e Wäg goh! Die Heere müesse mi aloose. Und wär mi aloost, muess ygseh, ass i im Rächt bi.»

Me het im Sutter zwor e Wink gee: Er sell ämmel nit vergässe, ass me dene Heere zerscht sett d Seck vollschoppe, öb si d Ohren uuftüeje. Das mög vill verlyde; die gröbschte Schübel syge mängisch no ubschüssig. Oder öb ers denn nit ghört haig, was d Spatzen ab alle Dächere pfyfe? Ehrewärti Mitglider vom Kungräss haige doch vo de Bahngsellschafte Schmirgält agno, vor si ne d Stimm gee hai! Der Chare wöll halt dienoo zeuftig gsalbet sy, süscht lauf er nit. Es syge scho Hüüfe wie Bärgen i Hag yne gheit worde – haidebuggel und er haig all nonig gnue, dä chätzers Hag!

Jä, und aine, wo bi de Höchere guet agschribe und wie dehai isch, het im Sutter z verstoh gee, er sell sy Sach lieber underwäge lo. Er wärds gseh, es göng wäder har no dar. Es wärd aifach alles uf der lang Bank gschürkt. Und was ainisch dört ligg, blybi chläbe. Überhaupt, zletscht lueg men ihn, der Sutter, erscht no wien e Bueb a, wo der Mond wött erglänge, fürn es Baren- oder es Schleegelfulzi mit im z mache. Im Ärnscht, es schied im numme, s wurd vorewägg vernütet.

Settigs het der Sutter bigryfligerwys möge. Er het wider ainisch chönne mudere. Ainewäg isch er gly nom Neujohr ze Kungrässheere gangen und het ene sy Fal i der Form von ere regelrächte Petizion aneglait. Do drinn hai si chönne läse: «I will nüt as s Rächt. Es isch mer Urächt gscheh. S oberscht Gricht het bschlosse, der zweut Landbrief gälti nit. So hets mer zwee Drittel vo mym Land ewägggno. Dermit hets mi gstroft, wie wenn i öppis gege Gsetz und Verornige gmacht hätt. Was han i gmacht? Es Gschänk agno – e Landschänkig, wo mer e rächtmeessigi Regierig gee het. Was han i wytter gmacht? Der mineralisch und landwirtschaftlig Rychtum vo Kalifornie vor aller Wält zaigt und der Union der Wäg gwise, ass si dä Rychtum cha go nutze. Isch das lätz gsi? Isch das en Utat, wo me däwäg heert und ugrächt muess strofe? I ersueche der Kungräss ärnschtlig, die ganzi Sach no ainisch vorzneh. Mys Gsuech stoht mit beede Bainen uf Gsetz und Verfassig. Au han i s Rächt, gwüsi Asprüch uf Understützig z mache, wil mi d Not derzue zwingt, d Not, wo nummen us däm ugrächten Urtel vom Bundesgricht chunnt. Dais Urtel het nämlig allem, was urächt und gege mi isch, Tür und Tor uufto, het d Rüüchlig lo rych wärde, die Verdiente lo särple, het dur en Usinn der Ufueg züchtet – Ratze z glych. I aber ha nüt meh und ha niem meh uf myner Sytte weder s Rächt, s suufer, hailig Rächt.»

Die Heere hai gläse, was do stoht. Si hai au drüber brichtet, wie si über alles brichte, was im Kungräss ygoht. Dermit ischs Früelig worde, d Session isch ferig gsi. Alles isch hai oder i d Ferie – ohni über d Sutter-Petizion verhandlet oder gar abgstimmt z ha. Aber öppis anders het me churz vor Schluss no agraiset: uf Regierigschöschte dä Brief lo drucken und an es Kumitee vom Senat verschicke.

Drüberhi het der Sutter mängi Bikanntschaft gmacht. Won er anecho isch, het men im gärn d Hand drückt und echly ploderet mit im. Wider het er chönne verzelle, ass me Muul und Nasen uufgspeert het. Gwüs kaine, wo nit Tuure gha het mit im. Der Hinderscht hets gmerkt oder neumedure gspürt, wie zuetroulig, härzluter und güetig dä Sutter isch. Und ainewäg und allem z Tratz macht men ims so schlächt? Was wunders, ass meh weder ain gluegt het, dä Ma z tröschte; ass dä wie dain gschwore het, är wöll im Parlemänt es guets Wort ylegge für in. Natürlig het settigs der Sutter wider uufgchlöpft. Er isch früsch i Gängler cho. Derzue sy schier uf ai Hock vo Acapulco no zwo geuschtig Poschte hargfloge: vo der Eliza, vom Walter. Und chuum het der Sutter die gläse gha, het au die kalifornischi Regierig gar nätt gschribe, si wöll d Pangsion verlengere, ihre «gross Pionier» verdien das.

Und no mehr obsi! Der Sutter het mit der Frau juscht echly uf s Land i d Ferie wölle, wo der Franz Buchser, der grüemt Schwyzer Moler, achehrt. Schier im Handumchehr fot dä a zaichne – und molt sy gross Landsma, wo änen am Grosse Bach es Land gfunden und urbar gmacht het. Früsch, luschtig goht er derhinder. Früsch, luschtig strycht der Pämsel über d Lyne. Und noo Wuche luegt aim früsch, luschtig der Sutter, wien er lybt und läbt, a. Es isch der bescht Helge von im. Wysse Schnauz, wyssi Muggen und wyssi Bärtli über d Backe; Auge, wo verschmitzt lächle; es Chini mit ime Zäberle drum und über allem der wytt, brait Panamahuet! Dunkts aim nit, under däm Huet wärde juscht

Plän a Plän uusgheckt und uglaubligi Träum oder Grübleten uusbrüetet? E Chopf, wo me nümm vergisst!

Fryli, men isch z Washington blibe. Und jez hets wider afo herbschtele. S Parlemänt isch zuen ere neue Session ygruckt. Langsam, langwylig-langsam isch me derno dur e Winter duren im Früelig ergege gange. Und mit der Petizion ischs no ainisch nüt gsi. Dasmol isch aber der Sutter mit der Frau zer Stadt uus uf s Land. Z Pennsylvanie hai sin es Dörfli gfunde, won enes ato het, Lititz mit Name. Uf e Herbscht sy si fryli wider zrugg und hain e Gump ussen a der Stadt en aifachi Pangsion uufgsuecht. Dermit ischs no ainisch Winter worde, nit nummen e langwylige, näi, der Sutter het ze allem zue no müessen ummegrappe, wil in es rheumatischs Fieber packt und plogt het. Wuche für Wuchen isch er im Bett gläge. Die Zytt! Ugwueschtet und ugreuschperet gredt: hie Schmärze – sältsch allewyl no häl nüt, gäb wie mes dene Heeren uf d Nase bunde het!

Und so wytter und so wytter bis i vierte Winter yne! Der Sutter schrybt wider ainisch a Landschryber z Lieschtel. Es syg chotzelangwylig hie. Schier jedwäde Tag müess är im Kapitol sy und mit Senatoren oder Kungrässheere schwätze. Do dörf er natürlig nit wien e Glüngi derharcho. Das choschti Gält. Süscht läb er aber aifach. Sälte trink er meh Wy – er syg z tüür. D Wirtschafte sygen im überhaupt zsäge frönd worde. S Theater löi in cholt – är haig gnueg am aigene. Jä, und z Obe göng er zyttlig i s Bett; am Nüni syg er under der Decki. Schier all Tag stönd er am Feufi wider uuf, für z läsen und das und dais z schrybe. D Frau löi er aber no zweu Stündli ligge. Si haig der Schlof nötig. Si nähm au afen ab und syg all müed. Nu, me göng halt d Schatteholden ab, nonig z rügglige gottlob. Und wie me wüss, syg die all geecher gsi weder d Sunnholde.

Iez wil der Sutter derig Brief gschriben und a d Schatteholde dänkt het, isch i de «Staate» e neue Presidänt gwehlt worde, der Bürgerchrieg-Gänneral Grant. Der Sutter isch ain vo den Erschte gsi, won im gratteliert hai. Derby het in d Freud schier überno, wil dä Grant jon e Fründ von im isch. Er het also dörfe hoffe, sy Sach chöm äntlig a d Chehri. Und lueg ainen a! Im Senat isch aisgurts e «Sutter-Bill» vorglait worde. Aber der Referänt het laider kai geuschtige Bricht drüber gee. So het se der Senat wider fürn en ubstimmti Zytt uf e lange Bank gschürkt.

Däwäg sy vier Johr verbygange – ohni ass im Sutter sy Sach gredelet oder gar putzt gsi weer. Wär au öppe derhinder isch, hets zwor maischterlig verstande, vill plarigi Wörter uusezbrüele, hets aber nit weniger maischterlig verstande, das Züüg fyn abzschüüfele. Öppe hain e paar es Manöver oder e Schwaizi drum gmacht, as müesst iez obenewägg e Rutsch goh. Öppe het me der Sutter tröschtet: «Es isch bold richtig!» Aber öb däwäg oder disewäg, der Sutter het chönne der Schuelumpe sy – und warte, nüt as warte.

Vier Johr lang vor hundert, vor tuusig Lüte der Bücklig go mache, go chüderle, go bittibätte, si sellen ums himmelswille doch äntlig dra! Und nüt weder baiten und plangere! «Wenn i s nümm erläbti?» het der Sutter ainisch gruchset. «Wenn i s nümme gseech, ass allem z Tratz s Rächt obenuuf chunnt? Es goht afe wüescht änenabe. Bold sibezgi! Und schier Tag für Tag schuen i i s Kapitol, stopf i dai wältgrossi Stägen uuf, schwätzen und warten i, warten und schwätzen i – trottle derno wider d Stägen abe, schlurpe todmüed i s Losemänt zrugg. Wie schön weers iez, neume dehai z sy – im Baselbiet i der Nööchi vom Marti – oder süscht neumen i der Schwyz, aifach dehai! Abers goht nümm. I bi z nooch am Dotebaum a. Wenn i s numme no erläbti, ass s Rächt obsi mag!»

Vier Johr all im glyche Tramp – für nüt und widernüt. I daim Tramp, wo im Sutter afe wien e Bräschten ahangt! Öb er au das no überhaut?

2

D Brattig het s Sibezgi uufgschlage. Es het uf der Hurt afo lugge. Im graue Winter isch e blaue Früelig noogümperlet.

Der Sutter hets i der Stadt nümm uusgholte. Er müess uf s Land – und dais für all! Er müess wider d Vögel ghöre pfyfe, d Wülchli gseh fliege, Sunneflänggli und Schätteli gwahre, wo im Laub a de Bäumen oder im Wasen am Bode mitenander gegguglen und Heeberlis mache. Er müess under allen Umständen es Bächli vor im ha, wo wien es Chind plöderli und gar allergattigs verzell. Churz, er müess wider chönne läben und ainisch verstohlnigs rugguuse. Das Cho und Goh i der pflaschterete Stadt syg kes Läbe. Es syg für ihn nüt weder es Usbürschten und Uschehre, dä go uusträtzle, dain go uusgschire, gäb wie d Lüt au vill Wäses mache dervo.

Nu, er het scho vorgsorgt gha, der Sutter. Der Guschti, sy Erscht, het Gält und Wärtpapyr fürn es Huus gschickt. Es sell nit es grossis gee, aber es haimeligs – wie gmacht für zweu ölteri Lütli und zweu Chind und öppen es Dienschtmaitli. Zweu Chind? Jä, dä Guschti het ebe gschribe, är haig gly no der Trennig vo syner mexikanische Frau, won er si so trumpiert gha haig, wider ghyroten und vo der zweute Frau zweu Maiteli übercho. Die wött er aber amerikanisch lo erzie. Z Acapulco syg laider nüt z mache. So weers im halt rächt, wenn d Eltere neumen i der Stilli es Hüüsli boute, d Maiteli zuen ene nehmen und sen in e rächti Schuel schickte. Är chönn allewyl für Gält uufcho. Sys Gschäft laufi, wie mes nit besser weuschti. Er tryb Wyhandel im Grosse. Au haig in letschti d Staateregierig zem Konsul gmacht. Er syg also uf im beschte Wäg obsi. Und no meh het dä Guschti gschribe! Sy Bueb vo der erschte Frau wöll er um in umme ha. Er nähm in glylächt i s Gschäft. Er haig der Manuiki e Bott gschickt mit der Poscht, der Bueb z bringe; si sälber chönn mit im Hamula byn im blybe, bis s Hüüsli bout syg. Är, der Guschti, schicki derno grad alli Vieri zue den Eltere. D Manuiki chönn der Mueter gwüs hälfen und bystoh. Si syg, wies im schyn, all no der guet Gaischt. Iez mit im Alfons syner Frau sygs gottlob au e Wäg gange. Aidwädere Tags haig si mit ihrem Büebli bi der Eliza agchlopft. Die haig sen uufgno – nit für lang. Der Dokter Link, ebe der Eliza ihre Ma, haig der Alfonsfrau glylächt aine gfunde, wo se ghyrote het. Nonig gnue! Wäge de Landstücki uf der Hockfarm und im Garte Minal, wo all no im Vatter ghöre, haig är, der Guschti, e zueverleessige Verwolter ygsetzt. Dä tüei se verpachte. Der Pachtzeis schryb er im Sutter senior z guet. So gäbs no öppis a d Pangsion ane. Und mit im andere – im Urtel sant der «Bill» – wo me sone Huufen in alle Zyttige drüber läs, wöll är au mache, was er chönn. As amerikanische Konsul haig er schöni Biziejige. Die wöll er für e Vatter uusnutze. Es gäb scho no z ezle. Dais ebig Urächt verworg är bis a s Grab nie, und die ganzi Lyrerei haig au ihm, im Guschti, numme Chrüsch und gfehlts Brot bachen aneglait.

«Der ander Helge!» het der Sutter vorabebrümmelet, won er dä erscht Brief vo sym Erschte zweunisch, drünisch gläse gha het. «Wär hätts hinder im gsuecht! Also het d Manuiki dainisch doch rächt gluegt. Jä, me gseht emängs anderschter, wemme über e Bärg isch.» Und ohni si z speere, ohni s gringscht Zwider in im inn, het der Vatter-Sutter sym Suhn Johann Auguscht au en erschte Brief gschribe, es härzligs Dankgerschön und e Freud, ass si sy Suhn eso mach. Nüt meh vo Hag und Hoggefinger! Alls das isch umme. Was iez im Sutter inn wuslet und sünnelet, mag sogar die vier böse Johr voll Hanges und Banges verschüüchen und überglaschte. Der Sutter dänkt die Chehr a gar nüt meh weder a sy Familie. Die isch im vo früe bis nacht obenuff.

Jä, und eso isch er mit der Frau ame schöne Merzetag uf Lititz verraist und het in eren aifache Pangsion wie vor ime Johr en Underschlupf, es Losemänt gsuecht. Aber nit für z rueje. All Tag isch er bigoch im Dörfli ummegloffe, duruus, dury, het s Land gmuschteret, d Bäum agluegt, hie mit Schritten e Strecki abzellt, sältsch öppe gschetzt, wie lang und brait. Derno isch er gar nit versteckt und ganz, wies si passt, zem Gmainivorstand und het Bouland gchauft. Chuum isch das Gschäft bürschtet und gstrehlt gsi, ohni ass me neume mit im Holzschleegel het müesse go winke, isch der Sutter scho zuemene Boumaischter gstiflet und het byn im bis in alli Nacht yne plant, zaichnet und vorgrächnet. Es het in a dai Zytt gmahnt, won er ammet mit im Bidwell die grossi, schöni Hockfarm uf s Papyr brocht het, nummen ass s hie um öppis Chlyners, Aifachs und Haimeligs goht.

Item, der Maien isch no lang nit agruckt, wo me scho graben und gmuuret het. Der ganz Früelig und Summer duren isch ech der Sutter uf im Bouplatz gstanden und het sälber mit im Plan i der Hand dütet und dirigiert. Aber allewyl früntlig! Nüt vo aranzen oder abputze. D Lüt, wo do gschafft hai, sygs das, sygs dais, hai der «Herr Gänneral» gärn übercho. Sys Wäse, die liebi Art und Gattig, won er an im gha het, haig der Hinderscht für in ygno.

Und voll Stolz het der Sutter öppen e Brief lo furtfliege – uf Lieschtel zem Fründ Marti, uf Burgdorf zer Schwögere Mary. S Huus chöm e «rächt ländlige Styl» über, läse mer do. Iez syg s Fundemänt afe ferig. Luter Chalchstai – und die syge grötschget wie daini a de Flüenen im Ärgeztal. Und wytter haissts neume: Äntlig stönden au d Muure. Si sygen us Bachestai, und erscht no rot gstriche; fryli, d Nuete zwüscheninn haig me milchwyss gmolt. Es mach si guet so, me chönn si schier verluege dra. Jä, und wider öppis spöter schrybt der Sutter: Iez syg au s Dach do – Schifer. S Huus haig e Gibelbraiti vo dryssg Schue und e Tiefi vo zwee'evierzg Schue. Jedwädes Pfäischter zell vier Schybe. D Läde syge grasgrüen, d Chrüzstöck bländigwyss. Alles syg praktisch und gattig ygrichtet. Me wohni guet, scho wil me nummen ai Noochber haig – und dä no änefer vom Baumgarte. Iez s Liesch, wo si uf ainer Sytte vom Huus brait gmacht gha haig, syg au ewägg. Me haig gartneret. Imen Egge stönde scho Lyla und zwei Zipperlibäumli. Und im Wäg noo natürlig Pfirsech! «Gwüs, i darfs säge, mer hai ain vo den allerschönschte Plätz z Lititz. Und vor allem: Mer sy dehai, äntlig dehai!»

Es het scho lyslig afo herbschtele – d Öpfel hai ämmel fyn grötschelet, und die erschte gfarbete Bletter sy ummegfäcklet – wo s Sutters yzoge sy. Gly druuf isch d Manuiki mit de zwëu Maiteli agruckt. Aber ohni Ma! Wo si dä glo haig? Näbem Indianerhäuptlig bim Springbrunnen uf der Hockfarm. Am Tag, wo si furt haige wölle – zem junge Heer uf Acapulco, haig in juscht us ime Gstrüüch uuse d Chugele troffe. Si, d Manuiki, glaub, si syg us ime Hockergwehr cho. Arme, treue Hamula!

Und so het me no ainisch vorfer agfange. Es neus Läbe chydet uuf, ganz es anders as bis do ane: es verhaimets, stills, durträumerets, übersunnets. Der Sutter isch vill im Garte z gseh. D Frau bäschelet do öppis, dört öppis; si het allewyl uuszpacken und yzruume, e Schublade vürezzie, es Drückli hinderezstosse. D Manuiki bsorgt der Huusholt und luegt wie uf der Hockfarm für d «Madame», wo si so gar nümm as Madame gitt, wo aber mängisch chrenklig isch, sogar öppen in Ohnmächt fallt. Iez d Maiteli hangen a der Manuiki, as weers ihri lybligi Mueter. Au gönge si afen i d Chinderschuel vo der Brüedergmain, wo zwo Schweschtere füere. Alles zellt zer Brüedergmain, s ganz Dörfli ghört de Heerehuetere, de Mährische Brüedere. S merscht sy Dütschi, me vernimmt fascht alli Dialäkt vo der dütsche Sproch und dernäben es glungnigs Änglisch. Es isch eben en aigeni Wält, das Lititz! Luter stilli, bravi Mannen und Fraue, wo all Sundig und all Mittwuche i s «Gmainihuus» oder i d Käpälle gönge – wäge der «Stund», won e Brüeder s «Wort» uuslait, und wo me mit Bätten und Singen a s ebig Läbe gmahnt wird.

Fryli, im Winter verraist der Sutter wider i d Hauptstadt, für sy Fal früsch vorzbringe. Und wie färn und vorfärn, wie die letschte Johr überhaupt, goht er all Tag dai wältgrossi Stägen uuf i s Kapitol, macht er vor dene willwänkige Heere, wo gwüs mänge von ene nit emol s cholt Wasser verdient, syni Bücklig, schwätzt und bittet er allewyl wider, allewyl wider. S isch afe wien e Sucht an im! Jä, und im Früelig druuf cha der Sutter ammet hai, i sys aige Hüüsli uf im stille Land und under stille Lüt, chan er hai – ohni ass er öppis Neus z brichte wüsst. Sy «Bill» lytt halt wytter uf im lange Bank. Si isch allwäg afen ortlig verstaubt, gäb wie si z Washington in alle Häfen ummechosle.

So wirds Früelig, Summer, Herbscht und Winter, goht ais Johr um s ander dure. Wie s Zytt so gnau verraist der Sutter jedwäde Winter uf Washington, für i der neue Session vom Parlemänt sy Sach azprysen und s Rächt z verlange. Wie s Zytt so prezys chan er jedwädes Früejohr mit de glyche Troschtwort und im glyche

Nütsy und Nütha wider hai. Nit ass d Heere, wo die Sach i de Hände hai, höhn uf e Sutter weeren oder ass si s ganz Züüg uf im Zug hätte. Si nähme «dä olt Ma», wo bold hischtorisch isch, wie süscht ainen uuf. Si tüeje sogar hübschelig mit im, loosen im ab und hai dur s Band ewägg ekai anderi Mainig as im Sutter syni. Glych chönne s im gege Früelig ane nüt anders mit haigee weder: «Der nööcher Winter gwüs! I der nööchschte Session sicher!» Öbs doch no mag ghabe? A der Heebi teets chuum mangle. Es wird si ainisch wyse!

Iez dur e Früelig und dur e Summer dure het me der Sutter zsägen all im Garte gfunde. I den erschte Johr isch er ummegstofflet, het si öppe zuen ere Bluemen abebückt oder gstreckt, für n e Nascht z erglänge. Alles het er gchennt. Vo jedwädem het er afe gwüsst, wenns cho isch, wies esi nodisno gmacht het und wies derno wider gangen isch. Der Sutter het buechstäblig gläbt mit dene Gwächsli.

Vo Johr ze Johr isch er aber schwecher und schwecher worde. Mängisch het er jo wuchelang müesse s Bett hüete – wäge syne Gsüchte. Aber wenns nummen echly gangen isch, het er sy noble Stäcke mit im Guldchnopf gno und isch i Garte gschlurpt. Neumen ime bsunders nätten Eggeli het im d Manuiki der Grossvatterstuel barat gha. Do isch er derno Stund um Stund druff gsässen und het gluegt, gloost, gstuunt und träumeret. Öppe het in e früejere Bikannte bsuecht, ain vo soneren Eeländskarewane vo dainisch und iez e gmachte Ma oder sogar e grosse Heer. Derby het der Sutter drygluegt wien e Muus zem Brotlaib uus – duredur verstuunt. Oder e Forscher mit Name, e Glehrte vo Wältruef isch anecho. So ain het der Sutter allergattig uusgfrogt. Und das het im wohlto. Gärn isch er mit Rot und Antwort z Hilf cho. Gärn het er us syner Pionierzytt verzellt. Und gwüs allewyl sy syni Verzellete no wie us der Brunneröhre gloffen und hai die Manne packt. Wie mänge het doch s Ryssblei gspitzt und gmarggiert. Druus hets Artikel gee – und alli Wält het die gläse! Oder jedwäde Summer isch der Sutter zweunisch, drünisch yglade worde – as Ehregascht verstoht si. D Pioniergsellschaft het in wöllen an ere gwichtige Sitzig ha und het im derby ais Chränzli nom andere bunde. Oder der Offiziersklub mit im Presidänt vo de «Staate» obena het im d Uufwartig gmacht. Und vo London wie vo Paris sy grüemti Manne cho, für der «gross Pionier und aigenartig Möntsch» z grüessen und azluege. Au ihne het der Sutter Uuskouft gee, früntlig, lütseelig – wie wenn über allem e liebi Sunn schin und au s Hinderscht der lysligscht Schatte verlur. Nüt vo Gjömer und Gweusch, as hätt dä Ma no nie nüt z jomeren und z weusche gha!

Jä, aber s Schönscht a däm Garten isch sy Stilli gsi. So hets ämmel der Sutter dunkt, won er in afen e paar Johr gchennt het.

Die Stilli! All mehr isch si nit nummen um in umme, si isch dur in dure gange. Und der Sutter het ere zuegloost, ohni si z verrode. Do het er ghört, ass si Gwichtigers sait weder d Wort ab de Lippe. Ainisch ischs im gar dütlig vor d Seel cho, wies aigetlig im Läbe numme zweu gitt: s Lut und s Lys. Sobold e Möntsch uf d Wält chunnt, stoht er zwüsche dene zweune. Und so lang er läbt, stossen und zieje s in hin und här, hin und här. Si sy überhaupt d Mächt, sy Hell und Himmel, die Zweu. Alles ander isch blos öppis vo däm oder öppis vo disem. Und wil s Läben e Wäbmaischter isch wie kaine süscht, se verstohts es au, die zweu inenanderyne z wäbe, hien en Yschlagfade, sältsch en Yschlagfade dur e Zettel dure.

D Stilli, wo s Lys obenuuf bringt, dais, wo me die merschti Zytt chuum no ghört, gschwygen uufnimmt, wil me d Ohre für s Lut off het! Unds chunnt doch numme druff a, weles vo dene zweunen ass me mehr achtet, meh lot stossen oder zie. Fryli, wie glylächtig wird me Chnächt vom Tag, vo der Arbet, vom Verdienscht, vom Uuf und Ab zäntumme, Chnächt vom Lute. Me loost uf ins – und waiss aidwäders nümm, ass s nones Lysis gitt. Derby verliert me der Wäg under de Füesse, der Wäg i s Gwichtiger, i s Inner, i s Letscht yne. Dai Wäg goht halt dur d Stilli, wil aim niem anders as d Stilli zem Lyse füert. S Lys aber chunnt us im Ebigen und findet elaigge d Wort für s Ebig – die ugsaite Wort, wo s letscht Türli uuftüeje.

Und gället, iez hets für e Sutter chuum mehn es Ding oder e Zytt gee. Ding – öb läbig oder tod – und Zytt – öb dainisch oder hütt – sy inenandergange, sy ais gsi. Wider isch der Sutter i sym Lähnstuel gsässe, as weer er sälber mit im Bode, im Wase druff, mit de Bluemen und Bäum um in ummen und mit de Stunde, wo so chömen und gönge, öppis Ganzis, öppis Enzigs – ai Stilli. Und wider ischs dur in dure: I gang uf im Wäg, wo mer d Seel vorzaichnet. Ihn hai nit numme die Vorderen und Vorvorderen abahnt und wytterbout, an ihm hai alli Chreft und Yflüss us Zytt und Wält, wo öppis Gwichtigs wecken oder schaffe, mitbahnt und mitbout. Me gwahrt dä Wäg, wo der enzig rächt, wohr Wäg isch, aber nie haiter und nie wytt voruus. Mer dörfe mit ere churze Strecki zfride sy. Und sone Strecki erluege mer öppen i so ganz bsundrige Stunde, won is wie uverdient und ugsuecht aifach gschänkt wärde. Es sy die userwehlte Schicksal- und Stärnstunde. Si sy gwüs s Höchscht, wo mer uf deer Wält chönnen erläbe. Gsägnet dä – mags im noo so schwer wärden und noo so bös goh wo d Augen off het, ass er se mag ergseh und erchenne! Drünisch gsägnet, wär d Ohren off het, ass er ihri Stimmen und ugsaite Wort chan erloose! Er wird nie z Grund goh. Er wird durecho.

Der Sutter isch gulant, still und olt worde. Wär im iez über e Wäg gloffen isch, het in chuum meh gchennt – er het im jo sälber nümm z glych gseh! Sys Gsicht isch ganz anderscht gsi – wie vom Olter uusgwüscht. Abers het ech nit an öppis gmahnt, wo dehinde lytt, uusgwuslet het, ferig isch. Es het ech scho gar nit wie s Ändi vome lange, schwere Läben agluegt. Was der do gwahrt hait, isch nit s armseelig Fürig gsi, wies aim süscht s Läbe, wo gnutzt und verbruucht isch, öppe zrugglot. Näi, öppis ganz anders isch i das Gsicht cho, öppis ganz Neus: en aigene Glascht, en arige Schyn – wie vo innen uuse.

3

Es het gobet und gabet.

Vom Walter Schläfli, wo wider hai het müesse, wil im der Vatter gstorben isch, und d Mueter öppis Mannigs um sen umme het wölle ha, isch aidwädere Tags e chräjeschwarze Brief cho z flädere. Es haig vill gänderet i der Olte Wält. Afe syg s Dübeld-Huus am Stadtplatz z Burgdorf abebrennt; ihn, der Walti, haigs schier a dai Brouscht vo der Hockfarm gmahnt; nummen ass do d Füürwehr cho syg. Im Hui haige si die Zylete zsämeglo, im Schwick syge d Wasseraimer vo Hand ze Hand gange, im glychlige Takt syge d Pumpistangen a der Füürsprützen ue und abe. Ainewäg haig me s Füür nümm möge glösche, chuum abemuschtere. Numme, s Huus syg jo guet versicheret gsi. Me wärds wider uufboue. Fryli, d Mueter syg zider nie meh rächt zwägcho. Es syg guet, ass är, der Walti, dehai syg – er chönn doch für d Sach luege. Nu, si syg afe kapabel. Jä, derno haigs ebe no öppis anders gee – und dört chönn me nit go neuboue. Der Landschryber z Lieschtel haig sys Zyttlig gsägnet. Er haig schon e Chehr müesse ligge. Aber er haig sy Chranket tapfer trait; er haig sogar bis i d Letschti yne nit emol sy heerlig Humor verlore. Wenn öppe Chrankebsüech cho syge, für in z tröschten oder uufzchlöpfe, se haig är der Tröschter gmacht und die truurige Bsüech nit sälte z lache brocht. Iez s Allerletscht, won er churz vor im Überegoh syner Frau gsait het, syg e Gruess an Unggle Sutter gsi; är, der Landschryber, hoffi numme, der Lieberheerget löi in ghörig obsi cho, er teet halt gar uglaublig gärn uf dais Guldland abeluege, wo sy Fründ gfunden und kultiviert het, und wo är schier die ganz Läbtig dure numme dervo ghört oder gläse, aber nie nüt gseh haig.

«Härzguete Marti!» het der Sutter vorabegchlischplet, won er dä Brief gläse gha het. «Jä, es obet nit numme, es abet durane.» Und emängge Tag isch er wie vertlehnt ummegstande – oder stundelang ohni s gringscht Wörtli in en Egge ghockt, nit truurig, was so truurig haisst, ehnder träumerig, still, wie wenn alles inn im saiti: «Me chas nit ändere; me chan im aber noosinne – und si dryschicke.»

Nodisno isch der Sutter widder mehr us im uuse gange. Und iez het bis uf d Letschti zsägen alles der Frau, numme der Frau gulte. Wie wenn er wött uuffülle, was er sytt der Hochzytt leer glo het. Kai Obe meh, wo der Sutter nit d Frau i s Bett to het. Kai Morge, won er nit isch go güggele, mängisch uf de Zeeche, öb si scho wach lytt. Kai Stund, won er nit gluegt oder gfrogt het, wie si zwäg isch. Und allbott widder es guets Wort für se! Natürlig het der Sutter ganz vo sälber es früschs Maitli zueto, nummen ass d Manuiki no mehr um d Frau umme cha sy. Rächt gsait, isch dä Ma vo früe bis nacht druff uusgange, syner Frau z hälfe, für se z sorge, nüt Uliebs a sen ane lo z cho, ere s Läbe so agnähm wie müglig z mache. Und das sytt so villville Johre! Erscht nome lange Läbe sy die zwee enander nöocher und nooch cho. Erscht no some Huufe Lätzläuf und Leergäng hai ihri Wäg zsämegfüert und hets afen es Mitenandergoh gee. Und wie het si doch d Manuiki chönne freue, wo si cha gseh, ass do äntlig, äntlig dai Wunderbluemen uufblüeit: d Liebi zwüsche zwee Lütli. Het ächt s Olter die Blueme vürebrocht? Oder der Chuuch vom nooche Grab? Het s Plangeren und Urächtlyde, wo si so wacker mitenander dur all die Johr dure trait hai, das Bluescht lo uufgoh? Oder d Stilli, wo der Sutter ganz anderscht gmacht het? Oder emänd dais, ass d Frau nümm so cholt und verriglet gsi isch wie früejer? Wär wött das säge! Es cha sy, ass au dasmol s Schicksal sälber no ainisch dryglängt het – für der letscht Ring z schliesse. Gället, as jung sy die zwee acht Johr zsäme gsi – und enander frönd blibe. Dopplet so lang het jedwädes wytt vom anderen ewägg gläbt – und wäder die Langizytt no s Elaisy het möge d Liebi uufwecke. Vierzäh Johr hai si binenander uf der Hockfarm ghuust – und glych eke Gspur vome Nööchercho und Zsämelüte. Und no ainisch ganz elaigge näbenenander i der Hauptstadt vier Johr – und ainewäg kes Finden oder Gärnha. Derno aber der Hag mit im Hoggefinger ewägg! Und s aige Hai! Und i der Stilli dehai sy! Wie uverhofft und unerwartet goht d Wunderbluemen uuf! Nit schutzlig und nit brennig wie bi de Junge natürlig; aber lys, fyn – und ass s aim wohltuet unds aim derwärt isch!

Au das isch nüt Alltägligs, gället! Sogar i däm het s Läbe für e Sutter öppis Bsundrigs wölle ha. Und es isch niemerem rächter cho as der Manuiki. Das syg s Schönscht, wo si s ganz Läbe dure haig dörfen erläbe. Si wärds nie vergässe, au denn nit, wenn alli furt syge – und si staiolt und mueterseelenelaigge neume no ummegropli oder ummehuuri und scho lang wytt ab der Wält syg. Ass der Heer und Maischter und sy Frau enander no gfunde hai – das syg für si, d Manuiki, s gröscht Gschänk, won ere der Guet Gaischt haig chönne gee.

Dermit isch der zäht Winter agruckt, wo me der Sutter z Washington gseh het tagtäglig i s Kapitol goh, für guet Wätter z mache. Zäh Johr sytt dainer erschte Petizion, wo dur so vill Wirlete duren all no uf im lange Bank lytt dänk under ime Bärg vo andere Petizionen und Bittschrifte, weniger gwichtige, nummen ass die der Vortel hai, wytter obe z liggen und derwägen ehnder drazcho.

Fryli, dasmol – me het achzähhundertsächsesibezg gschribe – het der Sutter e neui Bittschrift i der Buese gha. Die het sy Erscht, der Guschti, abgfasst und im zuegstellt. Si isch im Ton scherpfer gsi weder die aigeni und het nit numme «ersuecht» und «bittet», si het s Rächt «gforderet» und en aständigi Underschtützig für die zäh Johr, wo ugnutzt hai müesse blybe, «gheusche». Öb men i de «Staate» s höch Olter denn nümm achti? Öb men all nonig gsäi, wie dä «verdient Ma und gross Pionier» ohni Mittel müess läbe? Öb mes no lenger toli, ass e Möntsch, won im d Union so vill schuldig isch, müess baiten und ebigi Bittgäng mache?

Näbe deer Bittschrift isch none «Bill» ygee worde. I deer hets ghaisse: Der Gänneral Sutter het synerzytt z Kalifornie den Ywanderer eso vill Guets to, ass men im as Dank und Anerchennig derfür füfzgtuusig Doller sett gee. Das teet s Urächt, wo me däm Ma ato het, echly mildere.

Die «Bill» isch derno gege s Änd vom Winter dur es Kumitee

vom Parlemänt zer Anahm empfohle worde. Bigryflig hets iez im Sutter afo wohle. Er isch derby läbiger worde, isch sogar wider i Versammlige gange. Me het in all no gärn gseh, bhüetis! Bsunders d Pioniergsellschaft, wo Manne wie der Schriftsteller Mark Twain und der Gänneral Sherman derzue zellt hai, het «der gross olt Ma vo Kalifornie» öppe lo höch läbe – und erscht no zem Presidänt gmacht.

Umso wirser hets to, ass im Kapitol all no nüt gangen isch – der Bittschrift und au der Empfählig vo der «Bill» z Tratz. Winter um Winter isch cho. Session uf Session isch duregange. Der Sutter het wider bsunders bös mit syne Gsüchte z tue gha. Iez am zwänzgischte Jänner vom Nünesibezgi hätt er uf Neu-York a d Johresfyr vo der Pioniergsellschaft selle goh. Er het aber es Teligramm müesse schicke: «Chrank a Lyb und Seel, han i der Kungräss um Grächtigkait bätte, ass er mer ämmel e Tail vo däm zrugggeeb, won er mer gno het. Aber nüt, all no nüt! I glaube nümm, ass i deer Session no öppis für mi gscheht – es weer denn, Dir, myni Fründ, teetet Ech derfür ysetze. Näi, hütt z Obe chönnt i nit byn Ech sy. Es teet mer z weh, wenn Ech d Freud dur mi sälber müesst versuure.»

Uf das Teligramm abe hets öppis gee. D Pioniergsellschaft het für e Sutter afo wärbe. Es syg e Pflicht, wo kaine drum ummechöm, bim Kungräss go vorstellig wärden und in derzue z bringe, ass er äntlig lueg guet z mache, was er so lang versuumt het. Im Sutter müess ghulfe wärde. Es syg e Schand für d Nazion, wemme dä enzigartig Ma no wytter löi darbe.

I de Stedt hets afo rumore. A Versammligen isch für e Sutter gredt worde. Schier alli Zyttige hai Artikel für e Gänneral Sutter und Ermahnige für e Kungräss brocht. S Johr druuf isch wider e Bittschrift vorgläge. Alles das het der Sutter rächtschaffe gfreut. Schlimmer hain in dä Winter d Gsüchte plogt. Er het au z Washington mängisch taglang im Bett müesse blybe. Und uf s Kapitol isch er numme no cho, wenn in e Fründ am Arm gstützt und gfüert het. «Aineẃäg gang i», het er der Frau gschribe, «für eusen olt Aspruch äntlig durezbringe. Dasmol dörfe mer hoffe,

Annette! Dasmol han i die beschten Uussichte. Du setsch die Lüt gseh, wo mer ammet Spalier stönde. S rainscht Spiessruetelaufe für mi die risigi Stägen uuf und ab; aber es Spiessruetelaufen i d Freud yne! Mai, sy die Lüt gschnäderig! Olt und jung, Ma wie Frau – alls wött mer d Hand drücke! Das winkt, das rüeft, das weuscht mer Glück!»

Iez ainisch isch er doch wider elaiggen i s Kapitol. Und won er elaiggen uusechunnt und obefer uf der grosse Stäge stoht, luegt er so mir nüt, dir nüt über die ville braite Tritt abe – und luegt derby über sys ganz Läben abe. Do gwahrt ers: Sy erscht lätz Schritt mit der Annetten isch tschuld an allem. Dä het alli andere Schritt noozoge. Es het e lange, lange Marsch gee. Und ais Erläbnis hangt am andere wie d Glaich von ere Chettene, vo dainer Chettenen uf im Schiff i die Neui Wält.

«Aber», etwütschts im Sutter über sy wyssi Mugge, wo wien es Schneeflüümli im Chinigrüebli hangt, «aber han in sälber gmacht, dai erscht Schritt, oder bin i nit derzue tribe, gschüpft worde? Und wär mi so gschüpft het, ischs nit dai ghaimi Hand hinder allem, wo mer nit gsäje, wo mer glych öppe gspüre? Alli Näme, wo me re scho gee het, sy lätz. Am nööchschte chunnt emänd der Name «Schicksal» – nummen isch s Schicksal nüt Aiges und scho gar nit s Letscht. Es wird au gfüert und gschüpft wie mir Möntsche. Der Arm, wo dai Hand dra isch, längt no vill wytter hindere – längt dörthi, wo mer gar nüt meh wüsse, wil si au alli Zaijen und Wunder nit so wytt löje düte; längt und längt dörthi, wo Höch und Tief, Lut und Lys ais sy...»

Und underwylen ischs Abrelle worde, Abrellen im Achzgi.

Wider het es Kumitee e Vorlag guetghaisse, wo für e Sutter geuschtig glutet het. Gly druuf isch nonen ähndligi Vorlag a Senat abgange. Ygänds Brochmonet het derno s Senatskumitee e Reseluzion vorbrocht. I deer hets ghaisse, me sell der Sutter für syni im Land glaischtete Dienscht und für syni Verluscht etschädige. D Bigründig ze der Reseluzion isch no wytter gange. Der Presidänt vom Kumitee, e Herr Voorhees, het dur d Blueme dure, wie me sait, z verstoh gee, ass s Bundesgricht dainisch «uverneuftigerwys vor der Stimmig im Volch gege die grosse Landverschänkige» regelrächt uf d Chnüü abe syg. Me chönn drum nit säge, das höchscht Gricht haig uf d Stimm vom Rächt gloost.

Was hätt me meh wölle! Au het das Kumitee erscht no der Schade, wo dais ugrächt Urtel im Sutter anegmacht het, für s mindscht uf e Mylion gschetzt – und het derwäge der Atrag gstellt, me sell däm Pionier füfzgtuusig Doller ze syner Understützig gee.

As Schadenersatz luegt aim das Sümmeli ehnder wien e halbbatzige Witz a. Aber as e Schesste für s Rächt hets der Sutter lo gälten und uf die füfzäh Johr voll Hanges und Planges aben ohni Mux wöllen aneh. Är chäu jo scho lang numme s Ürbsi vom Öpfel! Und zletschtemänd syg ämmel der Schräcken äntlig verby – und är müess nümm hie ane cho.

Nu, über die Reseluzion het me zerscht no müessen abstimme. Und i däm hets wider wüescht gharzet. Es sy nämlig none ganzi Wageladig so «Bills» und Reseluzione do gsi; me het nit weniger as vierzähhundert zellt. Und erscht nones Wahljor bigopplige!

Glych het der Sutter ghofft, iez göng e Rutsch, sy Sach chöm gly ainisch a d Räje. Mit ere stille Freud het er der Frau gschribe: «I will zfride sy, wenn i äntlig dermit ferig bi. Gottlobedank, chan i öppen i zwo Wuche wider haicho, ze Dir und i d Stilli – waisch, so rächt haicho. Die letschti Fahrt uf Lititz! I blybe derno bi Dir. Gang nie, nie meh furt. Uf Widerluege, Annette! Gäll, d Manuiki luegt rächt zue Der! Freusch Di au?»

4

Langsam setzt der Brochmonet ai Tag an andere. Sytt geschtert machts nass. Im Kapitol isch e Wirlete wie vor ime Chrieg. Me muess d Session schliesse, haissts – wägem Wahljohr. I de Südstaate syge scho d Vorwahlen im Gang. Aber die risiglangi Lischte Traktande, he? Verschiebe! Es luegti doch nüt meh Gscheits uuse bi de Verhandlige. All Chöpf sygen iez bi de Wahle!

Und in aim Wätterlaich het me d Session gschlosse. Wätsch, hai si die Heeren afo stryche. Me het der Sächzäht zellt, wo der Kungräss vertagt und d Sutter-Vorlag under ime Bärg vo andere Vorlage biärdiget worden isch.

Im Sutter het das ganz wüescht yneghaue. Juscht iez, won er s Zyl äntlig schier het mögen erglänge, numme none Handlengi, es Fingerbeeri wytt dervo, ischs wider nüt! Ischs wider nüt wie dainisch churz vor im Zyl zue, wo der Marshall mit sym Hämpfeli Guld cho isch! Der Oberscht Schäfer, im Sutter sy Fründ, wo scho sytt Tagen i der glyche Hotelstube wohnt und schloft, wil er dä guet olt Ma i syne Gsüechten und Chrämpfe nümm chan elai lo, goht aisgurts zem Senator Voorhees. Er will im säge, wies stoht. «Er isch jo der enzig vom ganze Parlemänt», brummlet der Schäfer i Bart, «won es birebitzeli Verständnis für e Sutter het. Er isch ämmel bi der Reseluzion ygstande für in und het erscht no die Nemtig bitüüret, die Sach müess dasmol dure, gäbs, was s wöll, aber är gäb nit ab – und wenn all Böden und Wänd teete gyren und gare!»

Jä, der Schäfer goht ims go säge. In alle Tön und Farbe brichtet er, wie der chrank, olt Sutter lydet und wien er syni Schmärze numme no mit ere hailige Hoffnig uf e geuschtigi Abstimmig mög verwinde. Er tuuri aim, dä härzguet Möntsch. Me chönn nümm zueluege! Und iez no dä Hau, dä letscht Hau, wien in numme der Tüüfel chönnt ersinne! Öb denn im Kapitol alles us Rand und Band syg? Öb denn so Heere Senatore dörfe zuegee, ass me s letscht dünn Fädeli vome Läben aifach verschränzt? Und juscht d Wort vo ihm, im Vorhees, syge no das letscht dünn Fädeli! Und iez müess au das abenander? Wär denn settigs wöll verantworte? Öbs überhaupt e Möntsch gäb, wos chönn lo gscheh, vor synen aigenen Auge lo gscheh? D Wält zaigi jo uf aim! Die ganz Möntschet zaig no i hundert Johren uf aim: Do sy die Grüüsel! Die sy tschuld a däm gruusigen Urächt! Lueget se nummen a, die Umöntsche, wo aim s guet Wärch däwäg verhöhne, die grosse Verdienscht däwäg zruggzahle! Das sy juscht die, won is d Schand bis uf e hüttige Tag ane gmacht hai – pfiteuggeler!

Der Senator Voorhees boolt in en Egge, schnuuft tief und wird underainisch ganz gischplig. Was der Oberscht Schäfer do sait, goht im yne. Er gspürt neumedure, ass das alles wohr isch und ainisch eso wohr wird wärde, ass s niem meh cha zuedecken oder gar uuslösche. So verspricht er im Sutterfründ i d Hand yne, er wöll i der nööchschte Session und zwor scho am erschte Tag die Vorlag wider uufneh. Au wöll er underwylen alles go dräjen und drülle, ass d Abstimmig drüber ohni Verzug vorgno wärd und geuschtig uusfall.

«Herr Voorhees, wait-er das im Sutter nit sälber cho säge?» hänkt der Schäfer wider y. «Der teetet würklig es guets Wärch! Wait-er dä durnüelt und zermürset Ma nit echly cho tröschte? S chlynscht Wörtli cheem im wie us im Himmel vor. I glaube sogar, ass im die Wort vo Eue Lippe buechstäblig s Läbe wider breechte.»

«Morn, Herr Schäfer, morn gärn! Iez muess i Hals über Chopf none Huufe Gschäfter bsorge. I ha bis in alli Nacht yne z tue. Aber morn chumm i. Morn chumm i sicher! Säget das im Herr Gänneral Sutter!»

Die zwee drücken enander d Hand und nähmen Abschaid.

Jä, und was het das gwichtig Morn brocht? Der Voorhees het sys Verspräche nit chönne holte. Er hets no ainisch um e Tag müesse verschiebe. Wägere grosse Sach, ime Regierigsgschäft, won in ämmel grösser dunkt het as s ander, ebe der Sutter go tröschte. Umso glaitiger isch er übermöndrisch, also am achzähte Brochmonet, hinder sys Verspräche gange. «Nit scho am Morge», het er gsait, «sonen olte Ma wird spot uufstoh. Aber am früeje Noomittag!» Und gly nom Zmittag het er si im aifache, faschts eermlige Hotel gmäldet, wo der Sutter all die Washingtoner Tag dure gläbt und glitte het. Me het in i d Stube – oder wohrer – i s Stübli gfüert.

Und was het er müesse gseh?

Uusgstreckt und wie zem Furtgoh aglait, isch der Sutter uf sym Bett gläge – tod. D Auge, die chiselgrauen Auge, wo im Olter sone schöne, himmelblaue Glascht übercho hai, sy zue. Wie wenn er lys schlief und aidwäders verwachti. Uf im blaiche, aber so früntlige Gsicht lytt no öppis wie der Schyn vome fyne Lächli, wo grad furtgflogen isch. Jä, und näbem Bett zue huuret der Oberscht Schäfer uf ere nidere Staballe, d Arm uf d Chnüü gstützt und der Chopf druufglait. Er luegt nit uuf, wo d Tür goht und der Voorhees ynechunnt.

Lang ischs still. Derno chlischplet der Voorhees öppis. Aber me chas nit verstoh. Mit derzytt stoht im Sutter sy Fründ uuf und zaigt uf e Tisch. Sältsch lytt en agfangnige Brief a d Frau Sutter. Me liist, er haig no ainisch e Niderlag und der Wortbruch vome Senator erläbt. Ime Tag, oder i zweene, chöm er hai. Er wöll derno... Zmitts ime Wort hörts uuf – het e Härzschlag «ferig» gsait.

D Fädere verchrampft i der Hand, der Chopf lycht voraben uf d Bruscht – eso het in der Fründ öppen am Zwöu noomittag gfunde. Er haig in derno, wien er gsi syg, uf s Bett glait, d Auge zuedrückt – und iez holt er Dotewach.

Wo der Senator Voorhees wider furt isch, het der Schäfer der uferig Brief ferig gschribe. Nummen e paar Wort für azdüte, worum iez e fröndi Underschrift dostönd. Däwäg het d Frau Sutter s letscht Läbesszaije vo ihrem Ma übercho – uferig, abbroche.

Natürlig het me derno d Lych uufbahrt und under kalifornische Maijen us im Botanische Garte z Washington uf Lititz gfüert. Alles het truuret. Zem Verwundere vill Senatoren und ganzi Grüppeli vom Kungrässhuus hai ihri Abrais verschobe – für im Sutter, «im grosse Pionier und Kolenisator, im Möntsch mit im luterschte Härz, wo all ghulfen und gschänkt het», die letscht Ehr z erwyse. Und arig, juscht bi dene Heere, wo d Sutter-Vorlag gärn uf d Sytte gschürkt und au am Schluss vo der letschte Session no für «verschiebe» gsi sy, juscht bi dene haigs Träne gee, e Handzwächele weer nass worde.

Wär chönnts verstoh!

Still isch e Dunnschtig, der vierezwänzgischt Brochmonet, noogrütscht. Under ime grosse Glait het me die ybalsamierti Lych us im Sutter-Hai z Lititz i d Kapälle vo de Heerehuetere trait. Alli Brüeder und Schweschtere vo der Gmain sy mitcho. Der Prediger het mit liebe Wort gluegt z tröschte. Noo der Fyr het me der Dotebaum, voll vo Chränze, wider uufgno und isch uf e Chillhof vo der Brüedergmain gange. Uf im Wäg het d Muusig e Truurmarsch gspilt. Vor im Grab zue het der Gänneral Gibson im Name vo der Regierig und vo de Verträtteren us de «Staate» und us im Volch e Red gha und het i deer alli Verdienscht vom Sutter grüemt. Er haig es langs Läbe gläbt, der gross Pionier, und er haigs dur hundert Ufäl und tuusig Uglück duren ehrehaft gläbt. Er haig aim wie wenig es Byschpel gee. Me chönn ims noomache. Me müess an in ueluege. Was er glaischtet haig, dä Ma, syg im ganze Land und Volch z guet cho. Vo de höchschte Regierigsstelle bis abe zem chuum freie Plantaschechnächt i de Südstaate wärd mes no gwahren und gspüre, was men am Johann Auguscht Sutter gha het und was me mit im verliert.

Wo der Gänneral Gibson ferig gsi isch, het no öpper dur d Lüt dure vüredrückt. Es isch der Fremont gsi – vor Johrzähnten im Sutter sy Find. D Träger hai juscht der Dotebaum wöllen ab der Bahre neh und mit zweu dicke Sailere langsam und süüferlig i s Grab abelo. Do winkt der Fremont, stoht a Dotebaum anen und sait über all Lüt ewägg: «Hochverehrti Frau Gänneral Sutter! Hochverehrti Truurversammlig! I cha nit vo däm Platz furtgoh, vor i euch alle – und dermit der ganze Nazion gsait ha, was i vo innen uuse no muess säge. Dä Ma, wo iez von is gangen isch, het mer uf myner ‹Expedizion i s Sacramento-Tal› der Wäg s erschtmol gchrüzt. Scho dört het er mer wie so vill hundert andere groten und ghulfe. Aber i han in dainisch nonig verstande, wien in tuusig anderi, won in doch as e Fründ und e Vatter gha hai, hütt nonig verstönde. Mir alli hais lo gscheh, ass me syni Verdienscht so erschrögglig vernütet, ass me sys gross Wärch so hellebös gschändet het. Mir alli sy laider nit wie ai Ma uufgstande, wo men über sys Rächt, über s ebig Rächt, dais pur Urächt sant Lug und Trug het lo uufcho. Mir alli sy dra tschuld, ass dä seeleguet Ma so lang het müesse lyde. Mer schämen is, schämen is bis z innerscht yne!»

Lyslig het me der Dotebaum i Bode glo. Wo die erschte Schübel abetrolet sy, het d Manuiki – iez es vergrumpflets, uschynbers Wybli – es Brömli vome Pfirsechbäumli, wo si die ganzi Zytt under im Schal versteckt gha het, schüüch i s Grab glait und öppis derzue gchlischplet. Derno isch si zue der Wittib gange, het sen umarmt und ohni es Wort z verliere haigfüert. Die andere Lüt, die vo der Heerehuetergmain wie die ville Frönde, hai si nodisno vertailt und sy do uuse, dört ane. Und der aifach, haimelig Chillhof isch allsgmächeli wider leer worde.

Fryli, nit für lang, ämmel für s Sutters nit für lang! Schon es halbs Jöhrli druuf isch d Frau Sutter gstorbe. Me het sen uf im glyche Chillhof und im glyche Grab biärdiget. Das Doppelgrab hai die Mährische Brüeder as es Zaije vo Achtig und Anerchennig im Sutter und syner Frau gschänkt gha. Und si hai au die grossi Marmorplatte spöter druufglait, wo mer hütt no läse, wär do drunder lytt. Jä, iez s Grab isch arigerwys nit in ere Räje wie die andere Greeber. Es isch dütlig trennt vo allne – neume näbenuss ime haimeligen Egge. Also gschaide vo allne, wo uf däm Fridhof rueje; aber si zweu elaigge zsäme! Grad si, wo der gröscht Tail vom Läbe nit binenander gsi sy und wo erscht i de letschte Johren enander gfunde hai – si ruejen iez under ainer Marmorplatte Sytten a Sytte. Ischs nit no ainisch es Zaije?

Jä, und wider es halbs Johr spöter isch au der Emil nümm under de Läbige gsi. Er het gschäftlig vo San Franzisko über e Gross Bach müesse. Z Ostende het er im sälber es Ändi gmacht – mit Gift. Worum au? Wär wötts wüsse! Dä verschwige Ma, wo all no Junggsell bliben isch, het die letschte Johr gar grüüselig a Schwermuet glitte. Au sell er scho lang nüt meh ghört ha – wie sy Mueter.

Und gället, wenns ainisch afot rysse, se ryssts! Vierzäh Johr nom Tod vom Emil – me het s Feufenünzgi i der Brattig gha – isch die schöni, gmögigi und gar gmüetligi Eliza z Acapulco gstorbe. Und zweu Jöhrli noo ihr het au der Erscht, der Guschti, der Wäg für überen under d Füess gno. Dermit het niem meh vo der aigetlige Sutterfamilie gläbt. Was mit der jüngere Generazion no gscheh isch und mit der noojüngeren all no gscheht? Au das geeb es Buech, bhüetis! Aber kais anders as d Gschicht vo jedwädem Hans oder Haini! Kaine vo all dene Noofahren isch anderscht as gwöhndlig. Kaine schynt vom Grossätti oder Urgrossätti au nummen es Flemli verwütscht z ha. Drum wai mer se lo goh!

Derfür d Manuiki nit! Si isch jo die, wo under d Gschicht vo ihrem Heer und Maischter sant Frau und Familie der Schlussstai gsetzt het. Wie si as gschänkts Maitli quasi au der Afang gmacht het! Nu, zerscht het die Manuiki no für die zweu Maiteli oder junge Maitli vom Guschti gluegt und gsorgt. Dernäben isch si zem Gmainivorstand gangen und het dä bittet, er sell doch im junge Heer schrybe, ass s mit syne Töchterli wie mit im Huus z Lititz i d Ornig chöm. Wo das alles im Grais gsi isch, het d Manuiki es Pfirsechbäumli uf s Grab gsetzt – ais us im «aigene Garte». Jä, und si hets satt z Chopfete vo der Marmorplatten anegstellt. «Ass ammet d Blüeschtli schön uf s Grab falle», het si derzue gsait, «wie Grüessli und Freudeli us im früejere Läbe.»

Iez wo derno alles so gsi isch, wies d Manuiki in ihrem treue Härz und in ihrer luterschte Liebi uusdänkt und gweuscht gha het, het si still Abschaid gno und isch uf Westport graist, für s Nelly uufzsueche. Si het die Frau, wo jo s ganz Läbe dure wien e höche, lutere Stärn ob im Sutter gstanden isch, äntlig wölle gseh, het eren äntlig wöllen i d Auge luegen und i s Härz yne danke. Dasch ihre letscht Wousch gsi. Gottlob het si se gfunde! Und scho none paar Wörtli sy d Jumpfere Nelly und d Manuiki enander ganz gfründt worde. D Jumpfere Nelly het derno «die gueti Seel» in ihrem Huus uufgno. Und vo iez a hai bod Frauen enander allewyl wider verzellt – vom Johann Auguscht Sutter. Derby sells ene gsi sy, er läbi byn ene, er syg überal do.

Nelly – Manuiki – d Stärn dur all die Johr dure, d Stärn im Glück wie im Uglück, d Stärn ob allem!

Dasch d Gschicht vom Johann Auguscht Sutter.

Nachwort

Die Geschichte des Rünenbergers Johann August Sutter ist längst bekannt. Mancher bemühte sich, das schicksalreiche, tragische Leben biographisch, romanhaft, auf der Bühne, im Film darzustellen. Mir selber erzählte schon der Grossvater mütterlicherseits vom «armen reichen Mann, der im Gold schwamm und im Gold ertrank». Auch las ich gerade in den Jahren, da man für Abenteuerliches, grosse Taten, umwälzende Bewegungen und Fernweh am empfänglichsten ist, den herrlichen, aber leider viel zu kurzen Bericht des ebenfalls aus Rünenberg gebürtigen Ständerates Martin Birmann über «General Joh. Aug. Suter» in einem der Gute-Schriften-Heftchen.

Er liess mir keine Ruhe mehr, dieser aussergewöhnliche Mann aus dem Nachbardorf «änet im Aital». In den Muttenzer Jahren packte er mich wieder besonders stark an, bis ich mich endlich entschloss, seine Geschichte selber zu erzählen, und zwar so, wie sie Grossvater oder sonst ein Mann daheim erzählen würde, in unserer Sprache, für unsere Leute. Mit Feuereifer ging ich ans Werk. Dann, es war anno 1925, warf mir der böse Zufall – oder das Schicksal? – das mit allen Mitteln propagierte Buch «L'or» von Blaise Cendrars auf den Tisch. Ich las es – und mit dem Aufschreiben war es aus, denn da war ja schon, was ich erst schaffen wollte! Doch die Zeit liess auch hier Gras über ein Grab wachsen. Ich konnte vergessen. Später erwähnte ich einmal im PEN-Club mein Missgeschick. Freunde forderten mich auf, aus dem Geschriebenen vorzulesen. Ich tat es. Dabei begann sich «mein Sutter» wieder zu regen, gar, als man mich ansportnte, weiterzuschreiben, weil meine Art des Erzählens neben Cendrars und den übrigen Sutter-Darstellern volle Berechtigung habe. Den Hauptstupf dazu gab mir aber diesmal das Herzensbedürfnis, endlich zu zeigen, dass auch «ein grosser, fremder Stoff» von der Sprache meiner Mutter gefasst und bis in seine innersten Regungen gemeistert werden kann – entgegen der immer noch landläufigen Meinung, die Mundart tauge nur für «heimatliche Klänge und einfache Gedankengänge».

Ich schrieb und schrieb. Nochmals wurde die Weiterarbeit gehemmt und verhindert. Diesmal durch den Einfall, den Stoff in einem Vers-Epos festzuhalten. Ich plante und probierte, bis ich nach vielen Versuchen endlich einsehen musste, dass sich der Pionier und Kolonisator Sutter und seine wirkliche Geschichte für diese strenge, gehobene Form nicht eignen. Man müsste einen neuen, ganz andern «Helden» und neue, ganz andere Episoden schaffen. Was hätte dann aber das alles mit «Sutter» noch zu tun? Nach einem langen Unterbruch griff ich wieder auf die Anfänge zurück und stellte mir die Aufgabe: Es handelt sich nicht um einen neuen Sutter-Roman; ich will nur Sutters «wirkliche Lebensgeschichte» wiedergeben, und zwar so, wie sie aus seinen eigenen «Lebenserinnerungen» und den Darstellungen verschiedener Zeitgenossen und namhafter Forscher hervorgeht. Bei dieser Arbeit kamen mir an Publikationen zu Hilfe: Heinrich Lienhard, «Californien unmittelbar vor und nach der Entdeckung des Goldes»; E. G. Gudde, «Neu-Helvetien, Lebenserinnerungen des Generals Johann August Sutter»; J. P. Zollinger, «Johann August Sutter»; Irving Stone, «Unsterbliche Frau»; und mehrere der in diesen Büchern angeführten kleineren Schriften. Der bahnbrechenden Biographie Zollingers, die voller Dokumente und Richtigstellungen ist, bin ich zu ganz besonderem Danke verpflichtet; denn von ihr konnte ich sämtliche Daten, Tatsachenberichte, Reiserouten sowie alle wichtigen Personen, urkundlich belegten Episoden und die Wiedergabe von Gesetzen und Verordnungen übernehmen. Die wesentlichen Dokumente – Tagebuchnotizen Sutters, Briefe, Verträge – setzte ich zum Teil wörtlich in unsere Sprache um und fügte sie in den Verlauf der Geschichte ein. Es lag mir daran, bei der Wahrheit zu bleiben. Es wäre aber trotzdem falsch zu glauben, alles, was da steht, könne mit Beweisstücken belegt werden. Ich musste natürlich ab und zu von der rein historischen Darstellung der genannten Biographie Abstand nehmen, um aus künstlerischem

Drang und Zwang dem Bild, das ich von Anfang an erschaut hatte, und das mir immer wieder vor der Seele stand, nach Möglichkeit nahezukommen. So blieb es mir nicht erspart, manches wegzulassen, anderes auszubauen, einzelne Geschehnisse und Episoden zu ersinnen, Situationen und Gestalten wie Nelly, Manuiki, Gäbi umzudichten, eigentlich neu zu schaffen. Wohl begegnen uns Nelly und Manuiki – wenigstens dem Namen nach – auch in Zollingers Sutter-Buch und werden Gäbis Bildungsgang und Tätigkeit in Birmanns «Schriften» verbürgt; aber ich musste die eine wie die andere dieser Gestalten wesentlich vertiefen und «innerlich ausbauen», um sie zu schicksalhaften Begleitern Sutters erheben zu können. Dadurch sind – abgesehen von der Sprache und der Erzählart – andere, eigene Farben und Töne zum Ganzen hinzugekommen. Die Schlusskapitel zeigen es besonders deutlich, wo Sutter «den Andern in ihm» endlich zu meistern vermag und trotz des «äussern Tiefgangs» sich auf die Höhe des «verinnerlichten Menschen, der über Zeit und Welt steht», emporringt. So endet in meiner Erzählung sein Leben nicht als das eines von Grund aus Enttäuschten und Unterlegenen, sondern als das eines Siegers, der sein letztes und höchstes Ziel erreicht hat.

Nun zu der andern Seite der Aufgabe! Neben dem gegebenen und sozusagen unveränderlichen Stoff ist noch die Sprache, die für solchen Stoff erst geformt werden will. In ihr bemühte ich mich vorerst, die tägliche Gebrauchssprache, die voller Schul- und Zeitungsdeutsch ist, zu säubern. Dann trachtete ich danach, den vor rund hundert Jahren daheim noch gehörten «Ton» wiederzugeben. Darum griff ich alte, meist nicht mehr im Kurs stehende Laute, Wörter, Wendungen auf. So finden sich Steigerungsformen wie «gärner» und «vilichter» neben Verkleinerungen wie «worummeli» und den volltönenden Konjunktiven: spreech, runn, verdurb, frieg, chuff, schwig u. a. Wo es nicht stört, drängen sich Mehrzahlbildungen nach altem Brauch vor: d Gschäfter, d Hefter, d Schiffer; oder de Kaliforniere, vo de Spanniere, alle Brüeleren und Chanütere z Tratz; oder: die verkürzte, im Oberbaselbiet besonders einheimische Form: us dene ville Brief, vo syne Sühn. Wenn der Sprechende oder der Umstand durch echte Oberbaselbieterart besser charakterisiert wird, unterbleibt auch die Flexion in: brav Manne, schön Fraue, gross Stai, dick Muure, höch Bäum. Oft kommt in der dritten Person das persönliche Fürwort wieder zu Ehren: er isch zuen im sälber cho; s cha kais nüt mit im neh; si het zuen ere gluegt wie nit gly öpper. Alte Laute beherrschen den Wortton: d Ruesse, d Wagle, der Wold; alle «u» statt «un» vor Mitlauten: uchummlig, uguet, Umuess; die «ou-eu» in: Wousch, weusche, Chouscht, Cheuschtler, Gouscht, geuschtig, Verbouscht, verbeuschtig, Zuekouft, keuftig. Halbvergessene Wendungen weisen manchmal dem Satz den Weg: Gäb wies au mag cho... Von den Wörtern selber gibt das Wörterverzeichnis Aufschluss[1].

Bei dieser Arbeit, die tatsächlich am meisten Zeit, Mühe und Geduld erforderte, kamen mir die seit dreissig Jahren auf allen meinen Gängen durchs Land gesammelten Notizen gerade recht; denn ich schrieb immer auf, was ich etwa erlauschte. Dazu benützte ich natürlich Seilers «Basler Mundart» und das «Schweizerische Idiotikon». Was ich damit wollte? Ein Sprachwerk schaffen, das alle Farbtöne und ihre Abstufungen, alle Klänge, alle Eigenarten und schöpferischen Möglichkeiten meiner Muttersprache aufweist. Es sollte so etwas wie ein «Dokument», ein «Denkmal» werden, das die ganze Sprache unserer Heimat umfasst und in sich trägt. Ich fühle mich hierin schuldig meiner Mutter, dem Dorf, wo ich geboren und daheim bin, dem ganzen Baselbiet gegenüber. Seit Beginn meiner schriftstellerischen Tätigkeit bemühe ich mich unablässig, unsere Mundart so kennen zu lernen, dass ich sie anwenden und in ihr neu-gestalten kann. Mit der Geschichte «Der Gänneral Sutter» hoffe ich, das Ergebnis meiner Studien, Übungen und Erfahrungen wie eine schwere Fruchtgarbe unter Dach zu bringen. In sprachlicher Hinsicht betrachte ich nämlich diese Arbeit als meine Lebensarbeit.

Es war nicht leicht, den fremden Stoff in die schriftstellerisch noch ungelenke, ungeformte Mundart zu bannen. Aber wie jede

Sprache erst dann zur Dichtung taugt, wenn wir sie nach unserm Kennen und Können bilden und gleichsam neu schaffen, so auch der Dialekt – nur noch in erhöhtem Masse. Man muss hier mehr anwenden; doch dieses Mehr-Anwenden berechtigt uns nicht zu sagen: Der Dialekt sei für solche Dinge untauglich. Untauglich sind allenfalls nur die, welche in ihm dichten oder schreiben wollen, ohne Dichter und Dialektkundige zu sein.

In den letzten Jahren erhielt ich, angeregt durch den Vorstand des Schweizerischen Schriftstellervereins, von der Regierung meines Heimatkantons zweimal Urlaub, um die Arbeit ungestört beendigen zu können. Auch stellte dieselbe Regierung einen namhaften Betrag für die Drucklegung des Manuskriptes zur Verfügung; denn im Hinblick auf den kleinen Leserkreis eines solchen Mundartwerkes ist es zu verstehen, dass kein Verleger ohne eine gewisse Unterstützung dessen Herausgabe wagen oder riskieren will.

Der Regierung von Baselland, dem Erziehungsdepartement von Baselstadt sowie der auf dem Titelblatt genannten Kommission und den nicht genannt sein wollenden Freunden unter den Schriftstellern möchte ich herzlich dafür danken, dass sie es mir ermöglicht haben, die jahrelange Arbeit endlich zu Ende zu führen und dem Druck übergeben zu können.

---

[1] Das von Traugott Meyer seinem «Gänneral Sutter» beigefügte Wörterverzeichnis ist im wesentlichen in die bedeutend umfangreicheren Worterklärungen dieser Neuausgabe übernommen.

Worterklärungen

Vorbemerkungen

1. Für Dialektwörter, bei denen in der Schriftsprache mehrere Deutungen möglich sind, werden in der Regel nur die von Traugott Meyer verwendeten Bedeutungen wiedergegeben.
2. Zusammengesetzte Wörter, insbesondere Verben, sind im allgemeinen unter dem Grundwort zu suchen (*Näbelgfiser* unter *Gfiser, harchrukle* unter *chrukle*). Eine Ausnahme bilden jene Wörter, bei denen das Grundwort nicht vorkommt oder die Bedeutung des zusammengesetzten Begriffes aus dem Grundwort nicht sicher ersichtlich ist.
3. Verkleinerungsformen stehen unter dem Grundwort ohne besondere Erklärung und Übersetzung, wenn sie dieselbe Bedeutung haben wie das Grundwort (*Mücheli* unter *Muchle*). Wenn sie aber eine Spezialbedeutung haben, bilden sie ein eigenes Wort (*Müggli* neben *Mugge*).
4. Wörter, die innerhalb dieses Buches verschieden geschrieben sind, werden in der Regel nur einmal aufgeführt; allenfalls findet sich an der zweiten Stelle ein Verweis. Wegen der unterschiedlichen Schreibweise Traugott Meyers im Laufe seines Schaffens erscheinen hier einzelne Wörter an ganz anderer Stelle im Alphabet als in den vorangehenden Bänden.
5. Generell weggelassen wurde der Apostroph bei den unter Z angeführten Ausdrücken wie *z grächtem* oder *z Tratz*. Alle einschlägigen Ausdrücke werden unter Z zu Beginn aufgeführt.
6. Unter den Worterklärungen finden sich auch Örtlichkeitsnamen, soweit sie identifizierbar sind, Hinweise auf Personen sowie historische und volkskundliche Angaben, deren Bedeutung aus dem Text nicht unbedingt hervorgeht.

A

aabetschiengge	niedertreten
aadrääit	angetrunken
aagee	anschlagen (von einem Hund)
aalätsche	lösbar anknoten
ääle	liebkosend streicheln
Ääli	Liebkosung, zärtliches Anschmiegen an die Wange
aaneschnütze	daherflitzen
Ääs	«Es», Umschreibung unnennbarer Naturgewalten
abändle	einfädeln, in die Wege leiten
abchoo	in Wut geraten; vor Freude überschäumen
Abchratzete	Abschaum; von den Wänden gekratzter Kalk

abeferge	hinunterschaffen, -transportieren
abegheije	herunterfallen
abehabere	entkräften, herunterkommen
abehuure	niederkauern
abeloo	hinunterlassen; erniedrigen
abemuschtere	niederzwingen, eindämmen
abenander	entzwei; defekt
abeprägle	hinunterfallen, herunterprasseln
abere	mit «Aber» entgegnen
abet, 's	es geht abwärts, dem Grabe zu
abetätscht	niedergeschlagen, deprimiert
abetrole	hinunter-, herunterkollern
abfracke	verschwinden, sich davonmachen
abgänd	abnehmend
Abgändigs	Unbrauchbares
abgcharet	heruntergekommen
abgee	in seinen Anstrengungen nachlassen; schwächer werden
abgheije	abfallen
abgoo	sich gut verkaufen
abgripset	abgescheuert, abgewetzt
Abgu	Abscheu, Abneigung
abhage	umzäunen
abhaue	wegrennen; abschneiden; hier: verprügeln
abheldig	abschüssig
abidytlig	appetitlich, einladend
Abiteegg	Apotheke
Abiteeggerzüüg	Verbandszeug
ablääschele	abschwatzen, listig abnehmen
abloose, Ablooser	anhören; Zuhörer
abmürte	abmühen
abohle, aboole	anstarren, anglotzen
aböögge	anstarren, anglotzen
Abott	Angebot
abputze	barsch abfertigen, abweisen
abränke	abbiegen; das Thema wechseln
Abrelle	April
Abschaid	Abschied
abschlänggere	abschütteln
abschuene	durchwandern
abschusse	hinabschiessen würden, von: abschiesse
abschüüfele	abwimmeln, abfertigen
abträäge	ergiebig, erfolgreich, nützlich sein
abtrampe	schwer auftreten
abtschiengge	durch vieles Laufen abnützen
abverheit	missraten, misslungen
abzäpfe	davonrennen
abzottle	davontrotten
achehre	zu Besuch kommen oder gehen

achere	pflügen, ackern
achte	bemerken
ächtert	wohl
Äckte	Nacken, Genick
adinge, adunge	ausbedingen; ausbedungen
Adobe	luftgetrockneter Lehmziegel
adräie	(einen Hahn, Schalter) öffnen; ein Gespräch aufnehmen
Afäl	Anfälle
afe	schon, bereits, nachgerade
afee	anfangen, beginnen, einreissen lassen
Afflikat	Advokat
Affrunte	Unverschämtheit
afure	beim Pflügen die erste Furche ziehen; etwas einfädeln, in die Wege leiten
agaifere	schmähen, zornig beschimpfen
agattige	in die Wege leiten, in Angriff nehmen
Ägerschtenauge	Hühneraugen
Aglägni	Angelegenheit
agleese	anstarren
aglo, het si	hat sich angelassen, hat begonnen, hat angefangen
agoo	zu brennen beginnen, in Brand geraten
agschire	anordnen, in die Wege leiten
ahebe, aheebe	aufhalten, anhalten, bremsen; anhaltend sein, von Dauer sein
aheerschele	anherrschen, barsch anfahren
Ähni	Grossvater
aholte	stillstehen; dringend oder flehend um etwas bitten
aidue	einerlei, gleichgültig, egal
aidwääders	plötzlich, unvermittelt
aidwädere Tags	eines schönen Tages
aige, aigelig	eigenartig, sonderbar
aihälig	einhellig, einstimmig, ohne Ausnahme
ainewäg	trotzdem, erst recht
ainisch	einst; einmal
aisgurts	auf einmal, plötzlich
aismols	auf einmal, plötzlich
aiswägs	plötzlich, unvermittelt
Aital	vom Eibach durchflossenes Tal zwischen Wisen/SO und Gelterkinden
akerat	genau, präzise
äke, Äki	ohne Aufzuhören fordern; einer, der fortwährend fordert
alänge	berühren
älb, älblächt, älblächtig	braungelb, ins Braungelbe spielend
albere, alberig, Alberi	sich albern benehmen; einfältig; einfältiger Mensch

älehüpp	Vorwärts!
all	immer
allbott	immer wieder
allergattig	allerlei
alletwäge	in keiner Beziehung; durchaus; in jeder Richtung
allewyl	immer, dauernd, ständig
allgürt	immer wieder
allsgmach, allsgmächeli	allmählich, nach und nach
allwäg	wahrscheinlich, vermutlich
alöckle	anlocken
alöd	alert, lustig, munter
aloo, si	laufenlassen, anlassen; beginnen; anstellig sein
aloose	anhören
Alüre	Eigenarten, eigenwilliges Gehabe; Umgangsformen (franz. allure)
amächelig	gefällig, einladend; liebenswert
amisiere	unterhalten, belustigen
ämmel	wenigstens; auch; anscheinend
ammet	gewöhnlich; manchmal; früher; jeweils
Ammol	Muttermal
an eim Gurt	ununterbrochen, in einem fort
anderwyttig	andern Orts, sonstwo
ane	je nach Verbindung: her, hin; *do ane, dört ane*...
äne, änedra	jenseits, drüben
Änedra	Jenseits, Himmelreich
änefer	jenseits
anegeugglet	vorgegaukelt
anegmuschteret	hinbefohlen; dahin verschlagen
Anegwäihte	Hergewehter; der dahin Verschlagene
änenabe	jenseits hinunter; dem Tod entgegen
anepeutscht	gegen den eigenen Willen dahin verschlagen
anepflümle	hinzaubern, mühelos ausführen
äner, äneri, änet	jenseitig; jenseitige; jenseits
Ängi	Enge; wirtschaftliche Bedrängnis
Ankebälleli	kleiner Butterballen
Anken uuslo	Butter einsieden, ausschmelzen
apartig	fremd, ungewohnt
apfohlt	angepfählt, an Pfähle gebunden
Äppa!	Quatsch!, Dummes Zeug!
araise	unternehmen, in die Wege leiten
Arang	Anlauf
aranze	barsch anfahren, derb anreden
Arfel	ein Arm voll
Ärgeztal	Tal der Ergolz (Baselbiet)
arig	merkwürdig, sonderbar, kurios
Armewäg	nicht entschädigte Arbeit
ärne, Ärn	ernten; Ernte
Ärnschtlueger	scherzh. für Brille
aruesse, Aruesser	anschwärzen, verpfeifen; Denunziant

aschälbe	scheel ansehen, betrachten
Äschebrüeji	Waschlauge aus Buchenasche
aschplig, aschpligs Laub	von der Espe; Espenlaub
Aschwerzer	Verleumder
aspeue	bespucken, anspucken
Astandsschlyffi	Schule der guten Manieren
ato	angetan, Gefallen gefunden , Begeisterung geweckt
äugle, Äugle	äugen, spähen; Augenzwinkern
äxelänt	vortrefflich, hervorragend
äxpräss	absichtlich
azänne	angrinsen
azettlet	im geheimen angestiftet

B

Bääre	einrädriger Schubkarren, je nach Verwendungszweck *Graas-, Mischt,- Güllebääre*
Baarelade	Mund, Maul
Bagaaschi, Bagaschi	Gepäck, franz. bagage
bäie, bäit	austrocknen, rösten; geröstet
baiggere	beineln, mit kurzen Schritten eilig gehen
baite, beite	warten, harren; zu schaffen machen; beissen, nagen, kauen
Bajass, der Bajass mache	Hanswurst; sich als närrischer Unterhalter produzieren
balge	tadeln, schelten
Balgis	eine Tracht Prügel
bällitschiere	lärmend prahlen und anpreisen; überlaut reden
bambele	baumeln, hin und her schwingen
Bämpeluribrüeji	undefinierbares Gebräu, Gesöff
Band	Band; *dur s Band ewägg*: durchwegs, auf der ganzen Linie
Bändel	Band, Seidenband; *am Bändel sy*: jemanden sympathisch finden, von jemandem eingenommen sein
Bängel	Prügel, Knüppel
bängle	mit Kraft werfen, etwas schleudern
Bänne	Holzverschlag, -gestell für Wintervorräte im Keller
Bäramsle	rote Waldameise
Bareblii, Barebly	Regenschirm, franz. parapluie; *'Bareblii und Türlistock*: Regenschirm und Spazierstock (Kraftausdruck)
baresar	zufällig (franz. par hasard)
barfiss	barfuss
bärhämisch	steif, ungelenkig, schenkellahm
Barter	Dorfcoiffeur
Bartstuffle	Bartstoppeln

bartu	unbedingt, unter allen Umständen (franz. partout)
bäschele	basteln, werkeln
baschta!	Genug!, Schluss!
Bäsi	Base, Cousine; Tante
basseltang	Zeitvertreib (franz. pour passer le temps)
batte	nützen, lohnen, Wirkung zeigen
Bättel	Bande, Gesindel; Kram; Angelegenheit
Bättzytt, Bättzyytlüüte, Bättzyytglüüt	Betzeit-, Feierabendläuten, Zeichen für die Heimkehr vom Felde, für die Kinder zum Verlassen der Strasse
batzechlemmerig	geizig
Beerete	überviel, unübersehbare Masse
Beetli chräbele, am	sinngemäss: in die Schuhe blasen
Beiel, Beieli	Beil; kleines Beil; Kriegsbeil, Tomahawk
beiele	leicht regnen, nieseln
beite, s. baite	
belfere	knurrend bellen
Bessergstrehlti	die Besser- oder Höhergestellten
beudi	beide
Beugge	Beuggen, Ortschaft bei Badisch Rheinfelden. Ursprünglich Komturei des Deutschritterordens, später Ausbildungsstätte für Armenschullehrer und Kinder-Armenanstalt.
bha	halten; festhalten; zurückhalten
bhäbig	behäbig, stattlich
bhänd	behende, flink, gewandt
bhüetis	(Gott) behüte uns davor!
Biet	Gebiet, Region
bigoch, bigopplige, bigoschtlige, bigott	bei Gott!
Biiss	Gebiss; Beissstange des Pferdezaumes
bim Aich, bimaich	bei meinem Eid
bim Lieb!	bei Gott!
bimbele	bimmeln
binamst	benannt; genannt
Birebitzeli, birebitzelig	Kleinigkeit; geringwertig, unbedeutend
bis an e Tubak	bis zum schlimmen Ende
bitterlächt	bitter, gallenbitter
bittibätte	bitten und betteln, flehen
Blache	Plane, Wagendecke
bläche.	bezahlen, berappen
bläutschelig	bläulich
Blessier	Vergnügen, Spass (franz. plaisir)
Blitzger	Teufelskerl; zum Teufel!
blosglait	blossgelegt
blöterlig spile	schlecht Karten spielen
blueschte	blühen
Bluetgumpi	Blutlache

blutterblöd	einfältig
Blütz	unnatürlich klein gebliebener Mensch
Blutzger	Geldstück
bod, bodsyttig	beide (weibl. Form); beidseitig
bödele	austrinken
bofer	arm, ärmlich (franz. pauvre)
bolle	bellen; gebellt
Bolle	Klumpen; namhafter Betrag, Erlös
Bollehammel	eigensinniger Mensch
böögge	blöd angaffen, glotzen
boole, Boolauge	glotzen, starren, stieren; Glotzaugen
Bort	Strassen-, Wegbord; Gestade, Ufer
Bös, Bösi	Teufel; Bosheit
bösane	kaum, vielleicht, zur Not
bösdings	zur Not; notgedrungen
böse, bösere	schlimmer werden
bosge	etwas anstellen, böswillig verüben
böslächt	schlimm; übel; bösartig
Bott, dr	Bote
Bott, es	Angebot; Gebot
Bouele	Baumwolle
braiche	treffen
Bräme	Braue, Augenbraue
Brangsche	Geschäftszweig (franz. branche)
Bränte	Rückentraggefäss für Milch
bränzele	verbrannt riechen
bräschele, Braschel	es beginnt zu regnen; Regenguss
Brascht	Hitze, Hast, Erregung
Bräschte	allerlei Krankheiten, Altersbeschwerden
Brattig	Kalender (v. practica = praktischer Anhang über die Witterung); in Wenslingen auch Durcheinander
Bremi	Schmutzfleck
Brenner	von der Sonne versengtes dürr gewordenes Gras
brennig	brennend, lodernd
Brenz	Gebranntes, d.h. Schnaps
breusele	etwas Leckeres mit Sorgfalt brutzeln lassen
Brevi	Bravheit; Sittsamkeit; Wohlerzogenheit
brichte	berichten; erzählen; plaudern
Britt	Brett
brittle	aushecken
Bröchli	Bröcklein
Brochmonet	Brachmonat (Juni)
Brömli	Zweig mit Knospen oder Blüten
brösmele	eigentlich Brosamen machen; stockend, wortkarg vorbringen
Brotfruchtbäum	Maulbeergewächs, als wichtige Nutzpflanze über alle Tropengebiete der Erde verbreitet
Brouscht	Feuersbrunst, Grossfeuer

Brüel	Schrei; Gebrüll
Brüetsch	Bruder
Brügi	Raum über dem Stall für das Heu, Heuboden; *uf der Brügi hocke*: etwas Geld haben
brümmele	brummeln, murren
Bruschttuech	Weste, Gilet; *s Bruschttuech uuftue:* sich etwas vom Herzen reden
brutle	murren, halblaut widerreden
brutsche	sich unzufrieden äussern
brüttele	muffig, nach abgestandener Luft riechen
brüüchlig	üblich, gebräuchlich
brüüntschelig	bräunlich
bruusche, Brusche	rauschen; Rauschen
bschläsme	Sachen, die sehr nass waren, ein wenig trocknen lassen
bschyysse	betrügen, schummeln
Bsetzi	Pflästerung; gepflästerter Vorplatz eines Bauernhauses
Bsetzibänkli	Feierabendbank auf des *Bsetzi*
bsibnen und bsägne, as i mi	wovor mich Gott behüten möge!
Bückti	konisches, oben offenes Rückentraggefäss für Wasser, Jauche, Trauben
Bücktistuel	pyramidenförmiges Holzgestell mit Querbrett zum Abstellen und Füllen des *Bückti*
Buese, Buesse	innere Rocktasche
Büffeldäisch	Büffellosung
Buggel	Rücken
Büggel	Hautgeschwür, Pustel
buggle	Lasten auf dem Rücken tragen
Bühni	Zimmerdecke, Estrich
Bungert	Baumgarten
Bürzi	Hinterteil des Huhns; Kleinigkeit; Nackenknoten der Frauenfrisur
bürzle	purzeln; stürzen
büsbüsele	hofieren, scharwenzeln, schmeichelnd umwerben
büschele	ordnen
Buschi, Buscheli	Säugling
Buschiwar	Kleinkinder
Buschnäägeli	Bartnelke
buschper	vor Gesundheit strotzend, kerngesund
büsele, bäsele, büsbüs mache	wie Katzen (*Büsi*) flattieren, schmeicheln
buselig	pelzig, flauschig
Büsiwätter, wie s	wie der Blitz, sehr schnell
Buttig	Werkstatt (franz. boutique)
buuche	waschen (mit Aschenlauge)
Buuchi	grosse Wäsche, Waschtag
byggse	leicht stechen

C

chäch	stramm
Chacheliflicker	Geschirrflicker
chäferig	quicklebendig, lebhaft, munter
Chagresfieber	Erkrankung mit Fieber, Kopfweh und Übelkeit
chaibe	verflixt, verwünscht
Chaibete	ein Treiben voller Aufregung und Lärm
chaibne	sich abmühen, laut und schnell etwas erledigen
Chaigelchugele	Kegelkugel
chaisch	(du) kannst
chalbere	ein Kalb gebären; sich dumm und grob benehmen
Chalberi	grober Kerl
chalbernärsch	übergeschnappt
Chalfakter	Schwindler, Schurke
challere	grobe Wörter gebrauchen, wettern
Challi	Grobian, Lümmel
challig	ungehalten, unwirsch
chalmüsere	knapp, ärmlich leben
Chambe	Hahnenkamm; Stolz, Genugtuung; *der Chambe stelle*: Überheblichkeit an den Tag legen
Chandere	Kandern, Marktflecken im Markgräferland nördlich Basel. Wohnsitz der Grosseltern, der Eltern und der Geschwister des jungen Sutter
Chanüter	Nichtskönner, Nichtsnutz, Versager
Chäppeler	Teufel
Chärnel	Dachrinne
chärnig	kernig, fest und stark
chätsche	schmatzend kauen
chatzebuggle	sich unterwürfig geben
chatzefrüntlig	auf heuchlerische Weise freundlich
chatzeglaich	flink wie eine Katze
Chätzer	Teufelskerl, -ding, -tier
chätzers	verflixt, verwünscht, verflucht
chäuje	kauen
Cheer	Zeit; Weile; Umweg
cheeset	bedrängt, beengt
Cheesluus	Kleiderlaus
Chehr, Chehri, Chehrli	Zeitpunkt, Runde, Reihenfolge; Wegkehre, Strassenbiegung; Weile
chehre, si	sich anpassen, sich zu helfen wissen
chennber	sachkundig
Chessi	grosses Kochgefäss
chessle	scheppern, klirren, klappern
Chettene, Chetteneglaich	Kette; Kettenglied
Cheuschtler	ältere Form für *Chünschtler*: Künstler
chiere	verdrehen, krumm gehen
Chieri	steifer Hals

Chifel	(der) Kiefer
chifle	zanken, gehässig reden
Chilbi	Jahrmarkt, Kirchweihfest
Chillhof	Friedhof
chillig	gleichgültig
chischpere	sich räuspern, hüsteln, wispern, unverständlich reden
Chitter	störrisches Tier
Chläbere	Klette
Chlack	Riss, Spalte (an den Händen, im trockenen Boden)
chlädere	klettern
Chläffli	kleine Kerbe
chlänke	Läuten der kleinsten Glocke eine Viertelstunde vor Gottesdienstbeginn
Chlapf	Knall; Skandal ;Rausch; *uf ei Chlapf*: auf einmal
chläppere	ohrfeigen; klappern
Chläppergoggi	Klepper, Gaul, Schindmähre
chläpperle	klingeln
chleckig	rissig
Chlemmi	Klemme, Zwickmühle
chlimpere	klimpern, klingeln
Chlimse	Spalt, Felsspalt, Kluft
chlischple	halblaut reden, flüstern, wispern
Chlobi	ungeschlachter Kerl
Chlöpe	derb für: Hände
chlöpfe, chlöpfig	knallen; knallend
Chlöti	beschränkter, schmieriger Mensch
Chlufi	knauseriger Mensch
Chlus	Klus, Engtal, Quertal; hier auch: Kluft zwischen zwei Menschen
Chlütteri	hinfälliger Greis; alter verschrobener Mann; Durchfall
chlüüsle, chlüsle	flüstern
Chnab	Jüngling, noch lediger Mann
chnarfle	knirschen
chnätsche, chnatsche	zerdrücken, zermalmen; Geräusch vom Gehen in nassen Schuhen oder in sumpfigem Gelände
chnätschig	sumpfig, moorig, schlammig
Chnebeli	Stecklein, Stöcklein
chniempe, Chniemp	schwerfällig einhergehen; Fusstritt
Chnochestampfi	wassergetriebenes Stampfwerk, verarbeitet Knochen zu Knochenmehl
chnöötsche	quetschen, auspressen, Wäsche walken und schlagen
Chnöpflibyger	Pedant, Erbsenzähler
chnople	notdürftig flicken, nachlässig zusammenheften
Chnorz	knorriges, astreiches Holzstück, das sich nicht zerkleinern lassen will

chnorze	Mühe haben mit etwas
Chnottete	Knäuel, dicht gedrängte Masse
Chnüngel, Chnünglete	Knäuel, Menschenknäuel
chnüpple, Chnüppel	knoten; Knoten
chnuschpere	knabbern, naschen
chnüüble	(hervor)klauben, an etwas herumzerren, hantieren, fingern
chnüündle	knien
choble	sich unzufrieden, mürrisch benehmen
chodere	Auswurf ausspucken
Chöhl	Kohl; *schwätz nit Chöhl*: rede keinen Unsinn!
choldere	schmollen, poltern
cholt	kalt
choltlächt	ziemlich kalt
chöltsch	blutunterlaufen, blau
Chopfete	Kopfseite; Kopfende
chorbe	Körbe flechten
chorchle	röcheln
choschber	kostbar, wertvoll
Choschtbueb, Choschtgältbueb	Verdingbub
choschtlig	kostspielig, teuer
chosle	schmieren beim Essen
chötzere	zum Erbrechen reizen
Chräbel	Kratzer
chräbele	kribbeln
Chrache	Engtal, Schlucht, Tobel
chrächele	knistern, knacken
chrafle	kritzeln; flüchtig, undeutlich schreiben
Chralle, Chralleschnuer	Perle, Glasperle, Holzperle; Perlenkette
chrällele	perlen, moussieren
chräsme	klettern, steigen
Chratte, Chrättli	Korb, Körbchen
Chreemer	Dorfkrämer
chreemerle	kleine Geschäfte betreiben
Chreeze, Chreze	geflochtener Tragkorb, der auf dem Rücken getragen wird, *i d Chreze passe*: zusagen, passen; *Chreezejoggeli*: scherzhaft für einen Hausierer mit Rückentragkorb
chribele	kribbeln
Chriesbaum	Kirschbaum
Chrimschchrams	Krimskrams, wertlose Kleinigkeiten
Chrischtmonet	Dezember
Chritz	Kratzer, Strich; Streit
chritze	kratzen
Chritzete und Chratzete	Gekritzel
Chröjel	vierzinkige Hackgabel mit gekrümmten Spitzen
chröjele	mit dem *Chröjel* die Erde auflockern; kraulen
Chrom	Mitbringsel, Geschenk vom Jahrmarkt

chrose	knirschend zerbrechen, knarren
chruckle	schlurfen
Chrugel	Knäuel
chrümbe	krümmen
chrümble	krumm, ungeschickt gehen
Chrüpfe	freistehende Futterkrippe; Futterrinne im Stall
Chrüsch	Kleie
chrüschele	rascheln
chrüsle	kribbeln
Chrutt	Kraut; *Chrut und Chabis durenander*: drunter und drüber
chruttere	sich erregt auflehnen
Chrutteri	mürrischer Greis
chruttig	ärgerlich, unwirsch
Chrützstock	Fensterrahmen, Fenster
chrützwys und überzwärch	drunter und drüber, wirr durcheinander
chruus	kraus; verwirrend; kraushaarig
chrüüsele, chrüüsle	kräuseln; säuseln (Wind); kribbeln; schauern; flüstern; kitzeln
Chruusle	Locken, Kraushaar
chüderle	liebedienern, schöntun, schmeicheln
chuderwältsch	kaum verständlich
chüechle	Küchlein backen; etwas verüben, etwas anstellen; eine leichte Arbeit verrichten
Chüedaisch	Kuhfladen
chüenzle	schmeicheln
Chüeplätter	Kuhfladen
Chumber	Kummer
chumbere	Kummer haben, sich Sorgen machen
Chümispolter	Geizkragen, Knauser
chumlig, chummlig	angenehm, bequem
Chunte	Rechnung
chüpferle	Unangenehmes ahnen
Chürbse	Kürbis(se)
chüschtig	wohlschmeckend
Chutschi	Saugkalb
chuttig	stürmisch, tosend
chutzle	kitzeln
chutzlig	kitzlig; verzwickt, schwierig zu lösen
chuuche	hauchen
Chyb, Chybäber	Zorn; zorniger Mensch («zorniger Eber»)
chybe, chybig	zornig sein, grollen; wütend, zornig
chyche	keuchen
chyde	keimen
Chyschter, Chyschteri	Heiserkeit
chyschtere	wispern, heiser reden, keuchen
chyttig, Chyttigi	stockfinster; Finsternis, Dunkelheit

D

Dachträuffene	Dachtraufen, Dachrinnen
dai(n), daini, dais	jener, jene, jenes
dainisch	damals
daisch	das ist
Daisch	Dreck, Kuhdreck
dalpe	trotten
dampe	langweilig schwatzen
däne	drüben
Dangel	Dengelstock, Dengelamboss
dängg	feucht, zähe, teigig
dapple	langsam, unsicher gehen
dar	zu, hin
däre	plappern, belanglos schwatzen
däsele	rieseln, nieseln
Datter, Datteri	Zittern vor Angst, Lampenfieber
dattere	vor Angst zittern, sich ängstigen
däwäg	so, derart
Deegu	Abneigung,, Widerwillen, Abscheu
deert	gedörrt, luftgetrocknet
Deeteli	Pünktlein, Strichlein
Delaware	Delawaren, Indianerstamm der Algonkin
der langwäg	der Länge nach
Derdunderli!	abgeschwächtes: zum Donnerwetter!
derdur	dadurch; hindurch
derdurwille	deswegen
dere	solches, derartiges
derigs	solches
derwäge	deswegen
derwärt sy	lohnend sein
derwyl	unterdessen
derwyl ha	Zeit haben
derzytt, mit	im Laufe der Zeit, nach und nach
deuschtig	dunstig, drückend, schwül
Deuschtli	Dünstlein
dezidiere	entscheiden (franz. décider)
Dickgsäite	(die) Häufigen
Diechsle	Deichsel
dienoo	hin und wieder; in diesen Tagen; damals
difig	schnell, flink, gewandt
Dile	Brett, Planke
Dilldapp	einfältiger Mensch
dimber, dimbere	dämmerig, dunkel, düster; dämmern
dinge	in bezahlten Dienst nehmen
Dipsli	Räuschlein
dischgeriere	diskutieren, erörtern
Dividände chalbere	reichen Ertrag abwerfen
Doche	Docht

Dolder	die vom Stamm ausgehenden Nebenäste eines Baumes
Dornghürscht	Dornengestrüpp
Dotebaum	Sarg
Douscht	Dunst
drahänke	beipflichten; anfügen
draibe	schwer auftreten, ungelenk gehen
dräisse	zurückhalten, auf sich warten lassen
drausse	sich davonmachen
drawalle	schwer arbeiten, schuften, rackern
dröje	drohen, dräuen
Drotschge	Droschke, Mietkutsche
Drückli	kleine Schachtel, kleine Schatulle
drüeje	an Umfang zunehmen
drufftöffle	draufprügeln
drülle, drüllt	drehen; gedreht
drünisch	dreimal
druuflegge	darauflegen; im Gespräch hinzufügen
drygeechle	jählings dreinfahren
drylänge	hineingreifen, hineinlangen; eine Zwischenbemerkung machen; einmischen
dryluege	aussehen
Dude	Gottfried Duden: Bericht über eine Reise nach den westlichen Staaten Nordamerikas, St.Gallen, 1832
dudele, dudle	mit Kleinkind zärtlich tun; sich einfältig-kindisch benehmen; Zeit verträdeln; sorgfältig umgehen
Duele	Vertiefung, kleine Mulde, Geländemulde
dummlächt	einfältig, dümmlich
dundere	donnern
dunders, dunderschiessig	verflixt, verwünscht
Dungene	Verdingter
duppe	sich ducken
duraane, durane	durchwegs, überall
duredur	durch und durch, durchwegs
duregrytteret	durchgesiebt
durehächle	eingehend besprechen
durenandergwuschelet	durcheinandergeworfen, in Unordnung gebracht
durepeutscht	durchgepeitscht
durhindere	nach hinten
durmle	dösen
durmürset	aufgewühlt
durmürtet	durch und durch ermüdet, zerschlagen
durnächtet	übernächtigt
durnüelet	durchwühlt, aufgewühlt
durvüre	nach vorn, von einem weg
duss und däne	über den Berg, über das Schlimmste hinweg; über alle Berge

Düt	Wink, Handzeichen, Tip; Nichtigkeit
duttere	verdattern, Angst haben, Angst machen
duuch	niedergeschlagen, bedrückt
Düümlig	Däumling, Daumenschutz bei Verletzungen
Duurmel	Taumel, Dusel
duuss	still verhalten, traurig
düüsse, düüssele	leise auf den Zehenspitzen gehen
Dych, Dyg	Teich, Gewerbekanal
dyche, dychle	heimtückisch, ängstlich schleichen

E

eberächt, eeberächt	richtig, richtiggehend, regelrecht
ebesomär	warum nicht gar, das fehlte noch
ebig	ewig
eege	mit der Egge bearbeiten, eggen
eerber	achtenswert, ehrenhaft, ehrlich
eermelig, Eermi	ärmlich, notleidend; Armut
Eesigs	Essbares
ehnder	eher, früher
elaigge	alleine
Elsis	Elsass
emänd	am Ende; vielleicht, etwa
emänge, emängs	mancher; manches
enzig	einzig
erbaitet	ersehnt
erbligi Chranket	ansteckende Krankheit
erchenntlig	ersichtlich
ergchoo	begegnen; vorkommen; als Geist erscheinen
ergchyde	aufkeimen
ergege	entgegen
erghampfle	mit einer Hand erfassen
erglänge, erlänge	mit den Händen ergreifen, erreichen; erlangen
ergmaischtere	Meister werden, etwas bewältigen können
ergmangle	entbehren
ergrüüselig	erschreckend
ergseh	sich blicken lassen
ergsy	feststehen, nichts zu rütteln geben
ergwahre	gewahren, bemerken, erblicken
erheit und erloge	erstunken und erlogen
erhelke	erzürnen, aufregen
erhitzge	(sich) ereifern
erhuuse, erhüüsele	mühsam ersparen
erjäschtet	in Hitze geraten, ereifert
erlicke, erlickere	verstehen, begreifen; entdecken
erloose	heraushören, erlauschen
erluege	erblicken, erschauen
erluschtere	erlauschen
Erm	Hausgang

erplangeret	ersehnt, lang erwartet
erraggere	entbehrungsreich sparen
Erschtlig	Erstgeborener
erschütte	erschüttern; erschüttert
erspeechzge	erspähen
erstrudle	durch flüchtiges Arbeiten erwerben, erreichen wollen
ertnucke, etnucke	einnicken, leicht einschlafen
erwärchet	erarbeitet
erweuscht	erwünscht
erzaige	wie ein Geist oder Gespenst erscheinen
erzaigelig	urkomisch, aussergewöhnlich
erzglunge	urkomisch
etwütsche	entfahren (Worte)
euergattigs	Leute von eurer Art
eusergattigs	unsereiner
ewäggferge	wegschaffen
ewäggschiifere	hinweggleiten

F

Fäckte	Vogelflügel; Rockschösse
Fäger	Kerl, Mannsbild
Faggäng	Betrüger, Schurke
Fägnäscht	Zappelphilipp
fahre	fahren; pflügen
faiss	fett, wohlgenährt; gut milchgebend; ergiebig; fruchtbar; einträglich; wertvoll, bedeutend
faltsch wärde	wütend, zornig werden
färn, färnterig	im Vorjahr, letztes Jahr; letztjährig
Fasel	wertloses Zeug, Plunder
Fasson	Art (franz. façon); *i d Fasson chlöpfe*: in den Senkel stellen, massregeln
Fehle hi, uf s	auf etwaiges Missraten hin
Feiel	grober Kerl, Klotz
feischter, Feischteri	finster, dunkel; Dunkelheit
ferge, fergge	wegschaffen, schleppen; abfertigen
ferig	fertig
fertigschnätz!	Schluss!, Aus!, Basta!
fidriol	aufgeräumt, spasshaft
fischpere, Fischperi	hin- und herfahren; unsteter Mensch
fiserle	nieseln, fein regnen
Fisigaggiauge	unsicherer, wirr suchender Blick
fitze	herausputzen
Fitzer, Fitzergschmeus	Geck, Stutzer; Angeberpack
Fitzlibutz	Teufel
flädere	flattern
Flängge	Fetzen, grosses Stück; übertragen für: Kragen
Fläre	Fetzen, Stück; Fleck

flauderig, Flauder	einfältig, nachlässig; aufgeschossener Kohl und Kabis; nichtsnutziger Mensch; minderwertiges Zeug
Flecklig	dickes Brett
Flemeli, Flemli	Fläumchen, kleiner Fetzen
flessig sy	den Schnupfen habend
fletig	rasch, flink
flisme	flüstern
flösch	schwammig, schwächlich
flöze, Floz, Flöz (Plur)	flössen; Floss
fluch	würde fliehen
Flue	Fluh, Felswand
flug	würde fliegen
flummere	flimmern
föje a	(sie) beginnen
förchtig	furchtsam; fürchterlich; furchterweckend, -erregend
forsse	Kraft anwenden (franz. forcer)
Fort Hall	Kleinstadt am Oberlauf des Snake River
Fort Laramie	Stadt Laramie; z.Zt. Sutters Holzfort gegen die Indianer
Fort Vancouver	Stadt am Unterlauf des Columbia River
Fort Walla-Walla	Stadt Walla-Walla am Oberlauf des Snake River
Fötzel	Charakterlump; zerlumpt daherkommender Mann; *fronde Fötzel*: Ortsfremder
fötzele	ausfasern; hänseln
Fötzelgschmeus, Fötzelwar	Gesindel
fotzle	ausfransen, sich in seine Bestandteile auflösen
fren	frei; wohlmeinend, harmlos, leutselig
frönd, frönde	fremd; sich vor Fremden fürchten
Frönde, Fröndi	Fremder; fremdes Land
frumb	fromm
Füdlen abfingerle, am	voraussehen, an einer Hand abzählen
Fuer	Fuhre, Wagenladung; Vergnügen; Nahrung, Verpflegung; Aufsehen
fuere, Fuererei	füttern; Fütterung
Fuerme	Fuhrmann
Fuhre	Furche
Fulzi	beliebtes Ballspiel
Funzleliecht	trübe brennendes Öllicht
fürblybe	übrig bleiben
fürha	vorhalten
fürig	überzählig, übrig geblieben
Fürspräch	Fürsprecher, Rechtsbeistand, Notar
furtbrutle	sich murrend davonmachen
Fürtech	Schürze
furtspaiche	mit einem Fusstritt entfernen
fusle	nach Fusel riechen
futtere	schimpfen

Fuulket	Faulheit
Füür im Füdle	in höchster Eile
füüre	Funken sprühen
Füürstet	Feuerstatt, Kochherd
Fyneli	zartbesaiteter Mann
fynesselig, fynessig	fein eingefädelt; scharfsinnig, listig

G

gaagge	unverständliche Laute von sich geben
gäb wie	auch wenn, obwohl
gabet	abwärts gegangen, von: *abe* = dem Alter, dem Tod entgegengehen
gagere, Gageri	mit Plaudern Zeit vertrödeln, Maulaffen feilhalten; arbeitsscheuer Mensch
gagle	hin- und herwiegen, schwanken
Gagli	unruhige Person
gaifere, Gaiferflängge	geifern; zornig wüten; Geiferfetzen
gaipsche	den Kopf wiegen
Gais	Gans (zum Unterschied von *Gaiss*: Ziege); *d Gais go mälche*: Unmögliches verrichten
gaischte	gespensten, spuken
Gäisfädere	Gänsefeder; Gänsekiel als Schreibzeug
Gaisle, Gaislezwack	Peitsche; Peitschenhieb
gäitsche	zetern, laut keifen, dumm schwatzen
gäl, gältschelig	gelb; gelblich
Gäldbott	Geldbote
gale, Gali	plagieren, aufschneiden; Aufschneider
gäll, gället, gälle Si	nicht wahr?
Gältseckel	Geldbeutel
Gänggelizüüg, Gänggerlizüüg, Gänggeliwaar	Krimskrams, Tand, Kurzwaren
gängig	leicht Absatz findend, gut gehend
Gängler cho, i	in den rechten Gang, in Schwung kommen
ganz wärde	vor den Augen verschwimmen, schwinden, schwindlig werden
Ganzander	Teufel
gare	knarren (Türe, Tor), knirschen (Räder)
gärnschte, am	am liebsten
Gartegätter, Gartegätterli	Gartentür aus Gitterwerk; Gartentürchen
Gaschtierig	Bewirtung
Gaschtig	Gastwirtschaft; Kundschaft; *z Gaschtig choo*: zu Gast kommen
Gätter	Gittertor in einem Weidezaun
Gattig	Art, Gattung; Aussehen Erscheinung; Anschein; Schreibstil
Gäu	Feld, Wirtschaftsgebiet; Privatsphäre, Eigeninteressen
gäue	herumlungern

Gauffle	hohle Hand
Gawallery	Kavallerie, Reiterei
Gchees	Siebensachen, allerhand Gegenstände in Unordnung
Gchnorz	Plackerei, Mühsal
Gchräi	Gekrächz
geech	steil abfallend
geechle	sich auflehnen, widersetzen
geechlige, geechtige	jählings, ungesäumt
geederig	sehnig, hager, zäh
Geggschosereie	kleine, billige Waren (franz. quelque chose)
Gegnig	Gegend
Gepfi	Kippe; *uf der Gepfi sy*: auf der Kippe sein
Gepsi	Schöpfkelle für Flüssigkeiten; *es Gepsi weniger Freud am Wärche*: weniger Freude an der Arbeit
Geuggelzüüg	Tand, wertlose Kleinigkeit
geuggle	närrisch spielen, wie mit jungen Hunden und Katzen
geuschtig	günstig
geusse	spitz, schrill schreien
geutsche	mit Wasser spielen und verschütten, planschen, spritzen, schwappen
gfarbet, Gfarbte	farbig, bunt; Farbiger
gfehr	gefährlich
Gfell ha	Glück haben
gfellig	bevorzugt; wohlgesonnen; glücklich
gflaischet	wohlbeleibt
gfohre	befürchten
gfründt	verwandt, befreundet
gfuesset	zu Fuss
ghabe	aufgegangen (von Hefe- oder Sauerteig)
Ghäi	fieberhaftes Treiben und Jagen
ghaimsig	geheimnisvoll
Ghänk	Wehrgehänge
gheeb	übersparsam, knickerig, knauserig
Gheeg	Gehege, Umzäunung, Hecke; *i s Gheeg choo*: in die Quere kommen
gheerschelig, gheerschlig	herrisch, barsch, schroff
gheije	fallen; werfen, schmeissen
Gheijes	Umstände, Schwierigkeiten
gheusche	fordern, verlangen, heischen
ghipne	schnaufen
Ghop	Lärm
ghörig	wie es sich gehört; kräftig, massiv,
ghüblet	hügelig
Ghudlets	Zerlumptes
Ghürscht	Wirrwarr, Gestrüpp
Ghutteti	Gehäutete; Gefärbte
ghüür	geheuer, behaglich

Giesse	Giessbach, Sturzbach; Wasserfall des Eibaches
gigele	unterdrückt lachen, kichern
gihne	gähnen
Gingg	Fusstritt
gischplig, Gischpel	unruhig, flatterhaft; flatterhafter junger Mensch
git ab	lässt nach (von *abgee*)
git lut	macht sich bemerkbar (von *lut gee*)
gitzle	Junge werfen (von Ziegen)
Gjäbel	Gerenn, Hasten
Gjäs	Gährung, Gähren
Gjeegs	Gejage, Gehetze
Gjeuk	Gejage, Hin- und Herlaufen mit Geschrei
Gjömer	Gejammer
Glach	Gelächter
Glägni	Gelegenheit
Glaich, Glaichsucht	Gelenk; Glied; Gliederschmerz
glaichig	gelenkig
glaitig	geschwind, schnell, hurtig, flink
Gländ	Gelände, Gebiet
glare	starren, stieren
Glärms	Getöse
glaschte	glänzen
glattewägg	rundweg
Gläuf	Lauferei, Hin- und Herrennen
gleese	starren, entgeistert hinschauen
glette	plätten, bügeln; ebnen, glätten
Gleus	Gleis; Richtung
Gliger	einfaches Nachtlager
Glueg	Aufsehen
gluggse	gluckern
Glumps	Lumpenzeug, Schund
glumse	glimmen
glunge, glungnig	eigenartig, sonderbar; humorvoll
Glünggi	liederlicher, nachlässiger, unpünktlicher Mensch
Gluschte	heftiges Verlangen, Begehren
gluschtig	lüstern, begierig
Gluuräugli mache	verliebt dreinsehen
gluure	starren, stieren
glüürle	blinzelnd spähen
glüüssle	blinzelnd spähen
glylächt	bald, sogleich, unverzüglich
glyyner	eher, schneller
gmaischtere	meistern, beherrschen; bewältigen; die Fassung wiederfinden
gmarggiert	notiert
gmögig	gefällig, ansprechend, liebenswert
Gmuggles	Gemunkel
gnäm	angenehm, willkommen, erwünscht
Gnams	verabredeter Lohn

gnamst	namhaft; genannt, erwähnt
gnot	knapp, zur Not
gnüeglig	genügend, ausreichend, genugsam, vollauf
göffle	auseinanderklaffen
Goggi	Ross
goppel	weiss Gott, gewiss
gorpse	rülpsen
Gosche, Göschli	derb für: Mund, Mundwerk; Mäulchen
Gotteli	weibliches Patenkind
Gottwilche!	Gott willkommen!
Gougglete	ungestümes, lustiges Treiben
Gouscht	Gunst
Gräbel	Gewimmel
Gräbt	Begräbnis
gräch	fertig, zu Ende
gragle	wimmeln; kollern
Grais sy, im	im Zustand der Trächtigkeit sein; bereit sein zur Ausführung
Gräms	Schmiedeisengitter; Scharreisen
grandig	grossartig
Grani	Geranien, Pelargonien
Grätsch	Gerede, Klatsch
Grattel	Überheblichkeit, Hochmut
gratteliere	gratulieren, beglückwünschen
Grätti	unsicher, breitbeinig gehender Greis
gräutschelig	gräulich, ins Graue spielend
gredelet und putzt	ohne Fehl und Tadel
greechlet	mit überspannten Kräften an etwas gegangen
greschte	fortgesetzt bitten, fordern
greusse	anhaltend, heftig weinen, quengeln; erzwingen
Griebe	Rückstand beim Einkochen von Schweinefett
Grien	Kies, Schotter
Grienchlotz	Felsklotz
grienig	kiesig
gring	gering, klein, schmächtig, schwächlich; bescheiden
Grips	Hals; Kragen, Genick
Gröggel	schwächlicher Mensch
grope	kriechen
Grosse Bach	Atlantik
grosslächtig	umfangreich
grossträgig	hochträchtig (Vieh)
Grotjohr	Jahr mit reicher Ernte
groue	gereut; bereut
Grüblete	Grübelei
gruchse	ächzen
gruene	grünen, grün werden
Grumpus	Rumoren
grumse	grübeln; brummeln, murren

Grund	Erde, Humus
gruuse, gruuselig	grausen; grauslich, furchterweckend
grüüselig	gar sehr, stark, überaus
grüüslig, Grüüsel	schrecklich; widerwärtiger Kerl
gryne	weinen
gsackt	abgesetzt, am Boden gesammelt; gelegt, besänftigt
gsaftig	saftig
gsäi	(ich, er, sie) sehe
Gsatz	Satz, Devise; Sinnspruch, Liedstrophe
Gsatzige	Satzungen, Regeln; Gesetze
gschafferig	arbeitsam, fleissig
gschaide	geschieden; räumlich getrennt
gschämig	verschämt, schamhaft
Gschärli	kleine Schar
Gscheiti	Klugheit, Intelligenz
gschichte	Anordnungen treffen
Gschir	Werkzeuge, Geräte; Pferdegeschirr
Gschläck	Leckerbissen, Schleckerei
Gschlaik	Liebesverhältnis
gschlaiter	sanft abfallend; allmählich
Gschlämp	Schlamm
gschlifrig	schlüpfrig; schmierig, schmuddelig
Gschlipf	Rutscherei, Ausrutscherei
gschmeudig	geschmeidig
Gschmeus	Insektengeschmeiss, -plage; Lumpenpack, Gesindel
gschmuech, gschmuecht	halb ohnmächtig; übel
gschnäderig	redselig
Gschneuggs	wählerisches Verhalten
gschnotte	eng, knapp
gschnürpft	kunstlos, provisorisch zusammengefügt
gschnyglet	geschniegelt, fein herausgeputzt
gschoche	gescheut
gschossnig	verrückt, unsinnig
Gschrift	Bibel, Heilige Schrift
Gschüüch	Schemen, Erscheinung; hässlicher Mensch
Gschwafel	einfältiges Gerede, dummes Geschwätz
gschwaigge	beruhigen, zum Schweigen bringen; beschwichtigen
gschwunde	in Ohnmacht gefallen
gschwyge	geschweige
Gschyss	Umstände, Aufheben
Gsöm	Gesindel, Lumpenpack, Haufe
Gspeer	Widerstreben
Gspeuschtli	Gespinstlein; Lügengewebe
Gspur	Spur
Gspusi	Liebste, Liebschaft
gstaggelig	stotternd; stockend

Gständ	herumstehende Menschenmenge
gstarig	erstarrt, starr
Gstell	Türumrahmung; Skelett
Gstellaschi	Gerippe, Knochengestell
gstriglet	gestriegelt, geschniegelt
gstuunig	erstaunt
Gsüchte	chronische Rheumatismen
Gsüchtewybli	von Rheuma geplagte Greisin
Gsuech	Sucherei
gsumselet	gesummt
Gsün, Gsüün	Art, Wesen; Sinnen und Trachten; Aussehen
Gsundheit mache	beim Trinken anstossen
Gsündi	Gesundheit
Gu	Geschmack (franz. goût)
guene	begehrlich zuschauen, gelüsten
guetschmöckig	wohlriechend, aromatisch
Guettuech	reinwollenes, teures Tuch; *es got i s Guettuech yne*: es wird sehr kostspielig, kostet fast unerschwinglich viel
Gufechnopf	Stecknadelkopf
Gugelfuer	Schabernack, Spass; Gruppe, die zu Spässen aufgelegt ist
güggele	neugierig gucken, spähen
güggelrot	feuerrot
Gugger	Teufel
gugle	laut lachen, scherzen
gulant	willfährig, nachsichtig
guldelet, es	es stinkt nach Gold
Gummi	Büroangestellter (franz. commis)
gumpe	sich in Sprüngen fortbewegen
gümperle	hüpfen
Gumpi, Gumpene	Pfütze
Gumpobenuus	Springinsfeld
günne	gewinnen, siegen; erlangen; pflücken
Gupf, Güpf, Güpfli	Wipfel, Baumkrone
Guraschi, Guräschi	Mut, franz. courage
Gure	Dirne
Guschi	Lagerstatt
Güsel	Abgang von Getreide; mindere Ware, Abfall
gusle	stochern
Gutsch	Schwall
Gutsche, Gutschner	(Miet-)Kutsche; Kutscher
gutschgutsch	huschhusch, im Nu
Guttere	Flasche
Gutti, Guttistächer	Taschenmesser
guttigutt	es koste, was es wolle (franz. coûte que coûte)
Gutzi, Guzzi	süsses Kleingebäck; Bonbons
güüde	vergeuden, verschwenden
guuge	schwanken; heulen

Guwär	Kuvert, Briefumschlag
Güzer, Güzzer	Barometer mit Quecksilbersäule
gvätterle	spielen (von Kindern)
Gviertmeter	Quadratmeter
Gwaagger	wie Krähen schreiender Aufdringling
gwaggle	wackeln, schwanken
gwahre	erblicken, bemerken, erkennen
Gwandig	Gewand, Bekleidung
Gwärch	Arbeit
Gwäschwasser	Waschwasser, Spülwasser
Gwehr	Sträuben
gwenne	gewöhnen
Gweusch	Wünschen, Verlangen
gwohn	gewöhnt
Gwohni	Gewohnheit
Gwunder	Neugier; *der Gwunder het in gstüpft*: seine Neugier war geweckt
Gwunderi	Neugieriger
gwunderig, gwundrig	neugierig
gwyssgnet	getüncht, gekalkt
gypse	unartikulierte Töne ausstossen, kreischen; pfeifen; piepsen (bei Vögeln)
gyre	quietschen, knirschen
Gytt	Gier, Habgier
gyttig	geizig, zurückhaltend; gierig, hastig
gyxe	schrill schreien

H

habe	aufgehen (Teig)
habere	mit Hafer füttern
hablig	wohlhabend, begütert
Hächler	Hautschrunden an den Händen zufolge Kälte
hächligedick	dicht gedrängt
Häftlimacher	Hersteller von *Häftli* (kleinen Haken); Pedant
Hag yne gheije, i	ins Leere werfen, verlieren
Haghuuri	verächtlicher Übername für arme, geringe Leute
Hai	Heim; Hausbesitz
Haichel	Sonderling, dem nicht zu trauen ist; Fuchs, Judas
haidebritsch!	Potz tausend!
häije	zur Eile antreiben
haimlifaiss	undurchschaubar, anders als vermutet
haischlaike	nach Hause schleppen
Haissen im Augste, e	arbeitsscheuer Mensch
haistelle	identifizieren
haiter, haitere, Haiteri	hell, klar, wolkenlos; heller werden; Helle, Helligkeit
haiterhäl	hellicht

Haiterloch	Fensteröffnung ohne Scheiben, in den Giebelfeldern von Bauernhäusern
haitue	identifizieren, ein Gesicht einem Namen zuordnen; charakterisieren
haizünde	barsch abweisen, verjagen
häl	hell; *häl nüt*: rein nichts
häläugig	weitsichtig
Halbbatze mache, a de Halbbatzen ummemache	in Gedanken versunken sein
halbbatzig	minderwertig, schludrig, ungenügend
Halberdotne	Halbtote(r)
halbere	hälftig teilen
Halftere, Halfterchettene	Halsstrick oder -kette
Häli	Helle, Helligkeit
halig	reif (von Nüssen: gut von der Schale zu lösen); schläfrig, zahm, nachgiebig; ermattet, erschöpft
halöpperig, Halöpperiwar	übermütig, ausgelassen; Verschwender
Halsbrysli	Abschlussborde am Kragen
Hälsig	Kälberstrick zum Führen des Tieres
häluuf	wohlauf, bei bester Gesundheit
Hälverruckte	Wahnsinniger, Übergeschnappter
Hammer, under e Hammer cho	versteigert, vergantet werden
Hamperch	Handwerk
Hampfle	eine Handvoll
händele	kleine Geschäfte treiben
Handumcher, im	im Nu, im Handumdrehen
Handzwächele	Handtuch
Hanges und Banges	Hangen und Bangen
Hanges und Planges	Harren und Sehnen
har oder dar	her oder hin; sinngemäss: komme, was da wolle
Härd	Erde, Humus
hardyche	heranschleichen
Häre	zu einem Oval gebogene Weidenrute mit mehreren Rosshaarschlingen zum Fang der Wacholderdrossel; *öpperim in d Häre laufe*: jemandem zufällig begegnen, in die Hände laufen
hargfäcklet	dahergeflattert
harlo, si	sich nähern
härzluter	lauteren Herzens
Haschtes	des Hastens
Hau, uf e Hau	Hieb, Schlag; schlagartig, plötzlich
haudäntisch	richtiggehend
Haueholm	Hackenstiel
Hauptstedtli	Liestal
hauthööchlig	hellauf, hochauf
He z sakerblö!	He zum Donnerwetter!
Hebi, Heebi	Hefe, Sauerteig
Hebse	fiktives Dorf der Übersparsamen, Knausrigen
Heck sy, uf der	auf der Hut sein; auf der Spur sein
heebe	halten, festhalten

Heeberlis	Fangspiel der Kinder
Heeg	Zäune
Heer	Herr; Gott; Pfarrer; Arbeitgeber; Inhaber der Gewalt
heerpäissig	kaltschnäutzig, hartnäckig, widerspenstig
Heerschaftyne!	zum Donnerwetter!
helde	neigen, schräg halten, kippen
Helge	Bild, Gemälde, Photographie
helgeschön	bildschön
Hell, Hellegschäft	Hölle; Bombengeschäft
hellebös	bitterböse
helser, helserig	heiser
herbschtele	nach Herbst aussehen oder riechen
Herbschtmonet	September
Hetzrätschete	Hetzpropaganda, Hetzkampagne, Hetzrede
Heu	Heu; *jetzt isch gnueg Heu dunde*: jetzt ist das Mass voll
Heubürzli	Purzelbaum
Heudächsli	Eidechse
Heuel	Haarschopf; abstehende Haarsträhne; Eule
Heugümper	Heuschrecke
Heugumpersüüch	Heuschreckenplage
Heumonet	Juli
Heusail	dickes Hanfseil zum Spannen des Bindbaumes am Heufuder
heusche	heischen, fordern, verlangen
Hick	Einschnitt; Augenblick; nur wenige Jahre
hie, hie ane, hie unde	hier; hierhin; hier unten
hiehar	diesseits; hierher, hierhin
hiezland	hierzulande
hindenabebürzle	nach hinten purzeln
hindenabnee	benachteiligt sein
hindenumme	hinter dem Rücken, auf versteckte Weise
hinderebyge	beim Essen tüchtig zugreifen
hindereha	verhindern, unterbinden
hindereschläcke	ein Lob, eine Schmeichelei geniessen
hinderewolche	unschön, gierig essen
Hinderewolcher	Wortkarger, Verschlossener
Hinderlig	Hindernis; Hintertreffen, Verzug
hinderruggs, hinderruggsig	hinterrücks; hinterhältig, boshaft
hindersinne, si	sich durch vieles Nachsinnen um den Verstand bringen
hindertsi	rückwärts, von hinten
hinecht	heute nacht, heute abend
hinig	defekt, zerstört
hipne, hippne, hipme	rasch atmen
Hitze	Fieber
hitzge	fiebern
Hochzyttszänsur	obrigkeitliche Erlaubnis zur Heirat

Hock, Höck, uf ai Hock	gemütliches Beisammensein; auf einen Schlag, plötzlich
höckle	gemütlich, behaglich sitzen
hofrig	hoffärtig
Hoger	Hügel
Hogge, Höggli	Haken; Häkchen
Hoggefinger	zum Haken gekrümmter Finger
Hoggeleiterli	mit massiven Eisenhaken versehene kleine Leiter, Gerät des Laternenanzünders u. der Feuerwehr
höggle	nach etwas fischen
höhn	erzürnt, unwillig, lächerlich
Holde	Abhang, Halde
Holt	Halt
Holz, Hölzli, Holzrand	Wald; Wäldchen, Gehölz; Waldrand
Holzschleegel	Holzaxt
hööchlächt	hoch angesetzt
hope	lärmen
hoppere	humpeln
hornele	sich unleidlich benehmen
Hornig	Februar
Hornusele	Hornisse
hott	Zuruf an Zugtiere: «rechts!»
hotte	vonstatten gehen
hotteli	gemächlich
hotzle	auf- und niederschütteln
Hübel	Hügel, Anhöhe
hüble	den Kopf zurechtsetzen
hübschelig	sachte, sanft, behutsam
Hudle	Fetzen, Lumpen; schlechte Kleidung
Hüenergätter	mit Drahtgeflecht umzäunter Hühnerhof
huere	verfluchen
Huidum, im	im Nu, im Handumdrehen
hümpele	humpeln, hinken; ungeschickt auftreten
Hund im Cheigelspil	ungebetener Gast, unangenehmer Besuch, ungelegenes Vorkommnis
hure, huure	kauern
hurle	durcheinanderschreien, stürmen
Hurlete	Durcheinander voll Lärm
Hurlibauz, Hurliluft	Wirbelwind
hürne	heulendes Blasen des Sturmes
Hurscht	Strauch
Hurt	Holzgestell für Wintervorräte im Keller
hüscht	Zuruf an Zugtiere: «links!»
hüschte	hasten, antreiben
huschtere	unter Lärm eine Arbeit verrichten
hüschthott	unentschlossen, hin und her, schwankend
hüschtig	hastig, eilig
Hutt	Haut; *se wytt in d Hutt deckt*: vollständig, uneingeschränkt

Hutte	Rückentragkorb
Huttechreemer	Hausierer mit Rückentragkorb; *brichte wien e Huttechreemer*: wortreich erzählen
hüttigstags	heutzutage
huuse	hausen, zerstörend wüten
hüüsele	eingeschränkt, sparsam haushalten
huuslig	haushälterisch, sparsam
Hyrzi	Hirsch; bildlich für: Mann, der etwas gilt

I, J

iemerscht!	oje! Ausruf der Klage, Sehnsucht
im Chitt und i der Rahme	im Bilde, orientiert
im ritschrätsch	mir nichts, dir nichts
im Sänkel	in aufgeräumter Stimmung
Imb, dr	Bienenvolk
Imbi	Biene(n)
Independence	Nachbarstadt von Kansas City
innefer	inwendig, im Innern
Innehar	Inneres
innehar	inwendig
innenabe	im Innern hinunter; in sich hinein
inständs	im Gleichgewicht
ixti	ungezählte
jäble	hasten
Jascht	Hitze, Wallung, Erregung
jäse	gären; wild werden
Jätt	Unkraut
jättig	verunkrautet
jedwäde, jedwädi	jeder; jede
jeuke	jagen, treiben, scheuchen
Jips, Jipsflängge	Gips; Gipsspritzer
Jipser	Gipser
johretag, syt	seit Jahr und Tag, seit Jahren
jöle	johlen, unartikuliert schreien
jömerlig	jämmerlich
jöömerle	jammern, wimmern
Jumpfere	Jungfrau, Lediggebliebene
Jumpferebode	jungfräuliches Land, unberührter Boden
Jümpferli, jümpferlig	Fräulein; unberührt
jüngle	Junge werfen (von Tieren)
Jungwar	Jugend bei Menschen; Nachwuchs von Tieren
Junte	langer Frauenrock
Juntegwächs	Dirnenpack
Jüppe	Frauenrock; typischer, vielfach gefältelter Trachtenjupe
jüppse	hopsen, hüpfen
Jurte	Juchart, altes Ackermass
jüschte	pressieren, hasten, antreiben

K

kample	streiten, Zwistigkeiten haben
kamuffig, Kamuff	dumm; Dummkopf
kapabel	fähig, imstande (franz. capable)
Kapitol	Kongressgebäude der Vereinigten Staaten in Washington
Kärliburscht	forscher, kräftiger, flotter Kerl
karwätsche	tüchtig durchprügeln
keuftig	künftig, zukünftig
kramänzlet	mit Schmuck und Verzierungen versehen
Kuffere	Koffer
kujoniere	plagen, quälen, schinden
kummidiere	kommandieren, befehlen
Kummissionsbolle	Vermittlungsprofit
kumod	bequem, angenehm
kumweniere	gelegen kommen (franz. convenir)
Kunträri	Gegenteil (franz. contraire)

L

läädere	lodernd brennen
lääschele	auf dumme Art bitten, betteln
Laaschi	gedankenloser Mensch
läätsche	kauen
Lab	Lauge
Läbhag	Hecke
Läbtig	lebhaftes Treiben, Rummel; Lebensweise
lächerig	lächerlich
lafere, Lafere	viel reden; Maul
Laferi	Schwätzer
Läfzge	Lefze, Lippe
Lai	Lehm
läi, Läiji	lauwarm, Leute, die sich nicht entscheiden (wollen, können); Lauheit
Laik	Laune, Drängen und Treiben in sich
laitsle	das Leitseil führen; lenken, leiten
lälle, lallere, Lälli	züngeln; lallen; Zunge
Lamaschi	fauler, unbrauchbarer Mensch
Lamaschiwar	Faulenzerpack
lammere	geduldig, untätig herumhocken
lämpelig	locker; leichtfertig, liederlich
lampig	schlaff, erschlaft
Landfläre	Landflecken (Ortschaft)
Ländi	Schiffslandestelle
Landschryber	zur Zeit des jungen Suter: beamteter Führer des öffentlichen Notariats, vergleichbar dem heutigen Bezirksschreiber

länge	reichen, ausreichen; greifen, ergreifen; hinstrecken; einen Streich versetzen
Langizytt	Sehnsucht; Langeweile
Längmeralls	Handlanger
Larifari	Leichtsinn, Liederlichkeit
lärmitiere	Lärm vollführen, laut tun
Larveglas	scherzhaft für: Spiegel
Lätsch	unwillig-mürrisch verzogener Mund
Latte	Latte; *dur d Latte ghaue*: davongemacht
lätz, wie lätz	falsch; wie nicht gescheit
lätze, Lätzchopf	schiefgehen, misslingen; Spinner
Lätzlaufe	Fehlgang, Irrfahrt
Läufterli	kleiner Fensterflügel; Schiebefenster
Leegene	Liegestätten
Letscht im Häfeli ha, 's	so sagt man von einem, der im Sterben liegt
leutsche	ziellos umhergehen; schlendern
lidig	ledig, unverheiratet
Lieberheerget	der liebe Gott, Christus
Liesch	grobes Gras, Binsen
Liferig	Lieferung; Angelegenheit
Liggig	scherzhaft für Bettruhe (im Gegensatz zu *Sitzig*)
Liid	einem Gefäss angepasster Deckel
Liidlohn	Lohn für Dienstboten und schulentlassene Kinder
Linggdrüllte	verdrehter, hinterhältiger Kerl
litze	äugen, spähen; die Zähne blecken
löckle	locken, verführen
Löffelschlyffi	Internat als Schule guter Manieren
Logel	hölzernes Weingefäss; Fässchen zum Aufbewahren von Fischen
lögele	(Alkohol) trinken
Lohne	Achsnagel am hölzernen Wagenrad
löhne	für eine Dienstleistung bezahlen
löje	(sie, wir) lassen
löle, Löli	dumm tun; Dummkopf
loosem	willig und aufmerksam zuhörend, hörenswert
Loosi	Gehör
Lorbone	Lorbeeren
Losemänt	Unterkunft (franz. logement)
lottere, lotze	ein Lotterleben führen
luege	(für jemanden oder etwas) sorgen, sich um etwas kümmern
Luegi	Aussehen, Anblick; Sehvermögen; Blick; Ansicht, Einstellung
Lueglöcher	Augen
Luegmiafratze	herausfordernde, freche, aufdringliche Frauensperson
luenze, Luenz	faulenzen; faules, träges Weibsbild
luff	(ich, er, sie) würde laufen

Luft, der	Wind, Luftzug
lüftig	locker, leichtsinnig, flatterhaft
Luftputsch	Windstoss
lugg	locker, lose; nachsichtig
lugge	leichter, weniger werden
lugglo	nachlassen, lockerlassen
Lugner, Lugnerin	Lügner; Lügnerin
Lummele	Messerklinge
lümpele, lumpe	unordentlich, nachlässig sein; liederlich leben
lumpelig	schlaff, lose hängen
Lumpete	Lumperei, Schelmenstück
Lumpetoggete	schlampiges Weibsbild
lumpig	gemein, hinterhältig; elend, nichtsnutzig
lünig, lünisch	launisch
lüpfe	heben, anheben
lüpfig	munter, lebhaft, beschwingt
Lüppel	verächtlich, verdriesslich vorgeschobene Unterlippe
lurtsche	langsam saugen, bedächtig trinken
luschtere	lauschen, horchen
luter	rein, klar; ehrlich, aufrichtig
Lutere	klarer Wein
luterlötig	unvermischt, rein, hell, lauter
lüttere	ausdauernd, viel trinken
Lütuusmacher	Verleumder
lützel	klein, schmächtig, unbedeutend; elend, notleidend
Lützel	Gernegross
Luun, der	Laune, Absicht
luuschtere	lauschen
lybeläbe, us	aus Leibeskräften
Lybhaftig	Teufel, Satan
lybläbig	leibhaftig
Lych	Beerdigung; *z Lych goh*: an der Beerdigung teilnehmen
Lyla	Fliederstrauch, -baum
Lylache	Leintuch
lylachewyss	kreidebleich
lyre	drehen, wickeln; nicht vorwärtskommen, die Zeit vertrödeln
Lyrerei	Saumseligkeit
Lyrichaschte	Leierkasten, Drehorgel
Lyrilari, Lyrilarisitzig	langweiliger Alltagstrott; langweilige, unergiebige Sitzung
lyrilarig	langwierig
lysle	in üblem Sinn geheimnisvoll reden

M

Maasslaidi	Verzweiflung, Verstimmung
maasslaidig	verstimmt, verdrossen, missmutig
Machi	Herstellung, Entstehung
Machmändli	die Person, die man gerne wäre, als die man sich ausgibt
mäggle	nach Verwesung stinken
Mählbürschte	Handwischer
Mährischen Brüder, die	Missionsgesellschaft des Nikolaus Ludwig Graf von Zinzendorf. Der pietistische deutsche Theologe nahm die evangelischen Exulanten aus Mähren auf und gründete für sie 1722 Herrnhut, Sitz der Brüdergemeine
mai, maijet	denk dir; denkt euch
Maie, Maije	Mai; Blumenstrauss; *e Maije stecke*: ein gutes Wort einlegen
mainaidig	stark, sehr, enorm
Mälchtere	hölzerner Melkeimer mit Tragdaube
Maleschloss	Vorhängeschloss
Malunebappe	Kürbisbrei
Mammerch	Mannwerk; die Tagesleistung eines Mannes
mangge	fehlen (franz. manquer)
mangle	fehlen, vermissen
mangsche, Mangschlibuger	schmatzend essen; Fressack
Mannegstabligs	verächtlich für Mannsbild, Männervolk
Mannigs	Männliches, im Sinne von: einen Mann im Haus
mänzle	gross tun, aufschneiden
Marchstai	Grenzstein; markanter Lebensabschnitt
Mäss	Jahrmarkt
Mässerete	Messerstecherei
matterdällig	bleich, abgezehrt, übermüdet
Mattheey am letschte!	am Ende
mauggere	sich krank fühlen, kränkeln; noch nicht ganz genesen sein
mause	stibitzen, entwenden
Megeri	Magerkeit
mehrscht, merscht	meist
mende	meinen
mernisch, merschtens	mehrmals, mehrfach; meistens
merzele	nach März (d.h. Frühling) aussehen oder riechen
Mildedie!	verwünschter Kerl!
mildedienig	Kraftwort: gottvergessen!
Mildediepralli	Erzprahler
mindscht, für s	wenigstens, zumindest
minggmanggle, -mangle	unzuverlässig, unschlüssig sein; werweissen
Mira!	Meinetwegen! Sei's drum!
mit derzytt	im Laufe der Zeit, nach und nach
mitha	mithalten, mitessen

moffle	muffeln, knabbern
möge	(es hat mich) gekränkt, betroffen gemacht
möje	gruchsen
Moläschte	Beschwerden
möltsch	blutunterlaufen, blau
möndrisch	morgen, anderntags
Mönschet	Menschheit
Monterey	Stadt am Pazifik südl. San Francisco
Möntsch, es	sittenloses Weib
möntschele	menscheln, menschlich-unzulänglich sein
Möppi	Kosewort für Mund
mopse	ärgern, wurmen
Morälle	Schelte für verhasste Weibsperson; Dame zwielichtigen Rufes
Mose	blutunterlaufene Stelle
Motsch	missmutiges, enttäuschtes Gesicht
motte	schwelen, ohne offenes Feuer brennen
Motthuufe	schwelendes, rauchendes Feuer von Feld- und Gartenabfällen
Muchle, Mücheli	Schüssel
muchse	stöhnen, ächzen
Muchtlosi	nicht mehr bei sich selber sein; Verzweiflung
muderig	kränkelnd, kränklich, unwohl
müede	insistieren, quengeln
müeje, si	sich mühen, sich plagen
müelig	mühsam
Muelte	Backmulde; muldenförmige Bodensenke
Muer, muerig	Moor, Sumpf; morastig, sumpfig
Mugge	Schrulle, Eigenart, Laune, Flause
Müggli	kleiner Unterlippenbart
Mumpfel	Mundvoll, Bissen
Muntierig	Ausrüstung
Münz oder Omünz	Kopf oder Zahl, alte Formel für: Wert oder Unwert
müpfe	stossen; aufbegehren; höhnisch lächeln; sticheln, provozieren
Müpfi	verächtlich verzogener Mund; Aufmüpfiger
Mürblig	schwächlicher, kränklicher Mensch
Murbs	feines Gebäck aus Mürbteig
müschle	mischen
muschtere	kritisch betrachten, zur Ordnung sehen; verweisen, jagen
mütsche	mit Fäusten schlagen
Mütschli	kleines, rundes Brötchen
muttele	muffig, abgestanden riechen
muttere	munkeln, murren
Muttig	Unordnung
Mutz	kurze Bauernjacke
mutz, mutzig	knapp, gestutzt; kurz angebunden

muuche	sich mürrisch benehmen
Muuchi	mürrischer, verschlossener Kerl
müüchig	wie Eiter stinkend
Müüs	Muskeln, Kraft
Müüs, für d	umsonst, vergeblich, für die Katz
muuse	Mäuse fangen
myseecht, myseel	meiner Seel!

N

näggle, näggele	etwas auszusetzen haben, nörgeln
Nänni	Kindersprache für: Mutter
Nascht, Nescht	Ast, Äste
Neschtli	Ästchen
näschte	nesteln
Nemtig, die	vor einigen Tagen, kürzlich
Neubachnige	Neuling, Anfänger
neume	irgendwo
neumedure	in gewisser Hinsicht, in gewisser Beziehung
neuse	durchstöbern, wühlen
nidsi	abwärts, hinab, herab, herunter
Nidsigänd	Niedergang, Verfall
Niegnue	Nimmersatt
Niele	Waldrebe
niem	niemand
niene	nirgends
niggle, niggele	nörgeln, etwas auszusetzen haben
nöchberlig mache, si	sich zugesellen, sich annähern
nodisno	nach und nach
Nöhtlig	eingefädeltes Fadenstück; bildlich für: Ausweg, Lösung
nom, nome	nach dem, nach einem
nonig	noch nicht
nooförschtle	heimlich Nachforschungen anstellen
noogrütscht	nachgefolgt
Noogschlaipf	Nachwirkung, Folgen
Noogüli	Nachgeschmäcklein (von *Nooguu*)
noolälle	mit hängender Zunge hinterherschauen, -laufen
noolo	nachgeben
nooschlaike	nachschleppen
notti	gleichwohl, nichtsdestoweniger
nüechtele	muffig, modrig, nach Schimmel riechen
nüechtere	wieder besonnen werden
nuefer	gesund, munter, lebhaft
Nuele	Loch, Vertiefung, vom Bach am Ufer ausgefressene Stelle
Nuet	Nut, Fuge, Rinne, Furche
nuggisch	entzückend, allerliebst, niedlich

nundebuggel, nundedie, nunedienig	verwünscht, verflucht (franz. nom de Dieu)
nunnele	schwach lutschen, saugen
nüsle	näseln, durch die Nase reden
Nütelgscht	das Unbedeutendste, Nebensächlichste
Nüteli	Nichts, Winzigkeit, Kleinigkeit
nütelig	unbedeutend, gering, schmächtig
nütigscht	geringst, nichtswürdigst, unansehnlichst
nüträchtsig	nichtsnutzig
nyffe	keifen, zanken, meckern
nyffle	jammern, klagen

O

Oahu	Insel der pazifischen Sandwich-Inseln, Sitz der Hauptstadt Honolulu des amerikanischen Bundesstaates Hawaii. Bis 1867 zaristisch-russischer Besitz
öb	bevor
ob möge	überlegen sein
Obacht	das innere Auge, der innere Sinn; die Vorsicht
Obacht gee	aufpassen
obe	Abend werden; alt werden
obefer	oben, an der Oberseite
obenabe	von oben herunter, hinunter
Obenabschöpfete	sinngemäss: das Beste
obenewägg	mindestens
obeninn	im oberen Stockwerk
obenuuf	obenauf, zuoberst
obenuus cho	überschnappen
obenynehelde	(gram-)gebeugt gehen
Oberfuerme	Oberfuhrmann
obsi	aufwärts, nach oben
Obsigänd	Aufstieg, Aufschwung, rosige Zukunft
Ohaijehaije!	Ausruf des Jammers, der Bestürzung
Ohorn	Ahorn
Öl a der Chappe ha	berauscht, betrunken sein
olt, ölter, öltischte	alt; älter; älteste
olte	älter werden
Öltschte	Ältesten
oltwybersünnele	Sonnenschein des Altweibersommers
oobe	alt werden; *s oobet und s aabet*: es wird Abend und geht abwärts, dem Tod entgegen
öppe	etwa; manchmal, hie und da
öppedie	hin und wieder
öpper	jemand
öppis	etwas
Otezüg	Atemzüge

P

paarnisch, e paarnisch	mehrmals; ein paar Mal
pariere	gehorchen
parle	(in einer Fremdsprache) reden
pärze	ächzen, aufseufzen, vor Anstrengung stöhnen
pärzig	ächzend, stöhnend
Pasimänte	das Weben von Seiden- und Samtbändern
peutsche	peitschen
Pfäischter	Fenster
Pfäischterschybe	Fensterscheiben
Pfäischtersinze	Fenstersims
Pfärch	Pferch, umzäuntes Gehege auf freiem Feld
pfattle	hörbar durchs Wasser gehen, waten
pfätze	kneifen, schnappen
pfauke	mausen, stibitzen, stehlen
pfeuderle	gezwungen dienen, unfreiwillig Dienste verrichten
Pfiffigi	Pfiffigkeit, Schläue
Pfingschtnäägeli	Goldlack
Pfiteuggeler!, Pfitschinder!	Pfui Teufel!
Pfitz und Flitz, im	im Hui, im Nu, ungesäumt
pfitze	flitzen
Pflanz	Arroganz, Dünkel, Hochmut
Pflanzplätz	bäuerlicher Gemüse-, Kräuter-, Beeren- und Blumengarten
Pflartsch	wüster Flecken aus Dreck, Schlamm, Unrat; auch Spottname für wüstes Frauenzimmer
Pflatsch	Wasserschwall; abschreckender Schlag
pflätsche	mit Wasser spielen
pflätschnass	pudelnass, nass bis auf die Haut
Pflegeljohr	Flegeljahre
Pflotsch	wässriger Schnee, Sumpf; schlampige, träge Weibsperson
pflotsche, pflotschig	plantschen, spritzend waten; sumpfig
Pfluntsche	feste, ungepflegte Weibsperson
Pflutte	plumpe, füllige, träge Weibsperson
pfödele	rasch, mit kurzen Schritten gehen
pfosle	schnell gehen
pfupfe	unterdrückt lachen
Pfupfi	Übername für Mädchen, die gern *pfupfe*
pfure	eilen, hasten
pfüse	zischen
pfuuse	schlafen
pfyferle	zwitschern
pfyle	verdriessen, verärgern
Plagöri	Aufschneider, Angeber
plampe	baumeln; schwingen; schwanken; im Eifer nachlassen

Plamper	Pendel
plangere	sehnsüchtig erwarten
Plantasche	Plantage, Grosspflanzung
Pläpper	Plappart, Plappert (alte Münze)
plarig	grellfarbig; auffällig, protzig; wichtigtuerisch
Platsch	Guss, Schwall
platsche	platschen, plätschern
Plätz	Stück; Flicken; Stelle
plätze	flicken, mit einem Lappen (Plätz) ausbessern; (Heil)Pflaster auflegen
plodere	plaudern, zum Zeitvertreib schwatzen
Ploderi	Schwatzhaftigkeit infolge Alkoholkonsums
plöderle	plappern, kindlich plaudern
Plunder	Tisch-, Bett-, Leibwäsche; Kleider
pochere	pochen, anklopfen
pochle	laut anklopfen, Lärm machen
poleete	laut ausrufen, protestieren; prahlen, aufschneiden
pöpperle	anklopfen, sachte klopfen
porze	mühsam etwas tun
poschte	Einkäufe machen
Poschtebatze	Trinkgeld für eine Besorgung
posslig	lächerlich, komisch
Potz Blitz und Halfterchettene!	Kraftausdruck
Potz Ohornen am Heidegg!	Kraftausdruck
Prägel	(unerfreuliche) Bescherung
prägle, Präglete	prasseln; unbestimmte Masse, Menge, Summe
pralle, prallere, Pralli	prahlen; Prahlhans
prätsche	krachend schlagen
prelagge, prelaagge	laut reden und prahlen
preschtiere	überstehen, ertragen, aushalten
Presi	Präsident
püffere	pulvern, knallen, schiessen
Pülze	Anschwellung der Haut
pumadig	verwöhnt, bequem, faul
Puntenöri	Ehrgefühl (franz. point d'honneur)
Pütschli	Schubs
putze	siegen
Pygge	heimlicher Groll
pyggiert	vor den Kopf gestossen, unangenehm berührt
Pyppeli	Kücken, Küken
pyschte	prusten, ausser Atem sein

R

Räf	hölzernes Rückentraggestell; *s letscht im Räf träge*: dem Tode nahe sein
Rafflete	zusammengerafftes Zeug
ragge	im Versteckten leise weinen

räggele	mäkeln, kleinlich kritisieren, bemängeln
Räggeligs	Zänkisches
raggere	geizig leben, knausern; sparsam, dürftig leben müssen
raise	reisen; ab-, einrichten, in Gang setzen, in Ordnung bringen
raitle	mit Schnur und Knebel drehend spannen; definitiv vereinbaren, festlegen
Rälli	Kater; Nachwirkung von übermässigem Alkoholgenuss
Rämpel	magere, schmächtige Person
ran	hager. sehnig, mager; schlank
randeliere	Lärm vollführen
rangge	hin- und herzerren; hin- und herrutschen; sich reiben; sich drehen
ränggle	mäkeln, nörgeln
ränke	lenken
rappelchöpfig	störrisch
räseniere, räsoniere	lautstark argumentieren; den Gegner verunglimpfen
Räsun	Vernunft (franz. raison)
rätsch, rätschpätsch	blitzartig, mir nichts, dir nichts
rätsche	klatschen, tratschen
Rätscherei	Klatsch, Gerede
räubsch	wild, heftig
Rauft	Kruste des Brotes
Rauftflänggli	Brotkrustenstücklein
rause	Bewässerungsgräben ausheben
räze	knirschen
Räzibälle	Frau, die wild, heftig, bös redet
reech, reechig	jäh, brüsk; ranzig
reechle	mit voller Anstrengung; rauhe Laute von sich geben
Reesis	scharf Gewürztes
Remyse	Wagenschuppen
reubsch	wild, heftig, reizbar
Ribelmagd	Abwaschmädchen, Putzmagd
rible	in Waschwasser sauber reiben
Rigi	Reihe, Ordnung
rigole	den Acker tief umgraben; mit Entwässerungsgräben durchziehen
ringgeliränggeli	in Serpentinen, im Zickzack
ringgle	anpacken und schütteln; jemanden scharf zurechtweisen
Ringi	Mühelosigkeit, Einfachheit, Leichtigkeit
ringlächtig	mühelos, mit Leichtigkeit
ritteriere	sich gerade noch auffangen; zurückziehen
rode, si	sich rühren, sich bewegen, sich regen
rodig	tätig, geschickt, unternehmungslustig

Rodigi	Regsamkeit
Röhre	Rohr; *e grossi Röhre ha*: das grosse Wort führen, sich aufspielen
röhrle	murmelnd rinnen
röösch	klingeldürr, staubtrocken
Rösere	Weiler im Röserntal westl. Liestal
Rössliryti	Karussell
Rotforigs	Holz der Rotfichte, Rottanne
rötschelig	rötlich
rötschele, rötschge	rot werden, sich röten
rublig	von rauher Oberfläche
Rud, rüdig	Krätze; räudig, krätzig
Ruech, ruechemeessig	Rüpel, Grobian; rüpelhaft
rüemsele, Rüemselete	lobhudeln; Lobhudelei
rüere	rühren; werfen
Ruesse	Russen
Ruessschlirgg	Russfleck
rugele	rollen, kollern
Rüggerli	Lehm- oder Glasmarmel
Ruhn	Rahm
rülze	wälzen, tollen
rumpelsurig	übellaunig, mürrisch, unwirsch
rumpfle	rümpfen
rumpuuse	rumoren
Rüneberg	Dorf im Bezirk Sissach, Heimatgemeinde von Johann August Suter
Rung, Rüngli	kurze Zeit, Weile
Rünnsli	Rinne, kleiner Wassergraben
rüppedistüppis, rüppisstüppis	vollständig, ohne Rest
rüschele	rascheln
Rüschli	Räuschlein, Schwips
Rütscherli	Buschbohnen
rüüche	bremsen
rüüchele	freundlich wiehern, schnuppern (von Pferden), schnauben
Ruuchhöörigs	Widerwärtiges
Rüüchlig	Rohling, Grobian
rüüchscht	rauhest
Rybyse	zänkische Frau
Ryglete	Anzahl, Reihe, Schar
Rysbürschte	grobe Bürste aus Reisstroh
Ryssblei	Bleistift
ryttere	durch das Kornsieb (*Rytere*) absieben

S

Sacramento	Fluss im Sacramento Valley; Stadt nordöstlich von San Francisco

sädle, si	sich wie ein Huhn auf der Stange niederlassen; ansässig werden
Sägese	Sense
Sagi	wasserbetriebene Sägemühle
Sail	Seil
Saipfiblotere	Seifenblase(n)
salbe	schmieren, fetten
sältsch	dort, jenes
sämper	wählerisch; sentimental
San Joaquin	Fluss im San Joaquin Valley, mündet in die Bucht von San Francisco
sant	samt
Sappermoscht!	Ausruf der Überraschung: Donnerwetter!
Särbel	krankhaft magerer Mensch
särble, särple	kränkeln, dahinwelken, absterben
Särpelhund	abgemagerter Hund
satt	hart, nahe, fest
satteli	gemächlich, gelassen
Säublotere	Schweinsblase als Geldbeutel oder Tabakbeutel
sauft	mühelos, ohne weiteres
schääre	scharren
Schabete	(das) Abgeschabte
Schaffer	fleissiger Arbeiter
schafferig, schaffrig	arbeitsam, fleissig
Schaidwasser	Gemisch von Salzsäure und Salpetersäure
Schaidwegge	Eisenkeil zum Aufspalten von Holz
schälb	scheel
schälb wärde	abspenstig, abtrünnig, untreu werden
schälbe	(verstohlen) hinblicken
schälle	schellen, läuten
schandehalber	anstandshalber
schanze	schuften, schwer arbeiten
Schärbeli	kleine Scherbe; Kleinigkeit
Schärete	(das) Abgeschälte, Zusammengekratzte
Schärme	vor den Unbilden der Witterung geschützter Platz
scharpf, scherpfer	scharf; schärfer
schärpis	schief, schräg, verkehrt
schasse	verjagen (franz. chasser)
Schatteholde	Schattenhang; dem Grab entgegen
scherb, scherp	eingetrocknet, hart, spröde
Scherpi, Scherps	Verkrustung, Eingetrocknetes
Schesste	Geste, Handbewegung (franz. geste)
Schibai	Schienbein
schied	(es) würde schaden
schier, schiergar, schierger	fast, beinahe
Schiessi	Schiesszeug, Schiessgewehr (Kindersprache)
schifere	hingleiten
Schii	Stroh

schin	(es) würde scheinen
Schindle	Schindel
schitter, schitterig	gebrechlich, kraftlos, heruntergekommen, wenig hergebend
Schlabi	verstandesschwacher Mensch
Schläcker	Speichellecker
schlaike	schleppen, schleifen
Schlamp	unordentlich gekleideter Mensch
schlampig	nachlässig; unordentlich gekleidet
Schlappete	Gebräu
schlarpe	schlurfen, schleppend gehen
Schleeche	Schwarzdorn
schletze	verprassen, verschwenden, vergeuden
schlieg	(ich, er, sie) würde schlagen
Schlipf	Rutsch
schlipfe	gleiten, rutschen
Schlirgg	verschmierter Klecks, Fleck
Schlirggi	Liederjan, Schlendrian
Schlufi	leicht zu verführender Mensch, nachlässiger Kerl
Schluficheibe	Faulenzerpack
schlurpe	schlurfen
Schluuchi	säumiger, langsamer Mensch
schmäckerlig	armselig, dürftig, notleidend
schmeuze	schmeissen, werfen
schmirze	schmerzen, Schmerz bereiten
Schmitti	Huf- und Wagenschmiede
schmöcke, Gschmöck	riechen; merken, ahnen; Geruch, Duft
schmürzele, schmürzelig	knausern; ärmlich, knauserig
Schmürzeler, Schmürzelercheib	Geizhals
Schmurzen u. Fätze schloo, z	kurz und klein schlagen
schmuslig	schmuddelig, unsauber
Schmutz	Kuss; Schweineschmalz
schmützle	küssen
schmuuse	liebeln
Schmuusistündli	Schäferstündchen
schnäädere	schnattern, plappern
schnääfle	schnitzeln, schnipseln; schnitzen
Schnarze	Astknopf, Knorz
Schnatte	Riss, Risswunde
schnaue	schnauzen
Schneerüfe	Schneerutsch
schneugge	neugierig kramen; neugierig schmökern
schnitzig sy	für jemanden oder etwas eingenommen sein; sich grossmütig geben
schnogge	auf allen Vieren kriechen
Schnorz	Übername für knorrige, unzugängliche Leute
Schnuderi	Rotzbube, Lausejunge
schnuderig	schleimig; verschleimt infolge Schnupfens

Schnuderlumpe	Taschentuch
Schnupf, im	im Handumdrehen, im Nu
schnupfe	schnaubend das Lachen verbeissen
schnüpfele	leise schnupfend, verhalten weinen
Schnürfli	Mensch, der undeutlich durch die Nase redet
schnürpfe	unordentlich nähen
Schnutz, im	im Hui, im Nu
schnütze	schneuzen; flitzen
schnützig	schneidig
Schoche, Schöchli	Heuhaufen
schöchle	Heu zu Haufen schichten
schofel	schlecht, erbärmlich
Schoner	Segelschiff mit zwei und mehr Masten
schoppe	stopfen
schrämmle	drauflos schlagen, zuhauen
Schranz, Schränz	Riss; Risswunde
schränze	reissen; schneiden
schräpfen	schröpfen
schrumm	Ausruf im Sinne von: Wutsch!
Schtrübli	Schräubchen
Schübel	Scholle; unbestimmte Menge, Masse
schuene	trotten; wandern
Schummel	abgenützter, kaum mehr brauchbarer Gegenstand
schünze	flackern
schürke	schieben; auf die Seite stossen
Schutz	Schuss
Schutzgatter	voreiliger Mensch
schutzlig	voreilig, überhastet, fahrig, unruhig
schützlig	überschäumend
Schützligbueb	Halbwüchsiger
schutzwyys	stossweise
Schüüchläder	Scheuklappe
schwäbelgäl	schwefelgelb
Schwaizi	unangenehme, langwierige Angelegenheit
schwane	nichts Gutes ahnen
schwerzelig	schwärzlich
Schwetti	unbestimmte grosse Menge
Schwick, im	im Nu, im Hui, im Handumdrehen
Schwümm	Pilze
schwyne	schwinden, abnehmen
Schwyni	Abnahme; Tuberkulose
Schygg	Schick, Eleganz
Schyli	Gilet, ärmellose Weste
Schyn, mit	anscheinend
schynig	grossspurig, angeberisch
schyssepyppi Hüenerdräck!	Dummes Zeug! Unsinn!
schytle	in Scheiter spalten
seechte	sieben

Seechter, Seechterli	Sieb
seer	wund
selle, sell, sett, setsch	sollen; soll; sollte; solltest
Seschter	Kornmass (ca. 18 Liter)
settige, settigi, settigs	solcher, solche, solches
seuferle	geifern, speicheln
Sibeseschtergrind	foppende Bezeichnung für zornroten Kopf
Sigstärne	Zisterne, Sodbrunnen
Siibechätzer	Teufelskerl
Sing und Sang	in bester Laune
singerig	zum Singen aufgelegt
sinnierlig	nachdenklich
Sitka	Stadt auf der Insel Chichagof des Alexander-Archipels (Alaska)
söderle	Geräusch, das bei schwachem Kochen entsteht
Some	Same; Gesindel, Lumpenpack
Sore	Rinnsal, Bächlein
spageuzle, Spageuzel	unbedacht umherstreifen; Springinsfeld
spaiche	strampeln, mit den Beinen ausschlagen
spältere	spalten
Spange	Spanne, Handspann: altes Mass, Distanz zwischen ausgestrecktem Mittelfinger und Daumen, ca. 20 cm
Spängler i den Auge	Schlaftrunkenheit
Spärbel	Sperber
spärbere	spähen
Spargimänter	Umstände, Schwierigkeiten
spargimäntere	dumm tun, sich widersetzen, opponieren
speechzge, spechzge	spähen, Ausschau halten
speere, si	sich widersetzen
speue	spucken, speien
spienzle	auffällig zeigen, um den Neid anderer zu erregen, verlockend sehen lassen
Spintisiersürmel	verschrobener Grübler
Spittel	Spital; Armenhaus
Spoon	Span
spotlächtig	spät
Spötlig	Herbst
Spränzel	Sprosse, Leitersprosse
spränzeldünn	dünn wie eine Leitersprosse
Sprutz	Spritzer
sprützerle	sprühen, fein regnen
Spryssele	Holzsplitter
Spuele	Spule, Zwirn-, Fadenspule
Spüeli	kleine Seidenspule im Weberschiffchen des Posamenters
Spycher	Speicher, Lagerschuppen
Stächete	Messerstecherei
Stagle, Stygle	schlanke Weibsperson

Staiöl	Petroleum
Ständlibutz	(verhüllend für) Teufel
Stedtli	Umschreibung für Liestal; hier auch für Burgdorf
stettig	halsstarrig, widerspenstig
steuke	aufjagen, verscheuchen
Stierewold	grosses Waldstück im Südzipfel der Gemeinde Muttenz
Stifzge	Stift
stillha, si	sich ruhig, still verhalten, schweigen
stiribitzig nüt	rein gar nichts
Stöckli	kleines Nebengebäude zum Bauernhaus, Wohnsitz der im Ruhestand lebenden Eltern
Stofer	Stumpf, Rest
Stopf	Puff, Rippenstoss
stopfe	stapfen, mit schweren Schritten gehen
Storze	Strunk von Kopfgemüse; Kleingewachsener
stossig	zum Hörnerkampf aufgelegt (Vieh); drängend
Stotze	Schenkel, Unterschenkel
strapliziere	strapazieren, hart beanspruchen
Strögel	Knabe in den Flegeljahren
Stromer	Landstreicher
Strubelichatz	struppige Katze
Strublete	Trubel, geschäftiges Treiben
strublig	struppig; widerborstig
strudle	hudeln, übereilt arbeiten
struuche	wenig tief pflügen
Stryzzi	Schlingel, Lausejunge
Stud	Pfosten
Stupf	Schubs; kleiner Stich; Anstoss, Anregung
stüpfe	sticheln, Anspielungen machen; stechen
Stüpfer	derjenige, der die Kanonen als erster antippt
stürchle	straucheln
Stutz	Anstieg; *nit hinder im Stutz blibe*: mit seiner Meinung nicht zurückhalten
Stuuni	Träumer, Hans-guck-in-die-Luft
süesslächt	süss
Suffete	Saufgelage
sülchig	schmierig
sumber	dunkel, finster (franz. sombre)
Summerau	Sommerau, frühere Wasserstation an der alten Hauensteinlinie
sumsle	sumsen, summen
Sundigwörter	Flüche
sünnele	sonnig sein, sonnig werden
Suppen es Tünkli, us allne	aus aller Herren Länder
sure	surren
sürmele, sürmle	murren, murmeln
Suter	das Euter (eigentlich: *s Uter*)

suufer	sauber; geheuer
süüfere	säubern
süüferlig	sachte, behutsam, sanft
Süüfzgi	Jammergestalt, mitleidheischender Betrüger
synetwäge	seinetwegen

T

tagenacht	Tag und Nacht
Taghaiteri	Tageslicht
taig	ermattet, erschöpft, abgekämpft
talpig	tapsig, tappig, ungeschickt
Taos	Kleinstadt am Oberlauf des Rio Grande nördlich Santa Fe (Neu Mexico)
tätsch	aus heiterem Himmel
tätsche, Tätsch	klatschend fallen, klatschend schlagen; Schlag
tätschle	tätscheln; applaudieren; Frauen handgreiflich belästigen
Täubi	Wut, Zorn; Missmut, Unmut
täuele	fein regnen
täupele	trotzen, sich dickköpfig widersetzen
Tenn	lehmgestampfter Dreschboden der Scheune
tige	trocken, dürr
tole, Tolete	dulden; (ein) Geduldeter
Tope	Tatze, Pranke; ungelenke, grobe oder ungeschickte Hand; *am Tope suuge*: mit leeren Händen dastehen
topig	tapsig, ungelenk, ungeschickt
torächt	töricht
Trachter	Trichter
Trägete	Traglast
Tramp	Tritt, Trittspur; Alltagstrott
trampe, trämperle	treten; trippeln
Trapper	Fallensteller, Pelztierjäger
träumerig	träumend, träumerisch
Treem, Trem	Balken
trole	rollen, kollern, fallen
Troli	Rausch
Troschtle	Drossel; Trösterin
trottle	trotten, plump gehen
Trublete	Trubel, laute Lustbarkeit
Truese	Hefe von Wein ; *uf d Truese cho*: zur Neige gehen; *uf der Truese sy*: fast am Ende sein
Trumm	gefällter Baumstamm, Rundholz
trümmle, trümmlig	schwindlig werden; schwindlig, benommen
trumpiere, si	sich täuschen, sich irren
Truppele, Trupplete	Menschenhaufen, Schar
trybelliere	drangsalieren, bedrängen
tschalpe	langsam und plump gehen

Tschaluderi	unzuverlässiger Mensch
Tschämperlugge	geistig zurückgebliebener Mensch
tschäppiere	entweichen (franz. échapper)
tschiengge	mühsam gehen, knielahm schlurfen
Tschope	kurze Frauenjacke; *di nütigschte Tschöpe*: die unansehnlichsten Frauen
Tschudeli	nachlässige Weibsperson
Tschuder, tschuuderig	Schauder; schaudernd, schaudererregend
Tschumpel	gutmütig-einfältiger Mensch
tschumple	trotten, schwerfällig gehen
Tschüppel	Haarsträhne
Tüchel	hölzerne Wasserleitung
Tuens, im	im Tun, im Gange, im Laufe
Tüggeler	(verhüllend für) Teufel
Tupf, uf e	genau gleich
tüpfe	treffen
tupfeglychlig	genau gleich
Tüpfli, Tüpflischysserei	Tüpfelchen, Kleinigkeit; Pedanterie
Turn	Turm
tüüfle	wüten, toben
Tüühänker	(verhüllend für) Teufel
Tuure	Bedauern, Mitleid

U

übelzyttig	mühselig, beschwerlich
über und übertsi	drunter und drüber
überäfere	über die Grenze eines Ackers pflügen
übereferge	hinüberschaffen; ins Jenseits befördern
übereggs goh	falsch, schief laufen
überegoh, überemache	(verhüllend für) sterben, verscheiden
übereis choo	sich einig werden
überenzig	übrig, überschüssig; sinnlos
überglaschte	verklären
überhaa	zurückhalten, beherrschen, mässigen
überhaue	überstehen
übermöndrisch	übermorgen
überobe	im oberen Stockwerk
Überschrybig	schriftliche Übertragung eines Grundstücks
übersünig	übermütig, ausgelassen; ungestüm; übertrieben
übertörle	übertölpeln
überue	nach oben
überwaalt	überflutet
überyne	obendrüber, hinüber
überzwärch, überzwäris	quer; verkehrt, falsch
ubheeb	undicht, durchlässig
ubholfe	unbeholfen, ungeschickt
üble, si	sich verschlimmern, sich ausbreiten
Ubott	Unglücksbote; schlimmes Angebot

ubschüssig	unergiebig; ungenügend
ubsinnet	unabsichtlich, unüberlegt
uchummlig	unbequem, sperrig
udänklig	undenkbar
Udeeteli	Makel, kleiner Fehler
udings	aussergewöhnlich, ausserordentlich
ue	hinauf, herauf
uestrube	hinaufschrauben; hochtreiben, höher ansetzen
Ufäl	Unfälle, Missgeschicke
Uflot	Unflat, grober Mensch
ufmache	Einrichten eines Webstuhles für einen neuen Auftrag
ufstüefe	aufhetzen, aufwiegeln
ufzweit	aufgepfropft, veredelt
ugattig	unartig, bösartig, hinterhältig
Ugfell	Unheil; Unglück, Pech
ugfellig	unglücklich, verunglückt
ugheisse	unaufgefordert
ugheit lo	unbehelligt, ungeschoren, in Ruhe lassen
ughört	ungehört
ughüür, ughüürig	nicht geheuer, unheimlich
Uglägni	Verlegenheit
uglaichig, uglaichtig	ungelenk, ungeschlacht, unbeholfen
ugrüefe	unaufgefordert
ugsait	ungesprochen, ungesagt
ugschalet	ohne Schale
Ugschlächt	Eingeweide geschlachteter Tiere
Ugschuef	Missgestalt
ugsinnet	ohne langes Überlegen
Ugsüüfer	Ungeziefer
Ugweuscht	(der) Unerwünschte
ugwohn, Ugwohni	ungewohnt, fremd; Fremde, Fremdheit
Ugwohnigs	Ungewöhnliches
Uhund	Grobian, Wüstling, Unmensch
Ulun	schlechte, üble Laune
umbocke	umschlagen, stürzen
umechosle	spritzend in etwas rühren
umewäg	in der Nähe
Umhang	Vorhang
ummechnuppere	herumbasteln, -fingern
ummedurmle	herum-, umhertaumeln
ummefahre	pflügen
ummeflanggiere	herumflanieren
ummefusle, ummefusele	unruhig sitzen, umherrutschen
ummegaisse	herumhüpfen
ummegee	erwidern, entgegnen
ummegrople	sich mühsam herumschleppen
ummehoppe	umherhinken
ummehuure	kauern

ummelahme	herumliegen, müssiggehen
ummelammere	untätig herumhocken
ummeleutsche	herumlungern, herumschlendern
Ummeleutscher	Vagabund
ummelitze	umkrempeln, umlegen, umbiegen
ummelotze	herumschlendern, -flanieren
ummelungere	faul herumsitzen
ummeneh	zurücknehmen
ummepfödele	umhertrippeln
ummeschmeuze	um sich werfen, umherschmeissen
ummeschuene	umhertrotten, -wandern
ummeschwanze	umherflanieren
ummespeechzge	herumspähen
ummestifle	mit langen Schritten herumgehen, – wandern
ummestoffle	umherstiefeln
ummestopfe	umherstapfen
ummestürchle	umherstolpern
Ummeziemandli	fahrender Hausierer, Bettler, Stromer
Umpaisse	Ameise
umrüere	umwerfen
Umuess	Beschwerde, Unannehmlichkeit, missliche Lage
unärtig	widerspenstig, störrisch, schwer zu lenken
undedure müesse	eingeschränkt, in ärmlichen Verhältnissen leben müssen
undefer	unten, an der Unterseite
undeharig	unten, darunter, an der Unterseite
undenue	von unten herauf, hinauf
undenueglürle	etwas verstohlen betrachten
underainisch	aufs Mal, plötzlich
underegoo	zu Bett gehen
undereschlieffe	unter etwas schlüpfen
underetue	zu Bett bringen; bestatten
underhänds ha	in Arbeit, in Bearbeitung haben
underobsi	durcheinander, das Unterste zuoberst
undersigle	besiegeln
underwäge lo	unterlassen, versäumen, auslassen
underwyle	unterdessen
undevüre	von unten hervor, von unten herauf
une, uneszue	hinauf, aufwärts
Uneesigs	Ungeniessbares
ungwueschtet und ungreuschperet	ohne Husten und Räuspern gesagt
Unrueji	Unruhe
Urähni	Urgrossvater
Ürbsi	Kernobstgehäuse
urchig	echt, urwüchsig
urig	rein, pur, unvermischt
Ürti	Zeche, Rechnung; Warenmenge, für die man eine Rechnung ausstellt

us im Effeff	perfekt, gekonnt, gründlich
Uschick	Unfall, unglücklicher Zufall, Missgeschick
usenandergschire	zerlegen, demontieren
Usmachmues	Auskernerbsen
ussefer	äusserlich, aussen, auf der Aussenseite
ussehar, Ussehar	ausserhalb; Äusserliches
Ustärn	Unstern, böses Geschick
Usurp	unflätiger Mensch
Uswyches	Ausweichen
Uudäateli	Makel, kleiner Fehler
uufbäppele	sorgsam pflegen, wieder zu Kräften bringen
uufchlöpfe	aufmuntern, aus der Niedergeschlagenheit aufrichten
uufchünde	aufkünden, kündigen
uufgchröjelet	mit der Hacke aufgelockert
uufghebt	vom Boden aufgehoben
uufgläbt	wohlgelaunt, guter Stimmmung
uufglüpft	moralisch aufgerichtet
uufgruumt	aufgeräumt, bester Laune
uufgsteukt	aufgescheucht, aufgejagt
uufgstrüsst	auffällig, pompös, protzig gekleidet
uufgumpe	aufspringen, hochfahren
uufhaa	aufheben
uuflädere	aufflackern, auflodern
Uufputz	Verputz; Aufmachung, Luxus
uufreckle	sich strecken, sich aufrichten
uufschöchle	nach und nach zu reden beginnen
uufschuss	(er, sie, es) würde aufschiessen
uufstüpfe	aufstechen
uuftuuche	auftauchen, plötzlich erscheinen
uufwaale	aufwallen; im Innern hochsteigen
uufzooge	gehänselt, geneckt
uus und a	aus und ein
uusbainle	Fleisch vom Knochen lösen; einen Sachverhalt untersuchen
uusbotte	polizeilich ausgeschrieben, steckbrieflich gesucht
uuschnoble	ausknobeln, mühsam aushandeln
uuschrome (uus-chrome)	auspacken; sein Herz ausschütten, einen Sachverhalt enthüllen
uusdimbere	verdämmern
uusdügnet	ausgetrocknet, verdorrt
uusechnüüble	herausklauben
uusefuere	herausfüttern
uusehogge	mit dem Flösserhaken herausholen
uusegmörtet	seine Worte mühsam herausgebracht
uusegspaicht	hinausgeschmissen, entlassen
uuselöckle	herauslocken
uusepfitze	entfahren, herausplatzen
uusesprütze	entfahren, herausplatzen

uuseträäge	hinaustragen; auf den Friedhof tragen
uusetrole	entfahren, herausplatzen
uusetüftele	herausfinden, austüfteln
uusetüüflet	wütend entfahren
uusetwütsche	herausfahren, herausplatzen
uusezörkle	nach sich ziehen
uusförschtle	neugierig ausfragen, aushorchen
uusfötzele	hänseln
uusgchüechlet	abgewirtschaftet
uusgchuuchet	ausgehaucht; den Geist aufgegeben
uusgee	Wirkung zeigen; ergiebig sein
uusgmacht	imitiert, parodiert
uusgmangschlet	ausgemergelt, eingefallen
uusgschire	ausspannen; auspacken; gehörig schelten
uusgschiret	ausgeschirrt (Zugtiere); ruiniert, finanziell am Ende
uusgschnätzlet	ausgeschnitzt
uusgspeut	gleich wie, ebenbildlich
uusgwuslet	ausgezappelt, ausgetrampelt
uushültsche	enthülsen, von Schale und Schote befreien
Uuskouft	Auskunft
uusluchse	ausspähen
uusnähm	besonders, ungewöhnlich, ausserordentlich
uuspacke	erläutern, erklären; sein Herz ausschütten
uuspumpe	finanziell aussaugen
uusschlipfe	ausrutschen
uusstocke	Wurzelstöcke ausgraben
uusträtzle	über jemanden herziehen, klatschen, necken, verspotten
uusweuje	grimassenschneidend verhöhnen, nachäffen
uverneuftig	unvernünftig
uverschannt	unverschämt, dreist, schamlos
uwäg	unartig, unfein, unrecht
Uwärts	Unerwünschtes
uwirs	unwillig, ungeduldig
Uzytt	Unzeit, schlecht gewählter Zeitpunkt

V

vatterländisch	währschaft
Verakertierte	im Akkordlohn Angestellter
veräsche	zu Asche werden
verbärme, verbärmschtig	erbarmen; mitleidig
Verbärmscht	Erbarmen
verbeuschtig, verböischtig	missgünstig, neidisch
verbönne	missgönnen
Verbouscht	Missgunst
verbrochlet	zerbröckelt
verbrüelet	verheult, vom Weinen entstellt

verbummeränzle	verzweifeln, verrückt werden
verchätzere	zu Schanden machen
verchnelle	zerspringen, zerplatzen
verchniempe	zertreten
verchnuuse	zerdrücken; ertragen, leiden
verchraflet	vollgekritzelt
verchümmle	unter dem Wert verschleudern, zu Geld machen, verscherbeln
verdattere	erschrecken, Angst haben
verdouschte	verdunsten, verfliegen; verschwinden; *französisch verdouschte*: sich ohne Verabschiedung, d.h. heimlich davonmachen
verdräibe	zertreten, niedertreten
Verdräiti	Falschheit, Hinterlist, Tücke
verdudele	umsorgen, verhätscheln, verzärteln
verdunderet	verdonnert, hart verurteilt
verdüte	verdeutlichen, erklären; richtigstellen
verflöke	heimlich entwenden
verfluemeret	verwünscht, verflixt, verflucht
verfötzlet	zerfetzt
vergäbe	unentgeltlich; vergeblich, erfolglos
vergaischte	den Geist aufgeben
vergante	an den Meistbietenden versteigern
Vergäss, im	aus Versehen, aus Zerstreutheit
vergelschtere	erschrecken, (sich) ängstigen
vergitzle	vor freudiger Ungeduld fast vergehen
verglumst	verglimmt, langsam erloschen
verglungge	etwas infolge Liederlichkeit, Gleichgültigkeit oder Faulheit versäumen, verpassen, verschwenden
vergrämple	zu geringem Preis verschleudern, verprassen
vergrinne	verheult, vom Weinen entstellt
vergrote	misslingen, missraten
vergrumpflet	faltig, runzelig, zerknittert
verguggaagge	aus Unverstand verderben
vergunne	missgönnen
vergütterle	vor Kälte oder Aufregung schlottern; vor Ungeduld fast verzweifeln
verha	zurückhalten
verhaime, verhaimse	verheimlichen
verhautsche	verwüsten, in Unordnung bringen
verheebe	zurückhalten
verheergotte, verhergotte	vernichten, zu Grunde richten
verheit	misslungen
verhöhnt	abgestumpft, schartig
verhudle	verpfuschen, verderben
verhürschte, verhürschtet	durcheinanderbringen, verwirren; struppig, wirr
verhutschlet	verhunzelt
Verjicht	Geständnis

verläätschet	unordentlich, widerlich anzusehen
verlächne	austrocknen
verlarvet	maskiert
verlitze	vertun, verschleudern
verloffe	zerronnen
verluedere	verkommen, verderben, verwahrlosen
verluege	verschauen, vergaffen
verlur	(er, sie, es) würde verlieren
verluuret	verstört; wie ein Wahnsinniger dreinschauend
vermache, vermacht	verschliessen; verschlossen, in sich gekehrt
vermant	ermahnt, angehalten
vermütscht	mit den Fäusten traktiert
vernäblet	benebelt, verwirrt
vernuefere, si	sich nach Herzenslust gehen lassen
vernüte, vernütige	herabwürdigen, herabsetzen, herabmindern
verplätzt	an mehreren Stellen verbunden, mit Pflastern bedeckt; mit Flicken bedeckt
verputze	verprassen, verschleudern, verschwenden
verpypäppelet	verzärtelt, verwöhnt
verrället	nüchtern, ernüchtert
verrätsche	verpetzen, verraten
verrigle	mit dem Riegel verschliessen
verrode, si	sich regen, sich rühren
versärple	verkümmern
verschäme, si	sich Schande zuziehen
verschlänggere	verschleudern, verschwenden
verschmeukt	heimlich, verstohlen
verschmusle	beschmutzen, verunreinigen
Verschmutzete	Küsserei
verschmutzt, verschmützlet	geküsst
verschoppe	verstopfen
verschränzt	zerrissen
verschüpft	verstossen, missachtet, herumgestossen
verschürft	aufgeschürft, voller Schürfungen
verschwätze	versehentlich, irrtümlich äussern
versoue	beschmutzen; verderben
verstablet	erstarrt
verständs	in Erwartung, in Aussicht
verstare	erstarren
versteckt	verstockt, verschlossen
verstrupft	zerzaust
verstümplet	verpfuscht
versülche	beschmieren, besudeln
versure	abklingen (von Schmerz)
vertälle	platt schlagen; verprügeln; zerschmettern
vertänderle	vertändeln, nachlässig Zeit vertun
vertaube, vertäubt	erzürnen, brüskieren; verärgert
vertlehne	ausleihen, entleihen
vertnucke	einnicken, leicht einschlafen

vertöffle	verprügeln, versohlen
vertörle	auf einfältige Weise vertun, verschwenden
vertschäggere	zu billig verkaufen, verschachern
vertschläsmet	angetrocknet, halb eingetrocknet
vertschnäpfe	durch unüberlegtes oder voreiliges Reden verraten
vertschuudere	erschauern
vertue	der Musse hingeben, sich zerstreuen; verprassen, verschwenden
vertwütsche	erwischen; narren; übervorteilen; entfahren (von Worten); eine Krankheit auflesen
Vertwütschige	fiktives Dorf der Einfältigen, Tölpel
veruschicke	durch Selbstverschulden einbüssen
verwäit	verweht, fortgeblasen; die Hände verworfen
verwärchet	seelisch verarbeitet, überwunden
verwennt	verwöhnt
verweuscht	verwünscht, verflucht
verwildet	in Erregung, in Zorn geraten
verwirlet	verwirrt, aus der Fassung
Verworge, ums	um jeden Preis, unter allen Umständen
verwütscht	erwischt, zum Narren gehalten
verzaable	vor Ungeduld oder Verzweiflung fast vergehen
Verzeller, Verzellete	Erzähler; Erzählung
verzette	Gras, Heu, Emd oder Mist mit der Gabel fein verteilen
verzotzlet	ausgefranst
verzoust	zerzaust
verzuttere	herumschmeissen; verschleudern
verzwarzle, verzwatzle	vor Ungeduld und Unruhe fast vergehen
verzwilkt	langweilig, unerwünscht
Vetter	Cousin; entfernter Verwandter
Vettergötti	Vetter, der zugleich Taufpate ist
Vierhänder	Affe(n)
vilichter	wahrscheinlicher
Volchisbärger Höchi	Anhöhe bei Folgensbourg (Elsass)
vollschoppe	vollstopfen
vorabe	vor sich hin
vorabebrösmele	vor sich hin murmeln
vorabebrümmele	vor sich hin brummeln
vorabefuttere	vor sich hin schimpfen
vorabeglare	vor sich hin starren
vorabesürmele	vor sich hin murmeln
vorane	vorher
Vordere	Vorfahren, Ahnen
vordure	vorne vorbei; nach aussen
vorewägg	vorweg, von vornherein, im voraus
vorfer	vorne
vorig	vorhin
vorimsälber	von selbst

vorneharig	weiter vorne, voraus
vorschwäfle	vorschwärmen, -schwatzen, -schwindeln
Vortel	Vorteil
voruuse	nach draussen, ins Freie
voruusgschmöckt	vorausgeahnt
Vorvordere	Urahnen
vorynehelde	sich nach vorne beugen
vüre	nach vorne, hervor
vürebrösmele	stockend äussern, hervorbringen
vürechnüüble	hervorkramen, -klauben
vürecho	zum Vorschein, ans Tageslicht kommen
vüredrückt	nach vorne gedrängt; zu Tage getreten
vüregee	herausplatzen, preisgeben
vüreghänkt	hervorgekehrt, zur Schau gestellt
vürelänge	nach vorne reichen; hervorholen
vürelegge	vorbringen, zur Sprache bringen
vürelo, si	sich bemerkbar machen
vürelyre	vor sich hin leiern
vüremache	herausrücken; zu Tage fördern
vüreneuse	hervorkramen
vürespränge	nach vorne galoppieren
vürezörkle	austüfteln, hervorzirkeln
vürsi	vorwärts, nach vorne

W

waale	wallen
Wabehung	Wabenhonig
Wäbstuelschiffli	Weberschiffchen
wäfere	jammern, keifen; aufbegehren
wägerli	wahrlich, wirklich
Wägese	Pflugschar
Wagle	Wiege
Währig	Zustand; Ansehen; Lebensalter; Geldwährung
waible	eilfertig hin- und herlaufen, meistens um für etwas zu werben
waidlig	rasch, flink
Waidlig.	kleiner Kahn
wäje	wehen; die Hände verwerfen
Wäjebläch	Kuchenblech
wäle	welken
Wällebängel	unter das Wellenreisig gemischte, dickere Holzprügel; Spannhebel für das vierbeinige Holzgestell zur Herstellung von Reisigwellen
Wältsfäger	Allerweltskerl
Wältsniele	Riesenliane
Wämpe	tüchtiges, anständiges Stück Brot
Wäntele	Wanze; kleines Schnapsgefäss

War	die angebauten landwirtschaftlichen Produkte; das Rohmaterial des Posamenters
Wärch	Werk; Werk-, Betriebsstätte
wärche	arbeiten
Wärchlohn	Arbeitslohn
Wärchodere	besonders tüchtige Arbeitskraft
wärwaise	werweissen, unschlüssig hin und her raten
Wase	Grasnarbe; Rasen
wätsch	lautmalerisch für klatsch!
Watsch, Wätsch	Ohrfeige
Wätschger	Zwetschge
Wätter, Wätternacht	Gewitter; Gewitternacht
wätterdunders	verflixt
wättere	gewittern
Wättergwülch, Wätterwulche	Gewittergewölk; Gewitterwolke
Wätterlaich, wätterlaichne	Blitz; blitzen
Wätterschlag	Blitzschlag
wehle	wählen, aussuchen
Weijeschnabel	Raubvogelschnabel (Schnabel des Weihs)
weisse	winseln
wenelig	wenig
wermele	wärmer werden
Westport	Hafenstädtchen an der Mündung des Chehalis in den Pazifik (Bundesstaat Washington)
Wetti	Schlammloch; Entenweiher
wettsteinig	steinhart (hart wie ein Wetzstein)
weue, weuje	Fratzen schneiden
weusche	wünschen
Wid	Rute als Bindematerial für Garben, Reisigwellen, Reben; *verdräit wien e Wid*: hinterhältig, undurchschaubar; *us der Wid gheije*: auseinanderfallen
wiechs	(wenn er, sie, es) wachsen würde
wiggle, gwigglet	wickeln; gewickelt; geartet
wil	während, solange
Wildling	wildgewachsener Baum, Unterlage zur Veredelung
Willamette-Stazion, Willamettetal, Willamettefluss	Tal und Fluss im Bundesstaat Oregon, mündet bei Vancouver in den Columbia River
Willwank, willwänkig	Zauderer, Unschlüssiger; schwankend, unschlüssig, wankelmütig
Winde	Spannvorrichtung für das Bindseil an bäuerlichen Fahrzeugen
Windebrittli	ein Paar Knebel zum Spannen der *Winde*
Wintermonet	November
wintsch	windschief, verzogen; schrullig, verschroben
Wiriwärigs	Widerwärtiges; Verwirrendes
Wirlete	Wirrwarr, Durcheinander
wirse	wehtun, verwunden

wischple, wischplig	sich unruhig benehmen; zapplig
Wisebärg	Wiesenberg, an der Gemeindegrenze Häfelfingen/BL und Wisen/SO
wisem	welk, trocken, zäh
Wittib	Witwe
Wittling	Witwer
wohlfaiss	sehr schlimm, sehr arg
Wöhli	Wohlbehagen
Wold, Woldige	Wald; Waldungen
Woldschlegel	schwere Spaltaxt
Wolhaischte	grosse Waldameise
wollfel, wöllfler	wohlfeil, wohlfeiler
worge	würgen
wouele	übellaunig murren, zetern
Wousch	Wunsch
wouschlos	wunschlos
wub	(wenn er, sie, es) weben würde
wuere, Wuer	eine Wehre, Schleuse einrichten; Wehr, Schleusenwerk
Wuescht	Dreck, Schmutz, Unrat; *Wuescht i d Milch mache*: jemandem Scherereien, Schwierigkeiten, Unannehmlichkeiten machen
wueschte	husten
wummere	wimmern
Wüschli	kleines Menschenkind
wutsch	im Hui, ohne langes Federlesen
Wuusle, wuslig	kribbelnde Unternehmungslust; lebhaft, munter
wychle	wiehern; untertänigst betteln
Wydstock	Salweide
wyf, wyff	gefitzt, aufgeweckt, lebhaft
Wygümpli	kleine Weinpfütze
Wymonet	Oktober
wysewy	gegenüber
Wysget	Weisheit
wysitiert	durch den Visiteur nachgeprüft
Wysitör	Aufsichtsperson in der Seidenbandweberei
Wyssgi	Kalktünche, Kalkbrühe
wyttervergrämple	weiterverscherbeln

Y

ybaizt	in die Beize gelegt
ychlänke	einläuten
Ydial	Ideal
Yerba Buena	mexikanische Siedlung auf dem Gebiet des heutigen San Francisco
ygänds	anfangs, zu Beginn
ygsaipft	eingeseift; wortgewandt überlistet, hintergangen
ygschiret	angeschirrt, das Zuggeschirr angelegt

yhänke	einen Einwand machen, in das Gespräch eingreifen
ylyre	einwickeln; übervorteilen, übertölpeln
ynegschlänggeret	hingeweht, dahin verschlagen
Ynegschnützte	Hergelaufener
ynegwäit	dahergelaufen
ynelänge	hineingreifen
yneszue	nach innen, einwärts
ynetwütsche	ins Hausinnere huschen, eilen
ynucke	einnicken
yränke	eine Angelegenheit in Ordnung bringen
ysaipfe	einseifen; täuschend zu etwas verleiten
ysappe	einheimsen, in die eigene Tasche stecken
Yschlagfade	Schussfaden, Querfaden eines Gewebes
Yse	Eisen; *uf d Yse go:* auf den Grund gehen, ins Verhör nehmen, auf die Finger sehen
Ysewärch	Eisenhütte

Z

z aige ha	zu eigen, im Besitze haben
z blybnige	dauernd, für immer, bleibend
z büüchlige	bäuchlings, auf dem Bauch
z Chopfete	zu Häupten
z chüblewys	kübelweise, eimerweise
z Dunderli	zum Donnerwetter
z durab	abwärts, hinab, talwärts, landab
z fätzewyys	fetzenweise, in Fetzen
z grächtem	richtig, richtiggehend, ernsthaft
z hampflige	handvollweise
z hindefür mache	zur Verzweiflung bringen
z ligglige	liegenderweise, im Liegen
z nüt wärde	vor Elend vergehen
z nüte mache	zunichte machen
z Odere lo	zur Ader lassen
z rittlige	rittlings, im Reitersitz
z ruers	eng, hart aufeinander
z rügglige	auf dem Rücken liegend; im Sarg liegend
z Schlag cho	sich zu helfen wissen
z tiend	zu tun, schuldig
z Tratz	zum Trotz, erst recht; entgegen
z trum	deswegen, trotzdem
zäberle	huschen
zable	zappeln
Zäch	Zecke
Zaije	Zeichen
Zaine	rechteckiger oder ovaler Wäschekorb
zämmebäschele	zusammenbasteln

zänne	plärren, mit verzerrtem Gesicht laut heulen; ein unzufriedenes Gesicht machen
Zänni	verzerrtes Gesicht, Grimasse; Grimassenschneider
zännig	grinsend, verzerrt
zäntumme	ringsum, in weitem Umkreis
zäntummen und ane	ringsumher
zänzle	foppen, sticheln, hänseln
Zapfe	Flaschenkorken; Einkommen; Rausch
zäpfle	auslachen, verspotten
zeech	beharrlich, ausdauernd; widerstandsfähig
zeechle	sich auf die Zehenspitzen stellen
Zeglinger Peter	Peter Rickenbacher (1841–1915), Zeglingen/BL, legendärer Naturheilpraktiker für Mensch und Tier
Zeis, Zeiseszeis	Zins; Zinseszins
zelle	erzählen
zerchnotte	um und um küssen, vor Liebe schier zerdrücken
zerfötzlet	zerfetzt
zermürse, zermürset	zerstossen; zermürben, niedergeschlagen machen
zerwärchet	verarbeitet
zette, zettle	auseinanderschütteln; beim Weben den Zettel machen; einfädeln, vorbereiten
Zettel und Yschlag	Kette und Schuss eines Stoffes
zeuftig	zünftig, gehörig, tüchtig, stark
zeuserle	mit Feuer (Streichhölzern) spielen; funkeln
zeuserlig	funkelnd
zider, ziderie	seither, in dieser Zeit
Zieche	Kissen-, Bettanzug
Ziegellänge	das Weiterreichen von Dachziegeln von Hand zu Hand in einer Menschenkette
Ziggi	einer, der zupft, zerrt, neckt
Ziggis	Fangspiel
ziggle	zupfen, zerren; necken, aufziehen
zimbere	zimmern, Zimmermannsarbeit ausführen
Zingge	Felszinnen
Zipperli	gemeine Krieche (Pflaumensorte)
Zipperynli	arbeitsscheue, sich immer zierende Weibsperson
zletschtemänd	schliesslich
zolggig	verdickt
Zoobe	Zwischenmahlzeit am Nachmittag
zoobenee	die Zwischenmahlzeit am Nachmittag einnehmen
zörkle	gezielt bewegen; verlocken, überreden
Zorngüggel	Streithahn
zöttelig	mit Fransen besetzt
Zotterete, Zottlete	ungeordnete Schar
zottle	trotten
zringelum	ringsum, im Umkreis

zringsetum, zringsetumme	ringsumher, in weitem Umkreis
zsäge	sozusagen
zsämebrittlet	ausgeheckt
zsämedrischaagge	wie von Sinnen zusammenstampfen, -schlagen
zsämeghügerlet	zusammengekauert; abgemagert, zusammengefallen
zsämeramisiere	zusammenraffen
zsämeloo, si	sich versammeln, vereinigen, zusammenfinden
zsämeprägle	prasselnd zusammenfallen
zsämeschäre	zusammenkratzen
zuechlüüsle	zuraunen, zuflüstern
zueha	zuwenden, vermitteln, verhelfen
Zuekouft	Zukunft
zueschletze	eine Türe schmetternd schliessen
zueschnättere	eine Türe schmetternd schliessen
zuezwitzere	zuzwinkern, zublinzeln
zünsele	mit Feuer spielen
Zupfe	Zopf
züpperle	vor Angst schlottern
zürpfle	schlecht nähen; eine Arbeit flüchtig, liederlich machen
Zurpflets	Gepfuschtes
Züttel, Zütterli	ungeschickter Kerl, Tropf
zuttere	streuen
zuuse	stark surren; zausen, zerren
zwäägloo, si	sich gut anlassen, entwickeln
Zwächele	Handtuch
Zwack	stechend schmerzender Peitschenhieb
zwäg	gesund, wohlauf; in Ordnung
zwägbringe	zustandebringen
zwägbüschele	zurecht machen, ordnen
zwägcho	genesen
zwäggno	hergenommen, zugerichtet
Zwängchopf, Zwängchübel	Trotzkopf
zwängig	eigensinnig
zwatzlig	unruhig, aufgeregt
zweije	einen Baum veredeln
zweunisch	zweimal
Zwick	dass knallerzeugende Fadenbüschel am Ende einer Peitsche
zwickt	gewurmt, geärgert
Zwider, Zwiders	Widerwärtigkeit, Widerwärtiges
zwider, zwidrig	zuwider, widerwärtig
Zwirbel	Aufregung, Durcheinander; Rausch; Kreisel (Kinderspielzeug)
zwirble	wirbeln
zwirnt	gezwirnt, zu Zwirn verarbeitet
zwitzere	blinzeln, zwinkern
zwurig	doppelt

zwüsche Liecht,	
zwüscheliecht	diffuses Zwielicht, Dämmerung
zwüschenyne	dazwischen
Zylete	Zeile, Reihe
Zyt, d	Zeit; *d Zytt aweusche*: grüssen
Zyt, s	Uhr; *s Zytt uusputze*: den Standpunkt klar machen
zyttig	reif, gar
Zyttigwärde	Reife
Zyttli, Zytli, s	eine Zeitlang; kleine Uhr
zyttlig	früh, frühzeitig

Quellen der Worterklärungen

1. Traugott Meyer, Der Gänneral Sutter. Wörterverzeichnis, Liestal o. J. (1953)
2. Hans Peter Muster, Wörterbuch der Baselbieter Mundart (ungedruckt)
3. G. A. Seiler, Die Basler Mundart, Basel 1879
4. Rudolf Suter, Baseldeutsch-Wörterbuch, Basel 1984
5. Robert Schläpfer, Die Mundart des Kantons Baselland, Liestal 1955
6. Schweizerisches Idiotikon. Wörterbuch der schweizerdeutschen Sprache, Frauenfeld 1881ff.
7. Sprachatlas der deutschen Schweiz, Bern 1962ff.

Inhalt

Vorwort   7

S erscht Stück:
Vo der Olten i di Neui Wält   17

S ander Stück:
Uf im Wäg is Globt Land   51

S dritt Stück:
Uf der Suechi no Land und Lüte   91

S viert Stück:
Und die Neui Schwyz fot a   123

S feuft Stück – S sächst Stück – S sibet Stück:
E Vertrag und was er nooschlaikt / E Drülli und en
arige Chrieg / Wenn der Fahne mit de Stärne wäit
Zusammenfassung   160

S acht Stück:
Vom Guld und sym Fluech   162

S nünt Stück:
Alli Wält luegt uf s Guldland   202

S zäht Stück:
D Familie Sutter uf der Hockfarm   247

S ölft Stück:
Und die Neui Schwyz goht z Änd   284

S letscht Stück:
Die letschte Johr und Schritt   315

Nachwort   342

Worterklärungen   347
Quellen   406

Der Gänneral Su

9783794132485.3